# पुस्तकालय विज्ञान के सिद्धान्त

# पुस्तकालय विज्ञान के सिद्धान्त

डॉ॰ अजय कुमार सिंह

अर्जुन पब्लिशिंग हाउस

पुस्तकालय विज्ञान के सिद्धान्त



प्रथम संस्करण, 2011

ISBN 978-81-8330-282-1

**प्रकाशक :**

**अर्जुन पब्लिशिंग हाउस**

4831/24, प्रह्लाद गली,

अंसारी रोड, दरियागंज,

नई दिल्ली—110002

फोन : 23272541, 23257835

फैक्स : 91-011-23257835

e-mail : arjunbooks2001@gmail.com

**टाइपसेटिंग :**

**डिम्पल कम्प्यूटर्स**

दिल्ली—110092

*प्रिन्टर्स :*

**रोशन आफसेट प्रिंटर्स**

दिल्ली - 53

# प्रस्तावना

पुस्तकालय की अंग्रेजी 'लाइब्रेरी' लैटिन भाषा के शब्द लाइब्रेरिया से उत्पन्न हुआ है जिसका अर्थ है, पुस्तकों का स्थान। वैसे तो पुस्तकों को कई स्थानों पर रखा जाता है पर सभी स्थान पुस्तकालय नहीं होते हैं। पुस्तकालय एक ऐसा स्थान है जहाँ पुस्तकें विशेष रूप से पढ़ने के लिए इकट्ठी की जाती हैं। आज के आधुनिक युग में इसकी सीमाएं विस्तृत हुई हैं और यह ज्ञानार्जन की कार्यशाला के रूप में उभर कर सामने आया है। आज के पुस्तकालय मात्र पुस्तकों का ही संग्रह नहीं करते बल्कि अन्य परम्परागत पाठ्य-सामग्रियों जैसे— पत्र-पत्रिकाएँ, समाचार-पत्र, शोधपत्र, हस्तलिखित पुस्तकें, नक्शे, चार्ट, फिल्म आदि के साथ-साथ नवीनतम प्रलेखों तथा आधुनिकतम पाठ्य-सामग्रियों जैसे डिस्क, टेप्स, मैग्नेटिक टेप्स, फ्लॉपी, सीडी रोम, डेटाबेस आदि का भी संग्रह करते हैं। इस तरह वर्तमान पुस्तकालय असीम सूचना एवम् नवीन ज्ञान के कोश होते हैं। पुस्तकालय की इस महत्ता ने पुस्तकालय विज्ञान को एक विषय के रूप में प्रतिस्थापित किया है। इस विषय के अन्तर्गत वर्गीकरण, सूचीकरण, सूचना सेवा, प्रसार सेवा आदि का अध्ययन किया जाता है।

कई विद्वानों ने इस विषय के विकास में महत्त्वपूर्ण योगदान दिया है। डॉ. रंगनाथन ने पुस्तकालय विज्ञान के पाँच सूत्रों का प्रतिपादन करके उन प्रमुख एवं मौलिक सिद्धान्तों तथा विधियों का विवेचन किया है जो वर्तमान पुस्तकालयों

को शिक्षा तथा संस्कृति एवं सूचना प्रसार केन्द्र के प्रमुख साधन एवं संस्था के रूप में व्यवस्थित करने में सहायक सिद्ध होते हैं और मार्गदर्शन करते हैं।

पुस्तकालय विज्ञान के जिन पाँच सूत्रों की व्याख्या की गई है उन्हें, डॉ. रंगनाथन ने एक व्यापक और सार्वभौमिक परिप्रेक्ष्य में प्रतिपादित किया था। ये उपसूत्र इतने मौलिक, दूरदर्शी, उपयुक्त तथा प्रभावशील हैं कि वर्तमान समय में भी पुस्तकालयों को उपयुक्त दिशा प्रदान करने एवं उद्देश्यात्मक भूमिका निभाने में उतनी ही उपादेयता रखते हैं, जितना ये 1928 ई. में थे।

मानव समाज में तब से अब तक हर दिशा में व्यापक बदलाव आया है। समाज में सूचना तथा ज्ञान हमेशा से महत्त्वपूर्ण रहे हैं और समाज की भौतिक उन्नति एवं समृद्धि में इन्हें बड़ा ही सशक्त साधन एवं शक्ति माना गया है। लेकिन विगत छः दशकों में न केवल इसको एक वस्तु के रूप में अधिक महत्त्वपूर्ण माना गया, बल्कि सूचना एवं ज्ञान के अभिगम, उपलब्धता और प्रसार में भी प्रचुर विकास हुआ है। इसका मुख्य कारण सूचना प्रौद्योगिकी का प्रादुर्भाव एवं अनुप्रयोग रहा है। ज्ञान एवं सूचना के परिप्रेक्ष्य में अब समय और दूरी उतने बाधक नहीं रहे।

आज सूचना और ज्ञान को जिस अपार एवं विशाल मात्रा तथा विविधता के साथ प्रसारित किया जा रहा है वह अभिगम एवं उपलब्धता की दृष्टि से समस्यामूलक नहीं है। तथापि प्रयोग करने और उपभोगकर्ताओं को पुस्तकालय एवं सूचना सेवाओं को सुलभ करने की मूल समस्या में कोई परिवर्तन नहीं हुआ है। इसलिए आवश्यक है कि पुस्तकालय विज्ञान के मूल सिद्धान्तों पर अमल किया जाए।

प्रस्तुत पुस्तक में पुस्तकालय विज्ञान के मूल सिद्धान्तों की विवेचना आधुनिक परिप्रेक्ष्य में की गई है। पुस्तक को सरल व सुबोध भाषा में प्रस्तुत किया गया है। आशा है पुस्तक पाठकों के लिए उपयोगी होगी। सभी जिज्ञासुओं, प्राध्यापकों बन्धुओं एवं विद्यार्थियों से अनुरोध है कि वे इस पुस्तक के नवीन संस्करण के सम्बन्ध में सकारात्मक सुझाव देकर अनुग्रहीत करें।

**—लेखक**

# अनुक्रम


| | | |
|---|---|---|
| | *प्रस्तावना* | *v* |
| 1. | विषय बोध | 1 |
| 2. | पुस्तकालय विज्ञान : पाँच सिद्धान्त | 21 |
| 3. | पुस्तकालय : विभिन्न प्रकार | 38 |
| 4. | पुस्तकालय प्रबन्ध : सिद्धान्त | 56 |
| 5. | पुस्तकालयों में कर्मचारी चयन सिद्धान्त | 83 |
| 6. | पुस्तकालय : वर्गीकरण सिद्धान्त | 102 |
| 7. | पुस्तकालय सम्बन्धित सूचीकरण सिद्धान्त | 137 |
| 8. | पुस्तक चुनाव सिद्धान्त | 159 |
| 9. | पुस्तक प्रस्तुतीकरण से सम्बन्धित सिद्धान्त | 168 |
| 10. | पुस्तकालय तथा सूचना विज्ञान | 177 |
| 11. | पुस्तकालय विज्ञान के नवीन सूचना स्रोत | 246 |
| 12. | पुस्तकालय अधिनियम | 277 |

# 1

# विषय बोध

पुस्तकालय जिन्हें आज ज्यादा से ज्यादा ज्ञान तथा बुद्धि प्राप्त करने और कराने की कार्यशाला माना जाता है, मात्र पुस्तकों को एकत्रित करने के स्थान तक ही सीमित नहीं है। वर्तमान समय के पुस्तकालय केवल किताबों के संग्रहालय न होकर अन्य परम्परागत पठन सामग्रियों जैसे—समाचार पत्र, शोध पत्र, पत्र पत्रिकाएं, हस्तलिखित किताबें, चार्ट, फिल्म, नक्शे आदि के साथ ही नवीनतम प्रलेखों समाचार-पत्र, शोधपत्र, हस्तलिखित पुस्तक एवं आधुनिकतम पाठ्य-सामग्रियों जैसे—टेप्स, डिस्क, मैगनेटिक टेप्स, सीडी रोम, फ्लोपी, डेटाबेस आदि का भी संग्रहण करते हैं। इस प्रकार वर्तमान पुस्तकालय असीम सूचना एवम् नवीन ज्ञान के भंडार होते हैं जो वर्तमान समाज में अग्रलिखित भूमिका का निर्वाह करते हैं—

**1. शिक्षा**—शिक्षार्थी अपनी कक्षाओं में पढ़ाये गये पाठ्यक्रम के अलावा पुरतकालयों में उगलब्ध गुस्तकों से ज्ञान प्राप्त करते हैं। पुस्तकालयों में शैक्षिक पाठ्यक्रमों के अलावा मानव-ज्ञान से सम्बन्धित अनेक विषयों की पुस्तकें संकलित की जाती हैं जिससे परिचय होने हेतु छात्रों में प्रेरणा तथा जिज्ञासा उत्पन्न होती है। अतः वे पुस्तकालय से अपने ज्ञान में अभिवृद्धि करते हैं।

**2. व्यवसाय**—कुछ व्यवसाय ऐसे होते हैं जिनसे सम्बन्धित ज्ञान पुस्तकों में ही विद्यमान होता है जो पुस्तकालयों में ही उपलब्ध होता है। इस तरह के व्यवसायों में डॉक्टर, वकील, इन्जीनियर, पुस्तकालयी आदि व्यवसाय आते हैं। अतएव इन व्यवसायों से सम्बन्धित प्रसिद्ध व्यवसायी अपने निजी पुस्तकालय इसी उद्देश्य की पूर्ति हेतु स्थापित करते हैं।

**3. शोध**—किसी भी अनुसंधान से सम्बन्धित नवीन तथ्यों की जानकारी पुस्तकालयों में सुलभ नये सामयिक धारावाहिकों एवम् पत्रिकाओं में मिलती है जो पुस्तकालयों में ही उपलब्ध होते हैं। इस तरह अनुसंधानों को प्रोत्साहित करने में पुस्तकालयों की प्रमुख भूमिका होती है। पुस्तकालयों की व्यवस्था, प्रत्येक प्रकार के शोध केन्द्र अपने यहां आवश्यक रूप से करते हैं।

**4. अध्यात्म**—पुस्तकालयों में समाज के हितार्थ कई उद्देश्यों को ध्यान में रखकर पुस्तकें संग्रहीत की जाती हैं जिनमें समाज के लाभार्थ ईश्वर प्रेरणा सम्बन्धित पुस्तकें भी हाती हैं जिनमें भावनात्मक तथा आध्यात्मिक विचारों को प्रतिपादित करने वाली पुस्तकें तथा उच्च कोटि की स्थायी महत्त्व की किताबें आदि आती हैं। इस प्रकार समाज के आध्यात्मिक क्षेत्र में पुस्तकालय अपनी भूमिका का निर्वहन करते हैं।

**5. व्यापार एवम् उद्योग में**—उद्योग तथा व्यापार से जुड़ी बड़ी-बड़ी कम्पनियाँ अपने यहाँ सुसज्जित आधुनिक पुस्तकालयों की व्यवस्था करती हैं, क्योंकि उन कम्पनियों में उनके स्वयं के वैज्ञानिक अनुसंधान कार्य में रत रहते हुए उन पुस्तकालयों से पुस्तकों की मदद प्राप्त करते हैं। इस तरह के पुस्तकालयों में NTPC, BHEL,ONGC, BEL, SAIL भारत पेट्रोलियम आदि महत्त्वपूर्ण हैं।

**6. संस्कृति**—प्राचीन पुस्तकों तथा महान विद्वानों की पाण्डुलिपियों में तत्कालीन समाज के ऐतिहासिक एवम् सांस्कृतिक कथ्य वर्णित होते हैं। इस तरह इन पुस्तकों में विद्यमान ज्ञान पीढ़ी दर पीढ़ी आगे बढ़ता रहता है।

## पुस्तकालय विज्ञान : पंच सूत्र

पुरानी परम्परा तथा विचारधारा में आधारभूत परिवर्तन वर्तमान काल में पुस्तकों के अत्यधिक मात्रा में उत्पादन के परिणामस्वरूप प्रारम्भ हुआ।

1. पुस्तकें उपयोग के लिए हैं।
2. प्रत्येक पाठक/पाठिका उसका/उसकी पुस्तक।
3. प्रत्येक पुस्तक तथा उसका पाठक।
4. पाठक के समय की बचत कीजिए।
5. पुस्तकालय एक वर्धनशील तंत्र है।

### *1. पुस्तकें उपयोग के लिए हैं*

पुस्तकालय विज्ञान का यह पहला सूत्र किसी भी प्रकार से सन्देहास्पद नहीं है तथा यह किसी भी नियम की तरह प्रयोग के लिए सत्य है। पुस्तकें प्रयोग के

लिए संकलित की जाती हैं, इसमें संदेह नहीं है लेकिन व्यवहार में ऐसा नहीं किया जाता। 15वीं तथा 16वीं शताब्दियों एवं गत शताब्दी के पूर्वार्द्ध की अवधि में पुस्तकों को अलमारियों में बन्द करके रखा जाता था और उनके इस्तेमाल के लिए प्रेरित करने की अपेक्षा रोक लगा दी जाती थी। यह ऐसा समय था कि पुस्तकालयों को पुस्तकों के प्रयोग का माध्यम नहीं समझा जाता बल्कि उन्हें संग्रहीत एवं सुरक्षित रखने का एक साधन माना जाता था। इससे मात्र यह एहसास होता है कि इस विचारधारा का लक्ष्य पुस्तकों को आने वाली पीढ़ी के लिए सुरक्षित रखना था। लेकिन वर्तमान युग में उस विचारधारा को बनाए रखना बहुत गलत माना गया है। वर्तमान समय की अपेक्षा उस समय प्रचुर मात्रा में पुस्तकों को मुद्रित करने के साधन नहीं थे। अतः पुस्तकों के प्रयोग पर इतना बल देना सम्भव नहीं था क्योंकि उस समय पुस्तकों की हिफाजत के लिए तालाबन्दी की जाती थी।

पुरानी परम्परा तथा विचारधारा में आधारभूत परिवर्तन, वर्तमान काल में पुस्तकों के अत्यधिक मात्रा में उत्पादन के परिणामस्वरूप प्रारम्भ हुआ। परिणामतः पुस्तकें उपयोग के लिए हैं, इस विचारधारा का प्रादुर्भाव अवश्य हुआ और पुस्तकों के उपयोग का द्वार पाठकों के लिए खुल गये। परन्तु पाठकों को पुस्तकों के उपयोग के लिए बिना किसी अवरोध के उनको अधिकार स्वरूप प्रदान करने की विचारधारा को पुस्तकालयों के प्रबन्धकों द्वारा उदारतापूर्वक नहीं अपनाया गया क्योंकि किसी न किसी रूप में कोई प्रतिबन्ध जरूर रखा गया। परन्तु उन बाधाओं को हटाने का आन्दोलन अधिकाधिक पुस्तकों का खुला प्रयोग किए जाने की दिशा में जो प्रयत्न किया गया वह हाल का है। फिर भी पुस्तकों का खुला प्रयोग सार्वभौमिक रूप से दृष्टिगोचर नहीं होती। विशेषकर भारत में इस विचारधारा का अब भी अभाव है, किस प्रकार से पुस्तकों का उपयोग अधिकाधिक मात्रा में प्रेरित किया जाना चाहिए। जिससे पाठकों को उनका उपयोग करने में किसी प्रकार की रुकावट उत्पन्न न हो और जो पुस्तकों के उपयोग में बाधक होते हैं, उन विधियों को डॉ रंगनाथन ने पहले सूत्र **"पुस्तकें उपयोग के लिए हैं"** के अधीन सूत्रबद्ध किया है। इस प्रकार निम्नांकित विधियों का अनुसरण करने पर बल दिया गया है। अग्रलिखित तत्त्व पुस्तकों के उपयोग को प्रोत्साहित करने में सहायक हैं–

पाठकों की पहुँच के भीतर विद्यमान पुस्तकालय, पहुंच से दूर स्थित पुस्तकालयों की अपेक्षा ज्यादा सहायक होते हैं। कहने का आशय यह है कि पुस्तकालय की संस्थापना ऐसे स्थान पर की जानी चाहिए जहाँ पर पाठक सरलतापूर्वक पहुचँ सकें। स्थान ऐसा होना चाहिए जहाँ अधिक-से-अधिक लोग एकत्रित होते हों। किसी

एकान्त एवं दूरस्थ स्थान में पुस्तकालय की स्थापना नहीं की जानी चाहिए अन्यथा दूरी के कारण लोग जाना पसंद नहीं करेंगे अथवा असुविधा के कारण केवल कुछ ही लोग जा सकेंगे। परिणामतः पुस्तकों का प्रयोग बढ़ने की अपेक्षा कम होगा। पश्चिमी राष्ट्रो में पुस्तकों के प्रयोग को प्रेरित करने की दृष्टि से नगरों में सार्वजनिक स्थान हमेशा ऐसे स्थान पर होते हैं जहाँ सभी लोग आसानी से पहुँच सकें, जहाँ यातायात के साधन हों, और अधिक से अधिक लोग आते हों। बड़े-बड़े सार्वजनिक पुस्तकालय पुस्तकों का प्रयोग बढ़ाने के लिए पुस्तकालय के प्रमुख भवन के अतिरिक्त अनेक स्थान पर उनकी अनेक शाखाएँ तथा पुस्तक प्रदान करने के केन्द्र संस्थापित करते हैं, जिससे उस क्षेत्र के पाठकों को पुस्तकें प्राप्त होती रहें। ब्रिटेन, अमेरिका तथा अनेक यूरोपीय राष्ट्रों में सभी बड़े नगरों तथा क्षेत्रीय पुस्तकालयों में ऐसी व्यवस्था एक साधारण बात होती है। इन्हीं सब कारणों से पश्चिमी राष्ट्रों में पुस्तकों का प्रयोग ज्यादा होता है।

विश्वविद्यालयों, कालेजों तथा स्कूलों में असुविधाजनक कक्षों या किसी उपेक्षित जगह पर पुस्तकालय स्थापित करने से भी पुस्तकों का प्रयोग नहीं हो पाता है। अतः **पुस्तकें उपयोग के लिए हैं,** इस सूत्र को आदर नहीं मिलता है। पहले और कुछ विद्यालयों में अब भी पुस्तकालयों को किसी उपेक्षित स्थान पर ही रखा जाता है, जो पुस्तकों के प्रयोग में बाधक होता है। पुस्तकों का प्रयोग उतनी मात्रा में नहीं हो पाता, क्योंकि पुस्तकालय नाममात्र का होता है। अतः छात्रों के बौद्धिक विकास और पठन-पाठन की अभिरुचि को प्रेरित करने के लिए पुस्तकालयों की समुचित स्थान पर व्यवस्थित करना जरूरी है। जहाँ बैठने के लिए समुचित स्थान, मेज कुसियाँ तथा अनेक प्रकार की पाठ्य सामग्रियाँ उपलब्ध हों। पश्चिमी राष्ट्रों में सबसे अधिक होनहार पाठक बालकों को समझा जाता है और उनके बौद्धिक विकास एवं शिक्षा के लिए पुस्तकालयों को एक महत्त्वपूर्ण एवं अनिवार्य उपकरण माना गया है। फलस्वरूप इस प्रकार की व्यवस्था पर अधिक बल दिया गया है। जिससे बालकों में पढ़ने की अभिरुचि जाग्रत हो सके और पढ़ने की आदत विकसित हो सकें। इस प्रकार स्नातक स्तर के विद्यार्थियों के लिए भी व्यवस्था की गई है। आज वहाँ पुस्तकालय भवन सुसज्जित तरीके से होना स्कूल और कालेज के लिए गौरव का विषय माना गया है। भारत में स्कूल स्तर तक पुस्तकालय की उपेक्षा होती है फलतः बालकों में पठन-पाठन की अभिरुचि कम होती है। किन्हीं-किन्हीं राज्यों में माध्यमिक विद्यालयों में अब पुस्तकालयों का होना आवश्यक किया जाने लगा है। विश्वविद्यालयों तथा महाविद्यालयों को पुस्तकालयों के भवन निर्माण के लिए

विश्वविद्यालय आर्थिक सहायता आयोग अब उदारतापूर्वक आर्थिक सहायता देने लगा है। अतः स्थान के दृष्टिकोण से पुस्तकालय को उचित स्थान पर ही होना चाहिए जिससे कि पुस्तकों का प्रयोग होता रहे तथा पाठकों में भी पठन-पाठन की रुचि जाग्रत होती रहे।

पुस्तकालयी को वर्तमान में प्रेरित तथा संतोष प्रदान करने के लिए डॉ. रंगनाथन ने ब्रिटेन में 19वीं सदी की पुस्तकालय क्रान्ति को सक्रिय बनाने तथा विश्व में सर्वप्रथम ब्रिटेन में पुस्तकालय कानून पारित कराने वाले महान् विभूति एवं सांसद एडवर्ड एडवर्ड्स (Edward Edwards) के उत्साहवर्धक विचारों का उदाहरण प्रस्तुत किया है जो शिक्षापूर्ण एवं मार्गदर्शक है—"हतोत्साहित तथा कार्य की कटु आलोचना एवं छिद्रान्वेषण की भी स्थिति में पुस्तकालय को निष्पृह होकर अपने कार्य में सुख को अवश्य महसूस करना चाहिए। जिन व्यक्तियों के निर्देशन में बेहद परिश्रम का कार्य करना है, जो न तो उसकी कठिनाइयों को समझ सकते हैं और न उसके परिणाम का ही मूल्यांकन कर सकते हैं, वैसी स्थिति में तो असंतोष में वृद्धि होना स्वाभाविक ही है। इस तथ्य को तो सोचना ही कठिन हो जाता है कि उत्तम कार्य के लिए प्रशंसा भी कोई वस्तु है, कोई भी यत्नशील परिश्रम कार्य जिसके लिए तुरन्त पारितोषिक मिलना चाहिए अथवा इसके अभाव को यह समझ लेना चाहिए कि उसका कोई मूल्य नहीं अथवा उसके योग्य नहीं है अथवा बिना किसी मूल्य के जाना चाहिए। फिर भी प्रथम सूत्र के उद्देश्य की पूर्ति के लिए पुरस्कार या पारिश्रमिक की अभिलाषा कभी भी नहीं रखनी चाहिए। **"पुस्तकें उपयोग के लिए हैं"** इस सत्य में ही धैर्य और उत्साह बनाए रखना चाहिए। प्रथम सूत्र या क्रियान्वय इस उद्देश्य को दृष्टिगत करते हुए होना चाहिए कि पुस्तक का कार्यक्षेत्र, पुस्तकों से सेवा करनी है जिसका कोई पुरस्कार नहीं है।

## *2. प्रति पाठक—प्रति पुस्तक*

पुस्तकालय विज्ञान का द्वितीय सूत्र "प्रत्येक पाठक/पाठिका उसका/उसकी पुस्तक" पुस्तकालय के उपयोगकर्ताओं के क्षेत्र में बदलावकारी भावना का सूत्रपात करता है—"पुस्तकें न केवल कुछ गिने-चुने लोगों के लिए हैं बल्कि बिना किसी पक्षपात के सभी पुस्तकों के प्रयोग के अधिकारी हैं।" प्रथम सूत्र पुस्तकालय को सजीव एवं सक्रिय बनाने पर बल देता है और दूसरा सूत्र पुस्तक को समस्त राष्ट्र की सदस्यता के परिप्रेक्ष्य में इसकी परिधि को विस्तृत करता है। प्रथम सूत्र पुस्तक की स्थापना का बीजारोपण करता है जो पर्याप्त उन्नत एवं विशेष प्रकार की धारणा है और मानवता के उद्देश्य के बहुत करीब लाती है।

**अतः पुस्तकें सभी के लिए चाहिए,** इस लक्ष्य की प्राप्ति के लिए डॉ.रंगनाथन ने उन सभी विधियों को सिद्धान्तबद्ध किया जिनको अपनाने से प्रत्येक श्रेणी के पाठकों को पुस्तक का उपयोग करने की सुविधा और प्रोत्साहन मिल सकता है।

अतः पुस्तकालय पुस्तकों का एक संकलन है जो विशेष कार्यों के लिए है। वह चेतना पहले सूत्र के अनुसार उपयोगार्थ है। पुस्तकों की क्या उपयोगिता है? इनकी उपयोगिता ज्ञान सामग्री अथवा किसी सूचना की प्राप्ति में विद्यमान है। इनसे शिक्षा मिलती है। अर्थात् पुस्तकें ज्ञान प्रसार की साधन हैं। उनमें सान्त्वना और आनन्द भी मिलता है तथा मनोरंजन के साधनों में से पुस्तकें भी एक उपयोगी वस्तु हैं। यदि पुस्तकों को शिक्षा प्रसार का एक आवश्यक उपकरण मान लिया जाए तो द्वितीय सूत्र—"व्यक्ति और उसकी पुस्तक" एक दूसरी विचारधारा को जन्म देती है—प्रत्येक व्यक्ति की शिक्षा की व्यवस्था। अब सवाल उठता है कि क्या सभी लोग शिक्षा के पात्र हैं? इस संदर्भ में यह दिखाई पड़ता है कि इससे क्या सूत्र की धारणा को पुस्तक अधिकारियों ने पर्याप्त बिलम्ब से मान्यता दी है।

### *3. प्रत्येक पुस्तक और उसका पाठक*

पुस्तकों को आधार मानकर जो उल्लेख पहले सूत्र के परिप्रेक्ष्य में किया गया है उससे यह तीसरा सूत्र 'प्रत्येक पुस्तक तथा उसका पाठक' सम्यता रखता है और इसे दूसरे सूत्र का पूरक भी कहा जा सकता है। दूसरा सूत्र प्रत्येक पाठक को उसकी इष्ट पुस्तक को खोजने की विधियों का उल्लेख करता है वहीं तृतीय सूत्र प्रत्येक पुस्तक का उपयुक्त पाठक खोजने पर जोर देता है और इसकी विधियों का प्रतिपादन करता है।

पुस्तकालयों की धारणा-जगत में पहला सूत्र एक क्रान्ति का संदेश देता है जिसको पूरी तरह सफल बनाने की विधियों का विवेचन तीसरे सूत्र—"प्रत्येक पुस्तक और उसका पाठक" करता है।

तृतीय सूत्र की विचारधारा को कार्यान्वित करने वाली विधियों का प्रतिपादन करते हुए डॉ. रंगनाथन ने अग्रांकित विधियों तथा साधनों का उपयोग करने की सलाह दी है।

**स्वतन्त्र प्रवेश**—स्वतन्त्र प्रवेश व्यवस्था का आशय उस पुस्तकालयी व्यवस्था से होता है जिसमें पाठकों को पुस्तकालय के किसी भी स्थान पर किसी भी संकलन को देखने, खोजने तथा चुनाव करने की पूरी स्वतंत्रता होती है जैसे—किसी व्यक्तिगत

पुस्तकालय में उस व्यक्ति की होती है। खुला प्रवेश व्यवस्था के महत्त्व तथा सुविधा का अनुभव वही पाठक कर सकते हैं जिन्होंने अवरुद्ध व्यवस्था तथा खुला प्रवेश दोनों ही अवस्थाओं में पुस्तकालय का उपयोग किया है। मुक्त प्रवेश व्यवस्था का प्रत्यक्ष परिणाम यह है कि पुस्तकों के आदान-प्रदान की संख्या को पर्याप्त मात्रा में बढ़ा देता है इससे पाठकों को पुस्तकों को खोज निकालने का मौका मिलता है। बंद ग्रन्थागारों तथा निधानियों में कभी भी यह अवसर प्राप्त नहीं होता है।

पुस्तकों को ताले-कुंजी में बन्द रखना तथा मुक्त प्रवेश को निरुत्साहित करना किसी भी पुस्तक के लिए न केवल अशोभनीय है बल्कि उसे प्रयोग करने से वंचित करना है। अधिकतर पाठकों को उनकी अभिरुचि की पाठ्य-सामग्री का ज्ञान नहीं होता है। जब उन्हें पूर्ण रूप से सुव्यवस्थित ढंग से आंकलित पुस्तकों को देखने का मौका मिलता है तो उनकी सोई हुई अभिरुचि जाग्रत हो उठती है।

जहां 20वीं सदी के प्रारम्भ में भी ब्रिटेन में स्वतन्त्र प्रवेश व्यवस्था को आरम्भ नहीं किया जा सका था वहीं इसके महत्त्व को संयुक्त राज्य अमेरिका में 19वीं सदी के अन्तिम दशकों में ही समझ लिया गया था। नियमानुसार अमेरिका में स्वतन्त्र प्रवेश व्यवस्था पुस्तकालयों के लिए आवश्यक माना जाने लगा था और पाठकों को पुस्तकों को देखने तथा चुनाव करने की पूर्ण स्वतंत्रता प्रदान करना पुस्तकालय नियमावली का आवश्यक तत्त्व माना गया। इस व्यवस्था से प्रारम्भ में पुस्तकों की अनेक प्रकार की हानि को पुस्तकालय के उपयोग की बढ़ती प्रवृत्ति की तुलना में नगण्य मात्र माना जाने लगा। लेकिन कहने का अर्थ यह नहीं कि पुस्तकों की हानि को इस व्यवस्था को लागू करके प्रोत्साहित करना है। ऐसा देखने को मिलता है जहाँ खुली प्रवेश की व्यवस्था नहीं है वहाँ से भी पुस्तकें गायब होती हैं। पुस्तकों की चोरी करने वालों की संख्या उनके उपयोग करने वालों से कम होती है। कुछ गिन-चुने लोगों के कारण अधिकांश निष्ठावान पाठकों को इस सुविधा से वंचित करना तर्कसंगत प्रतीत नहीं होता। पुस्तक प्राधिकारियों को चाहिए कि यदि पुस्तकों की हानि किसी एक साधारण कार्यकर्ता के वेतन से कम है तो उसे नाम मात्र मानें। कभी इस प्रकार की हानि उस हानि से कम होती है जब पुस्तकें अनुपयुक्त हालत में अनेक वजहों, जैस—कागज का नष्ट होना, पुस्तकों को कीड़ों के द्वारा नष्ट किया जाना और वातावरण की प्रतिकूलता से पुस्तकों का नष्ट होना आदि, से नष्ट होती हैं।

**निधानी आँकलन व्यवस्था**—तीसरे सूत्र के उद्देश्य की प्राप्ति मात्र निधानियों पर पुस्तकों की व्यवस्था वैज्ञानिक तरीके से नहीं किए जाने की स्थिति में स्वतन्त्र प्रवेश व्यवस्था से ही नहीं हो सकती है। साहित्य के अलावा लेखकों के अनुक्रम

अथवा पुस्तकों के आकार तथा रंग के आधार पर व्यवस्थित पुस्तकों के आकलन किए जाने पर उन्हें योजनाबद्ध करना कठिन है। सुव्यवस्थित तरीके से पुस्तकों को आंकलित करने की सर्वोत्तम विधि विषयानुसार आंकलन है। तीसरा सूत्र विषयानुसार वर्गीकृत पुस्तकों को आंकलित करने पर बल देता है। यदि वर्गीकृत पुस्तकें क्रमानुसार रखी गई हैं तो पाठकों को सम्बन्धित पुस्तकों को देखने तथा चुनाव करने का अवसर स्वतः मिल जाता है, अपेक्षाकृत उस व्यवस्था के जिसके अनुसार पुस्तकें अनुवर्णिक क्रम में रखी गई हों। पाठकों का ध्यान आकर्षित करने के लिए केवल पुस्तकों की विषय-वस्तु के आधार पर आकलित व्यवस्था ही पर्याप्त नहीं है बल्कि एक प्रभावशाली व्यवस्था के रूप में नवीनता भी होती है।

पुस्तकालयों में वर्तमान में नवीन कृतियों को अलग ग्रन्थागार के प्रवेश द्वारा अलग निधानियों में रखा जाना एक सामान्य पद्धति है। इससे इस तरफ पाठकों का ध्यान स्वतः आकर्षित हो जाता है। परिणामतः ऐसी कृतियों को तत्काल पाठक प्राप्त कर लेते हैं। पाठकों का ध्यान आकर्षित करने के लिए दूसरी विधि जो पुस्तकालयों में अपनायी जाती है वह है आकर्षित ढंग से पुस्तकों को पोस्टरों के साथ अलमारियों में रखना। अलमारियों के ऊपर सामयिक पुस्तकें, आवश्यक पुस्तकें, भूली हुई पर उपयोगी पुस्तकें आदि के लेबल लगा दिये जाते हैं। इससे पाठकों का ध्यान स्वतः आकर्षित हो जाता है इसके अतिरिक्त रैक्स भी उतने ऊँचे नहीं होने चाहिए कि पाठकों को पुस्तकों को देखने तथा उतारने में कठिनाई हो।

**प्रसूची संलेख**—पुस्तकों की वर्गीकरण व्यवस्था निधानियों पर समुचित होने पर भी प्रत्येक पुस्तक तथा उसके पाठक को पूर्णतः सम्बद्ध नहीं किया जा सकता जिसके लिए प्रसूची एक आवश्यक एवं पर्याप्त सहायक उपकरण है। कभी-कभी आलमारियों के देखने मात्र से वांछित पुस्तक का पता नहीं लगता जिसको प्रसूची के जरिए से तय किया जा सकता है।

प्रसूची के द्वारा सामान्य सेवा उपलब्ध करने के अलावा कुछ ऐसे प्रसूची संलेख होते हैं जो तृतीय सूत्र के उद्देश्य की पूर्ति में अधिक साधक सिद्ध होते हैं। डॉ रंगनाथन ने ऐसे संलेखों में, विषय निर्देश संलेखों और माला संलेखों को प्रस्तुत किया जाना आवश्यक बताया है।

प्रसूची की माला संलेख उस संलेख को कहते हैं जिसके द्वारा किसी पुस्तक का अतिरिक्त संलेख उसे माला अनिवार्य के नाम से प्रस्तुत किया जाता है जिससे पुस्तक सम्बन्धित होती है अर्थात् जिस माला के अधीन उसका प्रकाशन किया जाता है। इसका आंकलन वगीकृत प्रसूची के अनुवर्णिक अनुक्रमणिका वाले भाग में किया

जाता है। पत्रकों के अनुक्रमों में एक माला के शीर्षक के अन्तर्गत प्रस्तुत किये गये संलेख एक साथ आकलित हो जाते हैं जिससे उस माला के नाम से प्रकाशित सभी कृतियाँ एक साथ प्रसूची में आ जाती हैं। अतएव प्रसूची के अन्तर्गत माला संलेख का विधान होने के कारण प्रत्येक पुस्तक को उसका पाठक मिलने में बड़ी सहूलियत होती है।

विषय निर्देशी संलेखों की महत्ता भी इसी तरह है जिसमें यह संलेख अनुवर्ग प्रसूची के वर्गीकृत भाग में प्रकट की जाती है। इनका शीर्षक विशिष्ट विषय होता है और सम्बन्धित पुस्तक का जो किसी दूसरे विषय के अधीन आंकलित होती है, उल्लेख किया जाता है। उक्त पुस्तक के अधीन सम्बन्धित विषय के पृष्ठों अथवा प्रकरण का संकेत कर दिया जाता है। इस प्रकार से किसी भी पुस्तक को प्रतिनिर्देशित करके अनेक विषय को शीर्षकों के आधार पर निर्दिष्ट किया जा सकता है। इस प्रकार के नियम से अनेक पुस्तकें, जिसमें किसी पाठक की इच्छित विषय-वस्तु मिल सकती है, इसके अभाव में अनुपयुक्त रह जाएगी जिन्हें पाठक इन प्रतिनिर्देशों के द्वारा प्रसूची देखने पर अपने आप प्राप्त कर लेते हैं।

इस तरह से सम्पुटक कृतियों का भी विषय निर्देश संलेखों के द्वारा हर पुस्तक को उसका पाठक खोजने में सहायता मिलती है।

**संदर्भ कार्य**—प्रत्येक पुस्तक के लिए उसका पाठक खोजने में विश्लेषणात्मक प्रसूचीकरण पद्धति, वर्गीकृत आँकलन व्यवस्था तथा खुली प्रवेश व्यवस्था नामक तीन साधनों से सहायता मिलती है। लेकिन इस प्रकार की यांत्रिक विधियों से ही समस्या का समाधान नहीं हो जाता है। इनके माध्यम से व्यक्तिगत सेवा तथा पाठक सलाह जो पुस्तकालय सेवा के आवश्यक औजार हैं, पूरा नहीं किया जा सकता। तृतीय सूत्र—पुस्तकों का प्रचार व्यक्तियों के द्वारा किये जाने के प्रावधान पर जोर दिया जाता है। पाठकों को प्रसूची का प्रयोग करने तथा पुस्तकों के चुनाव के लिए कुछ पुस्तकालय स्टाफ पाठकों की मदद करने के लिए नियुक्त करने को अनिवार्य समझते हैं। इस व्यवस्था को संदर्भ कार्य तथा इस सेवा को पूरा करने वाले स्टाफ को संदर्भ स्टाफ कहते हैं जिनका कार्य पाठकों को पुस्तकालय की पाठ्य सामग्रियों की व्याख्या करना होता है इस व्यवस्था को वर्तमान पुस्तकालयों में आवश्यक एवं एक शुल्क विधि माना जाता है।

जैसे ट्रैफिक कम्पनियाँ यात्रियों को अनेक विधियों से स्थानों का मार्गदर्शन करने की व्यवस्था तथा प्रयास करती हैं, ठीक वैसे ही पुस्तकालयों में पाठकों के

मार्गदर्शन के लिए संदर्भ विभाग होता है। इस विभाग की वजह से पुस्तकालय स्टाफ पाठकों के नजदीक आते हैं और उनकी अभिरुचि, आवश्यकता, क्रिया तथा प्रतिक्रिया एवं इच्छा का उन्हें पूर्ण ज्ञान हो जाता है।

संदर्भ ग्रन्थावली इस अनुभव के आधार पर पाठकों को स्वतः उपयुक्त पुस्तकों से सम्बद्ध कर देता है। कुछ पश्चिमी राष्ट्रों में इस लक्ष्य की पूर्ति के लिए घर-घर जाकर सर्वेक्षण करने की व्यवस्था की गई हैं जिसके अध्ययन से प्रत्येक परिवार के सदस्यों की अभिरुचियों को निश्चित किया जाता है जिससे उन्हें इच्छित विषय-वस्तु प्रदान की जा सके।

**जनप्रिय विभागों का संचालन**—सम्भावित पाठकों को यथार्थ में नियमित पाठकों के रूप में तब्दील करना इस प्रकार की व्यवस्था का उद्देश्य है। इसका पहला उपाय लोगों को पुस्तकालय के प्रति जागरूक एवं आकर्षित करना है। समाचार पत्रों तथा मैगजीन कक्षों की सुविधा उपलब्ध कराना इस दिशा में एक आवश्यक उपाय है। इन कक्षों में अक्सर ज्यादा लोग आते हैं। पुस्तकालय स्टाफ को इन कक्षों में जाकर पाठकों को ग्रन्थागार तथा अध्ययन कक्ष का उपयोग करने के लिए प्रोत्साहित करना चाहिए। इससे हर पुस्तक को उसका उचित पाठक प्राप्त हो जाने की सम्भावना बढ़ जाती है।

**प्रचार**—अनेक कारणों से पुस्तकालयों का प्रचार अप्रासंगिक जान पड़ता है। जब पुस्तकालय अपने कार्यक्षेत्र का विकास एवं प्रसार करने तथा कार्यविधि को नया आयाम देने का प्रयत्न कर रहे हैं तो पुस्तकालय के कार्य एवं उद्देश्य से जन साधारण को पर्याप्त तरीके से परिचित कराना भी आवश्यक है जिसे प्रचार के माध्यम से ही किया जा सकता है।

वर्तमान में पुस्तकालय प्रचार विशेष रूप से प्रचार कला की एक विशिष्ट विधि बन गई है। अमेरिकन पुस्तकालय एसोसिएशन के अधीन विशेष रूप से प्रचार समिति का निर्माण किया गया है जो इसके वार्षिक अधिवेशन के समय एक पब्लिसिटीराउण्ड टेबुल आयोजित करता है। पुस्तकालय प्रचार दो प्रकार से किया जा सकता है : (1) सामान्य प्रचार; तथा (2) व्यक्तिगत प्रचार। पहली विधि में पुस्तकों की गरिमा, सूचना, जनमत, प्रोत्साहन, शिक्षा के सर्वोत्तम साधन के रूप में पुस्तकों का सहयोग, पुस्तकालय सार्वजनिक संस्था है और प्रत्येक नागरिक के लिए है, आदि विषयों का प्रचार पश्चिमी राष्ट्रों में समाचार पत्रों, पत्र-पत्रिकाओं, रेडियो तथा सार्वजनिक व्याख्यान आदि के द्वारा प्रचार करने की व्यवस्था की जाती है। जापान में हर वर्ष नवम्बर में पूरे राज्यों से प्रचार करने की व्यवसथा की जाती है। भारत में

भी नवम्बर में प्रत्येक वर्ष भूतपूर्व प्रधान मंत्री जवाहरलाल नेहरू के जन्म दिवस के उपलक्ष्य में विगत कुछ वर्षों से पुस्तकालय सप्ताह मनाया जाता है।

प्रचार की दृष्टि से न्यूयार्क सार्वजनिक पुस्तकालय, अपना बुलेटिन, सार्वजनिक पुस्तकालय, रीडर्स इन्डेक्स, हारवर्ड विश्वविद्यालय पुस्तकालय–हावर्ड लाइब्रेरी नोट्स तथा मैनचेस्टर का जॉन रायलैएडफस पुस्तकालय बुलेटिन का नियमित प्रकाशन करते हैं। इन पुस्तकालयों के विषय में जिससे अधिक लोग जानकारी एकत्रित कर सकें।

**पुस्तकालय प्रसार कार्य**–प्रचार साधनों के अलावा एक दूसरे प्रकार की विधि का अनुसूचीकरण जिसे प्रसार कार्य कहा जाता है पुस्तकालयों के उन्नयन के लिए किया जाता है। इस प्रसार कार्य का मुख्य उद्देश्य पुस्तकालय को एक सामाजिक क्रियाकलाप के केन्द्र के रूप में परिणित करना है जिसका कार्य पठन-पाठन को प्रेषित करना है। इसका उद्देश्य विशाल समूह को पाठक बनाना, नियमित अध्ययन की अभिरुचि जाग्रत करना तथा इसके लिए माहौल तैयार करना और पाठ्य सामग्रियों तथा पाठकों को लाना इत्यादि है।

प्रसार कार्य की एक विधि वह है जिसके अधीन सोवियत संघ की तरह, जिसका वर्णन किया जा चुका है, पुस्तकालयों को अध्ययन की संस्था के रूप में परिवर्तित करना है। भारत में प्रौढ़ शिक्षा कार्यक्रम को इसके द्वारा सफल बनाया जा सकता है। इसके द्वारा न केवल साक्षरता का प्रसार हो सकता है बल्कि ग्रामीण लोगों के व्यावसायिक ज्ञान को भी समुन्नत बनाया जा सकता है। प्रसार कार्य को सार्वजनिक व्याख्यान मालाओं के आयोजन करने के द्वारा भी पूरा किया जा सकता है। इन आयोजनों से सम्बन्धित पुस्तकों की सूची तैयार करके वितरित करना चाहिए जिससे उन पुस्तकों का प्रयोग बढ़ सके। ऐसे अवसरों पर पुस्तकों की प्रर्दशनी भी आयोजित की जानी चाहिए जिससे पुस्तकों का अवलोकन करने का अवसर पाठकों को प्राप्त हो।

समय-समय पर नाट्यकला एवं कहानियाँ सुनाने का आयोजन तथा संगीत आदि के कार्यक्रम आयोजित करने चाहिए जिससे स्थानीय बालकों के सम्पर्क में आने का मौका मिल सके। स्थानीय त्योहारों का आयोजन भी प्रसार कार्य का एक महत्त्वपूर्ण कार्यक्रम है। इससे आगन्तुक लोग पुस्तकालय की महत्ता को समझेंगे तथा पुस्तकों के उपयोग की तरफ आकर्षित होंगे।

**किताबों का चयन**–पुस्तकों का चयन पाठकों की अभिरुचि पर आधारित होने से तीसरे सूत्र के उद्देश्य की प्राप्ति जरूरी होती है। यदि पुस्तकों का चुनाव एवं

संग्रह पाठकों की माँगें, संदर्भ स्टाफ के सुझाव, स्थानीय तथा राष्ट्रीय महत्त्व आदि तत्त्व पर आधारित हो तो तीसरे सूत्र के लक्ष्य प्रत्येक पुस्तक तथा उसके पाठक की समस्या का समाधान पर्याप्त मात्रा में हो सकता है।

## 4. पाठक के समय की बचत कीजिए

पाठकों के समय की बचत नामक पुस्तकालय विज्ञान का चौथा सूत्र वस्तुतः पाठकों की समस्याओं से पुस्तकों का प्रयोग प्रत्येक पाठक उसकी पाठ्य सामग्री, प्रत्येक पुस्तक और पाठक की धारणा को पूरी तरह कार्यान्वित करने में सफलता मिल जाने पर समय की समस्या को उपेक्षित नहीं किया जा सकता है। वर्तमान में पाठकों के समय को बड़ा ही बहुमूल्य माना जाने लगा है। सभी सुविधा वर्तमान होने पर यदि पाठ्य-सामग्री को प्राप्त करने में पाठ्क का समय नष्ट होता है तो यह पुस्तकालय की प्रासंगिकता को कम कर सकता है। अतः पाठकों के समय की बचत करने पर चौथे सूत्र में अधिक बल दिया गया है जिसके लिए डॉ. रंगनाथन ने अनेक उपायों का प्रतिपादन किया है जो पाठकों के समय की बचत करता है।

पुस्तकालय में प्रवेश करते ही पाठक को पुस्तकें वापिस करना होती हैं इसके बाद पुस्तकों को प्राप्त करने की समस्या उत्पन्न होती है। बाधित व्यवस्था के कारण पाठक को पुस्तकों का चुनाव प्रसूची की मदद से करना पड़ता है। पुस्तकालयों में प्रसूचियाँ पत्रकों, मुद्रित ग्रन्थागार अथवा किन्हीं अन्य रूपों में होती है। अतः पहली प्रक्रिया पुस्तकों को प्रसूची से, इसके बाद उन्हें कागज की स्लिप पर लिखकर ग्रन्थागार से निकालने के लिए कहना पड़ता है। इसमें पाठक को कुछ समय तक प्रतीक्षा करनी पड़ती है। ब्रिटिश म्युजियम में, जिसकी मुद्रित प्रसूची 100 से अधिक खण्डों में है, पाठकों को पुस्तक विवरण प्रसूची से प्राप्त करने के बाद पश्चात् उसे निकलवाने में बहुत समय तक प्रतीक्षा करनी होती है। ऐसे ग्रन्थालयों में पाठकों को उपयुक्त पुस्तक प्राप्त करने में पर्याप्त समय बर्बाद करना पड़ता है। पुस्तक को खोजने की प्रक्रिया में अनेक खामियां भी होती हैं, जैसे—अपूर्ण विवरण, वर्तनी की त्रुटि, याचना संख्या में कमी आदि। प्रसूची में पुस्तक के अन्य आवश्यक तत्त्व जो पाठकों के लिए चुनाव में साधन हो सकते हैं उनका अभाव चुनाव में बाधक होता है। परिणामस्वरूप आधे घण्टे का समय तो पुस्तक को हासिल करने में ही व्यतीत हो जाता है।

समय का मूल्यांकन रुपयों में तथा रुपयों का मूल्यांकन समय में किये जाने वाले व्यस्त देशों में इस प्रक्रिया में कितनी राष्ट्रीय हानि अवरोध पुस्तक व्यवस्था से हो सकती

है उसके परिणाम को लोग स्वतः अनुभव कर सकते हैं। अतः राष्ट्रीय अर्थव्यवस्था को दृष्टिगत रखते हुए खुले प्रवेश का बड़ा ही महत्त्व है जिसके कारण पाठकों को किसी भी स्थान पर पुस्तकालय में जाकर पुस्तकों का अवलोकन करने, चुनाव करने तथा स्वतः प्राप्त करने में कितनी सुविधा होती है और कितना समय लगता है अतः अवरोधपूर्ण व्यवस्था की अपेक्षा खुली प्रवेश व्यवस्था सर्वोत्तम एवं आवश्यक है। इससे पर्याप्त समय की बचत होती है और पाठक को झुंझलाहट नहीं होती है।

चतुर्थ सूत्र का लक्ष्य खुली प्रवेश व्यवस्था मात्र से ही पूरा नहीं हो जाता । समय की बचत की दृष्टि से पुस्तकों की निधानियों पर आँकलन व्यवस्था अधिक महत्त्वपूर्ण तथा समय की बचत में पर्याप्त सहायक सिद्ध होती है। विषयानुसार वर्गीकृत व्यवस्था किसी भी अन्य व्यवस्था की तुलना में अधिकाधिक सुविधाजनक है। उपयुक्त वर्गीकरण पद्धति के अनुसार पुस्तकों का वर्गीकरण करने के बाद उन्हें आलमारियों में आँकलित करने से अधिक पास के विषय एक साथ एक सुगम अनुक्रम में आ जाते हैं।

सूत्र समय की बचत की दृष्टि से चतुर्थ पुस्तकों के सापेक्ष आकलन के अलावा यह भी निर्दिष्ट करता है कि उन वर्गों की पुस्तकें जिनकी माँग अधिक होती है उन्हें ग्रन्थालय में पास ही रखना चाहिए, अपेक्षाकृत कम माँग की जाने वाली पुस्तकों के। इसी भाँति संदर्भ की पुस्तकों को आदान-प्रदान के स्थान के अधिक पास होना चाहिए जिससे पाठक उन्हें तत्काल पा सकें।

वर्गीकृत व्यवस्था विषयानुसार किताबें कितनी भी सापेक्ष स्थिति में आकलित क्यों न की गई हों जैसे ही पाठक पुस्तकागार में पहुंचते हैं तो पुस्तकों की विशाल पंक्तियों की आलमारी तक पहुंचने में उनका समय नष्ट होता है।

रामय की बचत की दृष्टि से इस अवस्था में पूरी तरह से पर्याप्त निर्देशिकाओं के पोस्टर जरूर लगे होने चाहिए जिससे सम्पूर्ण ग्रंथागार की व्यवस्था तथा पुस्तकों की गणना क्रम का उन्हें ज्ञान हो सके। वर्गांक द्वार पर ही पूरे कक्ष की रूपरेखा, वर्गानुसार पुस्तकों की आकलन व्यवस्था, वर्गांक तथा उसके विषय का उल्लेख होना चाहिए। निर्देश पट्टियां साफ-सुधरी तथा चमकीली हानी चाहिए। निधानियों की संख्या भी विषयानुसार की जानी चाहिए।

चार्जिंग कार्य उस व्यवस्था को कहा जाता है जिसके अन्तर्गत घर के अध्ययनार्थ प्रदत्त पुस्तकों के विवरण आदि का अभिलेख तैयार किया जाता है। इसके प्रतिकूल पाठकों से पुस्तकों को वापस लेने तथा उन्हें पुस्तकों के लौटाने के दायित्व से मुक्त करने की प्रक्रिया को **डिसचार्जिंग** कहते हैं।

पुस्तकों के आदान-प्रदान करने की विधियों में चौथे सूत्र के प्रतिपादन के पूर्व अनेक कठिनाइयाँ थीं तथा समय भी बर्बाद होता था। वे विधियाँ कहीं-कहीं अब भी प्रचलित हैं। असुविधाजनक विधियों के कारण पुस्तकों के आदान-प्रदान करने में पाठकों का काफी समय नष्ट होता है। अतः इस दृष्टि से अनेक प्रकार के तरीके अपनाए गये जिसमें कम से कम समय लगे और पाठकों को इन्तजार न करनी पड़े।

अब तक पाठकों के समय की बचत की समस्या तथा उसके उपाय का विवेचन पुस्तकालय में उनके प्रवेश के बाद किया गया है। परन्तु चौथे सूत्र में पाठकों को पुस्तकालय तक पहुँचने के समय की समस्या का समाधान करने का भी प्रयत्न है कि पुस्तकालय की जगह पाठकों की पहुँच के अधीन होनी चाहिए जिससे उनके समय की बचत संभव हो।

उपर्युक्त दृष्टिकोण से किसी महाविद्यालय का पुस्तकालय महाविद्यालय परिसर के मुख्य स्थान पर ही होना चाहिए जिससे सभी वर्ग के पाठक वहां आसानी से पहुंच सकें। परन्तु किसी भी नगर के सार्वजनिक पुस्तकालय को किसी केन्द्रीय स्थान पर व्यवस्थित करना, जहाँ शहर के प्रत्येक कोने के लोग पहुँच सकें, उतना सरल नहीं है। पश्चिमी राष्ट्रों में चतुर्थ सूत्र के उद्देश्य की प्राप्ति की दृष्टि से केन्द्रीय पुस्तकालय की अनेक शाखाओं तथा पुस्तकों के वितरण केन्द्रों की व्यवस्था शहर के प्रमुख भागों में की गई है। लेकिन ग्रामीण क्षेत्रों के पाठकों को पुस्तकालय की स्थिति के कारण कठिनाइयों का सामना करना पड़ता है। प्रत्येक गाँव में पुस्तकालय संस्थापित करना मितव्ययी प्रतीत नहीं होगा। समय की बचत के नजरिये से मात्र एक ही साधन सम्भव प्रतीत होता है कि चल वाहनों की व्यवस्था की जाए। अनुभवी स्टाफ उपयुक्त पुस्तकों का चुनाव कर चल पुस्तकालय के माध्यम से वाहनों द्वारा वितरण केन्द्रों तथा एकान्ततः स्थित गांवों में पुस्तकों के आदान-प्रदान की व्यवस्था करें। चल पुस्तकालयों की बहुतायत पश्चिमी राष्ट्रों में देखने को मिलती है।

पुस्तकालय स्टाफ और पाठक दोनों का समय मूल्यवान है और कुशल एवं सन्तोषजनक पुस्तकालय सेवा प्रदान करने तथा प्राप्त करने में चौथा सूत्र कम से कम समय लगे इस पर अधिक जोर देता है। डॉ. रंगनाथन द्वारा प्रतिपादित तथ्यों का अनुसरण करने से इस दिशा में सफलता जरूर प्राप्त होती है।

## *5. पुस्तकालय एक वर्धनशील तंत्र है*

पुस्तकालयों की कार्यपद्धति व्यवस्था तथा उनके कुशल संचालन की बातें पहले चार सूत्रों में पाई जाती हैं। पाँचवां सूत्र पुस्तकालयों को एक संस्था के रूप में

इसकी महत्त्वपूर्ण एवं स्थायी विशेषताओं के परिप्रेक्ष्य में उन सिद्धान्तों की विवेचना करता है जिससे उनके निरन्तर समायोजन में सहायता मिलती है और उनकी रूपरेखा के प्रति हमारी क्या धारणा होनी चाहिए उसके मूल तत्त्वों का प्रतिपादन करता है। पंचम सूत्र उन मूल तत्त्वों पर भी प्रकाश डालता है जो पुस्तकालय के सुनियोजन तथा व्यवस्था तथा संगठन से सम्बन्धित होते हैं। जहां चार सूत्रों की धारणा अपने आप परिलक्षित होती है वहीं अंतिम सूत्र अव्यक्त जान पड़ता है।

पाँचवां सूत्र—**पुस्तकालय एक वर्धनशील संस्था है,** जीव विज्ञान के उस सिद्धान्त का एहसास देता है कि बलिष्ठ एवं विकासशील तत्त्वों की ही सत्ता कायम रहती है और जिनमें विकास की क्षमता नहीं होती वे जड़वत बनकर समाप्त हो जाते है। जिस प्रकार कोई जीवित और विकासशील संगठन पुराने आवरण का परित्याग कर नई अवस्था में परिवर्तित होता है उसके आकार में परिवर्तन होता है तथा नवीन रूप धारण करता है, ठीक उसी प्रकार पुस्तकालय की भी स्थिति है। अनेक प्रकार से पुस्तकालय के आकार, समस्या, कार्यक्रम, आदि में परिणामतः वृद्धि तथा बदलाव होता है। संतोषपूर्ण सेवा तथा कुशल प्रशासन व्यवस्था के परिप्रेक्ष्य में उन्हें समझना जरूरी है।

पुस्तकें पाठक तथा स्टाफ किसी भी पुस्तकालय के आवश्यक अवयव होते हैं। अतः इन्हीं तीन प्रमुख कारणों के कारण वर्तमान पुस्तकालय को तीनमूर्ति कहते हैं। किसी भी पुस्तकालय का संकलन जिसका उपयोग करने के लिए पाठक न हों तो वह आधुनिक परिप्रेक्ष्य में पुस्तकालय कहे जाने के उपयुक्त नहीं प्रतीत होता है। केवल पुस्तकों के संकलन तथा पाठकों के संयोग मात्र से बिना किसी प्रकार की सेवा व्यवस्था के लिए स्टाफ की कमी में जिनके माध्यम से पाठकों से सम्पर्क स्थापित कर वास्तविक पाठक को वास्तविक पुस्तक, समुचित समय पर प्रदान की जाती है, तो उसे भी वास्तविक पुस्तकालय की संज्ञा नहीं दी जा सकती है। बहुत सारे लोग इस वस्तुस्थिति से अनजान होते हैं।

कोई भी पुस्तकालय का छोटा आकार जो आज सुविधाजनक है कुछ दिनों के बाद जब पुस्तकालय की वृद्धि होती है तो समस्यामूलक बन जाता है। अतः पुस्तकालय का आकार, रचना तथा निर्माण विधि ऐसी होनी चाहिए जिससे भविष्य में आवश्यकता पड़ने पर किसी भी दशा में वृद्धि बिना किसी बाधा के सम्भव हो सके।

पुस्तकों की संख्या में वृद्धि किसी भी सजीव एवं सक्रिय पुस्तकालय के आकार को किस रूप में प्रभावित करती है इसका ज्ञान अति आवश्यक है। इससे मुख्य रूप

से प्रभावित होने वाले पुस्तकालय भवन का वह भाग होता है जहाँ पुस्तकों को निधानियों पर व्यवस्थित करके आकलित किया जाता है। इसे ग्रन्थागार कहते है। इसका आकार, इसकी सापेक्ष स्थिति, पुस्तकों को आकलित अवस्था में रखने के लिए स्टैक रूप की इकाइयाँ हैं जिनमें स्टैक रूप निर्मित किया जाता है। पुस्तकों के रखने के लिए रैकों, अलमारियों, दरवाजों, लेबिल होल्डर तथा अन्य वस्तुओं, जो पुस्तकों की आकलन व्यवस्था से सम्बन्धित होती हैं उनकी जाँच संकलन की वृद्धि की दृष्टि से अनिवार्य है क्योंकि पुस्तकों के संकलन की वृद्धि के साथ स्टैक रूप में भी वृद्धि स्वाभाविक है अतः इसकी आकार रचना इस तरह की होनी चाहिए कि किसी भी समय पर बिना किसी अवरोध के विस्तार सहजता से किया जा सके। इसकी नींव इस दृष्टि से मजबूत बनानी चाहिए। प्रत्येक रैक की इकाई समान तथा साम्य होनी चाहिए जिससे उनमें नये रैकों को स्थापित करने में कठिनाई पैदा न होने पाए तथा इनमें किसी भी प्रकार का समायोजन सम्भव हो सके।

आकार रचना की दृष्टि से महत्त्वपूर्ण पुस्तकालय के अन्तर्गत दूसरा कक्ष पत्र-पत्रिकाओं का होता है। इसका आकार तथा इस कक्ष के फर्नीचर आदि का विचार पत्र-पत्रिकाओं की वृद्धि को ध्यान में रखते हुए करना आवश्यक है जिससे भविष्य में जरूरत के अनुसार विस्तार तथा समायोजन सम्भव हो सके। भारत के पुस्तकालयों में पत्र पत्रिकाओं की संख्या पर इनके बढ़ते हुए मूल्यों के कारण असर हुआ है।

पुस्तकों की वृद्धि के साथ ही साथ प्रसूची के आकार में भी विस्तार स्वाभाविक है। अतः प्रसूची कक्ष का निर्माण तथा व्यवस्था जिस स्थान अथवा कक्ष में की जाती है उसमें भी विस्तार की सम्भावना अवश्य होनी चाहिए। पुस्तकों की वृद्धि के साथ ही साथ प्रसूची की वृद्धि पुस्तकों की वृद्धि की छः गुनी होती है। यदि पूर्ण प्रसूचीकरण नहीं किया जाता है तो भी कम से कम चौगुनी बढ़ोतरी होती है। यदि अनुवर्ग प्रसूची की प्रथा है तो बढ़ोतरी और अधिक होगी। परिणामतः प्रसूचीकरण का खर्च बढ़ना स्वाभाविक है। अतः प्रसूची के वाह्य आकार तथा प्रसूची के प्रकार को दृष्टिगत रखते हुए प्रसूची को निर्मित करना जरूरी होता है।

पुस्तकें सुगम एवं सुविधाजनक तरीके से वर्गीकरण पद्धति द्वारा विषयानुसार वर्गीकृत करके रखी जाती हैं। ये वर्गीकरण योजना भी विस्तारशील एवं सुविधाजनक होनी चाहिए जिससे नई पुस्तकों को उनके सापेक्ष स्थान पर पूर्व पुस्तकों के साथ व्यवस्थित किया जा सके। डॉ. रंगनाथन द्वारा निर्मित वर्गीकरण योजना कोलन क्लासीफिकेशन इस दिशा में अद्वितीय वर्गीकरण योजना है, जिसका निर्माण डॉ. मेल्विल ड्यूवी ने किया है, अब 18वें संस्करण से पर्याप्त उपयोगी बना दी गई

है। अतः वर्गीकरण पद्धति का अनुसरण उसकी उपयोगिता की दृष्टि से पुस्तकालय के विस्तार के अनुसार कार्य करने में सहयोगी सिद्ध होता है।

निम्नांकित के विस्तार पर विचार पाठकों तथा पुस्तकों की वृद्धि से आवश्यक है जो पाठकों की बढ़ोतरी के साथ स्वतः विस्तृत होने की स्थिति में आ जाते हैं: (1) अध्ययन कक्ष का आकार। (2) पुस्तकों के आदान-प्रदान करने की विधि तथा (3) जरूरी सुरक्षा व्यवस्था।

अध्ययन कक्ष उसे कहा जाता है जहां पाठकों को पुस्तकालय में बैठकर पढ़ना होता है। अनेक प्रकार की पुस्तकें सलीके से रखी होती हैं। जितने पाठकों को बैठकर पढ़ने तथा पुस्तकों के रख-रखाव की व्यवस्था की गयी होती है वह कालान्तर में असुविधाजनक प्रतीत होने लगती है, क्योंकि पाठकों तथा पुस्तकों की संख्या में वृद्धि होने लगती है। अतः इस कक्ष को इस तरीके से निर्मित होना चाहिए कि कुछ वर्षों तक बिना किसी विस्तार के पाठकों को बैठकर पढ़ने तथा पुस्तकों के रखने में कोई बाधा स्थानाभाव के कारण उत्पन्न न होने पाये। तदुपरांत विस्तार करने में ऐसी स्थिति उत्पन्न न हो कि विस्तार करने में कठिनाई उत्पन्न होने लगे। कक्ष का निर्माण भविष्य में सहज विस्तार के दृष्टिकोण के आधार पर ही होना चाहिए।

यह एक अनुभव सिद्ध तथ्य है कि पुस्तकों की संख्या में वृद्धि पाठकों की संख्या में वृद्धि होने पर ही होती है। पुस्तकों के आदान-प्रदान करने की विधि का नियोजन करना चाहिए। जब प्रतिदिन सौ से अधिक पुस्तकों के प्रदान करने की संख्या में वृद्धि होती है तो पुरानी आदान-प्रदान की विधि का प्रयोग करने से अधिक से अधिक पुस्तकालय सहयोगियों की आवश्यकता पड़ती है। पुरानी रजिस्टर विधि जो पुस्तकों को प्रदान करने के अभिलेख के रूप में प्रयोग की जाती है अव्यवहारिक प्रतीत होने लगती है।

रजिस्टर विधि से पुस्तकें प्रदान करने में पुस्तकों तथा पाठकों की संख्या को देखते हुए अधिक पुस्तकालय सहायकों की आवश्यकता पड़ेगी और जब पुस्तकों को खोजने के समय भीड़ होती है तो पुस्तकों को उपलब्ध कराना एक समस्या बन जाती है। इसके विपरीत रीडर्स टिकट का प्रयोग पुस्तकों के प्रदान करने के लिए किया जाये तो यह कार्य बड़ी तीव्रता के साथ किया जा सकता है। रीडर्स टिकट से पाठकों का अभिज्ञान भी हो जाता है और प्रदान करने वाले पुस्तकालय सहायक का दायित्व भी पाठकों को स्थानान्तरित हो जाता है। क्योंकि टिकट पर प्राप्त पुस्तक का दायित्व पाठक का हो जाता है और टिकट को इस तरह से रखना कि दूसरा पाठक उसका दुरुपयोग न कर सके इसका भी दायित्व पाठक का ही होता है। इससे निर्धारित

पुस्तकों के अलावा अधिक पुस्तक प्रदान करने की सम्भावना भी नहीं रहती है। पुस्तक पत्र टिकट के साथ लगा दिया जाता है। इससे दिन-प्रतिदिन प्रदान की जाने वाली पुस्तकों तथा विषयानुसार प्रदत पुस्तकों की सांख्यिकी भी तैयार करने में सुविधा होती है और वापस करने में भी कम समय लगता है।

पुस्तकालय में कार्यरत कर्मचारियों के बीच परस्पर बहुत ही स्नेहमय सम्बन्ध होना चाहिए। उनमें आपस में एक-दूसरे को सहयोग एवं सहायता की भावना प्रगाढ़ रूप से होनी चाहिए। शत्रुता तथा पारस्परिक जलन की प्रवृत्ति बिल्कुल नहीं होनी चाहिए। ऐसी भावना होनी चाहिए कि बिना किसी पारितोषिक एवं प्रशंसा के भी सभी प्रकार के कार्य मौन रूप से किए जायें। जिन विभागों में समयानुसार स्टाफ की कार्य अवधि में परिवर्तन होने पर दूसरे स्टाफ को दायित्व लेने के कार्य का आभास पाठकों को नहीं होना चाहिए और पाठकों की सेवा भी इस बदलाव से प्रभावित नहीं होनी चाहिए।

इस तरह पुस्तकालय विज्ञान के पाँच सूत्रों का प्रतिपादन डॉ. रंगनाथन ने करके उन प्रमुख एवं मौलिक सिद्धान्तों तथा विधियों का विवेचन किया है जो वर्तमान पुस्तकालयों को शिक्षा तथा संस्कृति एवं सूचना प्रसार केन्द्र के प्रमुख साधन एवं संस्था के रूप में व्यवस्थित करने में सहायक सिद्ध होते हैं और मार्गदर्शन करते हैं।

## पुस्तकालय विज्ञान पंच सूत्रों का वर्णन

डॉ. रंगनाथन ने एक वृहद् तथा सार्वभौमिक परिप्रेक्ष्य में पंच सूत्रों का प्रतिपादन किया था। ये उपसूत्र इतने दूरदर्शी, मौलिक, उपयुक्त तथा प्रभावशील हैं कि वर्तमान सूचना समाज उद्योग के समय में भी पुस्तकालयों के बदलते आयामों में उन्हें उपयुक्त दिशा प्रदान करने एवं उद्देश्यात्मक भूमिका निभाने में उतनी ही उपादेयता रखते हैं जो सन् 1928 ई. में इनको विकसित करने वाले समय अपेक्षित था। मानव समाज में तब से अब तक विशाल बदलाव प्रत्येक दिशा में उत्पन्न हुआ है। ज्ञान और सूचना समाज में हमेशा महत्त्वपूर्ण रहा है और समाज की भौतिक उन्नति एवं समृद्धि में इन्हें बड़ा ही सशक्त साधन एवं शक्ति माना गया है।

लेकिन विगत छः दशकों में न केवल इसको एक वस्तु के रूप में अधिक महत्त्वपूर्ण माना गया बल्कि सूचना एवं ज्ञान के अभिगम, उपलब्धता और प्रसार में भी प्रचुर विकास हुआ है। इसका मुख्य कारण सूचना प्रौद्योगिकी का प्रादुर्भाव एवं अनुप्रयोग रहा है। ज्ञान एवं सूचना के अभिप्राय में अब समय और दूरी उतने बाधक नहीं रहे और किसी भी स्थान पर एक ही साथ कम्प्यूटर नेटवर्क एवं कम्प्यूटर के

पर्दे पर असंख्य संग्रहण एवं प्रसारण ने इसे और विस्तृत एवं सरल बना दिया है। सूचना और ज्ञान को अपार एवं विशाल मात्रा में प्रसारित किया जाता है और जिससे वैविध्यता भी ज्यादा होती है। अभिगम एवं उपलब्धता की दृष्टि से समस्यामूलक नहीं होते हैं। तथापि प्रयोग करने और उपयोगकर्ताओं को पुस्तकालय एवं सूचना सेवाओं को सुलभ करने की मूल समस्या में कोई परिवर्तन नहीं हुआ है। मात्र उनके मापदण्ड, स्थितियों तथा विधियों में बदलाव हो गया है। अतः यह आवश्यक प्रतीत होता है कि डॉ. रगंनाथन द्वारा प्रयुक्त पद ''पुस्तकें'' जो ज्ञान/सूचना का प्रतिनिधित्व करती हैं उनके स्थान पर सूचना और पुस्तकालय के बदले में सूचना प्रणाली का उपयोग किया जाए जो परिवर्तनशील समाज में उपयुक्त प्रतीत होती है।

इस प्रसंग में पाँच सूत्रों की निम्नांकित वाक्यांशों में अभिव्यक्ति की जानी चाहिए—

(1) प्रलेख/सूचना उपयोग के लिए है,
(2) प्रत्येक उपयोगकर्ता/उसका प्रलेख/सूचना,
(3) प्रत्येक प्रलेखक/सूचना और उसका उपयोगकर्ता,
(4) उपयोगकर्ता के समय की बचत करो,
(5) प्रलेखन/सूचना पद्धति एक वधर्नशील अंग है।

'प्रलेख/सूचना उपयोग के लिए है' नामक प्रथम सूत्र में सम्पूर्ण सूचना स्थानान्तरण प्रक्रिया शामिल है जिसमें सूचना को एक आवश्यक संसाधन एवं उपयोगी वस्तु माना गया जो किसी भी गैर-संसाधन वस्तु को सशक्त संसाधन में बदलने की क्षमता रखती है। लेकिन इस सशक्त संसाधन से लाभ लेने के लिए इसकी सुरक्षा एवं व्यवस्था करनी पड़ती है। पूरी तरह लाभान्वित होने के लिए इसका अनेक प्रकार से उपयोग करना पड़ता है। अतएव इस उपसूत्र में इस बात को पूर्णतया अभिकल्पित किया गया है कि राष्ट्रीय विकास एवं प्रगति में सूचना एक उपादेय एंव सशक्त संसाधन है।

दूसरा सूत्र ''प्रत्येक उपयोगकर्ता उसका प्रलेख/सूचना'' का उद्देश्य एवं संकेत प्रत्येक उपयोगकर्ता को उपयुक्त सूचना आवश्यकता से सम्बन्धित सामग्रियों/प्रलेखों/सूचना का संकलन, प्रसार एवं उपलब्ध करना आवश्यक है। सूचना का अधिग्रहण और आपूर्ति उपयोगकर्ताओं की श्रेणी एवं आवश्यकता करने में किसी प्रकार का पक्षपात नहीं होना चाहिए। सूचना के संग्रह एवं उपयोगकर्ताओं की सेवा के प्रति प्रलेखन एवं सूचना विशेषज्ञों/प्रबन्धकों, कर्मियों में किसी भी तरह का पूर्वाग्रह नहीं होना चाहिए। इसमें उपयोगकर्ताओं को केन्द्रबिन्दु मानकर

पुस्तकालय एवं सूचना सेवाओं एवं पद्धतियों को सुसंगठित किया जाना चाहिए। पुस्तकालय एवं सूचना केन्द्र की व्यवस्था एक निश्चित उद्देश्य की पूर्ति के लिए करने का संकेत एवं निर्देश इस उपसूत्र में है।

तीसरा सूत्र ''प्रत्येक प्रलेख/सूचना तथा इसका उपयोगकर्ता'' इस लक्ष्य का संकेत करता है कि हर प्रलेख/सूचना का उपयुक्त पाठक/उपयोगकर्ता जरूर मिलना चाहिए, अर्थात् जिन सूचना सामग्रियों का संग्रह किया जाता है उन्हें उपयोगकर्ता को दृष्टिगत रख कर किया जाना चाहिए जिससे उनका प्रयोग होता रहे। साथ ही यह उपसूत्र यह भी निर्दिष्ट करता है कि उपयुक्त सूचना उपयुक्त उपयोगकर्ता को प्रदान की जानी चाहिए। अपेक्षाकृत उसे ऐसे उपयोगकर्ता को प्रदान किया जाए जो उसका उपयोग करने में असमर्थ हो इससे अन्य उपसूत्रों का भी सम्मान होगा। सूचना के उत्पादन से लेकर उसका सदुपयोग करने तक उसे उपयोगकर्ता की आवश्यकतानुसार प्राप्त करने की व्यवस्था तथा प्रक्रियाकरण किया जाना चाहिए।

'उपयोगकर्ता के समय की बचत कीजिए' नामक चौथे सूत्र से एक उपसिद्धान्त भी उत्पन्न होता है कि ''सूचना व्यवसायियों के समय की बचत कीजिए'' का आशय एवं उद्देश्य है कि ऐसी व्यवस्था पद्धति एवं सेवाओं तथा उनकी विधियों को विकसित एवं अनुसरण करना चाहिए, जिससे उपयोगकर्ताओं एवं सूचना कर्मियों को बचाया जा सके और सेवाएँ भी शीघ्रतापूर्वक सम्पन्न की जा सके। वर्तमान सूचना प्रौद्योगिकी इस उपसूत्र के उद्देश्य की पूर्ति में सहायक सिद्ध होती है जिसके अनुसरण से समय की बचत अधिकाधिक होती है और कार्य कुशलता और समता में बढ़ोतरी होती है।

पाँचवां सूत्र ''प्रलेख/सूचना प्रणाली एक वर्धनशील अंग है'' से यह संकेत और निर्देश प्राप्त होता है कि सूचना व्यवस्था पद्धति एवं संस्थान वर्धनशील होते हैं जो बहुआयामी होते हैं। अतः सूचना संस्थानों एवं पद्धतियों को सूचना उपयोगकर्ताओं की विविध एवं बदलावशील आवश्यकताओं को दृष्टिगत रखते हुए उनकी पूर्ति हेतु स्वतः तदनुसार क्षमता विकसित करने की एक पद्धति एवं व्यवस्थागत उपागम को स्वीकारना चाहिए।

सूचना की बहुआयामी वृद्धि एवं विकास में तथा परिवर्तनशील सूचना आवश्यकताओं एवं उपयोगकर्ताओं की भिन्नता तथा माँग की तीव्रता एवं स्तर के परिप्रेक्ष्य में किस तरह की व्यवस्था पद्धति एवं उपागम अपनानी चाहिए उसमें इस उपसूत्र से एक दिशा प्राप्त होती है।

सूचना जगत की विशालता एवं वैविध्यता और सूचना स्रोतों को इस तरह से एकीकृत एवं सम्बद्ध करना चाहिए कि सूचना संस्थानों के विकास एवं बढ़ोतरी के परिप्रेक्ष्य में इसे सुसंगठित एवं स्थापित किया जा सके।

# पुस्तकालय विज्ञान : पाँच सिद्धान्त

पुस्तकालय विज्ञान ज्ञान बढ़ाने के अनेक स्रोतों में से एक महत्त्वपूर्ण स्रोत है। ज्ञान प्रदान करने वाली प्रायः समस्त शाखाओं के समक्ष कुछ न कुछ आदर्श अवश्य होते हैं। इन आदर्शों को हर समय अपने सामने रखने पर उन सभी उद्देश्यों की प्राप्ति में मदद मिलती है जिसके लिए शाखा विशेष का आविर्भाव हुआ है। पुस्तक विज्ञान के समक्ष कुछ आदर्श हैं। मानवीय क्षमताओं के विकास तथा समाज की परिवर्तनशील प्रकृति को ध्यान में रखते हुए इन आदर्शों का प्रतिपादन किया गया है।

डॉ. रंगनाथन द्वारा वर्ष 1928 में प्रतिपादित पुस्तकालय विज्ञान के पाँच सिद्धान्त पुस्तकों के अधिकतम उपयोग पर जोर देते हैं। ये सिद्धान्त इस तरह हैं :–

1. पुस्तकें उपयोगार्थ हैं।
2. प्रत्येक पाठक को उसकी पुस्तकें मिले।
3. प्रत्येक पुस्तक को उसका पाठक मिले।
4. पाठक का समय बचाओ।
5. पुस्तकालय वृद्धिशील संस्था है।

## प्रथम सिद्धान्त : पुस्तकें उपयोगार्थ हैं

अन्य विज्ञानों के पहले सिद्धान्तों की तरह पुस्तकालय विज्ञान का पहला सिद्धान्त उसी प्रकार है, जैसे–उपनिषद् का पहला सदाचार सिद्धान्त सदा सच बोलिए। यह सिद्धान्त है–पुस्तकें उपयोगी हैं। इस सिद्धान्त की सत्यता असंदिग्ध है।

अर्थात् पुस्तकें धनराशि की तरह सुरक्षित रखने की सामग्री नहीं हैं। वे ताले में, कैदियों की तरह रखने के लिए अथवा दूर से दिखाने के लिए भी नहीं हैं। मानव-मस्तिष्क की तरह पुस्तकें सृष्टि हैं। उन्हें मुद्रित सामग्री का ढेर समझना गलत है। मानव की ही तरह वे जीवित हैं, और ये लेखक के व्यक्तित्त्व को अनन्तकाल तक जीवित बनाये रखती हैं। उनमें 'तमसो मा ज्योतिर्गमय' के अनुसार अन्धकार से प्रकाश की ओर ले जाने की अनोखी शक्ति उपस्थित है। ग्रन्थों, किताबों की गिनती मानव के महानतम मित्रों में की जाती है।

उचित ही है कि पुस्तकें इस उद्देश्य से पुस्तकालय में संग्रहित की जायें कि व्यक्ति उन्हें पढ़ने के लिए उत्साहित हों। यदि समुचित उपयोग ही न हो सके तो पुस्तकों के बड़े-बड़े संग्रहगारों से किसी उद्देश्य की प्राप्ति नहीं हो सकती।

प्रथम सिद्धान्त में कोई भी विवादग्रस्त पक्ष नहीं है तथा इसकी उपयोगिता सर्वविदित है। विगत वर्षों में भारत तथा दूसरे राष्ट्रों में इस सिद्धान्त ने अधिक से अधिक मान्यता प्राप्त की है फिर भी इस सिद्धान्त की समस्त अपेक्षाओं को समझकर अभी भी पुस्तकालयों का नियोजन नहीं किया जाता। पुस्तकालयों में अभी भी अबाध प्रवेश प्रणाली अमल में नहीं आ रही है। प्रचार के साधन भी, पुस्तकों का उपयोग अधिक से अधिक बढ़ाने की दृष्टि से नहीं अपनाए जा रहे हैं।

अग्रलिखित बिन्दुओं को पहले सिद्धान्त की सफलता के लिए ध्यान में रखना अनिवार्य है–

**प्रचार**–पुस्तकालयों द्वारा दी जाने वाली सेवाओं तथा सुविधाओं के सम्बद्ध में वृहद् पैमाने पर पुस्तकालयाध्यक्ष को प्रचार-प्रसार करना चाहिए। उसे पुस्तकालय में खरीदी जाने वाली नवीन पुस्तकों के विषय में भी प्रचार विधियों का प्रयोग करना चाहिए, जिससे पाठकों को पुस्तकालय में उपलब्ध नई पुस्तकों के विषय में जानकारी हासिल हो सके। नई पुस्तकों का प्रदर्शन किया जाना चाहिए। विशिष्ट पुस्तकालयों को लेखों तथा प्रकाशनों के सार संक्षेप तैयार करके पाठकों को उपलब्ध कराने चाहिए।

**भवन**–पुस्तकालय भवन होना चाहिए। इसमें पर्याप्त साफ-सफाई तो रहनी ही चाहिए। भवन में संवातन एवं प्रकाश की पूर्ण व्यवस्था होनी चाहिए। पुस्तकालय भवन शहर के हृदय स्थल पर होना चाहिए। डॉ. रंगनाथन के अनुसार पुस्तकालय भवन के लिए नगर में ऐसा स्थान चुनना, जो रेलवे स्टेशन अथवा ट्रामलाइन से एक मील से ज्यादा दूर हो, जिसके आधे मील के अन्दर कोई रिक्शा स्टैण्ड न हो, तथा सबसे नजदीक महाविद्यालय व छात्रावास कम से कम तीन मील की दूरी पर हों, दूरदर्शितापूर्ण होगा।

**पुस्तकालय की स्थिति**—पुस्तकालय के लिए स्थान चुनाव उस कुशल व्यवसायी की तरह करना चाहिए, जो अधिक से अधिक ग्राहकों को अपनी दुकान की ओर आकर्षित करना चाहता है। आपने देखा होगा कि कॉफी हाउस आमतौर पर छात्रावासों के पास अथवा किसी औद्योगिक क्षेत्र के बीचों-बीच होते हैं। इसी प्रकार पुस्तकालय का स्थान भी इस प्रकार चुना जाना चाहिए जिससे कि अधिक व्यक्ति उपयोग कर सकें। जहाँ काफी आवाजाही रहती हो, ऐसा स्थान पुस्तकालय के लिए आदर्शतम स्थान है। पुर्तगाल की राजधानी लिस्बन में एक बगीचे में पुस्तकालय है। इस पुस्तकालय में सर्वप्रथम पुस्तक संख्या 1,000 थी। कालान्तर में यह बढ़ती गई और उनमें बहुत से उपयोगी विषयों पर पुस्तकें समाहित हो गईं। सुबह 10 से शाम 6 बजे तक पुस्तकालय खुला रहता है। लगभग 2500 पाठकों ने इस पुस्तकालय का प्रयोग प्रथम वर्ष में ही किया था।

**सामग्री**—सामग्री मनमोहक होनी चाहिए। पुस्तक रैक बहुत ऊँचे नहीं होने चाहिए। वे 7 फुट से ऊँचे नहीं होने चाहिए ताकि फर्श पर खड़े पाठक रैक के अन्तिम खाने तक आसानी से पुस्तक ले सकें। अध्ययन कक्ष मनमोहक तथा कुर्सियाँ इस तरह की होनी चाहिए कि पाठक लम्बे समय तक आसानी से बैठ सकें। पुस्तकालय में शोध कार्यों के लिए अलग से व्यवस्था की जानी चाहिए।

जब पुस्तकों को सुरक्षित रखने के लिए ही उनका संग्रह किया जाता था तब पुस्तकालय के रैक उसी दृष्टि से निर्मित किये गये थे। समस्या यह थी कि किस प्रकार न्यूनतम व्यय में अधिकतम पुस्तकों का संग्रह किया जाये। उस समय रैक छत से लगे रहते थे। आलमारियों में दरवाजे पर ताले लगे रहते थे। फर्नीचर सस्ता तथा काम चलाऊ होता था, पाठकों के लिए फर्नीचर आरामदेह हो, यह विचार उस समय रखा ही नहीं जाता था। प्रथम सिद्धान्त के प्रभावी होने के बाद अब हालातों में परिवर्तन होने लगा है।

**पुस्तकालय नियम**—पुस्तकालय के नियम का निर्माण इस तरह करना चाहिए जिससे पाठकों को पुस्तकों का उन्मुक्त उपयोग करने में बाधा न पड़े।

**अबाध प्रवेश**—पुस्तक संग्रह में पाठकों का अबाध प्रवेश होना चाहिए जिससे पाठक आलमारियों तक जा सकें और उपयोगी पुस्तक चुन सकें।

**पुस्तकालय कर्मचारियों का सहयोग**—पाठकों के प्रति कर्मचारियों को सहानुभूतिपूर्ण होना चाहिए तथा उन्हें पाठकों की सहायता के लिए हमेशा तैयार रहना चाहिए।

**पुस्तकालय**—पुस्तकालय का समय इस प्रकार निर्धारित किया जाना चाहिए कि उनका अधिकाधिक उपयोग किया जा सके। दिन में जब नागरिक

कार्यालयों में कार्य करते हों, ऐसे समय में यदि पुस्तकालय खुला रहे तो नागरिक पुस्तकालय के उपयोग से वंचित ही रह जायेंगे। अतएव पुस्तकालय प्रातः से रात्रि तक खुला रहना चाहिए। डॉ. रंगनाथन ने पुस्तकालय-कार्यकाल पाठकों की सुविधा के आधार पर न निर्धारित करने के दुष्परिणाम के रूप में दृष्टांत दिया है। सन् 1806 में एक छात्र पुस्तकालय के उपयोग के लिए लालायित रहते हुए भी उसका उपयोग न कर सका। तब वह उसके द्वार पर "तुम पर लानत है कि जो ज्ञान की कुंजी ले गये हो, तुम स्वयं तो प्रवेश कर नहीं पाए, दूसरों के मार्ग में भी रुकावट डालते हो।" यह लिख कर चला गया। पुस्तकालय न केवल प्रातः से रात्रि तक खोले जायें बल्कि छुट्टी के दिन तथा रविवार को भी खुले तो यह ज्यादा लाभदायी होंगे।

## द्वितीय सिद्धान्त : हर पाठक को उसकी पुस्तकें मिलें

पुस्तकालय पुस्तकों का संग्रहालय है उनका उद्देश्य क्या है? पहला सिद्धान्त इस सवाल का जवाब देता है—'उपयोग'? अब सवाल उठता है पुस्तकों का क्या उपयोग है। पुस्तकें जानकारी प्रदान करती हैं तथा शिक्षित करती हैं, वे शान्ति प्रदान करती हैं तथा स्वस्थ मनोरंजन का अभूतपूर्व साधन भी हैं। पहले हम उनकी शैक्षणिक महत्ता पर विचार करें। यदि पुस्तकें शिक्षा के साधनों के रूप हैं तो हर मानव के लिए पुस्तक सिद्धान्त के मूल में प्रत्येक व्यक्ति का मूलभूत अधिकार है। पुस्तकें शिक्षा का आवश्यक साधन हैं, अतएव प्रत्येक व्यक्ति को उपयोगी पुस्तकें प्राप्त हों, यह भी उनका मूलभूत अधिकार है। 'पुस्तकें कुछ चुने हुए लोगों के लिए हैं' नामक सिद्धान्त का इस सिद्धान्त ने पूर्णतया खण्डन कर दिया है।

नवीन वैज्ञानिक तौर-तरीकों की जानकारी इस सिद्धान्त के प्रभावी होने के बाद दूरस्थ स्थानों तक पहुंचने लगी है और शहरी व ग्रामीण उद्योग विश्व की नवीनतम प्रविधियों का उपयोग अपने उद्योगों में करके राष्ट्रीय उत्पादन में वृद्धि कर रहे हैं। विपणन के क्षेत्र में पुस्तकों के प्रचार से अनेकानेक सुधार हो गये हैं। प्रौढ़ शिक्षा का गावों में प्रचार हो गया है और ग्राम स्तर पर सामाजिक मान्यताओं में मूलभूत बदलाव आने लगे हैं।

ग्राम पेटिकाओं अथवा भ्रमणशील पुस्तकालयों के द्वारा पुस्तकालय सेवा गाँवों तक फैल गई है। पुस्तकालय सेवा लोगों तक पहुँचाने के कार्य में जिला अधिकारी, जिला संगठन, तहसीलदार, ग्राम पंचायत तथा सहकारी संस्थाएँ शामिल हैं। पुस्तकालय सेवा का संगठन करना एक चुनौती हो गया है, क्योंकि अब पुस्तकालय सेवा को

इस प्रकार संगठित किया जाता है कि जनसंख्या का कोई भी व्यक्ति ऐसा न बचे जिसे पुस्तकें पढ़ने के लिए प्रोत्साहित न किया गया हो।

कुछ पाठक-वर्ग साधारण पाठकों के अलावा ऐसे होते हैं, जिनको पुस्तकें प्रदान करना एक सामाजिक दायित्व है ऐसे पाठकों को विशिष्ट पाठकों के वर्ग के अन्तर्गत रखा जाता है। विशिष्ट पाठकों में कैदी, बालक, वृद्ध, रुग्ण, अन्ध, दैहिक रूप से असहाय, मानसिक रूप से असहाय, जहाजी आदि अनेक हो सकते हैं। भारत की 1991 की जनसंख्या (Census) विवणिका में 7,40,000 जहाजी बतलाये गये हैं— ये जहाजी अधिकतर समुद्रों पर ही रहते हैं। इन्हें प्रवास में मनोरंजन के लिए पुस्तकें प्राप्त होना आवश्यक है, इसी प्रकार कैदी, रुग्ण, मानसिक और दैहिक रूप से असहाय, जिनके पास मनोरंजन को कोई स्रोत नहीं होता, उनके लिए पुस्तकें ही एकमात्र मनोरंजन का स्रोत होती हैं। बालकों के आत्म विकास के लिए पाठ्य पुस्तकों का ज्ञान विशेष सहायक नहीं होता अतएव उन्हें भी विविध जीवन निर्माणकारी साहित्य प्राप्त होना चाहिए। उपर्युक्त सिद्धान्त के आधार पर पाठकों की दृष्टि से उपयोगी सामग्री ही पुस्तकालय में उपलब्ध होनी चाहिए। ब्रेल पुस्तकों का उपलब्ध होना अन्धों के मनोरंजन के लिए जरूरी हो गया है।

पुस्तकों का महत्त्व विश्व के अधिकांश देशों में लोकतान्त्रिक सरकारों की स्थापना के बाद बढ़ गया है। अब यह राष्ट्र की सरकार का उत्तरदायित्व हो गया है कि स्वस्थ प्रजातन्त्र की परम्परा बनाये रखने के लिए राष्ट्र के सभी व्यक्ति शिक्षित हों तथा राष्ट्र के प्रति अपने-अपने उत्तरदायित्व को समझें। पुस्तकालय विज्ञान का यह सिद्धान्त क्रान्ति को एक कदम और आगे बढ़ाने में पहले सिद्धान्त का अनुगमन करता है। यदि पहले सिद्धान्त ने "पुस्तकें संरक्षाणार्थ हैं" सम्बन्ध विचारधारा को बदला तो दूसरे सिद्धान्त ने "पुस्तकें कुछ ही के लिए हैं" सम्बन्ध विचारधारा को बदल दिया। यदि पहले सिद्धान्त का क्रान्तिकारी उद्घोष "पुस्तकें उपयोगार्थ हैं" तो दूसरे सिद्धान्त का क्रान्तिकारी उद्घोष "पुस्तकें सबके लिए हैं।" यदि पहले सिद्धान्त का दृष्टिकोण पुस्तकों के पक्ष में है तो दूसरे सिद्धान्त का दृष्टिकोण पुस्तकों के उपयोगकर्ताओं के पक्ष में है। यदि पहला सिद्धान्त पुस्तकालय में जीवन-संचार करता है, तो दूसरा सिद्धान्त पुस्तकालय को राष्ट्रव्यापी संस्था के रूप में स्थापित करता है। यदि पहला सिद्धान्त अनेक पुस्तकालय खोले जाने पर बल देता है तो दूसरा सिद्धान्त नये पुस्तकालयों की रचना करता है तथा नये प्रकार का पुस्तकालय सभ्यता को जन्म देता है। यदि पहले सिद्धान्त को अपनाने के सम्बन्ध में असहमति थी तो दूसरे के

सम्बन्ध में व्यापक प्रतिक्रिया है। अतः द्वितीय सिद्धान्त द्वारा प्रोत्साहित क्रान्ति ज्यादा पर्याप्त है और वह मानवता को लक्ष्य के अधिक पास लाती है।

उपर्युक्त सिद्धान्त के आधार पर पाठकों की दृष्टि से उपयोगी सामग्री ही पुस्तकालय में उपलब्ध होनी चाहिए। पुस्तकालयाध्यक्ष तक पुस्तक चुनाव-समिति के व्यक्तियों को उन विषयों की सर्वांगपूर्ण जानकारी ज्ञात होनी चाहिए जिन पर पाठक पुस्तकें चाहते हैं। पुस्तकों का चुनाव सभी प्रकार के पाठकों को दृष्टि में रखते हुए करना चाहिए। इस सिद्धान्त से वास्तव में यह निर्धारित करने में सहायता मिलती है कि पुस्तकालय कौन-सी पुस्तकें खरीदे। उदाहरणस्वरूप किसी विद्यालय के पुस्तकालय में न केवल पाठ्य पुस्तकें होनी चाहिए बल्कि उनके अन्य उपयोगी संदर्भ एवं उपयोगी पुस्तकें भी होनी चाहिए। इसी तरह सार्वजनिक पुस्तकालय में सामान्य रुचि की पुस्तकों के साथ-साथ ज्ञान बढ़ाने वाली पुस्तकें भी होनी चाहिए। विभिन्न व्यक्तियों की रुचि में अन्तर पाया जाता है अतएव ज्ञान की शिक्षित शाखाओं पर उपयोगी पुस्तकें पुस्तकालय में होनी चाहिए। पुस्तकालयों में मोटे अक्षरों वाली पुस्तकें बच्चों के लिए संग्रहीत की जानी चाहिए।

प्रत्येक व्यक्ति को उनकी अभिरुचि की पुस्तक मिले यह सिद्धान्त सामान्यतः कहने में जितना सरल है, व्यावहारिक रूप से उसे कार्यान्वित करना उतना ही कठिन है। इस सिद्धान्त का पालन तब ही हो सकता है जब राज्य, पुस्तकालय प्राधिकारी, पुस्तकालय कर्मचारी और स्वतः पाठक अपने-अपने उत्तरदायित्व को समझें। डॉ. रंगनाथन ने राज्य पुस्तकालय प्राधिकारी, पुस्तकालय कर्मचारियों और स्वयं पाठकों के उत्तरदायित्व के सम्बन्ध में प्रकाश डाला है। चारों के उत्तरदायित्व को अग्र पंक्तियों में स्पष्ट किया गया है–

**(1) राज्य का उत्तरदायित्व**–राज्य में निवास करने वाले सभी वर्गों को बिना किसी भेदभाव के शिक्षा प्रदान करना राज्य का पहला कर्तव्य है। पुस्तकालय स्वशिक्षा के माध्यम के रूप में राज्य शासन को अपना कर्तव्य पूरा करने में सहयोग देते हैं। अतः यह अनिवार्य है कि राज्य सुव्यवस्थित पुस्तकालयों की स्थापना करें, तथा स्थापित पुस्तकालयों को संरक्षण दें। राज्य पुस्तकालयों के लिए वित्तीय व्यवस्था करके तथा उन्हें एक वैधानिक व्यवस्था के अधीन रखकर अन्य पुस्तकालयों में शामिल करके राज्य पुस्तकालयों के प्रति अपना उत्तरदायित्व पूरा कर सकता है। वित्त पुस्तकालय अधिनियम विशेष महत्त्व के हैं। बिना वित्तीय संसाधनों के पुस्तकालय न तो स्थापित हो सकते हैं और न ही उनका संचालन और विकास ही हो सकता है। जनता पुस्तकालय न तो स्थापित हो सकते हैं और न ही उनका विकास और

संचालन ही हो सकता है। जनता पुस्तकालयों से लाभ उठाती है। अतः जनता पर नाममात्र का पुस्तकालय कर लगाकर वित्तीय व्यवस्था की जा सकती है। विभिन्न राष्ट्रों के पुस्तकालय विधानों में पुस्तकालय कर का प्रावधान किया गया है। भारत के भी 10 राज्यों में पुस्तकालय विधान प्रारम्भ होते हैं। पुस्तकालय कर के अलावा राज्य शासन को अन्य अनुदानों द्वारा पुस्तकालय सेवा को असरदार बनाये रखने का प्रयास करना चाहिए इसके अलावा यह भी जरूरी है कि पुस्तकालयों का गठन इस प्रकार किया जाये कि वे आपस में सहयोग करें, और पाठकों की अपेक्षाएँ पूर्ण करें। वैधानिक व्यवस्था में बँध जाने पर राज्य के सभी पुस्तकालय एक इकाई के रूप में काम करने लगते हैं।

अग्रलिखित तीन तत्त्वों पर राज्य का उत्तरदायित्व निर्भर है–

(अ) वित्त

(ब) पुस्तकालय कानून

(स) शृंखलाबद्ध संगठन

**(अ) वित्त**–आर्थिक संसाधनों की प्रचुरता सफल पुस्तकालय पद्धति की स्थापना के लिए आवश्यक है। वित्त-व्यवस्था के मुख्य साधन राज्य तथा केन्द्रीय शासन द्वारा पुस्तकालयों को प्राप्त होने वाले अनुदान, पुस्तकालय कर तथा वैयक्तिक और संस्थानिक सहायक हैं। पुस्तकालय कर लगाने के लिए पुस्तकालय अधिनियम में इस प्रकार का नियम होना चाहिए।

**(ब) पुस्तकालय कानून**–पुस्तकों के मुक्त उपयोग तथा पुस्तकालयों को नियोजित करने के लिए पुस्तकालय कानून अत्यन्त आवश्यक हैं।

**(स) शृंखलाबद्ध संगठन**–द्वितीय सिद्धान्त की पूर्ति हेतु पर्याप्त मात्रा में धन होना चाहिए। इस दृष्टि से पुस्तकालयों के कार्यों में सहयोग और संगठन अत्यन्त आवश्यक है कि फिजूलखर्ची को रोका जा सके। राज्य का यह उत्तरदायित्व है कि वह राज्य के पुस्तकालयों को पुस्तकालय पद्धति के रूप में संगठित करें। पुस्तकालय पद्धति के द्वारा विभिन्न पुस्तकालय संगठन में बँध जाते हैं तथा अपने उद्देश्यों की पूर्ति इस तरह कर सकते हैं–(1) स्थानीय पुस्तकालय अधिकतम सीमा निर्धारित करके, (2) अन्तःपुस्तकालयीन उधार, आदि के द्वारा, (3) राज्य द्वारा केन्द्रीय अभिकरणों की स्थापना द्वारा।

**(2) पुस्तकालय प्राधिकारी का उत्तरदायित्व**–राज्य के द्वारा अपने उत्तरदायित्व का निर्वाह करने पर पुस्तकालयों के लिए केवल धन और इमारत व्यवस्था हो सकती है, पुस्तकालय प्राधिकारी का कार्य पुस्तकालय सेवा में जीवन फूँकने का है। पुस्तकालय प्राधिकारी के दो मुख्य कार्य हैं।

(अ) पुस्तकों का चुनाव

(ब) कर्मचारियों का चुनाव।

**(अ) पुस्तकों का चुनाव**—पुस्तकों का चुनाव करते समय चुनावकर्ता को यह निर्णय कर लेना कि पुस्तक विशेष का कितना उपयोग हो सकेगा अथवा उस पुस्तकालय के पाठकों के लिए वह पुस्तक होगी भी या नहीं। वित्तीय संसाधनों की अपर्याप्तता के कारण पुस्तक चुनाव में विशेष सावधानी आवश्यक है। चुनावकर्ता के लिए आवश्यक है कि वह पाठकों से निकट संपर्क बनाए रखे और उसे अभिरुचियों के सम्बन्ध में जानकारी हो। उसे पुस्तकालयाध्यक्ष के परामर्श को विशेष महत्त्व देना चाहिए।

**(ब) कर्मचारियों का चुनाव**—अच्छी तरह से शिक्षित तथा प्रशिक्षित कर्मचारियों का ही पुस्तकालय के लिए चयन होना चाहिए। कर्मचारियों का वेतन पर्याप्त होना चाहिए तथा कार्य के परिमाण के अनुसार उनकी संख्या निश्चित की जानी चाहिए।

**(3) पुस्तकालय कर्मचारियों का उत्तरदायित्व**—पुस्तकालय कर्मचारियों के कार्यकुशल होने या अकुशल होने का प्रभाव पुस्तकालय सेवा पर ऋणात्मक या धनात्मक पड़ता है। कर्मचारियों के द्वारा पाठकों में रुचि न लिए जाने की स्थिति में राज्य तक पुस्तक कर्मचारियों को पुस्तकों तथा पाठकों से नजदीक सम्पर्क बनाए रखना चाहिए जिससे कि वे आवश्यकतानुसार दोनों पक्षों को मिला सकें। पुस्तकालय कर्मचारियों को निपुणतापूर्वक सन्दर्भ सेवा पाठकों को प्रदान करनी चाहिए जिससे कि उनको अपनी सामान्य जिज्ञासाओं की पुष्टि के लिए अधिक समय न देना पड़े। पाठकों को वाङ्मय सूचियों (Bibliographies) की भी पूर्ण जानकारी होनी चाहिए। इन सूचियों के द्वारा वे पाठकों को उसकी रुचि के विषय पर उपस्थित साहित्य की सूचना तुरन्त करा सकते हैं।

**(4) पाठकों का उत्तरदायित्व**—पुस्तकों का प्रयोग करते समय पाठकों की यह जिम्मेदारी है कि वे अन्य पाठकों का ध्यान तथा पुस्तकालय के नियमों का अनुपालन करें। निर्धारित संख्या में ही पुस्तकें प्राप्त करें तथा निर्धारित समय व्यतीत होने के पहले ही उन्हें वापस कर दें। वे सन्दर्भ ग्रन्थ, विलुप्त साहित्य तथा कला पर प्रकाशित महंगी पुस्तकें तथा पत्र-पत्रिकाओं का उपयोग पुस्तकालय में ही करें।

## तृतीय सिद्धान्त : प्रत्येक पुस्तक को उसका पाठक मिले

एक अर्थ में दूसरे सिद्धान्त को सम्पूर्णता प्रदान करने वाला तृतीय सिद्धान्त प्रथम सिद्धान्त के अनुरूप है। जबकि दूसरा सिद्धान्त प्रत्येक पाठक को उपयोगी

पुस्तक प्रदान करवाने के लिए वचनबद्ध है, तीसरा सिद्धान्त प्रत्येक पाठक को उसके उपयोग की पुस्तक दिलवाने हेतु कृत संकल्प है।

यह सिद्धान्त काफी महत्त्वपूर्ण है। जिस पुस्तक का उपयोग ही न हो, उसका पुस्तकालय में होने का क्या औचित्य है। उचित तो यह है कि पुस्तकालय में उपलब्ध प्रत्येक पुस्तक के लिए पाठक होने ही चाहिए। कई पुस्तकों के नये संस्करण कभी भी उपयोग में नहीं आते। कुछ पुस्तकों को धूल झाड़ने वाले कर्मचारी के अलावा और कोई भी हाथ नहीं लगा पाता। कई पुस्तकें शीर्षक से पाठकों को तो उपयोगी मालूम होती हैं किन्तु वे उनके लिए उतनी उपयोगी नहीं होती। वर्तमान समय में पुस्तकों का पर्याप्त उपयोग न होना, पुस्तकालयों के लिए चिन्ता का विषय है।

किन्तु पुस्तकें स्वतः तो पाठकों तक पहुँच नहीं सकती। पुस्तकें निर्जीव हैं, अतएव यह पुस्तकालयाध्यक्ष का कर्तव्य हो जाता है कि वह पाठकों को उनके उपयोग की पुस्तकें दिलवाएँ। इस उद्देश्य की पूर्ति के लिए ऐसे कुछ साधनों और विधियों का प्रयोग करना होगा, जो निम्नानुसार हैं–

(1) संदर्भ सेवा
(2) सूची प्रविष्टियाँ
(3) पुस्तक चुनाव
(4) प्रसार सेवाएँ
(5) प्रचार प्रविधियाँ
(6) खुली प्रवेश पद्धति
(7) स्वतः व्यवस्थापन
(8) कुछ लोकप्रिय विभागों की स्थापना

खुली प्रवेश पद्धति दूसरे सिद्धान्त की पूर्ति के लिए सर्वाधिक महत्त्वपूर्ण पद्धति है। खुली प्रवेश पद्धति के द्वारा पाठक को यह सुविधा उपलब्ध होती है कि वह पुस्तकालय से अपने व्यक्तिगत पुस्तकालय की तरह पुस्तकें चुन सकते हैं। इस पद्धति के अन्तर्गत पाठक को यह छूट रहती है कि वह आलमारियों तक जाकर स्वयं पुस्तकें बिना किसी रुकावट के छाँट सकें। जिन पुस्तकालयों में पुस्तकों को अलमारियों में बन्द रखा जाता है, उसकी सुविधा पाठकों को उपलब्ध नहीं होती। ऐसे पुस्तकालयों का उपयोग कम होता है तथा अनेक पुस्तकें वर्षों तक अलमारियों में बन्द पड़ी रहती हैं। ऐसी कैद की गई पुस्तकों के सम्बद्ध में श्री ए. थिरुमलैमुकतुस्वामी ने एक बड़ी अच्छी कल्पना की है–उनके अनुसार यदि पुस्तकें जीवित होती तो वे ऐसे पुस्तकालयाध्यक्षों का उपहास करतीं, जो अपने कर्तव्य का पालन नहीं करते, और

उनकी खलनायक के रूप में भर्त्सना करतीं, क्योंकि वह पाठकरूपी प्रेमी को पुस्तकरूपी प्रेमिका से मिलने नहीं देता।

प्रथम सिद्धान्त के विवरण में यह कहा गया था कि पुस्तकालय भवन का चुनाव हमें उस कुशल व्यवसायी की भाँति करना चाहिए जो अधिकाधिक ग्राहकों को अपनी दुकान की ओर मोहित करना चाहता है। यह स्पष्ट है कि अपनी दुकान की ओर मोहित करने के बाद व्यवसायी अपनी सामग्री की ओर ग्राहकों को मोहित करना चाहेगा, जिससे कि उसकी अधिकाधिक बिक्री हो, कोई दुकानदार अलमारियों में सामान बन्द कर देने पर अच्छी बिक्री की आशा नहीं कर सकता। पुस्तकालयाध्यक्षों को भी ऐसा ही आदर्श अपने समक्ष रखकर मुक्त पद्धति को अपनाना चाहिए।

खुली प्रवेश पद्धति के सम्बद्ध में यह आपत्ति है कि इस पद्धति को व्यवहार में लाने पर पुस्तकें चोरी हो जाती हैं। यह आक्षेप असत्य नहीं है किन्तु अधिक से अधिक पाठकों को पुस्तकालय सेवा का लाभ प्रदान करने की दृष्टि से हमें खुली प्रवेश पद्धति को व्यवहार में लाना ही होगा। वास्तव में कुछ पुस्तकों की हानि तो निषिद्ध प्रवेश पद्धति में भी होती है। प्रैट-इन्स्टीट्यूट की पुस्तकालयाध्यक्षा कुमारी इसाबेल एलीलार्ड के द्वारा किये गये एक सर्वेक्षण का यह परिणाम निकला कि खुली प्रवेश पद्धति वाले पुस्तकालयों में चोरियों की संख्या बन्द प्रवेश पद्धति वाले पुस्तकालयों की अपेक्षा बहुत अधिक नहीं थी।

**(अ) निधानी व्यवस्थापन**—पुस्तकें पुस्तकालयों में सुव्यवस्थित होनी चाहिए। निधानियों पर पुस्तकें विषयवार वर्गीकृत, सुव्यवस्थित होनी चाहिए। वर्गीकरण किसी प्रामाणिक वर्गीकरण पद्धति के अनुसार होना चाहिए। पुस्तकालय द्वार पर पुस्तकें, तथा प्राचीन पुस्तकों के नये संस्करण प्रदर्शित करने के लिए फलक होना चाहिए, जिससे पाठक नई पुस्तकों की ओर आकर्षित हो सकें। इसके अलावा कुछ विशेष शीर्षक जैसे—उपयोगी पुस्तकें शीर्षक के अन्तर्गत प्रदर्शित की जानी चाहिए।

**(ब) सूची प्रविष्टियाँ**—सूची-कार्डों पर किसी प्रमाणिक सूची कल्प (Catalouguing Code) के आधार पर बनी सूची प्रविष्टियाँ बनानी चाहिए। विशेषतः पुस्तक माला प्रविष्टियाँ और अन्तर्निर्देशन प्रविष्टियाँ। चुनाव करने में सूचीकरण पाठकों की काफी सहायता करता है। ये सूचियाँ पुस्तकालय की कुंजी की तरह हैं। सूचियाँ निर्मित करने के लिए प्रशिक्षित कर्मचारियों की आवश्यकता होती है, अतएव पुस्तकालयों में पर्याप्त मात्रा में प्रशिक्षित कर्मचारियों की उपलब्धता से ही इस नियम की पूर्ति हो सकती है।

**(स) संदर्भ सेवा**—इस प्रकार खुली प्रवेश पद्धति पुस्तकों का निधानियों पर विषयवार व्यवस्थापन तथा वैश्लेषिक सूचीकर ये विधियाँ प्रत्येक पाठक को उसकी पुस्तक प्राप्त कराने में बहुत सहायक हो सकती हैं, किन्तु ये विधियाँ वैज्ञानिक होते हुए भी यांत्रिक हैं। खुली प्रवेश प्रणाली होने पर भी सामान्य पाठक स्वयं के लिए उपयोगी पुस्तकों का चुनाव नहीं कर सकेगा क्योंकि पुस्तकालय का यांत्रिक संगठन कितना ही अच्छा क्यों न हो वैयक्तिक परामर्श और निर्देशन के बिना अपने लिए उपयोगी पुस्तक चुन पाना सम्भव नहीं है। सामान्य पाठकों के लिए सूची कार्ड भी ज्यादा हो सकते हैं।

अतः यह आवश्यक है कि पुस्तकालय के यांत्रिक संगठन के साथ-साथ, उसमें कुछ ऐसे कर्मचारी भी हों जो कि पाठकों को व्यक्तिगत सेवा प्रदान कर सकें। इस प्रकार के कर्मचारी जिन्हें सन्दर्भ कर्मचारी कहा जाता है।

**(द) लोकप्रिय विभागों की स्थापना**—सम्भावित पाठकों को वास्तविक पाठकों के रूप में बदले बिना तीसरा सिद्धान्त पूर्णतया सफल नहीं हो सकता। पुस्तकालय से लाभ उठाने को प्रेरित करने के लिए उन्हें पुस्तकालय की ओर आकर्षित करना होगा। ऐसे पाठकों को आकर्षित करने के लिए पुस्तकालयों में सामान्यतया समाचार-पत्र तथा पत्रिका कक्ष होते हैं। समाचार-पत्रों तथा पत्रिकाओं में सामान्यतः हर व्यक्ति की रुचि होती है। अतएव पुस्तकालय में जाने के लिए वे अभ्यस्त हो जाते हैं और पुस्तकालय में संग्रहीत अन्य सामग्री से लाभान्वित होने लगते हैं।

सम्भावना नियम पर आधारित तीसरे सिद्धान्त का अर्थ यह है कि जितने अधिक व्यक्ति पुस्तकालय में आयेंगे, उतनी ही पाठक संख्या में वृद्धि होगी और तब प्रत्येक पुस्तक को अपना पाठक खोजने में कठिनाई नहीं होगी।

**(इ) प्रचार**--पुस्तकालय में आगन्तुकों की संख्या में बढ़ोत्तरी हो जाने पर कुछ ऐसे साधन व्यवहार में लाये जाने चाहिए जो आगन्तुकों को पुस्तकों तक आने के लिए प्रेरित करें। ये स्रोत प्रचार के साधन कहे जाते हैं। पुस्तकालय में किन विषयों की उपयोगी पुस्तकें हैं इसका ज्ञान इन साधनों के द्वारा हो जाता है। ये साधन हैं, (1) पुस्तकालय बुलेटिन, (2) रेडियो, (3) प्रेस, (4) पाठकों से वार्तालाप, (5) समाचार फलक, (6) पुस्तक प्रदर्शनी,(7) पोस्टर। इन विधियों के उचित और सामयिक उपयोग से पाठक पुस्तकों की ओर मोहित होते हैं और इस तरह प्रत्येक पुस्तक को अपना पाठक मिलने में मदद मिलती है।

**(फ) प्रसार-सेवाएँ**—प्रसार सेवा के अन्तर्गत आने वाले कुछ अलग तरह के कार्य भी अब पुस्तकालय करने लगे हैं जिससे कि पाठक उनकी ओर मोहित हों। प्रसार सेवाओं का उद्देश्य पुस्तकालय को ऐसे सामुदायिक केन्द्र के रूप में बदल देना है जिसका लक्ष्य सामान्य नागरिकों को पाठकों में परिवर्तित करना, साहित्य पढ़ने की इच्छा जाग्रत करना तथा पाठकों और पुस्तकों के मध्य सम्पर्क स्थापित कराना है।

निम्न कार्यक्रम प्रसार सेवाओं के अन्तर्गत शामिल हैं—

1. अन्य भाषाओं से उपयोगी पुस्तकों का प्रादेशिक भाषाओं में अनुवाद करवाना और उन्हें पाठकों को पढ़कर सुनाना।
2. अनपढ़ों को पुस्तकें पढ़कर सुनाना।
3. पुस्तकालय कर्मचारियों तथा पाठकों के मध्य सौहार्द की भावना विकसित करने के उद्देश्य से पुस्तकालय में बुद्धिजीवियों के विभिन्न संगठनों की बैठकें आयोजित करना।
4. पठन केन्द्रों की स्थापना—इन केन्द्रों का उद्देश्य किसी विषय विशेष के अध्ययनार्थियों को एक सूत्र में बाँधना तथा उन्हें उस विषय पर पुस्तकालय में सामग्री उपलब्ध करना है।
5. पुस्तकालय में पुस्तक प्रदर्शनियों का आयोजन।
6. पुस्तकालय में सार्वजनिक भाषाओं का आयोजन।
7. महापुरुषों की जयन्ती, उत्सव, पर्वों आदि पर आयोजन करना।
8. पुस्तकालय में कहानियाँ सुनाना तथा नाटकों का मंचन करना।

**(ज) पुस्तक चुनाव**—तृतीय सिद्धान्त की दृष्टि से पुस्तक चुनाव अत्यन्त महत्त्वपूर्ण है। पुस्तक चुनाव इस प्रकार से किया जाना चाहिए जिससे पुस्तकालय के सभी उपयोगकर्ताओं की रुचियों तथा आवश्यकताओं की पूर्ति की जा सके। पाठकों की आवश्यकताओं तथा रुचियों के विषय में जानकारी के अग्रलिखित स्रोत प्रमुख हैं—

1. सन्दर्भ-सेवी कर्मचारियों के नोट्स।
2. मुख्य स्थानीय पुस्तक व्यवसायी।
3. स्थानीय समुदायों के प्रमुख व्यक्तियों से परिचय।
4. सन्दर्भ-सेवी कर्मचारियों द्वारा नोट किये हुए सुझाव।
5. राष्ट्रीय तथा स्थानीय महत्त्व की घटनाएँ।
6. पाठकों के सुझाव।

पुस्तकें यदि सम्भावित आवश्यकताओं को दृष्टिगत रखकर खरीदी जायें तो तृतीय सिद्धान्त की सफलता में जो समस्याएं हैं, वे स्वयं दूर हो जाती हैं।

## चतुर्थ सिद्धान्त : पाठक का समय बचाओ

समय नष्ट किए बिना पाठकों को पुस्तकें उपलब्ध कराने वाला चतुर्थ सिद्धान्त वास्तव में पुस्तकालय के कर्मचारियों की कार्यकुशलता की परीक्षा लेने के लिए है। जबकि पहले तीन सिद्धान्त अधिकतम व्यक्तियों द्वारा पुस्तकों के अधिकतम उपयोग से सम्बन्धित हैं, यह नियम पाठकों के समय बचाने के उद्देश्य से बनाया गया है।

पाठक का समय बचाओ सिद्धान्त का अर्थ यह है कि पाठक के पुस्तकालय में प्रवेश होने के समय से, पुस्तकालय छोड़ने के समय तक ऐसी विधियों का उपयोग करना चाहिए जिससे कि उसका समय बर्बाद न हो।

अग्रलिखित बातें पाठक का समय बचाने के विचार से सहायक होती हैं—

1. खुली प्रवेश पद्धति,
2. व्यवस्थापन,
3. संग्रहगार प्रदर्शक,
4. सूचीकरण,
5. ग्रन्थ संदर्भ सूची,
6. सन्दर्भ सेवा,
7. निर्गमन प्रणाली,
8. पुस्तकालय कर्मचारी,
9. केन्द्रीय सूचीकरण,
10. पुस्तकालय का स्थान।

**1. खुली प्रवेश पद्धति**—उन पुस्तकालयों में जहां खुली प्रवेश व्यवस्था नहीं है पाठकों को पुस्तके चुनने के लिए मदद लेनी पड़ती है। उन्हें सूची से एक स्लिप में पुस्तक का वर्णक नोट करके पुस्तकालय कर्मचारी को देना होता है तथा कर्मचारी के पुस्तक लाने तक उन्हें इन्तजार करना होता है। इसके अतिरिक्त सूची से चुनी गई पुस्तक हो सकता है, पाठक की अपेक्षाओं को पूरा न करे। अतएव उसे दुबारा सूची से अन्य पुस्तक का चुनाव करना होता है। सारतः खुली प्रवेश पद्धति पाठकों के समय को बचाने के वास्ते बहुत जरूरी है।

**2. स्वतः व्यवस्थापन**—प्रामाणिक वर्गीकरण के अनुसार स्वतः पुस्तक व्यवस्थापन विषयानुसार होना चाहिए। सन्दर्भ को काउण्टर के पास स्थान देना चाहिए। इसके

अलावा जिन विषयों की पुस्तकें पाठकों के प्रायः उपयोग में आती हों, उन्हें संग्रहगार में पहले रखा जाना चाहिए, अन्य पुस्तकें जिनका कभी-कभी उपयोग होता है, उन्हें कक्ष के शेष भाग में व्यवस्थित किया जा सकता है। इस पद्धति से पुस्तकों का व्यवस्थापन करने से पाठक का समय बचता है।

**3. पथ-प्रदर्शन**—संग्रहगार के आरम्भ में पाठकों का पथ प्रदर्शित करने के लिए पुस्तक व्यवस्थापन योजना दर्शाने के लिए एक चार्ट होना चाहिए, इसके अलावा अलमारियों और निधानियों के शीर्षों पर विषय पट्टी तथा फलकों से पाठकों को विषय विशेष से सम्बन्धित पुस्तकों तक पहुँचने में सहूलियत होती है।

**4. सूची प्रविष्टियाँ**—पुस्तकालयों में अनेक ऐसी पुस्तकें होती हैं, जिनमें कुछ विषयों पर उपयोगी लेख होते हैं अथवा जिन पर पाठक की रुचि के विषय पर उपयोगी सामग्री कुछ पृष्ठों तक ही सीमित होती है। पाठक का दृष्टिकोण यह रहता है कि उसे पुस्तकालय में विषय विशेष पर उपलब्ध सम्पूर्ण साहित्य के विषय में जानकारी दी जाये। उदाहरण के तौर पर पाठक तुलसीदास पर साहित्य चाहता है। पुस्तकालय में केवल तुलसीदास पर केन्द्रित करके लिखी पुस्तकों के अलावा कुछ पुस्तकें ऐसी होंगी जिनमें प्रसंगवश तुलसीदास पर चर्चा की पुस्तकों का पुस्तकालय में वैश्लेषिक सूचीकरण होना जरूरी है।

**5. ग्रन्थ संदर्भ सूची**—विभिन्न विषयों पर वैश्लेषिक सूचीकरण के अलावा ग्रन्थ सन्दर्भ सूचियाँ भी पुस्तकालय में उपलब्ध होनी चाहिए। पत्रिकाओं (Periodicals) में प्रकाशित लेखों के आधार पर विषयवार वर्गीकृत सूचियाँ पाठक को उपलब्ध होने पर, उसे विषय विशेष पर विभिन्न पत्र-पत्रिकाओं में प्रकाशित लेखों के सम्बद्ध में शीघ्रता से ज्ञान हो जाता है। वर्तमान में एक ही विषय पर बहुत बड़ी संख्या में पत्र-पत्रिकाएँ प्रकाशित होती हैं, अतएव पाठक को अपनी रुचि विषयक सामग्री खोजने में बड़ी कठिनाई होती है। अतः ग्रन्थ संदर्भ सूचियों से पुस्तकों के चुनाव और अनुसंधान-कार्य में पाठकों को मदद मिलती है और उनका समय भी बचता है।

**6. संदर्भ-सेवा**—पुस्तकालय द्वारा पाठकों का समय बचाने के लिए उन्हें सन्दर्भ-सेवा दी जानी चाहिए। पुस्तकालय में विभिन्न तरह की ग्रन्थ संदर्भ सूचियाँ तथा सन्दर्भ ग्रन्थों के आधार पर पाठकों को उसकी रुचि के विषय पर जानकारी दी जा सकती है। इस प्रकार की सेवा अध्ययन और अनुसन्धान कार्यों में बहुत सहायक होती है। सन्दर्भ-सेवा दो तरह की होती हैं—सत्वर सन्दर्भ-सेवा (Ready reference service), तथा व्याप्त सन्दर्भ-सेवा (Long range reference service)। सत्वर सन्दर्भ-सेवा के अग्रलिखित तीन उद्देश्य हैं—

(क) सामान्य जिज्ञासाओं की पुष्टि करना—व्याप्त सन्दर्भ-सेवा : व्याप्त सन्दर्भ-सेवा का उद्देश्य वाङ्मयात्क स्रोत, अमुद्रित सामग्री, समाचार-पत्र, पत्रिकाओं के नवीन अंक, समाचार-सार, मुद्रित ग्रन्थ, संचित सन्दर्भ, अभिलेखों के आधार पर पाठकों को अनुसन्धान-कार्य में सहायता देना है। इस कार्य में विषय विशेषज्ञों की सलाह एवं प्रलेखन केन्द्रकों की सहायता का विशेष महत्त्व है।

(ख) पाठकों को पुस्तकालय में सूची तथा ग्रन्थ संदर्भ सूचियों का उपयोग करने के लिए प्रशिक्षित करना तथा उन्हें वर्गीकरण और फलक व्यवस्थापन के विषय में जानकारी देना।

(ग) पाठकों को पुस्तकालय के विभिन्न भागों के विषय में सूचना देना तथा उन्हें विषय विशेष के सन्दर्भ कक्ष प्रभारी से अवगत कराना।

स्पष्ट है कि सन्दर्भ-सेवा द्वारा पाठकों का पर्याप्त समय बच सकता है, क्योंकि सन्दर्भ सहायक बहुत कम समय में पाठकों को वे सूचनाएँ उपलब्ध करा देते हैं, जो उन्हें स्वतः काफी समय में उपलब्ध होती है।

**7. निर्गमन पद्धति**—सुसंगठित पुस्तकालयों में ऐसी वैज्ञानिक निर्गमन पद्धति का उपयोग करना चाहिए, जिससे पुस्तकों के आदान में पाठकों का अधिक समय नष्ट न हो। वर्तमान में खाता समय जैसी पद्धति का बहिष्कार कर दिया गया है क्योंकि इस प्रकार की प्रणालियों में बहुत-सी प्रविष्टियाँ आवश्यक होती हैं और पाठकों का बहुत समय नष्ट होता है। द्विकार्य पद्धति पाठकों का समय बचाने में ज्यादा उपयोगी सिद्ध हो रही है।

**8. पुस्तकालय कर्मचारी**—पाठकों का समय बचाने के लिए यह आवश्यक है कि सन्दर्भ-सेवा के लिए पुस्तकालय में पर्याप्त कर्मचारी हों। पुस्तकालय की कार्य पद्धति ऐसी होनी चाहिए कि कर्मचारी कम समय में अधिक कार्य कर सकें तथा अधिक से अधिक पाठकों की सहायता कर सकें।

**9. केन्द्रीय सूचीकरण व्यवस्था**—कर्मचारियों का समय बचाने की दृष्टि से यह आवश्यक है कि सूचीकरण केन्द्रीय स्तर पर हो जिससे किसी केन्द्रीय संस्था से पुस्तकालयों को पुस्तकों के तैयार सूची कार्ड प्राप्त होते रहें। इस व्यवस्था से कर्मचारियों का समय सूचीकरण पर नष्ट नहीं होता तथा वे अपना बचा हुआ वक्त पाठकों की सेवा में लगा सकते हैं।

**10. पुस्तकालय की स्थिति**—पाठकों का समय बचाने की दृष्टि से भवन पुस्तकालय ऐसे स्थान पर स्थित होना चाहिए, जहाँ पाठक, अधिकतम 10 मिनट के अन्दर पहुँच सकें। इस उद्देश्य की पूर्ति के लिए पुस्तकालयों की अधिक से

अधिक शाखाएँ खोलनी चाहिए तथा ग्रामीण क्षेत्रों में मोटरवाहन द्वारा प्रत्येक ग्राम पुस्तकालय और कृषि क्षेत्रों तक पुस्तकें पहुँचाने की व्यवस्था होनी चाहिए।

## पाँचवां सिद्धान्त—पुस्तकालय संवर्द्धन संस्था है

'जीव संवर्द्धनशील प्राणी है' नामक जीव विज्ञान के सिद्धान्त के आधार पर पुस्तकालय विज्ञान के पंचम सिद्धान्त का प्रतिपादन किया गया है। यह सिद्धान्त पुस्तकालय विज्ञान के अन्य चारों सिद्धान्तों से अलग है।

पुस्तकालय में पुस्तक, पाठक तथा कर्मचारी तीन संवर्द्धनशील तत्त्व हैं। यह कहना असंगत होगा कि वर्तमान पुस्तकालय पुस्तक, पाठक, कर्मचारी नामक तीन तत्त्व हैं। इन तीन तत्त्वों के सिद्धान्त के सन्दर्भ में व्याख्या हम नीचे प्रस्तुत करेंगे।

**1. पुस्तकें :** पुस्तकों की संख्या पुस्तकालय में रोजाना बढ़ती ही जाती है। पुस्तकों की वृद्धि के साथ उनके संग्रह की समस्या उत्पन्न होती है। इस दृष्टि से संग्रह कक्ष, पुस्तक रेक, पुस्तक रेक के शेल्फ के शीर्षक आदि पर विचार करना अनिवार्य है। संग्रह कक्ष का आधार पंचम सिद्धान्त को दृष्टिगत रखकर निश्चित किया जाना चाहिए। संग्रह कक्ष में इतना स्थान होना चाहिए कि पुस्तकें आसानी से संग्रहीत की जा सकें। भवन निर्माण करते समय पुस्तक संग्रह कक्ष के निकट पर्याप्त स्थान छोड़ा जाना चाहिए जिससे आवश्यकतानुसार संग्रह कक्ष के आकार में वृद्धि की जा सके। पुस्तकों के रेक इस प्रकार से बने होने चाहिए कि आवश्यकतानुसार एक स्थान से दूसरे स्थान पर उन्हें ले जाया जा सके अथवा उनके आकार में वृद्धि की जा सके। अलमारियों के शीर्षक पट्ट भी इस प्रकार होने चाहिए कि उन्हें सुविधापूर्वक एक से निकालकर दूसरे स्थान पर लगाया जा सके।

पत्र-पत्रिका कक्ष में भी पुस्तक संग्रह कक्ष के अलावा विस्तार के लिए प्रचुर स्थान होना चाहिए। सूची कक्ष में भी इसी प्रकार स्थान होना चाहिए कि आगामी वर्षों में पुस्तकालय में आने वाली पुस्तकों के कार्ड अच्छी तरह व्यवस्थित किये जा सकें।

जिस वर्गीकरण पद्धति का प्रयोग पुस्तकालय में किया जाये, वह पाँचवें नियम का पालन करते हैं तथा ज्ञान के विकास के साथ अनेक नये विषय प्रकाश में आते हैं और उन पर अनेक पुस्तकें भी प्रकाशित होती रहती हैं अतएव पुस्तकालय वर्गीकरण पद्धति में यह क्षमता होनी चाहिए कि वह नूतन-पुरातन सूची विषयों की पुस्तकों को वर्गांक प्रदान कर सकें। प्रो. बारविक सेयर्स के अनुसार—"वर्गीकरण प्रणाली लचीली, विस्तरित तथा अधिकतम सीमा तक उदार होनी चाहिए जिससे कि बढ़ोत्तरी सिद्धान्त का अनुपालन सम्भव हो।"

**2. पाठक :** पाठकों की संख्या में निरन्तर होने वाली बढ़ोत्तरी को ध्यान में रखते हुए पुस्तकालय अध्ययन कक्ष में इतनी जगह होना चाहिए कि उसमें आवश्यकतानुसार अधिक पाठकों के लिए बैठने की व्यवस्था की जा सके। इस दृष्टि से दूसरी आवश्यक बात यह है कि पुस्तकों के आदान-प्रदान के लिए रिक्त पद्धति जैसी सुगम पद्धति अपनाई जानी चाहिए, जिससे अधिक से अधिक पाठकों से आदान-प्रदान किया जा सके। खुली या मुक्त प्रवेश प्रणाली का इस्तेमाल भी होना चाहिए।

**3. कर्मचारी :** पुस्तक एवं पाठकों की संख्या में नियमित बढ़ोत्तरी होने पर अधिक कर्मचारियों की जरूरत पड़ती है। अतः पुस्तकालय प्राधिकारी को आवश्यकतानुसार अधीनस्थ पुस्तकालयों को अधिक कर्मचारी देते रहना चाहिए। कर्मचारी योग्य, प्रशिक्षित, कर्तव्यनिष्ठ, रुचिवान, होने चाहिए। प्रत्येक कर्मचारी से उसकी शिक्षा ने शारीरिक क्षमता तथा स्वभाव के अनुसार कार्य लेना चाहिए। उनकी ड्यूटी में बदलाव करते समय यह ध्यान रखना चाहिए कि बदलाव से पाठकों को मिलने वाली सुविधाओं में बाधा न पड़े।

निष्कर्षतः अपने व्यापक प्रभाव के कारण पुस्तकालय विज्ञान के पाँच सिद्धान्त पुस्तकालय विज्ञान के मूलभूत सिद्धान्त के रूप में स्थापित हो चुके हैं। श्री के. शिवरामन के अनुसार, "पुस्तकालय विज्ञान के पाँच सिद्धान्त भारत तथा दूसरे राष्ट्रों में पुस्तकालयों और पुस्तकालय-कार्य से सम्बद्ध व्यक्तियों के लिए आचरण-संहिता के रूप में कार्य कर रहे हैं। पुस्तकालय सेवाओं के उन्नयन तथा पुस्तकालय विज्ञान के विकास की दिशा में इन सिद्धान्तों ने एक नवीन रचनात्मक दृष्टि प्रदान की है।

# 3

# पुस्तकालय : विभिन्न प्रकार

आज जबकि विश्व भर में ज्ञान विकास का ज्यादा से ज्यादा प्रसार हो रहा है यह जरूरी नहीं है कि एक ही प्रकार का पुस्तकालय सभी पाठकों की आवश्यकताएँ पूरी कर दे। आज की तारीख में पुस्तकालयों के कई निर्धारित प्रकार प्रचालित हो गए हैं। किसी पुस्तकालय को स्थापित करने के पहले हमें वस्तुतः पाठकों की पठन सम्बन्धी अभिरुचि शैक्षणिक स्तर, आयु-सीमा तथा वित्तीय संसाधनों का ध्यान रखना होता है। अतः पाठकों की प्रकृति में पायी जाने वाली विविधता उद्देश्यों की पृथकता के आधार पर विविध तरह के पुस्तकालय स्थापित हो रहे हैं। यह बिन्दु अधिक स्पष्ट करने के आधार पर तय होता है, जिसको दृष्टि में रखकर पुस्तकालय-विशेष की स्थापना की जाती है। अतः संचय की विविधता तथा पाठकों की विभिन्न कोटियों के अनुरूप पुस्तकालय को विभक्त किया जाता है।

इस प्रकार, प्रत्येक स्थानों पर पुस्तकालयों के विविध रूप हैं, जिनमें विद्यालय, महाविद्यालय, विश्वविद्यालय पुस्तकालय, सार्वजनिक पुस्तकालय, शोध पुस्तकालय एवं विंशिष्ट पुस्तकालय मुख्य हैं। सभी प्रकार के पुस्तकालयों के उद्देश्य सामान्य हैं। यहाँ विश्व के लिपिबद्ध विचार को सग्रहीत तथा सुरक्षित रखा जाता है ताकि उन्हें वर्तमान और भविष्य के पाठकों हेतु उपलब्ध कराया जा सके।

**सार्वजनिक पुस्तकालय**— 1. राज्य केन्द्रीय पुस्तकालय तथा सम्भागीय पुस्तकालय,
2. राष्ट्रीय पुस्तकालय,
3. ग्रामीण वितरण केन्द्र अथवा ग्राम पेटिकाएँ,
4. जिला केन्द्रीय पुस्तकालय,

5. प्रखण्डीय पुस्तकालय,
6. पंचायत पुस्तकालय,
7. ग्रामीण पुस्तकालय।

**शैक्षणिक पुस्तकालय**—
1. विश्वविद्यालय पुस्तकालय,
2. शोध संस्थान,
3. विद्यालय पुस्तकालय,
4. महाविद्यालय पुस्तकालय।

**पुस्तकालय सलाहकार समिति**—भारत सरकार ने भारत में सार्वजनिक पुस्तकालयों के मात्र पाँच प्रकार बताये हैं जो इस प्रकार हैं—

1. राज्य पुस्तकालय,
2. पंचायत पुस्तकालय,
3. प्रखण्ड पुस्तकालय,
4. जिला पुस्तकालय,
5. राष्ट्रीय पुस्तकालय।

**विशेष पुस्तकालय**—
1. वाणिज्य पुस्तकालय,
2. शोध पुस्तकालय,
3. चिकित्सा पुस्तकालय,
4. विभागीय पुस्तकालय,
5. नेत्रहीनों हेतु पुस्तकालय,
6. चिकित्सालय पुस्तकालय,
7. नाविकों हेतु पुस्तकालय,
8. कारागार या जेल पुस्तकालय,
9. समाचार-पत्र पुस्तकालय (वाचनालय),
10. दृश्य-श्रव्य पुस्तकालय,
11. अन्य पुस्तकालय,
12. बाल पुस्तकालय,
13. संगीत पुस्तकालय।

## सार्वजनिक पुस्तकालय

सार्वजनिक पुस्तकालय वे हैं जिनके द्वारा समस्त वर्ण, वर्ग, लिंग, रंग, धर्म, पद, आयु, राष्ट्रीयता एवं शैक्षणिक योग्यताओं के नागरिकों हेतु खुले रहते हैं। इन

पुस्तकालयों को जनता द्वारा जनता के हित में संचालित जनता को (University of the masses) या प्रजातंत्र की शिक्षण शालाओं (Training Schools of Democracy) के नाम से सजाया जाता है। सार्वजनिक पुस्तकालयों का लक्ष्य है कि जनसमुदाय को प्रबुद्ध नागरिक बनाने हेतु प्रेरित करना, उसकी प्रगति हेतु पाठ्य सामग्री संचयित करना एवं उसके संरक्षण और वितरण की व्यवस्था करना। स्पष्ट है कि प्रजातन्त्र को सुदृढ़ बनाने के लिए सफल पुस्तकालय-प्रणाली अत्यंत जरूरी है। पाठकों में अध्ययन के प्रति रुचि उत्पन्न करने वाले पुस्तकालय जनता को नवीन सूचनाएँ प्रदत्त कर स्वस्थ जनमत बनाने में योगदान देते हैं। निम्नांकित आदर्श इन पुस्तकालयों के समक्ष हो सकते हैं।

1. लोकहितकारी सामग्री का विशेष प्रचार पाठकों की सर्जनात्मक शक्ति विकसित करने के उद्देश्य से करना एवं उन्हें अपनी सभ्यता, संस्कृति, कला एवं साहित्य का ज्ञान कराना।
2. ज्ञान के क्षेत्र में आविष्कार, अन्वेषण शोधों पर प्रकाश डालने वाली अद्यतन पाठ्य सामग्री का विशेष रूप में संग्रहण करना तथा जिज्ञासु पाठकों को ज्ञान की विभिन्न नवदिशाओं से परिचित कराना।
3. पाठकों की सहायता हेतु पुस्तक, पत्र-पत्रिका, नक्शे, मानचित्र, ग्रामोफोन रिकार्ड, माइक्रोफिल्म आदि के रूप में उपलब्ध सामग्री पुस्तकालय में जमा करना। जमा की गई सामग्री व्यवस्थित रूप में पाठकों के प्रयोगार्थ प्रस्तुत करना तथा उनके अर्जित ज्ञान में उत्तरोत्तर वृद्धि की दिशा में प्रयास करना।
4. नागरिकों को छुट्टी के समय का सर्जनात्मक चिन्तन तथा मनोरंजन में प्रयोग हेतु प्रेरित करना तथा उपयुक्त वातावरण तैयार करना।
5. बाल, युवा, वृद्ध, नर-नारी के रूप में पुस्तकालय में आने-जाने वाले पाठकों को स्वशिक्षा हेतु सुविधाएँ एवं मौका प्रदान करना।
6. विभिन्न प्रचार कार्यक्रमों एवं प्रसार कार्यक्रमों हेतु पुस्तकालय सेवाओं को उपयोगी और सार्वजनिक बनाना। पिछले वर्षों में दिल्ली में सार्वजनिक पुस्तकालयों को उनके विभिन्न प्रसार कार्यक्रमों ने पुस्तकालय सेवाओं को अत्यधिक लोकप्रिय बनाया है।
7. समुदायों एवं नागरिकों के लिए आयोजित शैक्षणिक तथा सांस्कृतिक कार्यक्रमों, क्रियाकलापों में हाथ बँटाना।
8. सभी पाठक वर्गों को सामूहिक एवं निजी मदद प्रदान करना तथा उनकी रुचि के आधार पर उनको लाभदायी सामग्री प्रदान करना।

9. ज्ञान अन्वेषण एवं शोधकार्य में जुटे पाठकों को विशेष सहायता मुहैया करना।
10. राष्ट्र की गतिविधियों के सम्बन्ध में पाठकों को उचित जानकारी प्रदान कर उन्हें जागरूक बनाना, तथा इस तरह राष्ट्र अथवा राज्य के लिए स्वस्थ जनमत तैयार करने में मदद करना।

राबर्ट डी.ली. ने उक्त उद्देश्यों को सहज एवं संक्षिप्त रूप में निम्नानुसार प्रस्तुत किया—

1. जन-समुदाय की सेवा करना।
2. बालक, युवक, नर-नारियों में स्व-शिक्षा की भावना पैदा करना।
3. प्रबुद्ध नागरिकों तथा जन-जीवन की प्रगति हेतु पुस्तकों तथा अन्य सम्बन्धित अध्ययन-सामग्री का संग्रह, संरक्षण तथा संचालन कर जरूरी सहायता प्रदान करना।

सार्वजनिक पुस्तकालयों के सम्बद्ध में उपर्युक्त वर्णन के आधार पर परिभाषा निम्नानुसार की जा सकती है—

सार्वजनिक पुस्तकालय वह है जिसके द्वारा क्षेत्र-विशेष में रहने वाले (समय-समय पर औरों को भी) सभी व्यक्तियों को निःशुल्क सेवा उपलब्ध हो तथा जिसके पास व्यक्तियों तथा समुदाय के विविध व्यापक हितों को यथासम्भव पूर्ण करने हेतु विशद पुस्तक संग्रह हो, जिसे वे सभी व्यक्तियों को बिना किसी धार्मिक, राजनीतिक तथा अन्य भेदभाव के निःशुल्क उपलब्ध करा सकें।

सार्वजनिक ग्रंथालय आधुनिक समय में विश्व भर में महत्त्वपूर्ण भूमिका निभा रहे हैं। राष्ट्रों में सार्वजनिक पुस्तकालयों का पुस्तकालय पद्धति के रूप में नियोजित विकास हुआ है। इस तरह सम्पूर्ण राष्ट्र में पुस्तकालय सेवा उपलब्ध कराने का प्रयास हो रहा है। सार्यजनिक पुस्तकालयों को नियोजित वृद्धि करने का सुझाव दिया, जिससे कि वे एक प्रणाली के रूप में संगठित होकर सम्पूर्ण देश को पुस्तकालय सेवा प्रदान करने में समर्थ हो सकें। सार्वजनिक पुस्तकालय पाठकों की सेवा करते हैं। अतएव अन्य पुस्तकालयों की तुलना में इनका ज्यादा महत्त्व है। वे शासन एवं समाज दोनों के द्वारा चलाये जा सकते हैं। अपनी सेवाओं में से पुस्तकालय साधनों की प्रचुरता एवं पाठकों की माँग के आधार पर उल्लेखनीय बढ़ोत्तरी कर सकते हैं। प्रौढ़, ग्रामीण, महिला आदि पाठकों को कई सार्वजनिक पुस्तकालय सेवा उपलब्ध करा रहे हैं।

## राष्ट्रीय पुस्तकालय

सबसे ज्यादा महत्त्वपूर्ण स्थान सार्वजनिक पुस्तकालयों की श्रेणी में राष्ट्रीय ग्रंथालय को प्राप्त है। इसे मैकॉलविन ने पुस्तकालयों का पुस्तकालय (Library of Libraries) निरूपित किया है।

पूरे राष्ट्र को राष्ट्रीय पुस्तकालय, पुस्तकालय सेवा उपलब्ध कराते हैं। बड़े देशों में राष्ट्रीय पुस्तकालय की कुछ क्षेत्रीय इकाइयाँ भी होती हैं। उदाहरणार्थ भारत के कोलकाता स्थित राष्ट्रीय पुस्तकालय की तीन क्षेत्रीय इकाइयाँ मुंबई, चेन्नई और दिल्ली में स्थापित हैं।

एशिया तथा प्रशांत क्षेत्र में राष्ट्रीय पुस्तकालयों के विकास के सम्बद्ध में सन् 1964 में मनीला में आयोजित गोष्ठी में राष्ट्रीय पुस्तकालय के निम्नवत् कार्य निरूपित किये गये हैं।

1. अन्य तरह की सामग्री एकत्रित करना।
2. ग्रन्थ सन्दर्भ सूची सम्बन्धी सेवाएँ मुहैया करना।
3. राष्ट्र के पुस्तकालयों का मार्गदर्शन।
4. राष्ट्र में प्रकाशित प्रत्येक स्थायी संग्रहगार के रूप में कार्य करना।
5. शासन को प्रत्येक प्रकार की पुस्तकालय सेवाएँ प्रदान करना।
6. पुस्तकालय सहयोग संबंधी गतिविधियों हेतु संगठन-केन्द्र का कार्य करना।

राष्ट्रीय पुस्तकालय के कुछ अन्य कार्य इन कार्यों के अतिरिक्त हैं, जिनके उक्त कार्यो को नहीं किया गया है। ये निम्न प्रकार हैं–

1. प्रकाशनों एवं प्रचार-प्रसार कार्यक्रमों के द्वारा देश में पुस्तकालयों के प्रति रुचि जाग्रत करने का प्रयास करना तथा राष्ट्र में प्रकाशित समस्त साहित्य की मासिक या वार्षिक सूची का प्रकाशन करना।
2. कापीराइट अधिनियम के पालन में राष्ट्र के प्रकाशनों से प्रत्येक प्रकाशन की तीन बिना शुल्क वाली प्रतियाँ प्राप्त करना।

## प्रांतीय पुस्तकालय

समस्त प्रान्तों में कार्य कर रहे प्रमुख पुस्तकालय राज्य पुस्तकालय के नाम से जाने जाते हैं। इस पुस्तकालय को स्थापित तथा सर्वोच्च करने का दायित्व राज्य शासन का होता है। राज्य का मुख्य पुस्तकालय होने के कारण इसे राज्य की सीमा में कार्यरत सार्वजनिक पुस्तकालयों में सर्वोच्च स्थान प्राप्त होता है। इन सभी का

मुख्य कार्य राज्य के प्रत्येक सार्वजनिक पुस्तकालयों का मार्ग प्रशस्त करना तथा राज्य के प्रत्येक पाठकों को पुस्तकालय सेवा प्रदान करना है।

सार्वजनिक पुस्तकालय सलाहकार समिति (भारत सरकार) के अनुरूप राज्य पुस्तकालय के निम्नांकित कार्य हैं–

1. जिला व अन्य पुस्तकालयों को समय-समय पर नई तथा प्रारंभिक सामग्री उपलब्ध कराना।
2. विद्वानों एवं शोधकर्ताओं के उपयोगार्थ सामान्य एवं विशिष्ट वाङ्मय सूची का प्रस्तुतीकरण।
3. राज्य के शासकीय, अशासकीय प्रकाशनों को व्यापक पैमाने पर जमा करना।
4. राज्य के पुस्तकालयों में उपलब्ध रचना के आधार पर एक संघ-सूची (Union Catalogue) बनाना।
5. संदर्भ सामग्री रचना रूप से संचित करना तथा उच्चकोटि की पुस्तकालय सेवाएँ उपलब्ध करना।
6. राज्य की सीमा में तथा बाहर पुस्तकों के आगत-निर्गत हेतु अन्तःपुस्तकालीय लेन-देन केन्द्र के रूप में कार्य करना।
7. बालकों-सम्बन्धी पुस्तकालय कार्यों को विकसित करना।
8. राज्य के जिला व अन्य पुस्तकालयों द्वारा अपेक्षित समस्त तकनीकी एवं अन्य सूचनाएँ प्रदान करने वाले केन्द्र के रूप में कार्य करना।
9. राष्ट्र की पंचवर्षीय योजनाओं से जुड़ी सूचनाओं के सम्बन्ध में प्रचार-केन्द्र के रूप में कार्य करना।
10. पुस्तक प्रदर्शनियाँ तथा (पुस्तकालयाध्यक्षों के) व्यापारिक सम्मेलन आयेजित करना।

## संभागीय पुस्तकालय

सम्भागीय पुस्तकालय राज्य पुस्तकालय के अभाव में या राज्य पुस्तकालय के अधीन कार्य करते हैं। उदाहरणार्थ मध्य प्रदेश में राज्य पुस्तकालय न होकर पाँच संभागीय पुस्तकालय हैं, जिन्हें केन्द्रीय पुस्तकालय कहा जाता है। ये भोपाल, इन्दौर, ग्वालियर, जबलपुर एवं रीवा में स्थित हैं। जिला पुस्तकालय ग्रन्थालय के अधीन कार्य करते हैं।

## जनपद पुस्तकालय

जनपद पुस्तकालय जिले का सबसे महत्त्वपूर्ण पुस्तकालय होता है। इसका कार्य शहरी तथा ग्रामीण दोनों क्षेत्रों को पुस्तकालय सेवा मुहैया कराना होता है। ग्रामीण क्षेत्रों को पुस्तकालय सेवा प्रदान करने के उद्देश्य से जिला पुस्तकालय कतिपय विशेष व्यवस्थाएँ करता है। उदाहरणार्थ चलित पुस्तक इकाइयाँ अथवा वितरण केन्द्रों की स्थापना करता है। शहरी क्षेत्रों में पुस्तकालय सेवा को बृहत बनाने के उद्देश्य से प्रमुख नगरों में जिला पुस्तकालय की शाखाएँ भी कार्य करती हैं।

## खण्ड पुस्तकालय

जनपद के सभी प्रखण्डों में सुदूरवर्ती क्षेत्रों के व्यक्तियों को लाभ पहुंचाने के दृष्टिकोण से पुस्तकालय स्थापित किये जाते हैं। ये पुस्तकालय साधारणतया प्रखण्ड विकास अधिकारी तथा जिला पुस्तकालयाध्यक्ष की देख-रेख में अपना कार्य करते हैं। इन पुस्तकालय का कार्य अपने क्षेत्र के पाठकों में पुस्तकों के प्रति रुचि जाग्रत करना एवं उन्हें पुस्तक, पत्र-पत्रिकाओं आदि के रूप में साहित्य प्रदान करना होता है। ये पुस्तकालय प्रचार एवं प्रसार कार्यक्रमों के द्वारा पुस्तकालय सेवा को लोकप्रिय बनाते हैं विशिष्ट पाठक वर्गों को विशिष्ट सेवाएँ प्रदान करते हैं। इस पुस्तकालय का विशिष्ट उद्देश्य पाठकों को राष्ट्र में एवं विशेषकर उनके अपने क्षेत्र में हो रहे विकास कार्यक्रमों से परिचित कराना होता है।

## पंचायत पुस्तकालय

सेवाओं के ढाँचे में प्रखण्ड पुस्तकालय से निम्नतर इकाई पंचायत पुस्तकालय है। यह पुस्तकालय किसी पंचायत-विशेष की सीमा में रह रहे पाठक-वर्ग को पुस्तकालय सेवाएँ प्रदान करने का कार्य करता है। प्रखण्डीय पुस्तकालयों की तरह इनका उद्देश्य भी पाठ्य सामग्री के प्रति अध्ययनार्थियों की रुचि जाग्रत कराना है। वे कुछ उपयोगी प्रसार सेवाओं का सहारा रुचि जाग्रत करने के उद्देश्य से लेते हैं।

## ग्राम पुस्तकालय

साक्षरता अभियान की सफलता हेतु यह आवश्यक है कि राष्ट्र का एक भी निरक्षर व्यक्ति ऐसा न बचे, जिसको साक्षर बनाने हेतु प्रयत्न न किया गया हो। भारत की अधिकतर जनता ग्रामों में निवास करती है एवं कृषि ही भारतीय जनता की आजीविका का साधन है, इसलिए कृषकों में साक्षरता का प्रचार करना अत्यंत जरूरी

है, जिससे वे राष्ट्र के निर्माण में अपनी भूमिका को पहचान सकें एवं उन्नत कृषि के विविध साधनों को अपना सकें। ग्रामीण पुस्तकालयों का संचालन पंचायत पुस्तकालय या खण्ड पुस्तकालय द्वारा किया जाता है। पुस्तकालय पद्धति के ढाँचे में ग्रामीण पुस्तकालय सबसे छोटी इकाई है। इस दिशा में कुछ अभिनव प्रयोग भी किये गये हैं। ये हैं—1. वितरण केन्द्रों की स्थापना, 2. भ्रमणशील ग्रामीण पेटिकाओं का परिभ्रमण। भ्रमणशील ग्रामीण पेटिकाएँ मध्य प्रदेश के 1300 से अधिक ग्रामों में रखी गई हैं जिससे वे उन्नत कृषि के विविध साधनों को अपना सकें। गांव में किसी पेटिका में रखे साहित्य का उपयोग हो जाने पर दूसरी पेटिका द्वारा उसे बदला जाता है।

## शैक्षिक पुस्तकालय

एक उत्तम साधन सम्पन्न पुस्तकालय के बिना कोई भी शिक्षा संस्था अधूरी है। श्री फ्रासिस केपल के अनुसार "राष्ट्र की उच्च शिक्षा प्रदान करने वाली संस्थाओं का स्तर कुल संस्थाओं में कार्यरत पुस्तकालयों में पत्र-पत्रिकाओं, पुस्तकों तथा शोध-सामग्री की पर्याप्तता के आधार पर निश्चित किया जाता है।"

एक पुस्तकालयाध्यक्ष के अनुसार "पुस्तकालय किसी भी शैक्षणिक संस्था का महत्त्वपूर्ण अंग है। उसे उसका हृदय निरूपित किया जा सकता है, क्योंकि उसकी शक्ति एवं प्रभाव सम्बन्धित संस्था के सामान्य स्वास्थ्य, उत्पादन शक्ति तथा उत्तरोत्तर विकास पर प्रत्यक्ष रूप से अपना प्रभाव डालते हैं।"

शिक्षण संस्थाओं में पुस्तकालयों की उपादेयता विवाद से परे है। यह शैक्षणिक पुस्तकालयों के सम्बन्ध में अभिव्यक्त उक्त दो मतों से स्पष्ट हो जाता है। इनका प्रधान कार्य शिक्षार्थियों के द्वारा कक्षाओं में अर्जित ज्ञान को पूर्ण तथा विकसित करना तथा उसमें चिन्तन की मौलिक शक्ति उत्पन्न करना है। इन पुस्तकालयों से पुस्तक, छात्रों तथा प्राध्यापकों को लाभ होता है। फलस्वरूप ऐसे पुस्तकालय में उन्हीं विषयों से संबंधित सामग्री होती है, जिनका पठन-पाठन संस्था द्वारा होता है अथवा जिनका सम्बद्ध पाठ्यचर्या संबंधित विषयों को सशक्त करने से होता है। अतः लोकरुचि के विषय पर केवल मात्र सामग्री एकत्रित की जाती है।

## शोध पुस्तकालय

शोध संस्थान के ग्रन्थ से इस बात की जानकारी प्राप्त होती है कि ज्ञान की किसी शाखा विशेष की नई दिशाएँ क्या हैं। क्लैप के अनुसार, "ये वे पुस्तकालय

हैं, जो जिज्ञासुओं को उनकी इच्छित सामग्री उपलब्ध कराते हैं तथा उस सामग्री को उपयोग हेतु उन्हें प्रदान करते हैं।" इन पुस्तकालयों को केवल गिने-चुने व्यक्तियों द्वारा ही उपयोग किया जाता है, किन्तु इससे इनका महत्त्व और बढ़ जाता है। ये पुस्तकालय विशेष का गहन अध्ययन करने वाले शोधकर्ताओं हेतु हैं, अतएव इन पुस्तकालयों में विषय-विशेष से जुड़ी सभी प्रकार की यथासम्भव उपलब्ध विशद रूप से संग्रहीत की जाती है। शोधकर्ता को सामग्री के चुनाव की सुविधा हो, इसका सूचीकरण एवं वर्गीकरण भी बारीकी से किया जाता है। इन पुस्तकालयों में सन्दर्भ सेवा प्रदान करने की व्यवस्था होती है। इसी प्रकार से प्रसिद्ध पुस्तकालयों की ग्रंथ संदर्भ सूचियाँ, कई प्रकाशित शोधपत्रों के माइक्रोफिल्म सामग्री में भी उपलब्ध रहती हैं। भारत में इण्डियन स्टेटिस्टीकल इन्स्टीट्यूट, कोलकाता; इन्स्टीट्यूट ऑफ मेडिकल एजुकेशन एण्ड रिसर्च, चंडीगढ़; बिड़ला इन्स्टीट्यूट ऑफ टेक्नालाजी एण्ड साइन्स; एग्रीकल्चरल रिसर्च इन्स्टीट्यूट दिल्ली; इण्डियन इन्स्टीट्यूट ऑफ साइन्सेज, बैंगलौर; इण्डियन इन्स्टीट्यूट ऑफ साइन्स, धनबाद; टाटा इन्स्टीट्यूट ऑफ सोशल साइन्सेज, बम्बई आदि संस्थाओं से सम्बद्ध है, जो विशेष पाठ्यक्रमों का संचालन भी करते हैं। अतएव इन पुस्तकालयों का शैक्षणिक महत्त्व है।

## विश्वविद्यालय पुस्तकालय

विश्वविद्यालय पुस्तकालय को उसकी उपयोगिता के आधार पर, विश्वविद्यालय शिक्षा आयोग ने 1949 में प्रस्तुत अपने प्रतिवेदन में विश्वविद्यालय के प्रत्येक कार्यों का हृदय निरूपित किया है। आयोग ने भी विश्वविद्यालय तथा महाविद्यालय में पुस्तकालय की महत्त्वपूर्ण भूमिका को स्वीकारते हुए विचार व्यक्त किया था कि विश्वविद्यालय एवं महाविद्यालयों में अध्ययनार्थ नवीन विषय प्रारम्भ करने की अनुमति तब तक प्रदान नहीं की जानी चाहिए जब तक पुस्तकालय हेतु कर्मचारी, पत्र-पत्रिकाओं की संख्या के सम्बन्ध में विश्वविद्यालय संतुष्ट न हो। इसके साथ पुस्तकालय का स्थान भी होना जरूरी है। पुस्तकालयों को कम महत्त्व देना अथवा महत्त्व न देना विश्वविद्यालय या महाविद्यालय का उद्देश्य तनिक मात्र भी नहीं होना चाहिए। महाविद्यालय या विश्वविद्यालय में पुस्तकालयों को आकर्षण का केन्द्र होना चाहिए।

मारिस एफ टावर तथा राउण्ड विल्सनलुई के अनुसार विश्वविद्यालय के उद्देश्यों की पूर्ति पुस्तकालय पर निर्भर करती है। यूनिवर्सिटी पुस्तकालय पर अपनी किताब में इस बिन्दु पर प्रकाश डालते हुए उन्होंने कहा है कि विश्वविद्यालय पुस्तकालय

पुस्तकों, मूल प्रतियों, पत्रिकाओं अन्य सामग्रियों को संग्रहीत तथा व्यवस्थित कर विश्वविद्यालय के प्रसार कार्यक्रम में भी हाथ बँटाता है। प्रोफेसरों एवं शोधार्थियों के लिए सन्दर्भ सेवाओं एवं वाङ्मय सूचियों के द्वारा पुस्तकालय सामग्री जुटाने में मदद करता है।

विश्वविद्यालय पुस्तकालय के निम्न कार्य कोठारी शिक्षा आयोग ने बताये हैं—

1. केन्द्रीय पुस्तकालय के विभागीय पुस्तकालय एवं अध्ययन-गोष्ठी पुस्तकालयों (Seminar Libraries) के बीच सम्पर्क-सूत्र का कार्य करना तथा शोधार्थियों को यथेष्ट सहायता देना।
2. शिक्षण संस्था में पढ़ाये जाने वाले विभिन्न विषयों के विभागाध्यक्षों की मदद से पुस्तकालय के विकास के लिए समन्वित कार्यक्रम बनाना, जिससे उसका उचित प्रयोग हो सके।
3. पुस्तकालय में ऐसा साहित्य संग्रहीत करना जिसका प्रयोग शैक्षणिक कार्यक्रमों एवं प्रयोगशील रिसर्च में किया जा सके। ऐसे साहित्य के द्वारा ही प्राध्यापकों एवं छात्रों की आवश्यकताओं की पूर्ति की जा सकती है।
4. विश्वविद्यालयों द्वारा चयनित विशिष्ट अध्ययन क्षेत्रों में हुए विकास के सम्बन्ध में सूचित करना।
5. पुस्तकों, विद्यार्थियों और विद्वानों को समीप लाना तथा ऐसी परिस्थितियाँ पैदा करना, जिनमें बौद्धिक जिज्ञासा उत्तेजित हो, अन्वेषण की प्रवृत्ति जाग्रत हो तथा अध्ययन आनन्ददायक हो सके।
6. विश्वविद्यालय के द्वारा विशेष अध्ययन हेतु जरूरी या क्षेत्रीय महत्त्व के विषयों में शोधकार्य करने हेतु जरूरी साधन तथा सुविधाएँ प्रदान करना।
7. विश्वविद्यालयों से सम्बद्ध प्राध्यापकों को सम्बन्धित विषय क्षेत्रों में हुए विकास के सम्बन्ध में सूचित करना।

## महाविद्यालय पुस्तकालय

महाविद्यालय पुस्तकालय तथा विश्वविद्यालय पुस्तकालय में काफी अन्तर पाया जाता है। विश्वविद्यालय पुस्तकालय का प्रमुख कार्य शोध की प्रवृत्ति विकसित करना एवं शोध के लिए जरूरी साधन जुटाना तथा महाविद्यालय पुस्तकालय का मुख्य कार्य शैक्षणिक कार्य को मदद प्रदान करना है।

यह शत-प्रतिशत सत्य है, कि महाविद्यालय पुस्तकालय भी विश्वविद्यालय ग्रंथालय की तरह महाविद्यालय की समस्त शैक्षणिक गतिविधियों का प्रधान केन्द्र

होता है। लायल के अनुसार--महाविद्यालय पुस्तकालय का कार्य सन्दर्भ सेवा द्वारा शैक्षणिक कार्यों में मदद प्रदान करना, उनके विकास को योगदान देना तथा शैक्षणिक स्तर को उन्नत करने के उद्देश्य से विभागीय सदस्यों में पुस्तकालय सेवा सुलभ कराना एवं छात्रों को उपयोगी एवं ज्यादा पुस्तकें पढ़ने हेतु प्रेरित करना है। अमरीका के विद्यालय एवं शोध पुस्तकालय संघ द्वारा महाविद्यालय एवं निर्धारित कार्यक्रम के अनुरूप महाविद्यालय पुस्तकालय का कार्य विद्यार्थियों में सत्साहित्य के अध्ययन एवं शोध के प्रति रुचि जाग्रत करना है, ताकि यह रुचि आजीवन बनी रहे। इसके अलावा उन्हें शैक्षणिक समुदायों हेतु सिद्धान्त तथा व्यवहार में बौद्धिक सामग्री के प्रमुख केन्द्र के रूप में कार्य करना चाहिए।

फ्रांसिस एल.डी. गुउरिच ने तथा श्री विलियम एम. रेडल ने महाविद्यालय पुस्तकालय के निम्नलिखित कार्य निरूपित किये हैं--

1. अध्ययन के सम्पूर्ण क्षेत्रों से जुड़े स्तरीय पुस्तकों का विशाल संग्रह करना एवं पाठक के प्रयोग अनुसार उन्हें सुविधापूर्वक सुलभ करना।
2. छात्र पुस्तकालय सामग्री का उचित हिस्सा बन सकें, इस कार्य में उन्हें प्रशिक्षित करना तथा शैक्षणिक कार्यक्रमों में पूर्णतया हिस्सा लेना।
3. विद्यार्थियों द्वारा अध्ययनार्थ चुने हुए पाठ्यक्रमों के लिए पुस्तकें तथा प्राध्यापकों को अध्यापन कार्य हेतु अध्ययन सामग्री मुहैया कराना।
4. सहायक अध्ययन हेतु पुस्तकें उपलब्ध कराना एवं इस तरह की पुस्तकों के उपयोग हेतु प्रेरित करना।

## विद्यालय पुस्तकालय

विद्यालयी पुस्तकालय की शैक्षणिक पुस्तकालयों में सबसे अधिक महत्त्वपूर्ण स्थिति है। क्योंकि विद्यालय पुस्तकालय ही छात्र के प्रारंभिक शैक्षणिक जीवन में अध्ययन के प्रति रुचि जाग्रत कराते हैं। एक बार जाग्रत हो जाने पर सामान्यतया रुचि सुप्त नहीं होती। विद्यालय पुस्तकालय द्वारा लाभकारी सेवाएँ आदि प्राप्त होती रहें तो विद्यार्थी एवं अध्यापक दोनों अपना ज्यादा समय रचनात्मक या सृजनात्मक कार्यों में लगा सकते हैं। विद्यालय के ग्रंथालय को किसी ने द्वितीय अध्ययन कक्षा (Second Classroom) का दर्जा दिया है, जो बड़ा ही उपयुक्त है। अपने इस रूप में पुस्तकालय विद्यार्थियों में मौलिक चिन्तन की प्रवृत्ति विकसित करने, अपनी शक्तियों का देश निर्माण में प्रयोग करने, आत्म निरीक्षण करने, जीवन उद्देश्य में

किसी सीमा तक सफल हो.सकता है, यह उससे सम्बद्ध पुस्तकालय को देखकर बताया जा सकता है। यदि पुस्तकालय साधन सम्पन्न होगा, तो विद्यालय के छात्र अपना सामान्य ज्ञान बढ़ा सकेंगे एवं देश के इतिहास और संस्कृति के विषय में भी यथेष्ट जानकारी प्राप्त कर सकेंगे। किन्तु यह खेद का विषय है कि हमारे देश में विद्यालयों में पुस्तकालयों की समिति अभी विशेष अच्छी नहीं है। वास्तव में विद्यालयों में अच्छे पुस्तकालयों का न होना उच्च शिक्षा अधिकारियों की रूढ़िवादिता एवं अदूरदर्शिता का द्योतक है। इन पुस्तकालयों को समुचित आर्थिक सहायता प्राप्त नहीं होती तथा इन्हें कुशल तथा प्रशिक्षित कर्मचारी भी प्राप्त नहीं होते। पुस्तकालय के लिए विद्यालयों में उचित स्थान तथा सामग्री नहीं होती।

वास्तव में विद्यालयों में पुस्तकालयों की उपयोगिता को ध्यान में रखते हुए उसके लिए अलग भवन होना चाहिए, जो नयनाभिराम फर्नीचर से युक्त हो। पुस्तकें काँचदार अलमारियों में इस तरह नियोजित हों, कि दूर से ही छात्र आकर्षित होकर पुस्तकालय में चला आये। इन पुस्तकालयों का दायित्व छात्रों में प्रारम्भ से ही अध्ययन के प्रति रुचि उत्पन्न करना है। पठन-सामग्री के अलावा विद्यालय के पुस्तकालय में दृश्य-श्रव्य संसाधन सुन्दर चित्रावलियों एवं अन्य उपकरणों को भी जगह मिलनी चाहिए।

विद्यालय पुस्तकालय के प्रमुख कार्य निम्नानुसार हैं–

1. छात्रों में उद्देश्यपूर्ण एवं अध्ययन की प्रवृत्ति विकसित करना। विद्यालय में पढ़ाये गये पहलुओं पर अतिरिक्त किन्तु रोचक सामग्री अगर छात्रों को पुस्तकालय से प्राप्त होती रहे तो यह प्रवृत्ति विकसित हो सकती है। छात्रों में लाभकारी साहित्य चुनने की आदत डालनी चाहिए। यह कार्य व्यक्तिगत कार्य सम्पर्क द्वारा सम्भव हो सकता है।
2. छात्रों में समाज एवं राष्ट्र के प्रति जागृति पैदा करना तथा समाज और राष्ट्र के प्रति उनके क्या दायित्व हैं, इससे उन्हें परिचित कराना।
3. पुस्तकें, पत्र-पत्रिकाएँ तथा दृश्य-श्रव्य सामग्री संचित करना तथा पाठकों को उपलब्ध कराना। सामग्री ऐसी हो जो पाठकों को राष्ट्र के इतिहास और संस्कृति के बारे में ज्ञान कराये, जिससे उनके सामान्य ज्ञान में वृद्धि हो। सामग्री का चुनाव पाठ्य को ध्यान में रखकर किया जाना चाहिए।
4. विद्यालय के पाठ्यक्रमों को ध्यान में रखते हुए लाभदायी तथा रुचिपूर्ण सामग्री प्रदान करना, जिससे छात्रों की पाठ्यक्रम में रुचि उत्पन्न हो सके तथा उन्हें आन्तरिक ज्ञान भी मिल सके।

5. विद्यार्थियों को पुस्तकालय द्वारा दी जाने वाली सेवाओं से अवगत कराना एवं उनमें जिज्ञासा की प्रवृत्ति पैदा करना।
6. समय-समय पर सामयिक विषयों की विविध तरह की प्रतियोगिताओं का आयोजन करके छात्रों में पढ़ने के प्रति रुचि पैदा की जा सकती है।

अपने दायित्वों को ठीक तरह से निभाने के लिए विद्यालयी पुस्तकालय के लिए यह आवश्यक होगा कि—

1. पुस्तकालय कार्य में प्रशिक्षित अध्यापक को पुस्तकालय का प्रभारी बनाया जाए।
2. अंशकालिक शिक्षक पुस्तकालयाध्यक्ष के स्थान पर पूर्णकालिक प्रशिक्षित पुस्तकालयाध्यक्ष की नियुक्ति की जा सके, तो यह अच्छा होगा।
3. प्रभारी को पर्याप्त जन कर्मचारी, वित्त तथा संग्रहणीय सामग्री दी जानी चाहिए। इनके बिना पुस्तकालय को अत्याधुनिक नहीं बनाया जा सकता हैं।
4. प्रभारी को केवल पुस्तकालय कार्य ही दिया जाए। इस कार्य को अध्यापन कार्य के समान ही गुरुता देनी चाहिए।
5. पुस्तकालय को स्वतन्त्र कक्ष या भवन प्रदान किया जाये। विद्यालय भवन में यह सबसे बड़ा होना चाहिए।

## विशिष्ट पुस्तकालय

विलफ्रेड एशवर्थ द्वारा सम्पादित पुस्तक 'हैण्डबुक ऑफ स्पेशल लाइब्रेरियनशिप एण्ड इन्फार्मेशन वर्क' के अनुसार—विशिष्ट पुस्तकालय ऐसा पुस्तकालय है, जिसमें किसी विशिष्ट विषय या विषयों पर ही पठन सामग्री उपलब्ध हो।

शैक्षणिक पुस्तकालयों के द्वारा सामान्य पाठकों की साधारण आवश्यकताओं को पूरा न कर पाने के कारण ही इस प्रकार के पुस्तकालयों का औचित्य है। उनमें कई विषयों पर साहित्य संग्रहीत किया जाता है। अतएव ऐसे पाठकों के लिए जिन्हें कुछ विषयों पर अधुनातन साहित्य चाहिए, ये विशेष पुस्तकालय कार्य करते हैं। उक्त पाठक वर्ग के अतिरिक्त राष्ट्र में कुछ ऐसे पाठक वर्ग भी होते हैं, जो अपनी विशेष परिस्थितियों, सीमाओं एवं विवशताओं के कारण सामान्य पुस्तकालयों का या तो प्रयोग नहीं कर पाते या उन्हें उनमें अपने अनुकूल सामग्री नहीं मिल पाती। इन पाठकों को विशेष तरह की अध्ययन सामग्री तथा सेवाएँ विशिष्ट पुस्तकालयों द्वारा मुहैया की जाती हैं। कई बार कुछ सार्वजनिक पुस्तकालय विशेष अनुभाग की स्थापना कर कतिपय वर्गों को सेवाएँ प्रदान करने की चेष्टा करते हैं। किन्तु पुस्तकालय की

सेवाओं को वर्ग-विशेष के ज्यादा अनुकूल तब ही बनाया जा सकता है, जबकि उनके लिए स्वतन्त्र पुस्तकालय हो। विशिष्ट पुस्तकालयों के निम्नलिखित अन्तर हैं–

### *अन्वेषण पुस्तकालय*

विशिष्ट पुस्तकालयों के वर्ग में हम उन अन्वेषण पुस्तकालयों को शामिल कर सकते हैं जो किसी ऐसी अन्वेषण संस्था के अंग के रूप में कार्य करते हों, जिनका लक्ष्य वैज्ञानिक शोध बढ़ाना हो। ये पुस्तकालय अपने विषय से सम्बन्धित अन्य पुस्तकालयों का पथ प्रदर्शन करते हैं। उन्हें प्रलेखन जैसी विशिष्ट सेवाएँ देते हैं। कई विशिष्ट अनुसंधानात्मक-पुस्तकालय ऐसे भी होते हैं, जिनका लाभ कुछ व्यक्ति ही उठा सकते हैं। मुम्बई स्थित परमाणु ऊर्जा अनुसन्धान केन्द्र का पुस्तकालय इसका एक उत्तम उदाहरण है।

### *वाणिज्य पुस्तकालय*

औद्योगिक, व्यापारिक एवं व्यावसायिक ये तीन तरह के वाणिज्य पुस्तकालय होते हैं। पुस्तकालयों को अगर हम मोटे तौर पर देखें, तो उनमें अधिक अन्तर नहीं दिखाई पड़ता। इन पुस्तकालयों को स्थापित करने का उद्देश्य राष्ट्र के औद्योगिक, व्यापारिक एवं वाणिज्यिक क्षेत्र में कार्यरत व्यक्तियों को उनके कार्यों में सहायता देना होता है। पुस्तकालय के द्वारा उन्हें नई वैज्ञानिक उपलब्धियों के विषय में सूचना मिल जाती है, जिसका उपयोग वे अपने संस्थान के विकास में कर सकते हैं। पुस्तकालयों द्वारा प्रदत्त जानकारी के द्वारा इन संस्थानों के संचालन का कार्य भी हो जाता है। उधर पुस्तकालयों द्वारा प्रदत्त साहित्य से यह पता चल जाता है कि किसी व्यवसाय उत्पादन हेतु किस क्षेत्र में ज्यादा माँग है अतः जरूरत वाले क्षेत्रों में उक्त उत्पादन को बेचकर व्यापार में वृद्धि की जा सकती है।

वास्तव में द्वितीय विश्व युद्धोत्तर विश्व में तकनीकी क्षेत्रों में महान् बदलाव हुए और तब आवश्यक समझा गया कि औद्योगिक संस्थानों को तकनीकी क्षेत्रों में बदलावों की सूचना पुस्तकालय या सूचना-सेवा के द्वारा मिला करे।

कई व्यापारिक प्रतिष्ठान वर्तमान समय में राष्ट्रीय एवं राज्य स्तर पर व्यवसायी रहे हैं, तथा इन्होंने अपने संगठन, पुस्तकालय एवं सूचना केन्द्र स्थापित कर लिये हैं। आल इंडिया टेक्सटाइल इण्डस्ट्रीज रिसर्च एसोसिएशन, कोलकाता स्थित प्लाईवुड रिसर्च इन्स्टीट्यूट आदि इस प्रकार का राष्ट्रीय संगठन हैं। विविध वाणिज्य प्रतिष्ठानों में औद्योगिक, व्यापारिक एवं व्यावसायिक क्षेत्रों की नवीनतम गतिविधियों से परिचित होते रहने हेतु पुस्तकालय स्थापित करने की प्रवृत्ति विकसित हो रही है।

## औद्योगिक पुस्तकालय

औद्योगिक प्रतिष्ठानों से सम्बद्ध रहने वाले औद्योगिक पुस्तकालयों का कार्य सम्बन्धित उद्योगों के विस्तार तथा विकास हेतु समस्त आवश्यक जानकारियां का संग्रह करना तथा जरूरत के अनुसार सम्बन्धित व्यक्तियों को उपलब्ध कराना है। इस तरह के पुस्तकालय लगभग बड़े औद्योगिक प्रतिष्ठानों से सम्बद्ध रहते हैं। भारत में कतिपय उद्योगों से सम्बन्धित प्रलेखन केन्द्र भी कार्य कर रहे हैं, जो विभिन्न देशों में हुए शोध एवं नवीन सिद्धान्तों के सम्बद्ध में उद्योगपतियों को सूचनाएँ प्रदान करते हैं। इन सूचनाओं के आधार पर ही विभिन्न उद्योगों के स्वामी अपने उद्योगों में चल रही अन्तर्राष्ट्रीय स्तर की प्रतियोगिता में सफल हो सकते हैं। इन पुस्तकालयों से प्राप्त होने वाली सूचनाओं के द्वारा प्रबन्धकों को कच्चे माल स्थानान्तरित करने, स्थानापन्न माल की तलाश करने, माल की किस्म में गुणात्मक सुधार करने आदि में सहायता मिलती है। जूट उद्योग, चीनी उद्योग, वस्त्र उद्योग तथा लोहा और इस्पात आदि उद्योगों में भारत में पुस्तकालय कार्य कर रहे हैं तथा इन पुस्तकालयों से औद्योगिक क्षेत्र के वैज्ञानिकों की बड़ी सहायता मिल रही है।

## व्यावसायिक पुस्तकालय

सन् 1914 में इंग्लैण्ड में सर्वप्रथम व्यावसायिक पुस्तकालय शुरू हुआ। इस पुस्तकालय का उद्देश्य किसी व्यवसाय विशेष के विकास तथा विस्तार में अंशदान देना होता है। ये पुस्तकालय व्यावसायिक-संगठनों के संघीय कार्यालय में स्थित होते हैं। इन पुस्तकालयों में कई प्रकार की सूचनाएँ एवं सामग्रियाँ एकत्रित की जाती हैं जो व्यवसाय विशेष के विकास एवं विस्तार के लिए आवश्यक होती हैं। इन पुस्तकालयों के व्यवसाय विशेष पर हो रही खोजों से जुड़ी पूरी जानकारी प्राप्त हो सकती है। भारत में इस प्रकार के पुस्तकालयों की संख्या अत्यल्प है। सर्वोच्च न्यायालय और उच्च न्यायालयों के कानून विषयक पुस्तकालय, अखिल भारतीय पुस्तकालय संघ का ग्रंथालय, चैम्बर ऑफ कॉमर्स का पुस्तकालय व्यावसायिक पुस्तकालय की कोटि में आते हैं।

## व्यापारिक पुस्तकालय

किसी व्यापारिक क्षेत्र से सम्बन्धित लाभकारी सूचनाएं संकलित करना व्यापारिक पुस्तकालयों का उद्देश्य होता है, ताकि सम्बन्धित व्यापारियों को इनके द्वारा लाभ मिले। इन सूचनाओं के आधार पर व्यापारी को भविष्य में अपने व्यापार को

नियोजित करने तथा सम्भावित हानियों से बचाने का मौका मिल जाता है। जिसे अब राष्ट्रीय एवं अन्तर्राष्ट्रीय स्तर पर किया जाता है, अतएव यह जरूरी है कि व्यापारी को व्यवसाय-विशेष से सम्बन्धित देश-विदेश की घटनाओं के सम्बन्ध में सूचनाएँ मिलती रहें। यह उल्लेखनीय है कि ये पुस्तकालय अगर उचित ढंग से अपनी सेवाएँ संचालित करें, तो कोई देश बड़ी मात्रा में विदेशी मुद्रा प्राप्त कर सकता है। व्यापारिक पुस्तकालयों की श्रेणी में फर्टिलाइजर कार्पोरेशन ऑफ इण्डिया, बीमा निगम आदि के पुस्तकालय आते हैं।

### *मंडलीय पुस्तकालय*

स्थानीय राज्य या केन्द्रीय सरकार के प्रशासनिक विभागों से सम्बन्ध पुस्तकालय मण्डलीय पुस्तकालय होते हैं। इनका मुख्य लक्ष्य विभाग के अधिकारियों तथा कर्मचारियों को सुचारू रूप से प्रशासन चलाने में मदद करना है। भारत सरकार के योजना आयोग का पुस्तकालय, वित्तविभाग का पुस्तकालय, लोकसभा या सरकार के विविध मन्त्रालयों से सम्बद्ध पुस्तकालय विभागीय पुस्तकालय की श्रेणी में आते हैं। इन पुस्तकालयों में ऐसी सामग्री संग्रहीत की जाती है, जिसके द्वारा विभाग विशेष को सही निर्णय लेने में सुविधा हो तथा वह विविध समस्याओं का अध्ययन एवं विश्लेषण ठीक तरह से कर सके। अतः यह पुस्तकालय विभागीय अधिकारियों को नीति निर्धारित करने में सहायता प्रदान करते हैं। राष्ट्रीय महत्त्व के विभागों में पुस्तकालय होने के बावजूद भारत में इस तरह के पुस्तकालय बहुत अधिक नहीं हैं।

### *निदान पुस्तकालय*

उपचार पुस्तकालयों में उपचार सम्बन्धी पुस्तकें, पत्र-पत्रिकाएँ आदि एकत्रित की जाती हैं। उपयोगकर्ताओं की दृष्टि से इनके निम्न प्रकार हो सकते हैं–

1. मेडिकल कौंसिल तथा मेडिकल सोसाइटियों में पुस्तकालय।
2. विश्वविद्यालय एवं उपचार महाविद्यालयों के पुस्तकालय।
3. चिकित्सालय पुस्तकालय।
4. चिकित्सक विषय सम्बन्धी शोध पुस्तकालय।
5. चिकित्सा विभाग का पुस्तकालय।
6. औद्योगिक चिकित्सा पुस्तकालय।
7. व्यावसायिक चिकित्सा पुस्तकालय।

### चिकित्सा पुस्तकालय

मरीजों के मनोरंजन हेतु चिकित्सा पुस्तकालय में पुस्तकालय खोले जाते हैं। सामान्यतया यह चिकित्सालय से ही सम्बद्ध रहते हैं। ब्रिटिश रेड क्रास का (बीमारों के लिए पुस्तकें) यह नारा काफी लोकप्रिय हुआ। चिकित्सालय प्रणाली द्वारा मरीज को विशिष्ट प्रकार की पुस्तकों को पढ़ने हेतु दिया जाता है। इस तरह उसके ठीक होने में यह चिकित्सा पद्धति सहयोग देती है। आजकल इस बात का ध्यान रखा जाता है कि चिकित्सालय में जिस प्रकार के मरीजों की चिकित्सा के लिए प्रबन्ध हो, उन्हीं के अनुकूल पुस्तकें रखी जायें। ऐसे पुस्तकालयों में चिकित्सा मनोचिकित्सा की सहायता से की जा रही है। इलाज की प्रक्रिया इसमें अप्रत्यक्ष होती है।

### दृष्टिहीनों का पुस्तकालय

इन पुस्तकालयों द्वारा अन्धों को ज्ञानवर्द्धन हेतु साहित्य प्रदान किया गया है। कई स्थानों पर धार्मिक प्रतिष्ठान, चर्च एवं नेत्रहीनों हेतु स्थापित कल्याणकारी संगठनों द्वारा ये पुस्तकालय विशेष रूप से चलाये जाते हैं। अमेरिका जैसे कतिपय राष्ट्रों में सार्वजनिक पुस्तकालय अंधों हेतु पुस्तकालय सेवा का संचालन करते हैं। भारत में राष्ट्रीय स्तर पर शिक्षाविभाग नेत्रहीनों हेतु एक विशेष पुस्तकालय सेवा प्रदान करता है। भारत में दृष्टिहीन पुस्तकालय सेवा दृष्टिहीनों के कल्याणकारी संगठनों द्वारा भी चलाए जाते हैं।

### बन्दीग्रह का पुस्तकालय

ये पुस्तकालय जेल में स्थित कैदियों को पुस्तकालय सेवा प्रदान करते हैं। जेलों के अलावा सुधार-गृहों में भी पुस्तकालय होते हैं। इनका उद्देश्य कल्याणकारी होता है तथा इसमें ऐसा साहित्य संग्रहीत किया जाता है, जिसके द्वारा कैदियों का स्वस्थ व्यक्तित्त्व निर्मित हो सके तथा वे छूटने के बाद आदर्श नागरिक बन सकें।

### नाविक पुस्तकालय

ये पुस्तकालय नाविकों को साहित्य प्रदान करते हैं। इन पुस्तकालयों की नाविकों के जीवन में विशिष्ट भूमिका होती है। क्योंकि यदि उन्हें पुस्तकालय सेवा प्राप्त हो तो वे देश-विदेश के सम्बन्ध में जानकारी प्राप्त कर सकते हैं। ये पुस्तकालय उन्हें सांसारिक गतिविधियों से परिचित कराते हैं तथा मानसिक विकास करने में अंशदान देते हैं। मनोरंजन साहित्य के अतिरिक्त इन पुस्तकालयों में जलवाष्प भोजन,

वस्त्र, देश-विदेश के रीति-रिवाज, स्वास्थ्य आदि से सम्बन्धित साहित्य उपलब्ध रहता है। इन पुस्तकालयों का महत्त्व डॉ. एस.आर. रंगनाथन ने "फाइब लाज ऑफ लाइबेरी सांइस" में बतलाया है।

### *दृश्य-श्रव्य पुस्तकालय*

चलचित्र, ग्रामोफोन, रिकार्ड एवं इन विषयों से सम्बन्धित पत्र-पत्रिकाएँ इस तरह के पुस्तकालयों में संग्रहीत की जाती हैं। अमेरिका जैसे देशों में सार्वजनिक पुस्तकालयों में भी दृश्य-श्रव्य विभाग होता है और वह चलचित्र, ग्रामोफोन रिकार्ड प्रदान करता है।

### *अखबार पुस्तकालय*

समाचार-पत्र प्रकाशित करने वाले संस्थानों में अखबार पुस्तकालय संदर्भ पुस्तकालयों के रूप में कार्य करते हैं। इन पुस्तकों में ऐसी सामग्री एकत्रित की जाती है, जिनसे किसी भी विषय की आवश्यक सूचना प्राप्त की जा सके। भारत में टाइम्स ऑफ इण्डिया प्रेस, स्टेट्समैन प्रेस आदि पुस्तकालय इस प्रकार के पुस्तकालयों के उदाहरण हैं।

### *बाल पुस्तकालय*

बालकों में पठन-पाठन के प्रति रुचि उत्पन्न करना इन पुस्तकालयों का उद्देश्य होता है। कुछ बाल ग्रंथालयों में कौतुकालय भी होते हैं, जिनसे बालकों की कल्पना शक्ति बढ़ सके। ये पुस्तकालय स्वतन्त्र रूप से भी कार्य करते हैं और किसी सार्वजनिक पुस्तकालय के हिस्से के रूप में भी। भारत में दिल्ली सार्वजनिक पुस्तकालय में स्वतन्त्र बाल पुस्ताकालय विभाग है। इन पुस्तकालयों में बालकों को साहित्य प्रदान करने के अलावा अन्य कई सामुदायिक कार्यक्रमों द्वारा प्रेरणा दी जाती है।

19वीं शती से ही इन पुस्तकालयों का महत्त्व स्थापित हो गया था। यहीं से बालकों की आवश्यकताओं, रुचियों, योग्यताओं एवं क्षमताओं के अनुकूल साहित्य पुस्तकालयों में संचित किया जाने लगा। बाल पुस्तकालयों का पश्चिमी देशों में बहुत विस्तार हुआ है।

# 4

# पुस्तकालय प्रबन्ध : सिद्धान्त

प्रबन्धन कार्य किसी भी संस्था को उचित तरीके से चलाने के लिए बहुत ही महत्त्वपूर्ण होता है। किसी भी पुस्तकालय के संचालन के लिए उचित प्रबन्धन बहुत जरूरी है। नियोजन अनुसंधान, विश्लेषण एवं प्रयोग आदि बातों पर प्रबन्धन में बहुत जोर दिया जाता है तथा यह अवलोकन तर्क एवं सिद्धान्तों के निर्माण से सम्बन्धित होता है। प्रबन्ध के द्वारा साधनों का आदर्शतम समन्वय करके न्यूनतम लागत पर अधिकतम लाभ एवं सेवा प्राप्त की जाती है।

## प्रबन्ध के नियम

प्रबन्ध के कुछ मूल नियम हैं जिनके पालन से ही पुस्तकालय में उसके उद्देश्यों की पूर्ति की जा सकती है। ये नियम हैं–

**1. वैज्ञानिक चयन**–कर्मचारियों का चुनाव तथा प्रशिक्षण वैज्ञानिक होना चाहिए। दूसरे शब्दों में कर्मचारियों का चुनाव करते समय उनकी रुचि, क्षमता, प्रकृति एवं चरित्र पर विशेष ध्यान देना चाहिए एवं चुनाव के बाद उन्हें उचित ट्रेनिंग भी देनी चाहिए, उनकी तकनीकी शिक्षा भी समुचित होना चाहिए।

**2. मानकीकरण**– प्रबन्ध का एक अनिवार्य अंग मानकीकरण है। मानक कार्य मानक विधियों को अपनाये बिना तय नहीं किये जा सकते हैं। कर्मचारियों के कार्य करने की दशाओं का भी मानकीकरण अनिवार्य है। अनुसंधान के पश्चात् ही विभिन्न क्षेत्रों में मानक तय किये जाते हैं। सफलता की कुंजी मानकीकरण ही माना जाता है।

**3. प्रयोग**—प्रबन्ध के आधार प्रयोग होते हैं। कर्मचारियों की भिन्न क्रियाओं की जाँच तथा उनका विश्लेषण प्रयोगों द्वारा ही किया जा सकता है उनमें सुधार करके कार्यक्षमता बढ़ाई जा सकती है। किसी कार्य को सम्पन्न करने के कई ढंग हो सकते हैं और कई ढंगों में से सबसे उत्तम ढंग को ज्ञात करना प्रयोगों पर ही निर्भर करता है।

**4. कार्य सम्बन्धी अनुमान**—यह नियम इस बात का ज्ञान कराता है कि कर्मचारी को कितना कार्य करना चाहिए। इससे कर्मचारी को अपने कार्य का ज्ञान होता है कि वह निर्धारित कार्य से कम कार्य कर रहा है अथवा अधिक। कार्य का निर्धारण ज्यादातर सावधानी के साथ प्रयोगों द्वारा होना चाहिए।

**5. प्रभावपूर्ण संगठन पद्धति**—वैज्ञानिक प्रबन्ध का मूल उद्देश्य साधनों का सर्वोत्तम उपयोग कर अधिक से अधिक लाभ प्राप्त करना होता है तथा यह सब तब ही सम्भव हो सकेगा जब कर्मचारियों का संगठन समुचित पद्धति के माध्यम से व्यवस्थित किया गया हो। रेखीय संगठन प्रणाली पुस्तकालय में उपयुक्त बताई गई है।

**6. योजना**—किसी भी कार्य को योजनाबद्ध तरीके से किया जाए तो वह काफी सफल होता है। इसलिए वैज्ञानिक प्रबन्ध की सफलता हेतु योजना होना अनिवार्य है जिसमें विशेष कार्य तथा विभाग हेतु योजना तैयार की जाती है।

**7. समन्वय**—पुस्तकालय में सुप्रबन्ध के लिए यह जरूरी है कि अधिकारियों तथा कर्मचारियों के मध्य सभी पहलुओं पर समन्वय का भाव होना चाहिए न कि आपस में टकराव का।

**8. काम का उचित बंटवारा**—प्रबन्ध का नियम यह भी है कि पुस्तकालय के प्राधिकरण द्वारा कर्मचारियों के मध्य कार्य का उचित विभाजन किया जाना चाहिए।

**9. स्वच्छ वातावरण**—पुस्तकालय के वातावरण का कर्मचारियों के स्वास्थ्य तथा कार्यक्षमता पर प्रभाव पड़ता है अतएव पुस्तकालय का वातावरण स्वच्छ होना जरूरी है। स्वस्थ वातावरण हेतु पर्याप्त स्थान, स्वच्छ वायु, उचित तापमान, प्रकाश, आराम गृह, जल-पान गृह, इत्यादि की व्यवस्था होनी चाहिए।

**10. कर्तव्य का वैज्ञानिक विभाजन**—कर्मचारियों के चयन, प्रशिक्षण आदि के बाद उनकी क्षमता तथा योग्यता के अनुसार कार्य दिया जाना चाहिए एवं उत्तरदायित्व भी तय कर देने चाहिए।

## वैज्ञानिक प्रबन्ध की उपादेयता

**वैज्ञानिक प्रबन्धः** किसी संगठन की प्रबंधन सम्बन्धी समस्याओं को सुलझाने में वैज्ञानिक सिद्धान्तों तथा उनकी प्रक्रियाओं का अनुप्रयोग करना होता है। वैज्ञानिक प्रबन्ध में वैज्ञानिक विधि का उपयोग किया जाता है तथा वैज्ञानिक पद्धति परम्परागत विधियों के विपरीत उपयोग तथा अनुसंधान पर आधारित होती है जिसमें समझ, उपयोग तथा परीक्षण तथा अनुसंधान के आधार पर निष्कर्ष निकाले जाते हैं एवं उन निष्कर्षों को संगठन में क्रियान्वित किया जाता है।

**1. वैज्ञानिक प्रबन्ध वास्तविक तथ्यों एवं तर्कों को विकसित करने में सहायता करता है**–पुस्तकालयों का यह उत्तरदायित्व तथा कर्तव्य होता है कि वह समाज के व्यक्तियों को उनके द्वारा कर के रूप में दिए गए धन के बदले में पुस्तकालय सेवाओं के रूप में ज्यादा से ज्यादा लाभ प्रदान करें। पुस्तकालय वर्धनशील संस्था होती है इसलिए वर्ष-प्रतिवर्ष इसके संचालन हेतु वित्त की जरूरत होती है। पुस्तकालय के लिए वित्त देने वाला चाहे पाठक हो, सरकार हो या कोई संस्था हो यह जानना चाहता है कि अतिरिक्त धन की माँग क्यों की जा रही है एवं उसकी माँग के सम्बन्ध में क्या तथ्य एवं तर्क हैं। वैज्ञानिक प्रबन्ध लागू होने से पुस्तकालय संचालक के पास निश्चित उपयुक्त तथ्यों तथा तर्कों का पर्याप्त आधार प्राप्त हो जाता है। अतः पुस्तकालय संचालक को उपयुक्त तथा तर्कसंगत तथ्य एवं तर्क प्राप्त करने में वैज्ञानिक प्रबन्ध सहायक होता है।

**2. वैज्ञानिक प्रबन्ध दैनिक कार्यों की क्षमताओं को विकसित करने में भी मदद करता है**–पुस्तकालय के अधिकतर दैनिक कार्य द्विआवर्ती तथा यान्त्रिक प्रकृति के होते हैं दूसरे शब्दों में जिनमें दुबारा होने की सम्भावना रहती है। इस प्रकार दैनिक कार्य इस कारण से गुणात्मक विश्लेषण हेतु सुधार किए जाने के लिए उद्यत रहते हैं। दूसरे शब्दों में इनमें सुधार की जरूरत रहती है। इन कार्यों में निम्न प्रक्रियाओं को शामिल किया जाता है। जैसे–ग्रन्थों के क्रयादेश करना, ग्रंथों का आदान-प्रदान करना आदि। इन कार्यो के करने की क्षमता में बढ़ोत्तरी वैज्ञानिक प्रबन्ध की सहायता से की जा सकती है।

**3. वैज्ञानिक प्रबन्ध, कर्मचारी प्रबन्ध एवं वित्तीय प्रबन्ध का एक उपादेय उपकरण होता है**–कार्यों का विश्लेषण करना वैज्ञानिक प्रबन्ध में प्रधान सिद्धान्त होता है और कार्य विश्लेषण कार्य विभाजन की एक कुंजी की तरह होता है। कार्य विश्लेषण के द्वारा ही पुस्तकालय अधिकारी एक कर्मचारी से क्या और कितना कार्य करने की अपेक्षा करता है एवं अपनी बुद्धिमता तथा उपयोगिता के बल पर सभी

कर्मचारियों द्वारा किए गये कार्य का एक मापक गज (Measure Yard) की तरह उनका मापन करने में सफल होता है।

पुस्तकालय के संचालन में इस प्रकार वैज्ञानिक प्रबन्ध पुस्तकालय अधिकारियों की दृढ़ वित्तीय आधारों पर मदद करता है। वह विश्लेषण के माध्यम से कार्य के सभी अंशों का मूल्य जानता है एवं इस प्रकार वह पुस्तकालय में कार्यों के सम्पादन हेतु कार्य योजना बनाकर व्यर्थ के कार्यों का परित्याग कर सकता है एवं कर्मचारियों द्वारा प्रदत्त सेवाओं की क्षमता में बढ़ोत्तरी करता है जिससे वह अपने पाठकों को पूर्ण सन्तुष्टि प्रदान कर सके।

## प्रबन्ध के कार्य

किसी भी संस्था का प्रबन्ध कुशलतापूर्वक उचित रूप से चलता रहता है यदि उसके प्रबन्ध को सैद्धान्तिक आधारों पर खड़ा किया जाता है। इसलिए प्रबन्ध की व्याख्या का कार्य कई विशेषज्ञों ने किया है। एक विशेषज्ञ के अनुसार किसी संस्था का प्रबन्ध उसमें होने वाली सामान्य प्रक्रियाओं तथा कार्यों का एक समूह होता है। यदि इन समस्त प्रक्रियाओं तथा कार्यों को ठीक तरह से सम्पन्न किया जाए तो संस्था का प्रबन्ध सुचारू रूप से चलता है। प्रबन्ध के कार्यों को **हेनरी फेयोल** एवं **गुलिक** ने बड़े ही वैज्ञानिक ढंग से पारिभाषित किया है और इन कार्यों को प्रदर्शित करने हेतु पोस्डकार्ब (POSDCORB) शब्द का प्रयोग किया है जिसका हर अक्षर प्रबन्ध के विभिन्न कार्यों को प्रदर्शित करता है।

**1. स्टाफ**—सभी संस्थाओं की भाँति पुस्तकालय कार्यकुशलता उसके कर्मचारियों पर ही पूर्ण रूप से आधारित होती है। अतएव कर्मचारियों की नियुक्ति के समय किसी निर्धारित नियुक्ति नीति पर अमल करना जरूरी है। नियुक्त कर्मचारियों में अपने नियुक्त पद के अनुसार कार्यपद्धति में क्षमता, दक्षता एवं कार्य करने की पर्याप्त अभिरुचि का होना जरूरी है तथा साथ ही कर्मचारियों में निष्ठा, पारस्परिक सहयोग, उत्साह तथा सद्भाव का होना भी जरूरी है।

**2. नियोजन**—पुस्तकालय प्रबन्ध का अनिवार्य कार्य पुस्तकालय के लक्ष्य तथा आदर्श को तय करना होता है। इन उद्देश्यों को प्राप्त करने के लिए अनिवार्य विधियों तथा साधनों को प्रारम्भ करने से पूर्व उनका नियोजन करना अनिवार्य होता है। नियोजन का मुख्य उद्देश्य कम से कम व्यय में अधिक से अधिक कार्य सम्पन्न कराना होता है पुस्तकालय का नियोजन करने में स्थानीय कर्मचारियों से स्थिति, भाषा, स्थान, पुस्तकालय का आकार, शिक्षा का स्तर एवं मूल उद्देश्य आदि पर पूर्व

विचार करना जरूरी होता है जिससे पुस्तकालय की व्यवस्था सुनियोजित ढंग से हो सके एवं कुशल पुस्तकालय सेवा सन्तोषजनक ढंग से प्रदान की जा सके

**3. संगठन**—पुस्तकालय संगठन का उद्देश्य प्रशासन के स्वरूप को इस प्रकार से व्यवस्थित करना होता है ताकि पुस्तकालय अपने उद्देश्य की प्राप्ति में सफल हो सके। पुस्तकालय की संगठनात्मक प्रणाली ऐसी होनी चाहिए कि पुस्तकालय के समस्त कर्मचारियों को समन्वित अवस्था में सूत्रबद्ध किया जा सके जो वैज्ञानिक पद्धतियों पर आधारित हो जिसके कार्य ज्यादा कुशलतापूर्वक ढंग से पूरा हो सके। एक सुदृढ़ संगठन प्रणाली की पुस्तकालय संगठन के तहत आवश्यकता होती है।

**4. समन्वय**--समन्वय का आशय पुस्तकालय में दो तरह से लिया जाता है—कर्मचारियों में आपस में समन्वय एवं पुस्तकालय के प्रत्येक विभाग में समन्वय। पुस्तकालय के हर कर्मचारी एवं विभागों में आपस में समन्वय तभी स्थापित किया जाता है जब प्रमुख प्रशासनिक अधिकारी को हर प्रकार के कार्य एवं उनकी प्रक्रियाओं का पूर्ण ज्ञान हो और अपने प्रभाव से प्रबन्ध तन्त्र को इस ढंग से कार्यान्वित करे जिससे किसी भी विभाग में अनावश्यक हस्तक्षेप न करना पड़े। यह बहुत कुछ संगठन की प्रकृति एवं स्वरूप पर निर्भर करता है।

**5. निर्देशन**—पुस्तकालयों में प्रशासनिक सफलता प्राप्त करने के लिए कुशल निर्देशन अति आवश्यक है। कर्मचारियों की कार्यकुशलता एवं सामन्जस्य काफी कुछ पुस्तकालय के नेतृत्व या पुस्तकालयी पर होता है। कर्मचारियों के तहत आत्म-विश्वास, उत्साह एवं नैतिक आचरण का विकास करना सफल निर्देशक का कार्य है। पुस्तकालय में सही समय पर उचित निर्णय लेना एवं उनका क्रियान्वयन करना पुस्तकालयी का कार्य है। अतः सफल प्रबन्ध हेतु यह जरूरी है कि पुस्तकालयी में निर्देश देने की क्षमता हो।

**6. बजट**—धन की पुस्तकालय के प्रबन्ध के लिए जरूरत होती है इसलिए पुस्तकालय का कार्य समुचित धन-व्यवस्था के बिना सुचारू रूप से नहीं चल सकता। पुस्तकालय प्रत्यक्ष रूप से कोई उत्पादन अथवा आर्थिक लाभ पहुँचाने वाली संस्था नहीं होती। अतः इसके लिए धन की व्यवस्था करना अति आवश्यक होती है। जिसके लिए बजट तैयार करना पड़ता है। धन का उपयुक्त मद में प्रयोग करना, बजट तैयार करने का प्रमुख उद्देश्य होता है। अनावश्यक व्यय पर नियन्त्रण रखना एवं आवश्यक वस्तुओं या कार्यों पर मितव्ययतापूर्वक व्यय करना है। परमावश्यक व्यय पाठ्य-सामग्री का क्रय होता है। जरूरी तथा उपयोगी सामग्री ही पुस्तकालय में आए इसके लिए पाठ्य सामग्रियों का चुनाव बड़ी सावधानी से करना चाहिए।

**7. प्रतिवेदन**–पुस्तकालय के पुस्तकालयी का यह कर्तव्य होता है कि वह समय-समय पर सभी विभागों के प्रभारियों से प्रतिवदेन प्राप्त करता रहे जिससे कर्मचारियों तथा विभागों द्वारा सम्पन्न किये गये कार्य की मात्रा तथा गुणवत्ता का अनुमान लगा सके। प्राप्त प्रतिवेदनों से हर कर्मचारी के कार्य करने की क्षमता तथा दक्षता का आँकलन करने में भी सहायता प्राप्त होगी। अन्त में पूरे वर्ष में पुस्तकालय द्वारा किये गये क्रियाकलापों का पूर्ण प्रतिवेदन पुस्तकालयी को अपने अधिकारियों के अवलोकनार्थ बनाना पड़ता है।

## प्रबन्ध सम्बन्धी मुख्य विचारधारायें

आधुनिक समय में प्रबन्ध के क्षेत्र में प्रयोग किए जाने वाले विचार, सिद्धांत एवं तकनीकियों को स्पष्ट करने के लिए कई विधियाँ विकसित की जा चुकी हैं। लगभग पिछले 25 वर्षों में प्रबन्ध विषय पर प्रकाशित शिक्षाविदों के लेखों की बाढ़-सी आ गई है जिसके परिणामस्वरूप नवीन विधियाँ विकसित हो चुकी हैं एवं पुरानी विधियों में कतिपय नवीन परिवर्तन जोड़कर अर्थ लगाये जा चुके हैं। उनमें से कुछ महत्त्वपूर्ण विधियों की रूपरेखा यहाँ प्रस्तुत की जा रही है–

**1. अनुभववादी सम्प्रदाय**–प्रबन्धन को अनुभव का अध्ययन मानने वालों ने प्रबंध के प्रति अनुभववादी दृष्टिकोण अपनाया है। इनके मतानुसार अनुभव का अध्ययन करके कुछ आसान नियम बनाये जाते हैं। इस पद्धति में प्रायः घटनाओं द्वारा हुए अनुभव का अध्ययन कर प्रबन्ध का विश्लेषण किया जाता है। यह पद्धति इस विश्वास पर आधारित है कि प्रबन्धकों द्वारा समस्याओं को सुलझाने में उनके द्वारा किये गये प्रयासों का विश्लेषण कर इनका ज्ञान विद्यार्थियों तथा व्यावहारिक व्यक्तियों को हस्तान्तरित किया जाता है। इस तरह का अध्ययन विशिष्ट प्रकरणों या निर्णयों के अध्ययन द्वारा किया जाता है।

**2. मानव-व्यवहार सम्प्रदाय**–मानव-व्यवहार सम्बन्धी सम्प्रदाय इस बात पर जोर देता है कि चूँकि प्रबन्ध का आशय व्यक्तियों से काम लेने से है अतः इसका अध्ययन कर्मचारियों एवं प्रबन्धकों के अन्तर्सम्बन्धों पर केन्द्रित होना चाहिए। इसको मानव सम्बन्ध (Human Relations) एवं व्यावहारिक सम्बन्ध (Behavioural Relations) भी कहा जाता है एवं नेतृत्व दृष्टिकोण (Leadership Approach) के नाम से भी जाना जाता है। प्रबन्ध के मानवीय पहलुओं पर यह सम्प्रदाय अधिक बल देता है। इसलिए इसके तहत इस बात पर बल दिया जाता है कि प्रबन्ध की समस्याओं को हल करने के लिए सामाजिक मनोविज्ञान, मानवशास्त्र एवं समाजशास्त्र

द्वारा बताई गई प्रणालियों को अपनाकर हम उन मानवीय समस्याओं का उचित समाधान ढूंढ सकते हैं जो प्रब्रन्ध के समय सामने आती हैं। सन् 1879 ई. इस विचारधारा का प्रारम्भ माना जाता है।

**3. निर्णय लेना वाला सम्प्रदाय**—प्रबन्धक ही निर्णय लेते हैं नामक विश्वास पर यह विधि आधारित है। अतएव हमको निर्णय लेने पर ही केन्द्रित रहना चाहिए। इस प्रकार यह नियम निर्णय लेने को आधार मान कर चलता है। किसी भी कार्य को करने के सम्भावित विकल्पों में से किसी एक का चुनाव करना निर्णय कहलाता है। विकल्पों के मूल्यांकन की प्रक्रिया से भी आगे अपना दृष्टिकोण व्यापक करके अनेक विद्वान निर्णय नियम का प्रयोग संगठन ढाँचे के स्वभाव की जाँच करने, व्यक्तियों तथा समूहों की मनोवैज्ञानिक तथा सामाजिक प्रतिक्रियाएँ जानने, निर्णय के लिए बुनियादी सूचना का विकास करने एवं सम्प्रेक्षण व्यवस्था, लक्ष्यों तथा प्रेरणाओं के सन्दर्भ में नियम सम्बन्धी घटकों के महत्त्व का विश्लेषण करने में करते हैं।

**4. सामाजिक प्रणाली सम्प्रदाय**—चैस्टर बर्नार्ड इस सम्प्रदाय के प्रर्वतक थे। इन्होंने प्रबन्धकीय कार्यों तथा प्रविधियों के विश्लेषण में सामाजिक विचारधारा का उपयोग आरम्भ किया। उन्होंने व्यक्ति से प्रयोग आरम्भ किया एवं सहकारी संगठित प्रयासों की तरफ अग्रसर हुए एवं कार्यकारी कार्यों पर समाप्त किया। इन्होंने संगठन सम्बन्धी ढांचे का तर्कपूर्ण ढंग से विश्लेषण किया तथा बताया कि प्रबन्धकीय समस्याओं के हल हेतु समाजशास्त्र के सिद्धांतों का प्रयोग कैसे किया जा सकता है। उनके विचार में संगठन ऐसी प्रणाली है जिसमें सभी कार्यकलापों में सोच-समझकर सामन्जस्य स्थापित किया गया हो। स्वभाव से अत्यधिक सामाजिक होने के कारण यह सम्प्रदाय वही कुछ करता है जो कि समाजशास्त्र द्वारा किया जाता है।

## प्रबन्ध विचार के मतकेन्द्र

प्रबन्ध विश्लेषण के लिए कई सारी विधियों, शोधकार्यों में तालमेल एवं विचारों में अन्तर के कारण प्रबन्ध क्या है? इस जटिलता को प्रबन्ध की नई विधियों ने निश्चय ही समाप्त कर दिया है। ये विभिन्न विधियाँ प्रबन्ध के सम्बन्ध में विविध मतकेन्द्र या सम्प्रदाय कहे जाते हैं। ये मतकेन्द्र अथवा सम्प्रदाय निम्न हैं—

1. क्रियात्मक शोध (Operations Research)
2. निर्णय सिद्धांत विचारधारा (Decision Theory)
3. सम्प्रेक्षण विचारधारा (Communication Theory)

4. गणितीय विचारधारा (Mathematics Theory)
5. सामाजिक प्रणाली विचारधारा (Social System Theory)
6. शास्त्रीय विचारधारा (Classical Theory)
7. अनुभववादी विचारधारा (Empirical Theory)
8. मानव-व्यवहार विचारधारा (Human Behaviour)

## मानव व्यवहार विचारधारा

मानवीय व्यवहार दृष्टिकोण प्रबन्ध के क्षेत्र में इस बात पर जोर देता है कि प्रबन्ध से आशय व्यक्तियों (मानव) से काम लेने से है अतएव इसका अध्ययन कर्मचारियों के आंतरिक सम्बन्धों पर केन्द्रित होना चाहिए। इसे मानवीय सम्बन्ध या नेतृत्व दृष्टिकोण (Leadership Approach) के नाम से भी जाना जाता है। यह दृष्टिकोण प्रबन्ध के मानवीय मूल्यों पर अधिक बल देता है इसीलिए इसके तहत इस बात पर जोर दिया जाता है कि प्रबन्ध की समस्याओं का समाधान करने हेतु सामाजिक मनोविज्ञान, मनोविज्ञान, मानव शास्त्र एवं समाजशास्त्र द्वारा बताये गये नियमों, सिद्धांतों एवं उनके व्यावहारिक उपयोगों का अध्ययन अनिवार्य है। इन्हीं विषयों के द्वारा बताई गई प्रणालियों को अपनाकर हम उन मानवीय समस्याओं का उचित समाधान ढूंढ़ सकते हैं जो कि प्रबन्ध करते समय सामने आती हैं। विल्हेम विंड्ट के द्वारा सन् 1879 में मानवीय समस्याओं के अध्ययन हेतु प्रयोगशाला स्थापित किये जाने से इस विचारधारा की शरुआत मानी जाती है।

पुस्तकालय भी अन्य संस्थाओं की तरह ही एक सामाजिक संस्था है जिसमें विभिन्न स्तरों श्रेणियों एवं पदों के कई कर्मचारी कार्य करते हैं। पुस्तकालयी पुस्तकालय का एक तरह से प्रबन्धक ही होता है जिसके सामने प्रबन्ध की कई समस्याएँ समय-समय पर सामने आती रहती हैं। वह अपने आपको पुस्तकालय के कार्यों का उत्तरदायी मानकर पुस्तकालय का संगठन और प्रबन्ध उत्तम से उत्तम व्यवस्था के अनुसार करता रहता है। उसके सम्पूर्ण प्रयास के बाद उसे वह सफलता नहीं मिल पाती है जो सर्वोत्तम सेवा के रूप में प्रतिफल प्रदान करे। पुस्तकालय में वैज्ञानिक सिद्धान्तों के आधार पर प्रबन्ध की व्यवस्था करने वाला ही प्रबंन्ध के क्षेत्र में सबसे ज्यादा सफल होता है। वैज्ञानिक प्रबन्ध में कतिपय विचारधाराएँ हैं जिनमें से सर्वोत्तम विचारधारा को लागू कर प्रबन्ध व्यवस्था की जा सकती है।

पुस्तकालय में मानव-व्यवहार सम्बन्धी प्रबन्ध व्यवस्था हमारे विचार से आज के समय में सबसे सटीक तथा लाभदायक हो सकती है क्योंकि इसमें पुस्तकालय

के कर्मचारियों में आंतरिक सम्बन्धों को ज्यादा महत्त्व दिया जाता है अगर कर्मचारियों को ज्यादा महत्त्व दिया जायेगा तो वे कार्य के प्रति सन्तुष्ट रहेंगे जिससे उनके मनोबल, कार्य करने की क्षमता तथा दक्षता में भी बढोत्तरी होगी एवं साथ ही वे कार्य को समर्पित भाव से सम्पन्न कर पुस्तकालय के अपने उद्देश्य प्राप्त करने में सहायक सिद्ध होंगे। सारतः हम कह सकते हैं क मानव-व्यवहार विचारधारा को पुस्तकालय प्रबन्ध व्यवस्था में लागू करना पुस्तकालय के लिए उपादेय तथा अत्यन्त उत्तम रहता है।

## पुस्तकालय प्रबन्ध के प्रमुख चरण

प्रबन्ध का एक प्रमुख कार्य नियोजन होता है जिसका उद्देश्य निर्धारित लक्ष्य की प्राप्ति हेतु पहले से ही यह तय करना होता है कि पुस्तकालय में आने वाले समय में क्या करना है? जब पुस्तकालय में नियोजन किया जाता है तो उसमें भविष्य हेतु कार्यवाही का प्रक्षेपण किया जाता है जिससे वान्छित परिणामों को प्राप्त करने हेतु एक सुसंगत, समन्वित परिचालनों की संरचना प्राप्त करने का प्रयास किया जाता है। इस प्रकार पुस्तकालय की योजना तैयार करना एक आसान कार्य नहीं है। अतएव इस कार्य हेतु समुचित मात्रा में मनन, अध्ययन एवं विश्लेषण की जरूरत होती है। एक निश्चित क्रम का पालन करने से पुस्तकालय का नियोजन करते समय आसानी होती है। नियोजन के इस निश्चित क्रम को चरण या अवस्थाएँ कहते हैं जो निम्नलिखित होते हैं–

## नियोजन के भिन्न-भिन्न चरण

**1. आवश्यक आधारों को निश्चित करना**–योजना की तैयारी इसके उद्देश्यों की पूर्ति हेतु जरूरी होती है एवं उसके लिए उचित आधार तय करने और एकत्र करने की जरूरत होती है जिसके लिए तथ्य प्राप्त करने होते हैं। तथ्यों तथा आंकड़ों का अध्ययन तथा उचित विश्लेषण करने के लिए सारभूत तथ्य जमा करने होते हैं। विद्यमान पुस्तकालय नीतियों तथा व्यवस्थाओं का अध्ययन करके यह देखना होता है कि क्या उनमें कुछ बदलाव की जरूरत है या किन्हीं नवीन नीतियों, सिद्धांतों एवं आधारों को तय करना होगा आदि। इस तरह उन सभी आवश्यक आधारभूत तथ्यों को जिनकी मदद से योजना तैयार की जाती है इस चरण के अन्तर्गत हैं एकत्रित करना होता है।

**2. नियोजन की जरूरत**–पुस्तकालय का नियोजन करना या योजना बनाना एक कठिन कार्य होता है। इसके लिए सर्वप्रथम यह जरूरी है कि पुस्तकालय में

नियोजन की महत्ता तथा जरूरत को अच्छी तरह पहले समझा जाए। अगर नियोजन की जरूरत को समझे बिना ही इसे एक दिन में दैनिक कार्य की तरह तैयार किया जायेगा तो इससे पूरा लाभ नहीं लिया जा सकता।

**3. उद्देश्यों का निर्धारण करना**—पुस्तकालय नियोजन की जरूरत तथा महत्ता को समझने तथा स्वीकार करने के बाद नियोजन के उद्देश्यों तथा लक्ष्यों का निर्धारण करना है। स्पष्ट रूप से ये उद्देश्य निश्चित किये जाने चाहिए। योजना की सफलता बहुत कुछ स्पष्ट रूप से उद्देश्यों को तय करने पर निर्भर करती है क्योंकि उद्देश्य ही योजना का आधार होते हैं एवं बिना इसके योजना निरर्थक एवं निरूद्देश्य सिद्ध होगी।

**4. वैकल्पिक कार्यविधियों का मूल्यांकन**—सम्भावित वैकल्पिक कार्यविधियों का पता लगाने के बाद उनका सापेक्ष दूसरे शब्दों में एक दूसरे की तुलना के रूप में मूल्यांकन करना होता है। इसके लिए उन सभी विधियों का गुण-दोषों के आधार पर विवेचन करना होता है। यह करते समय पुस्तकालय-योजना के उद्देश्य को स्मरण में रखना अत्यन्त जरूरी होता है। यह कार्य अति महत्त्वपूर्ण होता है।

**5. वैकल्पिक कार्यविधियों का ज्ञान प्राप्त करना**—योजना के जरूरी आधारों को तय करने के उपरान्त यह ज्ञात करना होता है कि पूर्व में निर्धारित उद्देश्यों की प्राप्ति के लिए किन-किन विधियों को उपयोग में लाया जाता था। यह ज्ञात करना अत्यन्त आवश्यक होता है। व्यवहार में हम यह देखते हैं कि किसी भी कार्य को हम भिन्न-भिन्न तरीकों से सम्पन्न कर सकते हैं। अतः निश्चित उद्देश्यों की प्राप्ति हेतु भी यह देखना होता है कि उन्हें अब किन-किन तरीकों से प्राप्त किया जा सकता है। पुस्तकालय नियोजना का अगला चरण वैकल्पित कार्य विधियों का पता लगाना होता है।

**6. विस्तृत योजना की तैयारी**—कार्यविधि का चुनाव कर लेने के उपरान्त पुस्तकालय के सभी साधनों को ध्यान में रखते हुए विस्तृत तथा स्पष्ट योजना का निर्माण करना होता है। इसके तहत पुस्तकालय के विविध विभागों की विभिन्न योजना तैयार करनी पड़ती है। सभी सम्भावित समस्याओं, कठिनाइयों तथा सीमाओं का ध्यान रखना योजना निर्माण करते समय आवश्यक होता है।

**7. सर्वोत्तम कार्यविधियों का चयन**—इसके बाद पुस्तकालय के नियोजन का अगला चरण यह निर्णय लेना होता है कि योजना के निर्धारित उद्देश्यों की पूर्ति के लिए कौन-सी कार्य-विधि सर्वोत्तम रहेगी। चुनाव करने का यह निर्णय अति महत्त्वपूर्ण होता है। अगर इस कार्य में कोई गलती या चूक हो जाए तो वान्छित

सफलता नहीं मिल सकती है। यह कार्य आसान कार्य नहीं है क्योंकि सर्वोत्तम कार्य-विधि का निर्णय करते समय एक विधि से दूसरी विधि ज्यादा उत्तम एवं श्रेष्ठ है। इस तरह के हालात में कोई भी निर्णय पुस्तकालय के निर्णायक तत्त्वों को ध्यान में रखकर ही लेना चाहिए।

## पुस्तकालय की वित्त व्यवस्था

वित्त अर्थात् धन किसी भी पुस्तकालय के सुव्यवस्थित संचालन के लिए महत्त्वपूर्ण एवं आवश्यक यन्त्र होता है जिसकी व्यवस्था न होने पर पुस्तकालय के संचालन को गति प्रदान नहीं की जा सकती है। इसलिए पुस्तकालय हेतु वित्त एक उत्प्रेरक शक्ति होती है। जो पुस्तकालय की सम्पूर्ण मशीनरी के सुसंचालन के लिए अत्यंत आवश्यक होती है। पुस्तकालयों के सुसंचालन के लिए वित्त की व्यवस्था करने के कार्य को पुस्तकालय की वित्तीय व्यवस्था अथवा वित्तीय प्रबन्ध कहते हैं। पुस्तकालय का वित्तीय प्रबन्ध पुस्तकालय प्रबन्ध की वह शाखा है जिसमें पुस्तकालय के संचालन के लिए आय के रूप में वित्त की प्राप्ति एवं उस उपार्जित वित्त के प्रबन्ध करने से सम्बन्धित होता है। पर्याप्त वित्तीय व्यवस्था के कमी के कारण कोई भी पुस्तकालय अपना विकास एवं उन्नति करने में सफल नहीं हो सकता है इसलिए वित्त की व्यवस्था करना किसी भी पुस्तकालय के लिए बहुत जरूरी होता है।

सार्वजनिक धन से संचालित किया जाने वाला पुस्तकालय एक सार्वजनिक संस्था होती है। पुस्तकालय प्राधिकरण या अधिकारियों को पुस्तकालय की प्रकृति तथा जरूरतों को स्पष्ट रूप से समझ लेना जरूरी होता है जिससे समुचित पुस्तकालय सेवा प्रदान करने लिए समुचित एवं पर्याप्त वित्त की उपलब्धता की व्यवस्था की जा सके। वित्तीय व्यवस्था के लिए वित्तीय साधनों की पूर्व में ही व्यवस्था कर लेना जरूरी होता है। पुस्तकालय के लिए पूर्व में ही वित्त व्यवस्था करने के कुछ सिद्धान्त होते हैं।

## पुस्तकालय : आर्थिक व्यवस्था से सम्बन्धित सिद्धान्त

कुछ सिद्धान्त पुस्तकालय के लिए वित्त की व्यवस्था करने हेतु होते हैं जिन पर अमल करना अत्यंत आवश्यक होता है। ये सिद्धान्त निम्न होते हैं–

**(1) व्ययकारी प्रतिष्ठान**–अन्य संस्थानों की तरह पुस्तकालयों में किसी भी तरह की कोई प्रत्यक्ष आय नहीं होती है। अतएव यह आयकारी संस्था तो नहीं पर व्ययकारी अवश्य होती हैं। कर्मचारियों के वेतन, पाठ्य-सामग्री की खरीद तथा अन्य व्ययों के लिए धन की जरूरत होती है इसलिए इनके संचालन में मात्र व्यय ही होता

है। इनके माध्यम से प्रत्यक्ष रूप से कोई आय नहीं होती है। पर पुस्तकालयों की आय परोक्ष रूप से पुस्तकालय द्वारा प्रदत्त सेवाओं के रूप में होती है। अतः वित्त व्यवस्था का ध्यान रखना पुस्तकालय के लिए बहुत आवश्यक होता है।

**(2) बढ़ने वाली संस्थाएं**—पुस्तकालय की प्रकृति वर्धनशील होती है। डॉ. रंगानाथन का पंचम सूत्र भी यही निर्देश देता है। दूसरे शब्दों में पुस्तकालय के हर क्षेत्र में दिन-प्रतिदिन, वर्ष-प्रतिवर्ष वृद्धि होती रहती है। पुस्तकालय में पाठ्य सामग्री में बढ़ोत्तरी, पत्र-पत्रिकाओं में बढ़ोत्तरी, समयानुसार नवीन सेवाओं और कार्यों में वृद्धि, पुस्तकालय के आकार में वृद्धि, कर्मचारियों की संख्या में बढ़ोत्तरी के साथ-साथ पुस्तकालय के उपयोगकर्ताओं की जरूरत होना भी स्वाभाविक है और इन सभी में वृद्धि के साथ-साथ पुस्तकालय के बजट में भी बढ़ोत्तरी होना स्वाभाविक है। अतः इस बात पर भी विचार करना पुस्तकालय वित्त व्यवस्था का प्रावधान करने से पहले जरूरी होता है।

**(3) पुस्तकालय में वित्त की जरूरत**—पुस्तकालय एक वर्धनशील संस्था ही नहीं होते हैं वे एक बार स्थापित हो जाने के बाद स्थायी हो जाते हैं और इनमें हमेशा धन की मांग बनी रहती है। क्योंकि निरन्तर उपादेय उत्तम पुस्तकालय सेवा प्रदान करने के लिए धन की मांग जरूर बनी रहती है। इसके अलावा यदि कोई पुस्तकालय पाठ्य-सामग्री न खरीदे, न ही कोई अन्य व्यय करे फिर भी पुस्तकालय कर्मचारियों के वेतन हेतु तो धन की जरूरत अवश्य पड़ती है जो प्रति माह देना आवश्यक है इसलिए पुस्तकालय की वित्त व्यवस्था के लिए इस बात पर भी विचार करना आवश्यक होता है।

**(4) वित्तीय निरूपण का सिद्धान्त**—पुस्तकालय की विविध सेवाओं एवं क्रियाकलापों को सुचारू रूप से चलाने के लिए जरूरी धन की मात्रा का सही-सही अनुमान लगाने का कोई सुनिश्चित एवं विश्वसनीय तरीका नहीं है। इस स्थिति में अनिश्चित सम्भावनाओं तथा अनुमान के आधार प्राथमिकताएं निर्धारित करने की जरूरत होती है। किस सेवा या सुविधा को कब और कितना महत्त्व दिया जाए, यह प्राथमिकता के आधार पर निश्चित किया जाता है। प्राथमिकताओं में सदैव बदलाव होता रहता है और समय-समय पर उनका क्रम भी बदलता रहता है। प्राथमिकताओं को सुनिश्चित करने एवं पुस्तकालय के वित्त के स्रोतों को निश्चित करने हेतु वित्तीय साधन जुटाने के लिए कुछ सिद्धान्तों को अपनाना होता है जिससे पुस्तकालय व्यवस्था लगातार गतिशील रहती है। वित्त निरूपण के सिद्धान्त यही सिद्धान्त कहलाते हैं।

**(5) प्रति व्यक्ति प्रणाली**—पुस्तकालय में इस सिद्धान्त के अनुरूप निश्चित किया जाता है कि किसी क्षेत्र, प्रदेश या राष्ट्र में पुस्तकालय सेवा प्रदान करने के लिए प्रति व्यक्ति कितना न्यूनतम खर्च करना होगा। न्यूनतम खर्च निर्धारित करने का आधार उपयोगकर्ताओं के समुदाय का शैक्षणिक तथा सांस्कृतिक स्तर एवं विकास पर निर्भर करता है। उच्च स्तर के उपयोगकर्ताओं को उच्च स्तर की जबकि अविकसित समुदाय हेतु सामान्य पाठ्य-सामग्री से ही कार्य चल जाता है। अतः समुदाय को ध्यान में रखते हुए वित्त व्यवस्था का निर्धारण प्रति व्यक्ति प्रणाली से ज्ञात किया जा सकता है। किसी विश्वविद्यालय में 20 रु. से 150 रु. तक प्रति छात्र अध्यापक खर्च करने का प्रावधान डॉ. रंगनाथन ने इसी सिद्धान्त के आधार पर तय किया है।

## पुस्तकालय : आय स्रोत

धन या वित्त किसी संस्था के सुसंचालन के लिए एक जरूरी उपकरण होता है। वित्त की व्यवस्था करने को ही वित्त-व्यवस्था कहते हैं। पुस्तकालय के भवन निर्माण, कर्मचारियों के वेतन, ग्रन्थों की खरीद, पानी, बिजली, बैठने की व्यवस्था आदि सभी के लिए धन की जरूरत होती है। अतः धन प्राप्त करने के साधन भी होते हैं, दूसरे शब्दों में जिन साधनों से पुस्तकालय की वित्त-व्यवस्था की जाती है उन्हें आय के स्रोत कहते हैं।

पुस्तकालय एक लाभकारी संस्था होती है। पुस्तकालय की सेवाएँ अति उपयोगी तथा लाभदायक होते हुए भी इनसे प्रत्यक्ष रूप से वित्त की प्राप्ति नहीं होती है बल्कि उसकी सेवाओं का लाभ अदृश्य रहता है तथा दीर्घकाल के बाद अप्रत्यक्ष रूप से प्राप्त होता है। अतः पुस्तकालय की आय के ठोस साधन तय होना आवश्यक होता है। जो निम्नलिखित हैं—

**(1) पुस्तकालय शुल्क**—पाठकों से पुस्तकालयों में कुछ शुल्क पुस्तकालय शुल्क अथवा अन्य तरह से वसूल की जाती है। जैसे—स्कूलों, कॉलेजों तथा विश्वविद्यालयों में प्रतिमाह छात्रों से पुस्तकालय फीस ली जाती है तथा किसी-किसी पुस्तकालय में जमानत राशि के रूप में भी शुल्क ली जाती है। इस प्रकार से पुस्तकालय वित्त व्यवस्था के पुस्तकालय शुल्क एक प्रमुख स्रोत के रूप में होता है।

**(2) फन्ड एवं दान**—पुस्तकालय एक लोक कल्याणकारी संस्था होती है उसका उद्देश्य लोक का कल्याण करना ही होता है। अतएव अनेक परोपकारी एवं समाजसेवी व्यक्ति तथा संस्थायें पुस्तकालयों की स्थापना तथा उनके संचालन के लिए दान के रूप में धनराशि प्रदान करते हैं। इस दिशा में कारनेगी महोदय द्वारा दिए गये दान

विशेष रूप में उल्लेखनीय हैं। कई व्यक्ति तथा संस्थाएँ अपनी संचित धनराशि से धर्मार्थ फन्ड की स्थापना कर देते हैं जिससे अनेक लोक कल्याणकारी संस्थाओं को धन की प्रतिमाह प्राप्ति होती रहती है। यदा कदा प्राप्त होने वाले इस प्रकार के दान पर पुस्तकालय निर्भर नहीं होते हैं।

**(3) राजकीय धन**—देश की प्रान्तीय सरकारें एवं राष्ट्रीय सरकार पुस्तकालयों के लिए अधिकाधिक धन उपलब्ध कराती है। जो पुस्तकालय प्रांतीय सरकारों के अधीन होते हैं उन्हें प्रान्तीय सरकारें एवं स्थानीय पुस्तकालय स्थानीय शासन के द्वारा संचालित किये जाते हैं। पुस्तकालय को सरकार द्वारा उतनी ही वित्त राशि का अनुदान देना चाहिए जितनी राशि पुस्तकालय दर से प्राप्त होती है लेकिन विद्वानों का मत है कि अधिकाधिक सरकारी अनुदान मिलना चाहिए। पुस्तकालयों हेतु सरकार को निम्न प्रकार धन उपलब्ध कराना चाहिए—

| स्रोत | प्रतिशत |
|---|---|
| पुस्तकों के लिए | कुछ नहीं |
| पुस्तकालय भवन के लिए | 50% |
| कर्मचारियों का वेतन | 50% |

**(4) अन्य स्रोत**—आय के उपरोक्त प्रमुख स्रोतों के अलावा पुस्तकालयों में कुछ छोटे-मोटे अन्य स्रोत भी होते हैं। जैसे—सेमीनार, रद्दी की बिक्री से आय, हॉल का किराया, किसी प्रकाशन से प्राप्त आय आदि। यद्यपि इनसे प्राप्त आय उपर्युक्त स्रोतों से प्राप्त आय की अपेक्षा कम ही होती है। बैंकों में जमा, पुस्तकालयों की धन राशि पर मिलने वाला ब्याज भी आय का एक माध्यम होता है।

**(5) दण्ड तथा जुर्माना शुल्क**—पुस्तकालय के कार्य को सुचारू रूप से चलाने के लिए पुस्तकालय के नियमों में कतिपय अर्थदण्ड इत्यादि का प्रावधान किया जाता है यथा पाठकों द्वारा ग्रन्थ को निर्धारित तिथि तक वापस न करने के कारण उन पर प्रतिदिन के हिसाब से कुछ अर्थदण्ड वसूल किया जाता है। अक्सर पाठक इतने आलसी होते हैं कि वे ग्रन्थ का अध्ययन करने के पश्चात् भी उसे निश्चित अवधि के अन्दर नहीं लौटा पाते हैं अतएव ग्रन्थ पर प्रतिदिन दण्ड बढ़ता है। अर्थदण्ड के रूप में काफी मात्रा में धन इक्कठा कर लिया जाता है।

## पुस्तकालय व्यय के महत्त्वपूर्ण पक्ष

विभिन्न पदों पर कार्य कर रहे कर्मचारियों के वेतन के लिए पुस्तकालयों में धन की आवश्यकता होती है, जो पुस्तकालयों के खर्च का प्रमुख मद होता है।

प्रतिमाह कर्मचारियों के वेतन पर खर्च किया जाता है जो आवर्ती व्यय कहलाता है। किसी भी पुस्तकालय की पाठ्य-सामग्री के बिना कल्पना नहीं की जा सकती है। सार्वजनिक पुस्तकालयों में तो केवल पुस्तकें ही क्रय की जाती हैं जबकि विश्वविद्यालय पुस्तकालयों तथा शोध पुस्तकालयों में पुस्तकों के साथ-साथ पत्र-पत्रिकाओं की खरीद किया जाना भी अत्यंत आवश्यक होता है। इसके अलावा पुस्तकालय में अन्य खर्च भी होते हैं जैसे—फर्नीचर व्यवस्था, बिजली खर्च, पत्राचार, स्टेशनरी, टेलीफोन एवं अन्य आकस्मिक व्यय आदि। पुस्तकालय खर्च के प्रमुख मदों को अग्रलिखित बिन्दुओं के तहत स्पष्ट किया जा सकता है।

**(1) पुस्तकें तथा पत्र-पत्रिकाएँ**—पुस्तकों के बिना किसी भी पुस्तकालय की कल्पना नहीं की जा सकती। ग्रन्थ तो पुस्तकालय के आधार ही हैं। पुस्तकालय में अगर ग्रन्थ नहीं हैं तो वह पुस्तकालय नहीं है। अतः ग्रन्थों की खरीद करने के लिए पुस्तकालयों में धन की व्यवस्था करना अत्यंत आवश्यक होता है। अब प्रश्न फिर वही आता है कि कुल खर्च का कितना भाग पाठ्य-साम्रगी के क्रय पर खर्च किया जाए। सार्वजनिक पुस्तकालयों में डॉ. रंगानाथन ने कुल बजट का 50% पाठ्य-सामग्री पर व्यय करने का सुझाव प्रस्तुत किया था तथा शैक्षिक पुस्तकालयों में 40% खर्च करने का सुझाव दिया था। जिल्दबन्दी तथा अन्य छोटे मोटे कार्यों पर डॉ. रंगनाथन ने शेष बचे 10% के आधार पर व्यय की सलाह दी।

**(2) अन्य व्यय**—उपरोक्त मदों के अलावा पुस्तकालय के विद्युत व्यवस्था, स्टेशनरी, फर्नीचर, पत्राचार आदि आकस्मिक व्यय के लिए भी वित्त का प्रावधान करना होता है।

**(3) पुस्तकालय कर्मचारियों का वेतन**—पुस्तकालय के पाठकों को उत्तम सेवा प्रदान करने के लिए प्रशिक्षित, योग्य, परिश्रमी एवं सेवाभावी तथा निष्ठावान कर्मचारियों का होना अत्यंत आवश्यक होता है, जिन्हें वेतन प्रदान करने के लिए धन की आवश्यकता होती है। प्रतिमाह कर्मचारियों के वेतन पर खर्च किया जाता है जो आवर्ती खर्च कहलाता है कर्मचारियों के वेतन पर कितना धन खर्च किया जाय यह विचारणीय प्रश्न होता है। कर्मचारियों के वेतन पर डॉ. रंगानाथन ने पुस्तकालय का कुल बजट का 50% धन व्यय करने का सुझाव दिया है। डॉ. रंगनाथन के अनुसार अच्छा वेतन प्राप्त करने वाले कर्मचारी अच्छी सेवा प्रदान करेंगे।

## पुस्तकालय खर्च का अनुमान आधार

आवर्ती व्यय तथा अनावर्ती व्यय नामक दो मदों पर पुस्तकालय धन का व्यय प्रमुख रूप से किया जाता है। कर्मचारियों के वेतन एवं ग्रन्थों के क्रय पर किया गया व्यय आवर्ती व्यय एवं अन्य मदों पर किया गया व्यय अनावर्ती व्यय है। पुस्तकालयों में आवर्ती व्यय (Recurring Expenditure) अनुमानित करने की निम्न विधियाँ हैं–

**(1) प्रति व्यक्ति पद्धति**–पुस्तकालय में प्रति पाठक पर इस पद्धति के तहत निश्चित धनराशि प्रतिवर्ष व्यय करने का प्रावधान किया जाता है जिसमें खर्च की जाने वाली निश्चित धनराशि का निर्धारण लागत लेखाविधि से निकाला जाता है। पुस्तक के खरीद करने से लेकर प्रयोगकर्ता के हाथों में पहुँचने तक लगने वाले कुल व्यय की धन राशि को 100 से भाग देने पर जो लब्धांक प्राप्त होता है वह उस पुस्तक का लागत व्यय माना जाता है। किसी महाविद्यालय में मान लो 1000 छात्र हैं इतने छात्रों के लिए 40 रुपये प्रति पुस्तक तथा 50 रुपये प्रति पत्रिका के हिसाब से 1500 रुपये एवं 500 पत्रिकाओं का कुल लागत खर्च 8500 रुपये आता है। इस धन को 1000 से भाग देने पर लब्धांक 85 आता है।

सन् 1965 ई. में डॉ. रंगानाथन ने प्रति छात्र पर 20 रुपये और प्रति अध्यापक पर 300 रुपये या प्रति छात्र पर 50 रुपये के हिसाब से 1000 छात्रों हेतु 50,000 रुपये वर्ष में व्यय करने का अनुमान किया था। विदेशों में यह कई गुना अधिक है। पैरी रिपोर्ट ने 3000 पूर्व स्नातक, 1000 शोध छात्र एवं 500 अध्यापकों पर हर वर्ष 98.005 पौण्ड व्यय करने की संस्तुति की थी। पुस्तकों के मूल्यों तथा दूसरे खर्चों में पिछले कुछ वर्षों में काफी वृद्धि हुई है जिसे ध्यान में रखा जाना आवश्यक है।

अनावर्ती व्यय का हिसाब निकालने के लिए आवश्यकताओं और खरीदी जाने वाली वस्तुओं की दर को ध्यान में रखकर कुल खर्च आँका जाता है।

**(2) अनुपात पद्धति**–चूंकि पुस्तकालय किसी भी विश्वविद्यालय या महाविद्यालय का केन्द्र बिन्दु कहा जाता है इसलिए उनका यह दायित्व है कि वे पुस्तकालय के विकास हेतु अपने बजट में से निश्चित अनुपात के अनुसार पुस्तकालय के संचालन के लिए धनराशि तय करें। अनुपात का यह प्रतिशत कम से कम होता है। जितने धन का अनुपात निश्चित किया गया है, उतना धन जरूर ही उपलब्ध कराना चाहिए। विभिन्न विद्वानों, सस्थाओं तथा समितियों ने इस विधि से प्रतिशत का अनुपात निम्नलिखित तरीके से तय किया है।

(a) शिक्षा आयोग (1965)–6.5% से लेकर 10% तक (25 रुपये प्रति छात्र, 300 रुपये प्रति शिक्षक)

(b) विश्वविद्यालय शिक्षा आयोग (1948)–6.5% (40 रुपये प्रति छात्र पर व्यय)

(c) विश्वविद्यालय ग्रन्थावलियों की संगोष्ठी (जयपुर)–10%

(d) अखिल भारतीय पुस्तकालय सम्मेलन–6% से लेकर 10% तक

(e) विश्वविद्यालय अनुदान आयोग–6% से लेकर 10% तक

भारत के ज्यादातर विश्वविद्यालय व्यवहार में अपने पुस्तकालयों पर बहुत ही कम खर्च करते हैं। मात्र केन्द्रीय विश्वविद्यालय जैसे–अलीगढ़ विश्वविद्यालय, बनारस हिन्दू विश्वविद्यालय, दिल्ली विश्वविद्यालय आदि आज जिस गति से मँहगाई में बढ़ोत्तरी हो रही है, उसे ध्यान में रखते हुए अपने पुस्तकालयों पर खर्च करती है।

**(३) विस्तार पद्धति**–आवर्ती व्यय के प्रत्येक मदों पर लगने वाले खर्चों को इस पद्धति में जोड़ लिया जाता है। यथा–ग्रन्थों का क्रय, वेतन, संरक्षण कार्य आदि पर लगने वाला खर्च। कुल जोड़ी हुई धनराशि को समरूप हिस्सों में विभाजित कर एक भाग को कर्मचारियों के वेतन पर और दूसरा भाग अन्य मदों में खर्च किया जाए। कर्मचारियों के वेतन पर लगने वाले खर्च का आँकलन यूजीसी के स्टाफ फार्मूले तथा उसके द्वारा स्वीकृत नये वेतनमानों के अनुसार किया जाता है।

सार्वजनिक पुस्तकालय के लिए भारत सरकार की पुस्तकालय सलाहकार समिति ने इसी प्रणाली को स्वीकार किया था।

पुस्तकालय खर्च के अनुमान तीनों पद्धतियों में से अन्तिम अर्थात् विस्तार पद्धति निर्विवाद रूप से स्वीकृत की गई है पर किसी विश्वविद्यालय पुस्तकालय के संदर्भ में डॉ. रंगानाथन का परामर्श है कि स्नातक तथा स्नातकोत्तर छात्रों की जरूरतों की पूर्ति करने हेतु आवर्ती व्यय का अनुमान प्रतिव्यक्ति प्रतिवर्ष की विधि से ही करना चाहिए तथा शोध छात्रों एवं शिक्षकों के लिए आवर्ती व्यय का अनुमान विस्तार विधि से करना चाहिए।

## बजट

किसी भी पुस्तकालय में ग्रन्थों तथा सामयिक प्रकाशनों की खरीद, कर्मचारियों के वेतन, फर्नीचर, स्टेशनरी, साज-सज्जा एवं अन्य आकस्मिक खर्च आदि के लिए धन (वित्त) की जरूरत होती है। जब धन की जरूरत है तो उसको प्राप्त करने की व्यवस्था करना भी परमावश्यक है। चूंकि किसी भी पुस्तकालय की आय एवं खर्च

छोटा-मोटा कार्य नहीं है अतः इसके लिए पहले से ही आगामी वर्ष की आय एवं खर्च की योजना का आँकलन करना पड़ता है। आय एवं खर्च के इस वार्षिक अनुमान को ही हम पुस्तकालय बजट (Library Budget) कहते हैं। अतः किसी भी पुस्तकालय में बजट उसके आगामी वर्ष में होने वाली आय एवं व्यय का आँकलित लेखा होता है। **विल्सन एन्ड टॉबर** के शब्दों में आय-व्यय (बजट) एक निश्चित समय हेतु पुस्तकालय की अनुमानित आय तथा व्यय का वित्तीय लेखा है।

**According to Oxford Dictionary**–Budget is the annual estimate of revenue and expenditure of the library.

**According to Wilson and Tuber**–Budget is the financial statement of estimate of revenues and expenditure of an institution for a definite period of time.

**उपयोगिता एवं उद्देश्य**–पुस्तकालय एक सार्वजनिक संस्था होती है जिसके संचालन के वित्त की व्यवस्था करना अति आवश्यक होता है। पुस्तकालय प्रतिवर्ष अपनी आय एवं व्यय का आँकलन करके उसको नियोजित रूप में संचालित करने हेतु अपने बजट का निर्माण करते हैं। कुछ प्रमुख शीर्षकों के तहत बजट में आय तथा व्यय का विवरण दर्ज किया जाता है। नियोजित आय तथा व्यय हेतु बजट का निर्माण जरूरी है। इसके माध्यम से आय का सर्वश्रेष्ठ प्रयोग सम्भव हो सकता है तथा साथ ही जरूरी एवं उपयोगी मदों पर ही धनराशि खर्च होती है। बजट का प्रमुख उद्देश्य आय तथा व्यय का सन्तुलन स्थापित करना और आय को नियोजित करना एवं आय को नियोजित रूप में तर्कसंगत ढंग से व्यय करना है। बजट के द्वारा यह पहले से ही ज्ञात हो जाता है कि कितनी धनराशि किन-किन मदों में खर्च होना प्रस्तावित है। बजट का निर्माण पुस्तकालय के लिए आवश्यक होता है।

(1) बजट के द्वारा ही पुस्तकालय को धन प्राप्त होता है तथा बजट के ही अनुसार खर्च किया जाता है अतः दोनों में नियंत्रण बना रहता है।
(2) बजट के द्वारा जरूरी तथा उपयोगी मदों पर ही धनराशि व्यय होती है।
(3) पुस्तकालय में बजट के द्वारा आय एवं व्यय का अनुमान पहले से ही हो जाता है।
(4) बजट से ही पुस्तकालय की आय एवं व्यय में सन्तुलन स्थापित होता है।
(5) बजट पुस्तकालय का माँग पत्र होता है अर्थात् बजट में दिखाई गई समस्त आय या धनराशि को पुस्तकालयी प्राप्त करने के लिए अधिकृत होता है।
(6) बजट प्रस्तुत किये जाने से पुस्तकालय प्राधिकरण तथा अधिकारियों को पुस्तकालय की आय एवं व्यय का पहले से ही विवरण प्राप्त होता है।

(7) पुस्तकालय के स्तर की दृष्टि से भी बजट का निर्माण जरूरी होता है।
(8) बजट के द्वारा ही धन को नियोजित ढ़ंग से खर्च किया जाता है अर्थात् जिस मद के लिए धन की व्यवस्था की जाती है उसी मद में खर्च करने का पुस्तकालयी अधिकारी को जिम्मेदारी प्रदान की गई है।
(9) किसी नयी जरूरत के लिए बजट में पहले से ही प्रावधान करना होता है।

## बजट : लक्षण

कुछ विशेष बातों का स्मरण रखना पुस्तकालय के लिए बजट बनाते समय जरूरी होता है जिन्हें बजट की विशेषताएँ या लक्षण कहते हैं। यदि इन विशेषताओं को स्मरण में रखकर बजट का निर्माण किया जाता है तो वह बजट जरूर ही एक आदर्श बजट हो सकता है। निम्न विशेषताएँ आदर्श बजट में होती हैं।

**(1) निर्धारित अवधि**—आदर्श बजट का प्रमुख लक्षण यह है कि वह एक निर्धारित समयावधि अर्थात् अधिकांश रूप से एक वर्ष के लिए बनाया जाना चाहिए।

**(2) विभाजित बजट**—बजट यदि विभाजित बनाया जाए तो उत्तम रहता है इसके लिए **विभाग** ही आय एवं खर्च का विवरण प्रस्तुत करता है। क्योंकि इससे पुस्तकालयों के विभिन्न विभागों के कार्यां एवं सेवाओं का विश्लेषण बड़ी सहजता से किया जा सकता है।

**(3) लक्ष्य आधारित**—किसी भी पुस्तकालय का बजट पुस्तकालय के उद्देश्य या लक्ष्यों को ध्यान में रखकर बनाना चाहिए तथा साथ ही आय एवं व्यय के उद्देश्य एवं लक्ष्यों पर भी ध्यान रखना चाहिए।

**(4) समय पर**—आदर्श बजट वही कहलाता है जो अपने निर्धारित समय पर बनाकर तैयार कर लिया जाता है तथा पुस्तकालय प्राधिकरण के समक्ष यथा समय पर रख दिया जाता है। जिससे उसमें माँगी गई आय की व्यवस्था करने की योजना प्रारम्भ की जा सके।

**(5) आय के ठोस साधन**—बजट में दिखाये गये वित्त के स्रोत ठोस होने चाहिए जिनसे धन प्राप्त होने की पूर्ण सम्भावना हो। ऐसे स्रोत नहीं दिखाने चाहिए जिनसे आय प्राप्त ही न हो सके।

**(6) वार्षिक प्रतिवेदन हेतु जरूरी**—चूंकि बजट के साथ पुस्तकालय का वार्षिक प्रतिवेदन नत्थी किया जाता है जिससे अधिकारीगण पुस्तकालय में किये गये कार्य तथा सेवाओं का भी अवलोकन कर सकें एवं पुस्तकालय के लिए बजट का प्रावधान करते समय विचार कर सकें।

**(7) सही तथ्यों पर आधारित**–पुस्तकालय के बजट में आय एवं खर्च का सत्य विवरण तथा तथ्यों को प्रस्तुत करना चाहिए जिससे आगे कोई परेशानी न हो।

**(8) व्यय से सम्बन्धित उचित कारण**–बजट में यदि किसी मद में खर्च ज्यादा दिखाया गया है तो साथ ही उसमें उसका उचित कारण भी प्रस्तुत करना चाहिए।

**(9) गत वर्ष पर आधारित**–बजट पिछले वर्ष की आय एवं खर्च को ध्यान में रखकर ही बनाना चाहिए।

**(10) पुस्तकालय सेवाओं पर प्रभाव**–बजट में ऐसी किसी बात का प्रावधान नहीं करना चाहिए जिससे पुस्तकालय द्वारा प्रदत्त सेवाओं पर प्रतिकूल प्रभाव पड़े। जैसे–किसी भी कर्मचारी द्वारा रिप्रोग्राफी की सेवाएँ प्रदान की जाती हैं तो उसकी सेवाओं को खत्म करने का प्रावधान नहीं होना चाहिए इससे रिप्रोग्राफी सेवा को बन्द कर देना पड़ जायेगा।

## पुस्तकालय बजट की व्यय व्यवस्था

पुस्तकालय की सम्पूर्ण आय को खर्च करने के लिए तीन प्रमुख मद हैं। अब प्रश्न उठता है कि व्यय के इन तीनों प्रमुख मदों में कुल बजट का कितना फीसदी धन खर्च करना चाहिए। इनके निर्धारण के लिए अलग-अलग सिद्धान्त हैं।

**(क) कर्मचारियों का वेतन**–किसी भी पुस्तकालय को सुचारू रूप से चलाने हेतु शिक्षित, प्रशिक्षित, कर्मठ, योग्य तथा निष्ठावान कर्मचारियों की आवश्यकता होती है। यदि पुस्तकालय के लिए सर्वगुण सम्पन्न कर्मचारी की जरूरत होती है तो उन्हें उसी के अनुरूप वेतन व वेतनमान तथा दूसरी आर्थिक सुविधाएँ भी मिलनी चाहिए। लेकिन वास्तव में तो पुस्तकालय कर्मचारियों के वेतन की तरफ ध्यान नहीं दिया जाता है विशेष कर भारतवर्ष में तो इस ओर उदासीनता ही दिखाई पड़ती है। जहां पुस्तकालयों में पाठ्य सामग्री खरीदने पर जोर होता है वहीं दूसरी तरफ कर्मचारियों के वेतन की ओर ध्यान नहीं दिया जाता है जो कि बहुत जरूरी है क्योंकि यदि पुस्तकालय में स्टाफ ही अपने वेतन से सन्तुष्ट नहीं रहेगा तो वह किस प्रकार ग्रन्थों का सीधा सम्बन्ध पाठकों के साथ जोड़ने में सफल होगा। डॉ. रंगानथन के अनुसार तब तक ऐसी सन्तोषजनक पुस्तकालय सेवा प्रदान नहीं की जा सकती जो जन साधारण में पठन-पाठन की प्रेरणा के क्षय को रोकने के लिए समर्थ हो सके, जब तक पुस्तकालय में वार्षिक बजट का आधा भाग कर्मचारियों के वेतन के लिए सुरक्षित नहीं रख दिया जाता। कर्मचारियों के वेतन निर्धारण करने के मुख्य सिद्धान्त निम्न हैं–

## सार्वजनिक पुस्तकालय के लिए

(1) डॉ. रंगानाथन ने सन् 1950 में अपने प्रतिवेदन में कुल बजट का आधा भाग सार्वजनिक पुस्तकालयों में कर्मचारियों के वेतन पर खर्च करने का सुझाव दिया था जिसे सन् 1957 में पुस्तकालय परामर्शदात्री समिति ने भी स्वीकृत किया था।

(2) संयुक्त राज्य अमेरिका के पुस्तकालयों में सन् 1957 में कुल बजट का 70 प्रतिशत कर्मचारियों के वेतन पर खर्च किया जाता था।

(3) सन् 1962 में ग्रेट ब्रिटेन में कुल बजट का 44 प्रतिशत धन कर्मचारियों के वेतन पर खर्च किया जाता था।

(4) इसी समय में ग्रेट ब्रिटेन में ही 16000 आबादी वाले नगरों में स्थापित सार्वजनिक पुस्तकालयों में कुल बजट का 50 प्रतिशत कर्मचारियों के वेतन पर खर्च करने का सुझाव दिया गया था।

(5) दिल्ली पब्लिक लाइब्रेरी ने अपने पुस्तकालय के कर्मचारियों के वेतन पर विभिन्न कई सत्रों में निम्न प्रकार व्यय किया—

1963-64 में कुल बजट का 47.6%

1964-65 में कुल बजट का 46.9%

1965-66 में कुल बजट का 52.2%

(6) भारत के राष्ट्रीय पुस्तकालय, कोलकाता में सन् 1973-78 में कुल व्यय का 65.3% स्टाफ के वेतन एवं भत्तों पर व्यय किया गया था।

(7) उपर्युक्त विभिन्न प्रकार के तथ्यों को ध्यान में रखकर निष्कर्ष रूप में यह कहा जाता है कि भारतीय सार्वजनिक पुस्तकालयों में पुस्तकालय के कुल बजट का आधा हिस्सा सभी कर्मचारियों के वेतन पर जरूर व्यय किया जाना चाहिए।

**शैक्षणिक पुस्तकालय के लिए**

(1) यूजीसी द्वारा स्थापित पुस्तकालय समिति (1957) ने कुल बजट का 50% वेतन पर व्यय करने की संस्तुति की थी।

(2) डॉ. रंगनाथन विश्वविद्यालय पुस्तकालय में कर्मचारियों के वेतन पर कुल बजट का 50% खर्च करने का सुझाव देते हैं।

(3) कर्मचारियों के वेतन पर दिल्ली विश्वविद्यालय के पुस्तकालय में विभिन्न सत्रों में निम्न प्रकार व्यय किया गया।

1963-64 में कुल बजट का 52%

1964-65 में कुल बजट का 26.4%

1965-66 में कुल बजट का 29.56%

1966-67 में कुल बजट का 31.2%

(4) उपर्युक्त विभिन्न प्रकार के तथ्यों को ध्यान में रखकर निष्कर्ष के रूप में यह कहा जा सकता है कि भारतीय शैक्षणिक पुस्तकालयों में पुस्तकालय के कुल बजट का 50% कर्मचारियों के वेतन पर खर्चा किया जाना चाहिए।

**(ख) अध्ययन-सामग्री पर खर्च**—किसी भी पुस्तकालय की पाठ्य-सामग्री तथा ग्रन्थों के बिना कल्पना भी नहीं की जा सकती है, क्योंकि ग्रन्थ पुस्तकालय के आधार पर होते हैं। पाठ्य-सामग्री के क्रय करने हेतु पुस्तकालयों में धन का प्रावधान करना जरूरी होता है। अब प्रश्न उठता है कि पुस्तकालय में ग्रन्थ एवं अन्य पठनीय-सामग्री क्रय करने के लिए कुल बजट का कितना भाग खर्च किया जाना चाहिए।

**सार्वजनिक पुस्तकालय के लिए—**

(1) सन् 1932 में ग्रेट ब्रिटेन के सार्वजनिक पुस्तकालयों में पाठ्य-सामग्री के खरीद एवं संरक्षण पर निम्न प्रकार खर्च किया गया—

| | | |
|---|---|---|
| जिल्दबंदी पर खर्च | 6.7% | |
| पुस्तकों पर कुल बजट का | 17% | |
| पत्रिकाएँ एवं समाचार पत्र | 4% | कुल व्यय 27.7% |

(2) सन् 1957 में संयुक्त राज्य अमेरिका के पुस्तकालयों में ग्रन्थों पर किये जाने वाले कुल धन का निम्नानुसार खर्च किया गया है।

| | | |
|---|---|---|
| पत्र-पत्रिकाएँ | 7.25% | कुल व्यय 100% |
| पुस्तकें | 79.7% | |
| जिल्दबंदी | 13.1% | |

(3) सन् 1961-62 में ग्रेट ब्रिटेन में सार्वजनिक पुस्तकालयों पर ही पाठ्य-सामग्री की खरीद एवं उसके संरक्षण पर निम्न प्रकार खर्च करने का सुझाव दिया गया था।

| | | |
|---|---|---|
| जिल्दबंदी पर खर्च | 3.75% | |
| पत्र-पत्रिकाएँ | 2.50% | कुल व्यय 30% |
| पुस्तकों पर कुल बजट का | 23.75% | |

(4) डॉ. रंगानाथन ने भारतीय सार्वजनिक पुस्तकालयों में सन् 1950 में कुल धन का 50% पाठ्य-सामग्री पर खर्च करने का सुझाव दिया था जिसमें पुस्तकें, पत्र-पत्रिकाएं एवं उनकी जिल्दबंदी का खर्च शामिल था।

(5) संयुक्त राज्य अमेरिका में 50,000 जनसंख्या वाले नगरों के पुस्तकालयों में ग्रन्थों तथा अन्य पाठ्य-सामग्री एवं उनकी जिल्दबंदी पर कुल धन का 18% खर्च सुरक्षित किया गया था।

(6) सन् 1965-66 में दिल्ली पब्लिक लाइब्रेरी में पाठ्य-सामग्री के क्रय पर कुल खर्च निम्नानुसार किया गया है–

| | | |
|---|---|---|
| ग्रामोफोन रिकार्डस इत्यादि। | 0.44% | |
| जिल्दबंदी पर | 5.97% | कुल व्यय 30.65% |
| पत्र-पत्रिकाएँ | 0.70% | |
| पुस्तकों पर | 23.54% | |

(7) उपरोक्त विविध प्रकार के तथ्यों को ध्यान में रखकर निष्कर्ष रूप से यह कहा जा सकता है कि भारतीय जन ग्रन्थालयों में पुस्तकों, पत्र-पत्रिकाओं एवं जिल्दबंदी पर खर्च करने का निम्नानुसार सुझाव दिया जाता है–

| | | |
|---|---|---|
| पत्र-पत्रिकाएँ | 5.0% | कुल व्यय 35% |
| जिल्दबंदी | 7.5% | |
| पुस्तकों पर | 22.5% | |

**शैक्षणिक पुस्तकालय के लिए**

(1) डॉ. रंगानाथन ने विश्वविद्यालय ग्रंन्थालय में पुस्तकों एवं अन्य पाठ्य-सामग्री पर कुल बजट का 40% एवं जिल्दबंदी पर 10% व्यय करने का सुझाव दिया था।

(2) दिल्ली विश्वविद्यालय पुस्तकालय में विभिन्न वर्षों में पुस्तकों तथा पत्र-पत्रिकाओं पर निम्नवत खर्च किया गया था।

1963-64 में कुल व्यय का 37.53%

1964-65 में कुल व्यय का 66.40%

1965-66 में कुल व्यय का 62.90%

1966-67 में कुल व्यय का 58.32%

(3) उपर्युक्त समस्त तथ्यों पर विचार करने के बाद शैक्षणिक ग्रंन्थालयों में कुल खर्च का पुस्तकों, पत्र-पत्रिकाओं तथा जिल्दबंदी पर निम्न प्रकार व्यय करने का सुझाव दिया जाता है।

| | | |
|---|---|---|
| पत्र-पत्रिकाएँ | 10% | कुल व्यय 40% |
| पुस्तकों पर | 25% | |
| जिल्दबंदी पर | 5% | |

**(ग) दूसरे विभिन्न खर्च**—ग्रन्थालयों में मुख्य रूप से कर्मचारियों के वेतन एवं पाठ्य-सामग्री की खरीद केवल दो ही मद होते हैं। इनके अलावा प्रत्येक पुस्तकालय में व्यय के कुछ अन्य मद भी होते हैं जैसे—पुस्तकालय में प्रकाश की व्यवस्था करने हेतु, फर्नीचर इत्यादि हेतु, लेखन-सामग्री, जल की व्यवस्था आदि। यद्यपि पुस्तकालय के प्रकार के अनुसार ही इन अन्य मदों में विभिन्नता होती है। अन्य मदों पर साधारणतया कुल बजट का 10% से 20% तक व्यय करना उचित होता है।

## बजट बनाने की अवस्थाएँ

छोटे या बड़े सभी प्रकार के पुस्तकालय बजट के माध्यम से ही संचालित होते हैं। अधिकतर ग्रन्थालयों में पुस्तकालयी एवं पुस्तकालय के वरिष्ठ स्टाफ अधिकारियों के निर्देशों एवं नियमों के अनुसार ही बजट का निर्माण करते हैं। बजट का निर्माण होने के बाद उसे अधिकारियों के पास प्रस्तुत करने से पहले अगर आवश्यक हुआ तो ग्रन्थालय समिति द्वारा संशोधन पुनरीक्षण किये जाने के साथ उसका अनुमोदन किया जाना होता है।

बजट बनाने की पुस्तकालयों में कुछ नियमावलियाँ होती हैं तथा जो अधिकांश ग्रन्थालयों द्वारा प्रयोग में लाई जाती हैं, कुछ नई विधियाँ भी विकसित हुईं जो आजकल कुछ आधुनिक ग्रन्थालयों में उपयोग में लाई जा रही हैं। बजट निर्मित करने की कुछ विधियाँ निम्नांकित होती हैं—

1. लाइन-प्रति-लाइन बजट,
2. प्रोग्राम बजट,
3. परफोर्मेन्स बजट,
4. प्लानिंग-प्रोग्रामिंग बजट पद्धति,
5. शून्य आधारित बजट।

**1. लाइन-प्रति-लाइन बजट**—लाइन-प्रति-लाइन बजट सबसे सामान्य प्रकार का बजट होता है जिसमें खर्च की मदों को विस्तृत भागों में बांटा जाता है, जैसे—पुस्तकें एवं सामयिकी, वेतन एवं भत्ते, उपकरण, साज-सज्जा तथा आकस्मिक खर्च आदि तथा जिन्हें पुनः उपवर्गों में विभक्त किया जाता है। यह बजट निर्मित करने की सामान्य तथा परम्परागत विधि है जिसमें पिछले वर्ष की प्रत्येक मद के व्यय पर वर्तमान खर्च का अनुमान लगाया जाता है तथा जिसमें खर्च की प्रत्येक मद में पिछले वर्ष की अपेक्षा 5% से 10% तक की वृद्धि मानकर यह प्रदर्शित किया जाता है कि वर्तमान प्रोग्राम उतने ही जरूरी हैं जिस प्रकार पिछले वर्ष थे। इस नियम में

पुस्तकालय के क्रिया-कलाप, गतिविधियों तथा सेवाओं का मूल्यांकन नहीं किया जाता है तथा भविष्य के लिए भी कोई नई योजना प्रस्तुत नहीं की जाती है। इस विधि से बजट निर्मित करने का सबसे प्रमुख लाभ यह होता है कि बजट प्रस्तुत करने तथा समझने में यह विधि अन्य विधियों की अपेक्षा सरल है।

बजट में जिन मदों में व्यय हेतु धन उपलब्ध कराया गया है वह उन्हीं मदों में खर्च किया गया है अथवा नहीं, यह विधि यही सुनिश्चित करती है। इस विधि में एक मुख्य कमी यह होती है कि इसमें प्रदर्शित मदों में किसी भी प्रकार का परिर्वतन नहीं किया जा सकता है। पिछले वर्ष के आधार पर ही व्यय किया जाता है। कहने का तात्पर्य यह है कि इस प्रकार के बजट में लचीलापन नहीं होता है अर्थात् जो धन जिस मद में व्यय हेतु प्रदर्शित किया जाता है उसे उसी मद में खर्च किया जा सकता है अन्य किसी मद में नहीं किया जा सकता है। अतः वित्तीय नियमों के अनुसार एक मद का धन दूसरे मद में व्यय करना सम्भव नहीं होता है, जैसे—बजट में उपकरणों के क्रय हेतु दिखाया गया धन यदि किसी कारणवश उपकरणों पर व्यय नहीं किया जा सकता है तो वह दूसरे किसी मद पर व्यय नहीं किया जा सकता है।

**2. प्रोग्राम बजट**—बजट निर्मित करने के एक नवीन विचार का प्रादुर्भाव पुस्तकालय के विभिन्न क्रियाकलापों अथवा प्रोग्राम के आधार पर भी हुआ है। इसमें पुस्तकालय के व्यय की व्यक्तिगत मदों के आधार पर व्यय का अनुमान नहीं लगाया जाता है बल्कि बजट निर्माण की इस विधि में मुख्य केन्द्र बिन्दु पुस्तकालय के क्रिया-कलाप होते हैं तथा धनराशि का प्रावधान प्रोग्राम अथवा पुस्तकालय सेवाओं के आधार पर निश्चित किया जाता है जिन्हें ग्रन्थालय में आयोजित करने की योजना होती है। उदाहरण के लिए जिन्हें यह कहा जा सकता है कि यदि किसी विश्वविद्यालय पुस्तकालय में सामयिक चेतना सेवा (CAS) की व्यवस्था करने का निश्चय किया जाता है तो उस सेवा के आयोजन में अर्थात् सामग्री, स्टाफ, प्रकाशन तथा अन्य अतिरिक्त कार्य में जो व्यय अनुमानित किया जायेगा वह इस प्रकार का बजट कहलाता है। प्रोग्राम में आई लागत के आधार पर ऐसा बजट बनाया जाता है तथा प्रतिवर्ष इस प्रकार के बजट में यह पहले से ही निश्चित करना पड़ता है कि क्या प्रारम्भ किये गये प्रोग्राम को निरन्तर जारी रखना है या संशोधित करना है उसमें कुछ परिर्वतन करना है अथवा बिल्कुल ही समाप्त करना है। प्रोग्राम बजट तैयार करने के पहले इन बातों पर विचार किया जाता है।

कोई भी पुस्तकालय प्रोग्रामिंग बजट बनाने हेतु अपने कार्यों अथवा प्रोग्रामों को विभिन्न वर्गों में विभाजित कर लेते हैं जो पुस्तकालय की संगठनात्मक संरचना

के आधार पर विभाजित किये जा सकते हैं, जैसे कि प्रशासनिक सेवाएँ आदि। इसमें से प्रत्येक प्रकार की सेवा को ग्रंन्थालय के विभिन्न विभागों द्वारा व्यवस्थित किया जा सकता है। इन विभागों द्वारा किये जाने वाले कार्यों अथवा प्रोग्रामों से सम्बन्धित तुलनात्मक आँकड़े वर्तमान तथा प्रस्तावित व्यय के बारे में प्रस्तुत किये जाते हैं। इस प्रकार प्रोग्रामिंग बजट में प्रत्येक विभाग के क्रियाकलापों के लिए धनराशि एवं उसके व्यय का प्रावधान किया जाता है जिससे इस विधि में अपनी आवश्यकताओं को मापने तथा उनके व्यय पर निगरानी रखने का पुस्तकालय के विभिन्न विभागों के प्रभारियों को मौका मिलता है।

**3. परफोर्मेन्स बजट**—परफोर्मेन्स बजट नामक बजट निर्माण की विधि प्रोग्रामिंग बजट के समान होती है अंतर मात्र यह होता है कि इसमें प्रोग्राम की अपेक्षा पुस्तकालय की उपलब्धियों (Performance) पर अधिक बल दिया जाता है। इसमें व्यय का आधार पुस्तकालय के क्रियाकलाप होते हैं जिनमें कर्मचारियों की कार्य करने की क्षमता पर अधिक जोर दिया जाता है। इसमें पुस्तकालय में किसी निश्चित समय में ग्रन्थालय के सभी क्रियाकलापों से सम्बन्धित परिणात्मक तथ्यों के संग्रह की आवश्यकता होती है तथा लागत-लाभ विश्लेषण आदि प्रबन्ध की तकनीकियाँ पुस्तकालय की उपलब्धियों तथा स्थापित सिद्धान्त का मूल्यांकन करने के लिए उपयोग में लाई जाती हैं। उदाहरण के लिए, जैसे—पुस्तकों की संख्या, वर्गीकृत तथा सूचीकृत पुस्तकों की संख्या, इनके प्रक्रियाकरण कार्य में लगने वाला समय आदि पर तथ्य एवं आंकड़े मानव शक्ति तथा कार्यों को करने के लिए उपकरण सामग्री के निर्धारण के लिए संग्रहीत किये जाते हैं।

बजट निर्माण की यह विधि गुण की अपेक्षा परिणाम की माप करती है जिसको धनराशि के रूप में मापना अत्यंत ही कठिन कार्य होता है। वास्तव में पुस्तकालय जैसी एक सेवाकारी संस्था के लिए बजट का निर्धारण पुस्तकालय सेवाओं से उसके उपयोगकर्ताओं को कितनी सन्तुष्टि मिलती है इस बात के आधार पर किया जाता है।

**4. प्लानिंग-प्रोग्रामिंग बजट पद्धति**—बजट निर्माण करने की यह एक अन्य विधि है जिसमें बजट उपर्युक्त दोनों विधियों प्रोग्रामिंग बजट तथा परफार्मेन्स बजट की विशेषताओं को सम्मिलित करके बनाया जाता है। प्लानिंग योजना पर इस विधि का केन्द्र बिन्दु होता है यह विधि पुस्तकालय के उदेश्यों एवं लक्ष्यों को लेकर प्रारम्भ होती है तथा प्रोग्रामों एवं सेवाओं तथा उन्हें प्रोजेक्ट के रूप में क्रियान्वित करने तथा आवश्यक सामग्रियों को अन्तिम रूप में बजट के माध्यम से प्रदर्शित करने में सम्बन्ध स्थापिती करती है।

**5. शून्य आधारित बजट**--शून्य आधारित बजट विचारों की दृष्टि से उपरोक्त प्रोग्रामिंग बजट के समान ही होता है। इस प्रकार के बजट में वर्तमान वर्ष से पहले अर्थात् भूतकाल में क्या हुआ है? इस पर ध्यान न देकर वर्तमान सामयिक गतिविधियों पर अधिक ध्यान दिया जाता है। इस प्रकार की बजट विधि में प्रत्येक प्रोग्राम अथवा क्रियाकलाप का विस्तृत विवरण प्रस्तुत किया जाता है तथा उसके लिए वित्तीय व्यवस्था पिछले वर्ष के सन्दर्भ दिये बिना प्रस्तुत की जाती है। दूसरे शब्दों में वित्त की माँग प्रत्येक वर्ष नवीन सिरे से की जाती है। पिछले वर्ष के व्यय से इस प्रकार के बजट में कोई सम्बन्ध स्थापित नहीं किया जाता है।

बजट निर्मित करने की इन विधियों का प्रादुर्भाव अभी-अभी कुछ समय पहले हुआ है तथा इस प्रकार के बजट बनाने वाले यह तर्क देते हैं कि ये विधियाँ परम्परागत विधियों से उत्तम हैं। वास्तव में इन विधियों के द्वारा प्रस्तुत किये गये बजट पुस्तकालय सम्बन्धी गतिविधियों, आवश्यकताओं एवं सेवाओं का एक पूर्ण विवरण प्रदर्शित करते हैं।

बजट का निर्माण भारत में अधिकांशतः समस्त पुस्तकालय परम्परागत विधियों से करते हैं। केवल हाल के ही कुछ वर्षों में बजट निर्मित करने की नवीन विधियों की ओर कुछ पुस्तकालयों का ध्यान आकर्षित हुआ है। इसमें एक बात ध्यान देने की है कि अधिकतर ग्रन्थालयों के कार्य एवं सेवाओं में कोई परिवर्तन नहीं होता है जो एक बार प्रारम्भ हो जाती हैं वे निरन्तर चलती रहती हैं और किसी भी सूरत में बन्द नहीं की जा सकती हैं।

# 5

# पुस्तकालयों में कर्मचारी चयन सिद्धान्त

पुस्तकालय एक बड़ी संस्था होती है। इसमें कई कर्मचारी कार्य करते हैं। कर्मचारियों की कुशलता पर काफी हद तक पुस्तकालय की सफलता निर्भर करती है अतः पुस्तकालय हेतु कर्मचारियों का चुनाव काफी सावधानीपूर्वक करनी चाहिए। पुस्तकालय के संगठन के लिए मुख्य रूप से तीन बातें आवश्यक होती हैं– पाठक, अध्ययन सामग्री, पुस्तकालय कर्मचारी तथा पुस्तकालय अध्यक्ष। इन तीनों के बिना पुस्तकालय की कल्पना नहीं की जा सकती है। पुस्तकालय की लोकप्रियता तथा सफलता इन्हीं बातों पर निर्भर होती है। इन तीनों बातों में पुस्तकालय कर्मचारियों द्वारा दी गई सेवा का विशेष महत्त्व है। कर्मचारियों की निष्ठा एवं कर्मठता पुस्तकालय सेवा को पाठकों के अनुसार, लोकप्रिय तथा सफल बनाती है। कल्पना कीजिए, किसी पुस्तकालय में बहुत ही अच्छी, दुर्लभ एवं कीमती पुस्तकें संग्रहीत हैं, लेकिन उसके कर्मचारी अयोग्य, अशिष्ट एवं अदूरदर्शी हैं तो ऐसी स्थिति में क्या पुस्तकालय से अच्छी सेवा की अपेक्षा की जा सकती है। पुस्तकालयाध्यक्ष और पुस्तकालय कर्मचारी वे व्यक्ति हैं, जो पाठक की पठन सामग्रियों से जोड़ते हैं। इसलिये उनका योग्य होना जरूरी है, ताकि वे पाठकों का सफलतापूर्वक मार्गदर्शन कर सकें। पुस्तकालय सेवा में श्री क्लारा डब्ल्यू. हरबर्ट ने योग्य कर्मचारियों के योगदान को काफी जरूरी बताते हुए कहा है, कि कोई भी पुस्तकालय पर्याप्त संख्या में योग्य कर्मचारियों के अभाव में सफल पुस्तकालय सेवा प्रदान नहीं कर सकता। पुस्तकालय पाठकों के लिए

पूर्वाग्रह विहीन तथा निष्पक्ष सूचना-केन्द्र के रूप में तभी कार्य कर सकता है, जब पुस्तकालय में काफी योग्य तथा ईमानदार कर्मचारी उपलब्ध हों। सार्वजनिक सेवा के कार्य में संलग्न किसी भी संस्था के लिए प्रशिक्षित कर्मचारियों का चयन तथा संगठन ऐसी बातें हैं, जिसको ध्यान में रखना अत्यन्त आवश्यक है। एक वैज्ञानिक ने यह स्पष्ट कर दिया है कि पुस्तकालय सेवा बिना योग्य कर्मचारियों के सफल नहीं हो सकती है। वे सहृदयता प्रदर्शित करते हों। पाठकों को पुस्तकालय के संसाधनों का प्रयोग करने के लिए प्रोत्साहित करते हों तथा पुस्तक सामग्री की व्याख्या करते हों। इन विचारों के परिप्रेक्ष्य में श्री कृष्ण राव का यह विचार प्रमुख है कि पुस्तकालयाध्यक्ष प्रशासक, विद्वान तथा प्रविधिज्ञ होने के साथ-साथ सिद्धान्तवादी भी हो और उसे पुस्तकों से प्रेम होने के साथ-साथ मानवता में भी रुचि हो।

## विभिन्न कर्मचारी वर्ग

पुस्तकालय में कार्य करने वाले समस्त कर्मचारियों को दो वर्गों में रखा जा सकता है पहले वर्ग में वे कर्मचारी आते हैं जो अत्रशिक्षित होते हैं और दूसरे वर्ग में प्रशिक्षित कर्मचारियों को रखा जाता है।

प्रशिक्षित कर्मचारी से अभिप्राय उस व्यक्ति से है, जो एक वर्ष के प्रशिक्षणोपरान्त पुस्तकालय विज्ञान में उपाधि प्राप्त कर चुका है, ऐसे प्रशिक्षित/स्नातक कर्मचारियों को तकनीकी कार्य सौंपा जाता है। कुछ कर्मचारी ऐसे होते हैं, जिन्हें पुस्तकालय विज्ञान का प्रारम्भिक प्रमाण-पत्र प्राप्त होता है तथा ऐसे कर्मचारी तकनीकी कार्यों में प्रशिक्षित कर्मचारियों को मदद देते हैं तथा पुस्तकालय की दिनचर्या में भाग लेते हैं। इन्हें सुविधा के लिए अर्धप्रशिक्षित कर्मचारी माना जाता है। इन्हें प्रशिक्षित कर्मचारियों के वर्ग में ही सम्मिलित कर लिया जाता है। अप्रशिक्षित कर्मचारी वे होते हैं, जो प्रशासनिक कार्यों में पुस्तकालयाध्यक्ष और अन्य तकनीकी कर्मचारियों को सहयोग देते हैं। इस श्रेणी में भृत्य, चौकीदार, दफ्तरी तथा लिपिक वर्गीय कर्मचारी आते हैं।

## पुस्तकालयाध्यक्ष

पुस्तकालयाध्यक्ष पुस्तकालय का एक जिम्मेदार कर्मचारी होता है। पुस्तकालय के संगठन तथा संचालन के लिए मुख्य रूप से वही उत्तरदायी होता है। वह पुस्तकालय कर्मचारियों की क्रियाओं का पर्यवेक्षण करता है तथा पाठकों का मार्गदर्शन करता है जहाँ तक सम्भव हो बाल, महिला, प्रौढ़ आदि वर्गों को

आकर्षित करने के उद्देश्य से विशेष साहित्य संग्रहीत करे। संक्षेप में कहा जा सकता है कि पुस्तकालयाध्यक्ष पाठकों को स्वस्थ विचारधारा निर्मित करने का मौका प्रदान करता है।

**पुस्तकालय समिति अथवा अधिकारीगण के प्रति उत्तरदायित्व**—पुस्तकालय समिति या पुस्तकालय के संचालक मण्डल जो उद्देश्य या नीति निश्चित करते हैं। उनकी पूर्ति हेतु अनेक दायित्वों को निभाना पड़ता है। पुस्तकालयाध्यक्ष योजना बनाता है तथा उस पर अमल करता है। पुस्तकालय समिति का पदेन सचिव पुस्तकालयाध्यक्ष होता है। एक सफल पुस्तकालयाध्यक्ष पुस्तकालय समिति को पुस्तकालय के सफल संचालन, प्रशासन तथा स्पष्ट नीति-निर्धारण से परामर्श और सहयोग देता है। उसे पुस्तकालय समिति अथवा पुस्तकालय अधिकारीगण के प्रति अग्रलिखित कर्तव्यों का पालन करता है—

1. तकनीकी परामर्शदाता के रूप में प्रशासन और नीति-निर्धारण में सहयोग देना। कर्मचारियों की नियुक्ति, संगठन आदि कार्य करना।
2. पदेन सचिव की हैसियत से समिति की बैठकों में भाग लेना।
3. पुस्तकालय के भावी विकास के लिए, योजनाएँ तैयार करना तथा उन्हें पुस्तकालय की गतिविधियों के परिप्रेक्ष्य में समिति अथवा अधिकारियों के सम्मुख प्रस्तुत करना।
4. पुस्तकों का चयन करना अथवा खरीदना।
5. पुस्तकालय समिति अथवा अधिकारीगण की ओर से जनसम्पर्क करना।
6. राज्य तथा राष्ट्रीय स्तर पर आयोजित पुस्तकालय सम्मेलनों अथवा गोष्ठियों में पुस्तकालय समिति अथवा प्राधिकारियों का प्रतिनिधित्व करना।
7. वार्षिक संग्रह-परिरक्षण करना तथा समिति को उसका प्रतिवेदन प्रस्तुत करना।
8. नीतियों तथा कार्यक्रमों का क्रियान्वयन करना।
9. पुस्तकालय की सम्पत्ति की सुरक्षा के लिए प्रबन्ध करना।
10. पुस्तकालय का वार्षिक आय-व्यय तैयार करना तथा उसे समिति अथवा अधिकारियों को प्रस्तुत करना।
11. पुस्तकालय के कर्मचारियों की माँगों तथा उनकी पदोन्नति आदि के सम्बद्ध में निर्णय हेतु प्रतिवेदन प्रस्तुत करना।

इस तरह समिति अथवा अधिकारियों को पुस्तकालयाध्यक्ष पुस्तकालय की मुख्य गतिविधियों व प्रगति से अवगत कराता है तथा उन्हें उचित एवं व्यावहारिक

निर्णय लेने के लिए प्रोत्साहित करता है। यदि यह कहा जाए कि पुस्तकालयाध्यक्ष ही समिति अथवा अधिकारीगण की ओर से पुस्तकालय का संचालन करता है, तो अतिश्योक्ति न होगी।

**अधीनस्थ कर्मचारियों के प्रति जिम्मेदारी**—पुस्तकालयाध्यक्ष के अधीन कई कर्मचारी कार्य करते हैं जिनके प्रति पुस्तकालयाध्य की अहम जिम्मेदारियाँ होती हैं। पुस्तकालयाध्यक्ष कर्मचारियों की नियुक्ति में सलाह देने से लेकर उनके लिए कार्य निर्धारित करने, उनसे कार्य लेने, उनके कार्य का मूल्यांकन करने तक सब बातों के लिए जिम्मेवार होता है। वह पुस्तकालय के कर्मचारियों का कार्य-विभाजन और आवंटन करता है तथा यह ध्यान में रखता है कि कौन-सा कर्मचारी किस कार्य को ज्यादा कुशलता से कर सकता है। अपने अधीनस्थ कर्मचारियों को वह उत्साहित करता है तथा उन्हें आवश्यक प्रेरणा प्रदान करता है। वह कार्य की पद्धति तथा कार्य निर्धारण में अधीनस्थों की सलाह लेता है। वह अपने अधीनस्थों के संगठन का प्रतिनिधित्व करता है वह पुस्तकालय का सर्वाधिक कुशल तकनीकी कर्मचारी होता है। उसे अपने अधीनस्थों को आदेश देने पड़ते हैं तथा कर्मचारियों पर नियंत्रण रखना पड़ता है। यह प्रशासनिक कार्य सफलतापूर्वक किये जाने पर ही पुस्तकालय अपने कार्यों से पाठकों की सेवा कर सकता है। प्रशासनिक कुशलता में कई महत्त्वपूर्ण बातें शामिल होती हैं जिन्हें निम्न प्रकार स्पष्ट किया गया है—

1. अनुशासनिक व्यवस्था,
2. व्यवहार कुशलता,
3. नियंत्रण स्थापित करने की क्षमता,
4. आदेशों की स्पष्टता एवं कुशलता,
5. अधीनस्थों में उत्पन्न होने वाले असन्तोष को दूर करने की योग्यता,
6. कार्य के सम्पादन में मदद का सहयोग प्राप्त करने की कला,
7. अधीनस्थों की सम्पूर्ण योग्यता का लाभ उठाने की कला आदि।

इन प्रशासनिक कुशलताओं के अलावा पुस्तकालयाध्यक्ष में अपने अधीनस्थों की क्षमता को समझने और विकसित करने की योग्यता, सामाजिक संवेदनशीलता, सामुदायिक भावना, निष्पक्षता, (team spirit) से काम लेने की क्षमता भी होनी चाहिए। इस प्रकार अपने अधीनस्थ कर्मचारियों के प्रति अपने दायित्व को पुस्तकालयाध्यक्ष पूर्ण कर सकता है।

## पुस्तकालयाध्यक्ष की जरूरी योग्यता

पुस्तकालय में पुस्तकालयाध्यक्ष का पद बहुत ही महत्त्वपूर्ण होता है एक योग्य ताशिक्षित एवं प्रशिक्षित व्यक्ति को ही पुस्तकालयाध्यक्ष होना चाहिए, क्योंकि पुस्तकालय संगठन और संचालन के लिए वही मुख्य रूप से उत्तरदायी होता है। उसे तकनीकी प्रक्रियाओं यथा—वर्गीकरण, सूचीकरण आदि प्रक्रियाओं का पर्याप्त तथा व्यावहारिक ज्ञान होना चाहिए। भारत में पुस्तकालयाध्यक्षों के लिए तीन प्रकार के प्रशिक्षण कार्यक्रम उपलब्ध हैं, जो निम्न प्रकार हैं—

1. पुस्तकालय विज्ञान में प्रारम्भिक प्रमाण-पत्र,
2. पुस्तकालय विज्ञान में स्नातक उपाधि तथा
3. पुस्तकालय विज्ञान में स्नातकोत्तर उपाधि।

पुस्तकालयाध्यक्ष की तकनीकी योग्यता पर पुस्तकालय के स्तर के आधार पर विचार किया जाना चाहिए। उदाहरण के तौर पर—विद्यालय पुस्तकालय अथवा किसी कस्बे के छोटे सार्वजनिक पुस्तकालय के लिए प्रारम्भिक प्रमाण-पत्र प्राप्त पुस्तकालयाध्यक्ष ही काफी है। किन्तु विश्वविद्यालय में स्नातकोत्तर उपाधि प्राप्त व्यक्ति अथवा ठोस अनुभव सहित पुस्तकालय विज्ञान में स्नातक उपाधि प्राप्त व्यक्ति ही उपयुक्त हो सकते हैं। भारत सरकार को पुस्तकालयाध्यक्ष की योग्यता के सम्बद्ध में पुस्तकालय सलाहकार समिति, विश्वविद्यालय अनुदान आयोग की पुस्तकालय समिति अपनी अनुशंसाएँ दे चुकी हैं। अपने पाठकों की रुचियों एवं उनके पुस्तकालयाध्यक्ष को सामाजिक एवं सांस्कृतिक पर्यावरण की पूर्ण जानकारी चाहिए। जैसा कि डॉ. रंगनाथन ने कहा है, यदि पुस्तकालयाध्यक्ष को सफलता अर्जित करनी है तो उसमें मनोवैज्ञानिक प्रवृत्ति होनी चाहिए, पुस्तकालयाध्यक्ष का यह कर्तव्य है कि हर प्रकार के पाठकों की सेवा करे, न केवल उनकी, जो जल्दी ही तुष्ट हो जाते हों, वास्तव में समस्यात्मक पाठकों को सन्तुष्ट कर लेने वाला पुस्तकालयध्यक्ष ही सफल पुस्तकालयाध्यक्ष होता है।

## पुस्तकालयाध्यक्ष एवं प्रक्रिया कर्मचारियों की नियुक्ति

पुस्तकालय का संगठन और संचालन सही रूप में हो, इसके लिये पुस्तकालयध्यन को काफी दायित्व निभाने पड़ते हैं। अतएव उसकी नियुक्ति करते समय इस बात का खासतौर पर ध्यान रखना चाहिए कि वह व्यक्ति, जिसको पुस्तकालयाध्यक्ष पद पर चुनने का विचार किया जा रहा है, अपनी योग्यताओं और अनुभव दृष्टि से पुस्तकालय-विशेष के लिए उपयुक्त होगा अथवा नहीं।

पुस्तकालय के स्तर के अनुसार तकनीकी योग्यता प्राप्त कर्मचारी का चुनाव ही सहायक पुस्तकालयाध्यक्ष, कैटेलागर, क्लासीफायर, संदर्भ सहायक के पद पर करना चाहिए। अन्य कर्मचारियों की नियुक्ति उनकी पुस्तकालय के लिए अनुकूलता को परख कर करना चाहिए।

## कर्मचारियों की जरूरत

पुस्तकालय में किये जाने वाले कार्य की प्रकृति अलग अलग होती है अतः हर तरह के कार्य के लिये अलग-अलग तरह के कर्मचारियों की आवश्यकता होती है। किसी पुस्तकालय में कुल कितने कमचारी हों, यह निर्धारित करने के लिए विभिन्न पुस्तकालय विद्वानों तथा समितियों ने विभिन्न सिद्धान्त प्रतिपादित किये हैं। अमरीकी पुस्तकालय संघ द्वारा सार्वजनिक पुस्तकालयों के युद्धोत्तर आयोजन के लिए नियुक्त समिति ने इस सम्बद्ध में निम्न सिद्धान्त प्रतिपादित किया है—

पुस्तकालय में कर्मचारियों की पर्याप्तता बहुत ही जरूरी है। सार्वजनिक पुस्तकालय में इतने कर्मचारी होने चाहिए कि जब तक जनता के लिए पुस्तकालय खुला रहे तब तक वे लगातार सेवा प्रदान कर सकें, पुस्तकालय के लिए सामग्री संग्रह करने, संगठित करने तथा उसे पाठकों को प्रस्तुत करने की प्रक्रियाओं में निहित कार्यों को कर सकें। किसी पुस्तकालय अथवा पुस्तकालय प्रणाली के लिए कितने कर्मचारी हों, यह इस बात पर आधारित होता है कि पुस्तकालय किस प्रकार की सेवाएँ प्रदान करता है, पुस्तकालय क्षेत्र का आकार तथा उसकी जनसंख्या क्या है, पुस्तकालय के आर्थिक स्रोत क्या हैं तथा विशेष रूप से विभागों की संख्या, शाखाओं तथा खण्डों की संख्या, दैनिक पुस्तक निर्गम संख्या तथा सन्दर्भ सेवा के लाभ उठाने वाले पाठकों की संख्या क्या है, पुस्तकालय भवन का निर्माण कैसा है, पुस्तकालय कितने घण्टे खुलता है आदि। इन विभिन्न विभागों में तकनीकी कर्मचारियों को तब तक उपस्थित रहना चाहिए जब तक कि अपनी जरूरत के अनुसार विभिन्न पुस्तकालय खुले रहें।

पुस्तकालय सेवाओं की विशिष्टता एवं जटिलता पर भी पुस्तकालय में कर्मचारियों की संख्या निर्भर करती है। इस नंजरिए से पुस्तकालय संघ द्वारा नियुक्त उक्त समिति ने कोई विशेष विचार नहीं किया। पुस्तकालय सार्वजनिक संस्था होती है, अतएव पुस्तकालय के पाठकों की रुचियों को भी आधार मानना चाहिए। उदाहरण के तौर पर किसी पुस्तकालय के निकटवर्ती क्षेत्रों की जनसंख्या कम, लेकिन ज्यादा प्रबुद्ध हो सकती है, किन्तु अन्य किसी पुस्तकालय के निकटवर्ती क्षेत्रों की जनसंख्या अधिक, किन्तु अशिक्षित। दोनों ही स्थितियों में पुस्तकालय कर्मचारियों को चुनौती

का सामना करना पड़ेगा। प्रबुद्ध जनसंख्या वाले क्षेत्र के नागरिक पुस्तकालय से अच्छी और परिष्कृत सेवा चाहेंगे और दूसरे क्षेत्र के लोगों को शिक्षित करने के लिए पुस्तकालय को विभिन्न मूल कार्यों से हटकर प्रसार प्रविधियों का उपयोग करना पड़ेगा। जिसमें अधिक कर्मचारियों की आवश्यकता के साथ अधिक सूझ-बूझ के साथ कार्य करना जरूरी होता है।

कर्मचारियों की संख्या तय करने के लिए एक सूत्र का निर्माण विभिन्न तत्त्वों पर विचार करने के पश्चात् किया गया है। इस सूत्र के आधार पर किसी भी पुस्तकालय के लिए कर्मचारियों की संख्या निर्धारित की जा सकती है। सूत्र रूप में अपना सिद्धान्त प्रकट करने के लिए उन्होंने निम्न वर्णाक्षरों का प्रयोग सूचकों के रूप में किया है, जिनकी व्याख्या अग्रलिखित है--

(क) वार्षिक बजट रुपयों में,
(ख) प्रतिवर्ष पुस्तकालय में नवीन पुस्तकों के पंजीकरण की संख्या,
(ग) प्रतिवर्ष मुख्य द्वार खुले रहने के घण्टे, (पुस्तकालय मुख्य द्वार तथा आदान-प्रदान कक्ष के द्वार को बराबर महत्त्व दिया जाये),
(घ) प्रलेखित पत्रिकाओं की संख्या,
(ङ) प्रतिदिन पाठकों की संख्या,
(च) प्रतिदिन पुस्तकालय खुलने के घण्टे,
(छ) वर्तमान वर्ष में क्रय की जाने वाली पत्रिकाओं की संख्या।

## चुनाव पद्धति

चुनाव पद्धति वही सफल हो सकती है जो प्रभावशाली हो। कर्मचारियों के चुनाव हेतु आधुनिक समय में पुस्तकालयों में अलग-अलग प्रक्रियाएँ अपनाई जाती हैं जिसमें निम्नलिखित चरणों में प्रक्रिया पूरी की जाती है। विभिन्न दशाओं के आधार पर प्रयोग की जाने वाली ये प्रक्रियाएं सर्वमान्य तथा प्रचलित हैं–

### प्राथमिक साक्षात्कार

प्रायः आधुनिक बेरोजगारी के कारण एक पद के लिए हजारों दावेदार हो सकते हैं। इसलिए अभ्यर्थियों की सम्भावित भारी संख्या को देखते हुए प्राथमिक अन्तर्वीक्षा लिया जा सकता है। कर्मचारियों के चयन का यह प्रथम चरण होता है। व्यक्ति को इस प्रकार के साक्षात्कार में कार्य की प्रकृति, काम करने का समय, कार्य की दशाएँ एवं शर्तें समझा कर उसकी स्वीकृति जानी जाती है तथा उसी समय उससे उसकी

शैक्षिक योग्यता, अनुभव, कौशल, कार्य करने की रुचि आदि जानकारी प्राप्त की जाती है। यदि प्रारंभिक साक्षात्कार में ऐसा अनुभव हो कि वह व्यक्ति पुस्तकालय में उक्त पद के लिए लाभदायक सिद्ध होगा तो उसे भरने के लिए आवेदन-पत्र दे दिया जाता है। अयोग्य व्यक्तियों को प्रारंभिक अन्तर्वीक्षा में छाँटकर उन्हें आवेदन-पत्र नहीं दिया जाता है।

## आवेदन-पत्र तथा उसका परीक्षण

अभ्यर्थी की समस्त जानकारी प्राप्त करने के लिए प्रारम्भिक अन्तर्वीक्षा में उत्तीर्ण हुए व्यक्तियों से आवेदन पत्र भराए जाते हैं। आवेदन-पत्र प्रार्थी द्वारा ही स्वयं भरा होना चाहिए जिससे उसके सम्बद्ध में सामान्य निर्णय लिया जा सके कि अमूक व्यक्ति कार्य के लिए उचित पात्र रहेगा अथवा नहीं। कार्य विशेष के लिए सभी तरह से उपयुक्त आवेदन-पत्रों को उनकी प्राप्ति के बाद छाँट दिया जाता है।

(Call Letters) उपस्थित होने का दिनांक और समय का उल्लेख करके चयनित आवेदन-पत्रों के अभ्यार्थियों के लिए बुलावा पत्र भेजे जाते हैं।

## परीक्षण

चुनाव प्रक्रिया में परीक्षण का विशेष महत्त्व होता है। इसके द्वारा कर्मचारी की कुशलता की कुशलता का पता लगाया जा सकता है। ये परीक्षण व्यक्ति की योग्यता इत्यादि ज्ञात करने के लिए किये जाते हैं। आवेदकों की योग्यता तथा उनका बौद्धिक स्तर मालूम करने के लिए बहुत पहले से ही परीक्षण प्रणाली का चलन चला आ रहा है इससे यह मालूम होता है कि आवेदकों में कार्य विशेष को कुशलता के साथ करने की पात्रता है या नहीं। कई तरह से ये परीक्षण सम्पन्न किये जाते हैं।

## वास्तविक अन्तर्वीक्षा

आवेदकों का साक्षात्कार प्रायः कई परीक्षणों के बाद लिया जाता है जिसमें उनकी बौद्धिक सचेतता, मानसिक सन्तुलन, भौतिक क्षमता, व्यक्तित्त्व का आकर्षण इत्यादि की जानकारी आसानी से हो जाती है और इस प्रकार अभ्यर्थी के पूर्ण व्यक्तित्त्व की जाँच-पड़ताल अन्तर्वीक्षा के द्वारा की जाती है। आजकल एक बोर्ड द्वारा अन्तर्वीक्षा लेने की प्रथा है इसके लिए कई लोगों का बोर्ड अन्तर्वीक्षा के लिए बनाया जाता है।

## शारीरिक परीक्षण

शारीरिक परीक्षण द्वारा यह पता लगाया जााता है कि व्यक्ति में शारीरिक क्षमता कितनी है। इससे उसमें यह भी देखा जाता है कि कोई छूत की बीमारी टीबी अथवा एड्स इत्यादि तो नहीं है। ऐसा कर्मचारी पुस्तकालय के लिए लाभदायक भी नहीं रहेगा और साथ ही अन्य कर्मचारियों में भी रोग फैल सकता है। इसलिए यह देखना भी जरूरी है कि अभ्यर्थी शारीरिक रूप से स्वस्थ है या नहीं।

## नियुक्ति प्रक्रिया

सभी प्रकार के परीक्षणों से गुजराने के बाद अन्त में प्रार्थी को कार्य का उत्तर दायित्व सौंपना होता है। कार्य पर नियुक्ति के लिए उसे नियुक्ति-पत्र सौंपा जाता है जिसके प्रत्युत्तर में अभ्यर्थी पुस्तकालय में अपनी नियुक्ति होने का प्रतिवेदन (Joining Report) देकर प्रारम्भ कर देता है।

# पुस्तकालय कर्मचारी प्रशिक्षण

पुस्तकालय के कर्मचारियों को प्रशिक्षित करना पुस्तकालय के हित में जुड़ा कार्य है। प्रशिक्षण के द्वारा कर्मचारियों को सौंपे जाने वाले कार्य की प्रकृति का ज्ञान हो जाता है, अतएव वे कार्य को सरलता से कर पाने में सक्षम हो जाते हैं। प्रशिक्षण को इस दृष्टि से, किसी कार्य को विशिष्ट तरीके से करने की एक शिक्षण विधि माना जा सकता है। प्रशिक्षण को यदि हम परिभाषित करना चाहें तो कह सकते हैं कि प्रशिक्षण एक ऐसी क्रिया है, जिसके द्वारा विशिष्ट कार्यों के सम्पादन के लिए कर्मचारियों की अभिवृत्तियों, निपुणताओं एवं योग्यताओं में अभिवृद्धि की जाती है अथवा किसी विशेष कार्य को करने हेतु एक कर्मचारी के ज्ञान एवं कौशल में अभिवृद्धि करने की क्रिया प्रशिक्षण कहलाती है।

यह कहा जा सकता है कि प्रशिक्षण शब्द का अर्थ विधिवत् शिक्षा-प्राप्ति या अधिगम तक ही सीमित रखा गया है। शिक्षा प्राप्ति या अधिगम पूरे अनुभव के परिणामस्वरूप व्यवहार में परिवर्तन को बतलाता है। यह अधिगम या शिक्षा प्राप्ति का साभिप्राय, अर्थात् अभिप्राय सहित (With purpose) या अभिप्राय रहित (Without purpose) हो सकता है। साभिप्राय, अधिगम या शिक्षा प्राप्ति को ही प्रशिक्षण कहा गया है। व्यवहार में, जब हम किसी व्यक्ति के व्यवहार में बदलाव लाने के लिए कुछ कार्य करते हैं, तो यह कहा जाता है कि हम उसे प्रशिक्षित कर रहे हैं। इस प्रकार किसी विशिष्ट कार्य को विशिष्ट ढंग से सम्पन्न करने की कला, ज्ञान एवं कौशल का साभिप्राय शिक्षण ही प्रशिक्षण है।

## प्रशिक्षण के उद्देश्य

प्रशिक्षण देने का प्रमुख उद्‌देश्य होता है कर्मचारियों को कुशल बनाना। कर्मचारियों के ज्ञान, योग्यता एवं कौशल में अभिवृद्धि करने वाला प्रशिक्षण एक सतत् प्रक्रिया है। प्रशिक्षण से कर्मचारियों को न केवल तकनीकी जानकारी प्राप्त होती है अपितु उनके व्यक्तित्त्व का भी विकास होता है।

संगठन के सभी स्तरों पर वांछनीय ज्ञान, कौशल एवं अभिवृत्तियों के विकास हेतु अवसर प्रदान कर योग्य कर्मचारियों का निर्माण करना तथा संगठन के लक्ष्यों की प्राप्ति में मदद देना प्रशिक्षण का मुख्य उद्देश्य है।

## प्रशिक्षण अर्जन

कर्मचारियों को कार्य कुशल बनाने और उनकी कार्य क्षमता को बढ़ाने आदि के लिये प्रशिक्षण बहुत ही जरूरी है। वैज्ञानिक एवं तकनीकी प्रगति की कार्य-प्रणालियों एवं संचालन विधियों में अनेक परिवर्तन किये हैं। इस प्रगति से परिचित होने के लिए प्रशिक्षण ही एकमात्र उपाय है। पुराने कर्मचारियों को नये तकनीकी ज्ञान से परिचित कराना एवं नये कर्मचारियों को कार्य-सम्पादन हेतु ज्ञान, योग्यता एवं कौशल प्रदान करना प्रशिक्षण द्वारा ही सम्भव है। कर्मचारी प्रशिक्षण की आवश्यकता के मुख्य आधारों को संक्षेप में निम्न प्रकार स्पष्ट किया गया है–

**1. कर्मचारियों की कार्यकुशलता में वृद्धि करने के लिए**–प्रशिक्षण कर्मचारियों को विशेष कार्यों के सम्पादन हेतु विशेष विधियों का ज्ञान प्रदान करता है। यह ज्ञान एवं कौशल उनकी कार्यकुशलता में वृद्धि करता है। कार्यकुशलता में वृद्धि के परिणामस्वरूप संगठन की सर्वांगीण कार्यकुशलता में वृद्धि होती है।

**2. कर्मचारियों के मनोबल का विकास करने के लिए**–प्रशिक्षण कर्मचारियों को कार्य सम्पादन के लिए आवश्यक कौशल एवं प्रवीणता प्रदान करता है। यह कौशल कर्मचारियों के कार्य को सुगम बनाता है तथा उनकी आत्म-सन्तुष्टि जैसी मानवीय आवश्यकताओं की पूर्ति में मदद प्रदान करता है। प्रशिक्षण के द्वारा कर्मचारियों में कार्य के प्रति आस्था एवं निष्ठा की भावना उत्पन्न होती है।

**3. कर्मचारियों की गतिशीलता में विकास करने के लिए**–प्रशिक्षण के द्वारा कर्मचारियों में व्यक्तिगत गुणों का विकास होता है प्रशिक्षण के द्वारा कर्मचारियों की पदोन्नति के द्वार खुलते हैं। पुस्तकालय के विभिन्न विभागों में उन्हें स्थानान्तरित किया जा सकता है।

**4. पर्यवेक्षण तथा निर्देशन में कमी लाने के लिए**–प्रशिक्षित कर्मचारी स्वयं ही अपने कार्यों का पर्यवेक्षण करने तथा स्वविवेक से कार्य करने में सक्षम होते हैं,

अतएव पर्यवेक्षकों एवं निर्देशकों की उनके कार्यों का निरीक्षण करने के लिए आवश्यकता नहीं रहती। पुस्तकालय विज्ञान में जिन राष्ट्रों में प्रशिक्षण की सुविधा है, उन राष्ट्रों में पुस्तकालयों की स्थिति में सुधार हुआ है तथा पर्यवेक्षकों और निर्देशकों की जरूरत भी घटी है। पूर्व स्थिति में पुस्तकालयों में अप्रशिक्षित कार्यकर्ता कार्य करते थे तथा उनके कार्यों का अप्रशिक्षित व्यक्ति ही पर्यवेक्षण करते थे। पर्यवेक्षण एवं निर्देशन सम्बन्धी योग्यताओं का प्रशिक्षण के द्वारा विकास हुआ है। अतएव कर्मचारी स्वतन्त्रतापूर्वक अपना कार्य करने लगे हैं। पर्यवेक्षकों पर कर्मचारियों की निर्भरता खत्म होने लगी है।

**5. संगठनात्मक स्थिरता तथा लचीलेपन में वृद्धि करने के लिए**—प्रशिक्षण संगठनात्मक स्थिरता एवं अनुकूलन क्षमता को बढ़ता है। पर्याप्त प्रशिक्षित कर्मचारियों की उपलब्धि को भविष्य के लिए सम्भव बनाता है।

सारतः प्रशिक्षण के द्वारा भौतिक एवं मानवीय साधनों के दुरुपयोग में कमी होती है, कार्यप्रणालियों में सुधार होता है। नवीन कार्यविधियों का प्रयोग सम्भव होता है, कार्यक्षमता तथा मनोबल बढ़ता है, पर्यवेक्षण तथा निर्देशन में कमी होती है, कर्मचारियों की अनुपस्थिति में कमी होती है, कर्मचारियों की कठिनाइयाँ दूर होती हैं, तथा कर्मचारी अपने कार्य को अधिक कुशलता से कर पाते हैं। प्रशिक्षण की जरूरत इन तथ्यों के प्रकाश में प्रमाणित हो जाती है।

## प्रशिक्षण : विभिन्न पायदान

विभिन्न प्रकार के कर्मचारियों के लिए विभिन्न प्रकार के प्रशिक्षण होते हैं। इसके कुछ प्रमुख पायदानों को निम्न प्रकार स्पष्ट किया गया है।

**1. अर्द्ध-व्यावसायिक प्रशिक्षण**—अर्द्ध-व्यावसायिक प्रशिक्षण पुस्तकालय विज्ञान के प्रमुख क्षेत्रों से परिचित कराने के लिए दिया जाता है। यह प्रशिक्षण पुस्तकालय विज्ञान में आरम्भिक प्रमाण-पत्र (Certfificate Course in Library Science) के द्वारा दिया जाता है। इस प्रशिक्षण पाठ्यक्रम को पूर्ण कराने के पश्चात् प्रशिक्षित व्यक्ति अर्द्ध-व्यावसायिक (Semi-professional) कहलाता है।

**2. व्यावसायिक प्रशिक्षण**—अप्रशिक्षित व्यक्तियों को पुस्तकालय विज्ञान के क्षेत्रों से अवगत कराने तथा पुस्तकालय की कार्यविधि का व्यावहारिक ज्ञान कराने के लिए प्रशिक्षण दिया जाता है। यह प्रशिक्षण पुस्तकालय विज्ञान में स्नातक उपाधि पाठ्यक्रम द्वारा दिया जाता है।

**3. अन्य प्रशिक्षण**—उक्त पाठ्यक्रमों के अतिरिक्त प्रलेखन, कम्प्यूटर संचालन आदि में दक्ष करने के लिए अन्य पाठ्यक्रम चलाये जाते हैं। भारत में प्रलेखन,

प्रशिक्षण दिल्ली और बैंगलोर में तथा कम्प्यूटर संचालन सम्बन्धी पाठ्यक्रम जादवपुर विश्वविद्यालय में उपलब्ध है।

**4. व्यावसायिक व्यक्तियों के लिए प्रशिक्षण**—व्यावसायिक व्यक्तियों को पुस्तकालय विज्ञान के व्यापक स्वरूप से परिचित कराने तथा पुस्तकालय कार्य-पद्धतियों का तुलनात्मक अध्ययन कराने की दृष्टि से पुस्तकालय विज्ञान में स्नातकोत्तर पाठ्यक्रम चलाये जाते हैं। मास्टर ऑफ लाइब्रेरी एण्ड इन्फार्मेशन सांइस की उपाधि इस प्रशिक्षण को पूरा करने के बाद मिलती है।

## पुस्तकालय प्रशिक्षण के विभिन्न लक्ष्य

पुस्तकालय प्रशिक्षण का कोई एक निश्चित उद्देश्य नहीं होता है। इसके कई उद्देश्य होते हैं। अतः इसके विभिन्न उद्देश्यों को मुख्य रूप से तीन भागों में बाँटा गया है जो निम्नलिखित हैं—

1. सेमीनार, संगोष्ठी, संक्षिप्त पाठ्यक्रमों के द्वारा पुस्तकालय विज्ञान की समस्याओं एवं उपलब्धियों के प्रति सजग करना,
2. पुस्तकालय विज्ञान में स्नातकोत्तर उपाधि के लिए तैयार करना,
3. पुस्तकालय विज्ञान में प्रथम उपाधि के लिए तैयार करना।

पुस्तकालय प्रशिक्षण कार्यक्रमों से इन उद्देश्यों की प्राप्ति के लिए यह अपेक्षा की जाती है कि उनके द्वारा प्रशिक्षणार्थी को अग्रलिखित लाभ होंगे—

1. पुस्तकालयाध्यक्षता नामक व्यवसाय के प्रति जागृति उत्पन्न होना।
2. अपने राष्ट्र में पुस्तकालयों एवं पुस्तकालय सेवाओं के विकास एवं विस्तार तथा पुस्तकालय सेवाओं के प्रतिमानों के सम्बद्ध में जानकारी होना।
3. पुस्तकालय की कार्यपद्धति के सम्बन्ध में व्यावहारिक एवं सैद्धान्तिक ज्ञान प्राप्त होना।
4. अपने देश में पुस्तकालय विज्ञान द्वारा अर्जित उपलब्धियों के सम्बन्ध में समीक्षात्मक दृष्टि विकसित करना।
5. क्षेत्रीय, प्रान्तीय, राष्ट्रीय तथा अन्तर्राष्ट्रीय स्तर पर पुस्तकालय सहयोग हेतु अवसर निर्मित करना।
6. पुस्तकालय विज्ञान के क्षेत्रों में इतने देशों में हुए अनुसन्धानों तथा उपलब्धियों से परिचित होना।

## पुस्तकालय प्रशिक्षण के मुख्य भाग

पुस्तकालय प्रशिक्षण के मुख्य अंग अग्रलिखित हैं।

**1. पुस्तक वर्गीकरण :** इसके अन्तर्गत पुस्तकों को उनके समूहों के आधार पर रैकों में रखना तथा व्यवस्थित करना बताया जाता है।

**2. पुस्तकालय वर्गीकरण :** पुस्तकालय विज्ञान का मुख्य उद्देश्य ज्ञान को व्यवस्थित करना है। पठन सामग्री उपलब्ध कराना है। सूचीकरण का उद्देश्य पुस्तकालय में पुस्तक की स्थिति दर्शाना है। यदि पाठक को पुस्तक का शीर्षक, लेखक का नाम, सह-लेखक का नाम, पुस्तक का विषय, सम्पादक का नाम, पुस्तक माला का नाम, आदि कुछ भी ऐसा विवरण ज्ञात है, जिसके द्वारा पुस्तक ढूँढ़ी जा सकती हो, तो सूचीकरण के द्वारा पुस्तक प्राप्त करने की समस्या हल की जा सकती है। अतएव पुस्तकालय प्रशिक्षण कार्यक्रम में सूचीकरण को भी वही दर्जा मिलना चाहिए जो कि पुस्तक वर्गीकरण को दिया जाता है।

**3. पुस्तकालय विज्ञान का दर्शानात्मक पक्ष :** इसके अन्तर्गत ज्ञान के प्रसार में पुस्तकालयों का योगदान तथा शिक्षा के प्रसार के लिए चलाये जा रहे राष्ट्रीय कार्यक्रमों के सम्बन्ध में जानकारी प्रदान करना तथा पुस्तकालयाध्यक्षों को व्यावसायिक आचरण संहिता से परिचित कराना आता है।

**पुस्तकालय संगठन एवं प्रबन्ध :** पुस्तकालय संगठन तथा प्रबन्ध के अग्रलिखित पहलुओं की जानकारी करानी चाहिए—

1. भवन, प्रकाश, संवातन, वातानुकूल-फर्नीचर तथा उपस्कर।
2. पुस्तक चयन, अवप्ति तथा पठन सामग्री को उपयोगार्थ तैयार करना।
3. पुस्तकालय प्रबन्ध के सिद्धान्त।
4. पुस्तकालय आयोजन के सिद्धान्त तथा पद्धतियाँ, जिनके आधार पर क्षेत्र-विशेष में पुस्तकालय सेवाओं का संगठन किया जा सके।
5. पुस्तकालय प्रौद्योगिकी जिसमें विद्युत उपकरणों, कम्प्यूटर आदि का प्रयोग सम्मिलित है।
6. रिप्रोग्राफी (प्रतिलिपिकरण) (Reprography)।
7. सेवी-वर्गीय प्रबन्ध (Personnel Management)।
8. पठन सामग्री के संरक्षण की विधियाँ
9. आपरेशनल शोध (Operational research)।
10. तकनीकी सेवाएँ, पाठकों के लिए सेवाएँ तथा प्रशासकीय सेवाएँ।
11. पुस्तकालय प्राधिकरण की संरचना तथा उसके कार्य।
12. कार्मिक सम्बन्ध का ज्ञान।
13. पद्धति-विश्लेषण (System analysis)।

14. कार्य-अध्ययन पद्धतियाँ (Work Study method)।
15. प्रचार प्रविधियाँ तथा प्रसार सेवाएँ।
16. बजट तैयार करना तथा लेखा कार्य करना।
17. पुस्तकालय सहयोग।
18. पुस्तकालय सांख्यिकी तथा प्रतिवेदन तैयार करना।
19. सन्दर्भ, सेवा।
20. जन-सम्पर्क।

## पुस्तकालय और अभिप्रेरणा

हर तरह के कार्य को कुशलता पूर्वक सम्पन्न करने की प्रक्रिया में अभिप्रेरणा का भी विशेष योगदान है। किसी भी कार्य करने वाले व्यक्ति अथवा कर्मचारी को कार्य सम्पन्न करने के लिए प्रेरित करना ही अभिप्रेरणा (Motivation) कहलाता है। अतः अभिप्रेरणा ऐसी प्रक्रिया है जो संस्था या संगठन के किसी कर्मचारी में स्वतः ही कार्य करने की इच्छा उत्पन्न करती है। इस प्रकार अभिप्रेरणा प्रधान रूप से कार्य करती है।

## अभिप्रेरणा की भूमिका

अभिप्रेरणा की भूमिका को यदि पुस्तकालय की दृष्टि से देखा जाए तो बहुत ही महत्त्वपूर्ण है। यह कई रूपों में महत्वपूर्ण भूमिका निभाती है जिसे निम्न प्रकार स्पष्ट किया गया है।

### कर्मचारियों को प्रेरित करती है

पुस्तकालयों में उद्देश्य की प्राप्ति हेतु अनेक उपाय किये जाते हैं लेकिन उद्देश्यों की पूर्ति करना तभी सम्भव होता है जब पुस्तकालय के सभी कर्मचारियों को कार्य करने के लिए प्रेरित किया जा सके। अतः अभिप्रेरणा पुस्तकालय के उद्देश्य प्राप्ति में अति प्रमुख भूमिका निभाती है।

### सहयोग के साथ काम करने के लिए प्रेरित करती है

पुस्तकालय में उसके उद्देश्यों की पूर्ति के लिए सहयोग के साथ काम करना अत्यन्त जरूरी होता है जिससे यदि कर्मचारी सन्तुष्ट हैं तो वे मनोयोग तथा उत्साह के साथ कार्य करके पुस्तकालय सेवाओं में प्रगति तथा उत्तमता लाते हैं। इस प्रकार

अभिप्रेरणा के अभाव में मदद से काम करना भी संभव नहीं है। अभिप्रेरणा से ही कर्मचारियों की भिन्न-भिन्न आवश्यकताओं के साधन सम्भव होते हैं।

## अभिप्रेरणा काम करने की शक्ति होती है

अभिप्रेरणा धनात्मक अथवा ऋणात्मक दोनों हो सकती है। ऋणात्मक अभिप्रेरणा के लिए प्रताड़ना, भय एवं दबाव इत्यादि कार्यों का आसरा लिया जाता है जबकि धनात्मक अभिप्रेरणा में सराहना और प्रशंसा का आसरा लिया जाता है। इस प्रकार कार्य को धनात्मक प्रेरणा के द्वारा गति मिलती है।

## अभिप्रेरणा कर्मचारियों की कार्यक्षमता को बढ़ाती है

कर्मचारी अभिप्रेरणा से अभिप्रेरित होकर प्रति घण्टा ज्यादा कार्य करता है तथा रुचि के साथ करता है। इस प्रकार ज्यादा रुचि के साथ कार्य करने पर कार्य में सुधार भी होता है। इस प्रकार कहा जा सकता है कि अभिप्रेरणा से कर्मचारियों की कार्य करने की कार्यक्षमता में बढ़ोत्तरी होती है।

## अभिप्रेरणा से मानसिक स्थिति में परिवर्तन आता है

अभिप्रेरणा से कर्मचारियों में दिमागी रूप से बदलाव आता है और वह कार्य करने के लिए प्रेरित होते हैं। उन्हें सम्भावित प्रलोभन के आधार पर काम करने की प्रेरणा प्राप्त होती है चाहे वह धन के रूप में सम्भावित प्राप्ति हो या प्रतिष्ठा के रूप में। अतः कहा जा सकता है कि अभिप्रेरणा काम के प्रति कर्मचारियों की मानसिक स्थिति में परिवर्तन लाती है।

## अभिप्रेरणा मानवोचित व्यवहारों का नियन्त्रण, निर्देशन एवं स्पष्टीकरण है

कर्मचारियों को अभिप्रेरणा से दिशा प्राप्त होती है। धनात्मक अभिप्रेरणा से कर्मचारी और ज्यादा रुचि के साथ कार्य करता है। पुस्तकालय में आपस में एवं प्रबन्ध के साथ कर्मचारियों में अच्छे सम्बन्ध पनपते हैं तथा मानवोचित व्यवहार ज्यादा सुदृढ़ होते हैं। इस प्रकार अभिप्रेरणा ऐसी प्रक्रिया है जिसमें प्रेरणाओं, उद्वेगों, महत्त्वाकांक्षाओं, इच्छाओं, जरूरतों अथवा प्रयत्नों के द्वारा मानव-व्यवहार का नियन्त्रण, निर्देशन तथा स्पष्टीकरण किया जाता है।

## अभिप्रेरणा एक अनन्त प्रक्रिया है

पुस्तकालय का कर्मचारी अभिप्रेरणा के द्वारा कार्य करने की ओर उन्मुख होता है। उदासीनता तथा निष्क्रियता को छोड़कर अधिक कार्य करने के लिए अभिप्रेरित होता है। स्थान, समय, व्यवहार इत्यादि परिस्थितियाँ मिलकर अभिप्रेरणा सम्बन्धी वातावरण तैयार करने तथा अनुकूल दशाओं में कार्य करने के लिए कर्मचारियों को प्रेरित करना अभिप्रेरणा के माध्यम से ही सम्भव हो पाता है। इस प्रकार अभिप्रेरणा की प्रक्रिया निरन्तर और अनन्त प्रक्रिया है।

निष्कर्षतः पुस्तकालयों में अभिप्रेरणा कर्मचारियों को हर तरह से प्रेरित और उत्साहित करते हुए एक प्रमुख भूमिका निभाती है और पुस्तकालयों को अपने उद्देश्यों को प्राप्त करने में पूर्ण रूप से सहायता करती है।

# अभिप्रेरणा के सिद्धान्त

पुस्तकालयों में भी अन्य संस्थाओं की तरह अनेक कर्मचारियों में से कुछ व्यक्ति ऐसे होते हैं जो उच्चतम उपलब्धि के लिए प्रयास करते हैं जबकि कई बहुत से सामान्य उपलब्धि से ही सन्तुष्ट हो जाते हैं। कर्मचारियों को कार्य के प्रति अधिकाधिक प्रयत्नशील बनाने के लिए अथवा प्रेरित करने के लिए सरल नियम नहीं हैं। इस परिप्रेक्ष्य में कतिपय सिद्धांतों का विकास किया गया है जिन्हें अभिप्रेरणा के सिद्धांत कहते हैं। कतिपय सिद्धान्तों का उल्लेख यहाँ किया जा रहा है

## एकात्मक सिद्धांत

यदि एक सच्चाई है कि कोई भी व्यक्ति यदि किसी संस्था में कार्य करता है तो उसका कार्य करने का प्रमुख उद्‌देश्य धन प्राप्त करना होता है। अन्य शब्दों में यह सिद्धांत आर्थिक व्यक्ति (Economic Man) की विचारधारा पर आधारित होता है। जिसका आशय यह है कि कोई भी कर्मचारी मात्र मुद्रा के रूप में पुरस्कार बढ़ाने के लिए काम करता है। किसी भी कर्मचारी का वेतन जितना अधिक होगा वह उतने ही अधिक प्रयत्न करता है। यदि वेतन को प्रयत्नों से जोड़ दिया जाए तो कोशिशों में बढ़ोत्तरी होती है। प्रयत्नों में बढ़ोत्तरी होने पर वेतन में वृद्धि होती है तथा वजन में बढ़ोत्तरी होने से अधिक प्रयास करने की प्रेरणा मिलती है।

## अनेकात्मक सिद्धांत

कर्मचारी इसलिये भी कार्य करते हैं जिससे वे अपनी समस्त जरूरतों को पूरा कर सकें। मूल जरूरतों की पूर्ति के बाद ही कोई व्यक्ति अपनी अन्य जरूरतें पूरी

करता है। दूसरे शब्दों में व्यक्ति किसी एक स्तर की जरूरत पूरी कर लेता है तो अगली उच्च स्तर की जरूरत की पूर्ति करने का प्रयास करता है। इस प्रकार व्यक्ति अपनी आवश्यकताओं की प्राप्ति के लिए उच्च मनोबल के साथ सन्तुष्ट होकर अनिवार्य रूप से अधिकाधिक कार्य सम्पन्न करता है। यही अनेकात्मक सिद्धान्त कहलाता है।

## हाईजीन सिद्धान्त

कार्य को ही कर्मचारियों की प्रेरणा का स्रोत मानने वाले हाईजीन सिद्धान्त का प्रतिपादन हर्जवर्ग ने किया है। इस नियम का उद्देश्य कर्मचारी की संतुष्टि के तत्त्वों को तय करता था। इसके पीछे निहित धारणा अलग-अलग तत्त्वों के विश्लेषण पर आधारित है जैसे—वेतन, कार्य, पर्यवेक्षकीय स्तर, काम की दशाएँ, सुरक्षा इत्यादि। मान्यता है कि किसी भी कार्य के दो कारण हो सकते हैं—(क) कार्य से असंतुष्टि तथा (ख) कार्य से संतुष्टि। इन दो परिणामों में अनवरतता के लिए कुछ घटकों को दो भागों में विभाजित किया गया है—(क) आरोग्य सम्बन्धी घटक (ख) अभिप्रेरक घटक।

कर्मचारी को असंतुष्टि से संतुष्टि की ओर आरोग्य सम्बन्धी घटक ले जाते हैं। उदाहरणार्थ—कर्मचारियों में अन्तर्सम्बन्ध, वेतन, काम की दशाएँ, प्रशासन स्तर, कार्य सुरक्षा आदि। हर्जवर्ग का मत है कि ये घटक कार्य संतुष्टि में तो बढ़ोत्तरी नहीं करते तथापि इनकी गैरहाजिरी में असन्तोष की मात्रा बढ़ जाती है। अभिप्रेरक घटक असन्तुष्टि से सन्तुष्टि की ओर ले जाते हैं जैसे—मान्यताप्राप्त होना, कार्य की प्रगति, उन्नति का अवसर, उपलब्धि और विकास। ये सभी घटक काम से सम्बन्धित हैं वातावरण से नहीं। कर्मचारी कार्य से ही अभिप्रेरित होता है। दूसरे सभी आरोग्यकारी घटक मात्र वातावरण को सुधारने में मददगार हो सकते हैं। अतः यह कहा जा सकता है कि असन्तुष्टि की मात्रा कम करने में आरोग्य सम्बन्धी घटकों का प्रतिशत ज्यादा होता है तथा अभिप्रेरक घटकों की प्रधानता संतुष्टि की मात्रा में बढ़ोत्तरी करने में रहती है।

## सहभागिता का नियम

सहभागिता के नियम को प्रतिपादित करने का श्रेय मैकग्रेगर (McGregor) को प्राप्त है। यह नियम निम्न मान्यता पर आधारित है—शारीरिक व मानसिक बल का व्यय उतना ही जरूरी है जितना कि आराम करना या खेलना। अर्थात् हर कार्य अरुचिकर नहीं होता। जिस प्रकार आराम या खेलने से सन्तोष प्राप्त होता है उसी प्रकार कार्य से भी संतोष मिलता है।

कर्मचारियों की सलाह से तुलनात्मक रूप में उत्तम निर्णय प्राप्त करने में समर्थ प्रबन्धक, इस नियम के अनुसार एक नेता के रूप में होता है। यह नियम ज्यादा प्रजातान्त्रिक माना जाता है। इसके अनुसार काम करते हुए प्रबन्धक कर्मचारियों को समान स्तर पर विचार-विमर्श करने लायक समझता है। उन्हें वह यदा-कदा पर स्वतः कार्य करने का अवसर देता है। उन्हें निर्णायक मसलों पर विचार करने को प्रेरित करता है जिससे एक ओर कर्मचारियों को संतोष प्राप्त होता है और दूसरी ओर उसे उन्नति के ज्यादा अवसर प्राप्त होते हैं। प्रोन्नति के अधिक अवसर मिलने के कारण सामान्य जीवन-स्तर में सुधार होता है तथा कर्मचारी ज्यादा आय अर्जित करने में समर्थ होता है।

## पुस्तकालय कर्मचारी संहिता : कार्य तथा उद्देश्य

प्रत्येक पुस्तकालय में कर्मचारी संहिता का होना जरूरी है क्योंकि इससे यह पता लगाया जा सकता है कि उपयोगकर्ताओं की नीतियों तथा नियमों को तय करने वाली पुस्तकालय कर्मचारी संहिता पुस्तकालय में सर्वोत्तम सेवा प्रदान करने के लिए जरूर होनी चाहिए। इसके लिए पुस्तकालय अपनी योजनाओं एवं गतिविधियों को एक पुस्तिका में निर्धारित करते हैं जिसे पुस्तकालय विज्ञान की भाषा में कर्मचारी संहिता कहते हैं। पुस्तकालयों के उद्देश्यों का ज्ञान कराने एवं कर्मचारियों को अपने कर्तव्यों तथा उत्तरदायित्वों से अवगत रखने तथा कराने के लिए पुस्तकालयों में कर्मचारी संहिता की जरूरत होती है।

कर्मचारी संहिता पुस्तकालय में हर दिन के कार्यों की एक मार्गदर्शिका होती है जिसमें पुस्तकालय के नियम, पत्रिकाएँ तथा विभिन्न क्रियाकलापों को निष्पादित करने की विधियों का सम्पूर्ण विवरण दिया रहता है। इसमें सभी कार्यों का फ्लोचार्ट, चित्र तथा व्याख्याओं सहित प्रस्तुत किया गया होता है एवं एक कार्य का दूसरे से सम्बन्ध एवं विविध स्तरों के कार्यों का क्षेत्र प्रदर्शित किया गया होता है। विविध क्रियाओं के लिए क्या-क्या कौशलपूर्ण (Skillful) कामों की आवश्यकता होती है यह भी प्रस्तुत किया गया होता है। लिखित सामग्री को महत्ता प्रदान करने हेतु फोटो चित्र, एवं कई प्रकार के फोटोग्राफिक उदाहरण प्रस्तुत किये गये होते हैं।

### लक्ष्य

पुस्तकालय में प्रत्येक दिन के कार्यों से नवागन्तकों को परिचित कराना कर्मचारी संहिता के निर्माण का मुख्य उद्देश्य होता है। इससे पर्यवेक्षकों को

पुस्तकालय के कार्यों को सही ढंग से संचालन करने में मदद प्राप्त होती है। बड़े-बड़े पुस्तकालयों में अनेक कार्यों तथा क्रियाओं हेतु कई कर्मचारी संहिता तैयार की जाती हैं। जैसे–पुस्तक चयन, पुस्तक आदेश, वर्गीकरण तथा सूचीकरण, पुस्तकागार हेतु पुस्तकों की तैयारी, सन्दर्भ प्रश्न, आदान-प्रदान नियन्त्रण, वाङ्गमय सूचियों का संकलन, सामयिकियों का अर्जन तथा नियन्त्रण, विभिन्न प्रकार की प्रलेखन तालिकाओं का निर्माण इत्यादि। इस प्रकार कर्मचारी संहिता वास्तव में कार्यों के प्रत्येक पक्ष के लिए बनाई जाती हैं।

## कार्य

पुस्तकालयों में निम्न कार्यों में कर्मचारी संहिता प्रयोग करने हेतु तैयार की जाते हैं–

1. पुस्तकालय में कर्मचारियों की संख्या का निर्धारण करती है।

2. कर्मचारी संहिता पुस्तकालय में नव-नियुक्त कर्मचारी को पुस्तकालय की नीतियों तथा उद्देश्यों से अवगत कराती है।

3. यह पुस्तकालय से सम्बन्धित सभी जानकारी प्रस्तुत करती है।

4. चूँकि यह आपसी सहयोग के साथ निर्मित की जाती है इसलिए अनुभवी व्यक्ति अपने कार्य को भली-भाँति संगठित तथा व्यवस्थित कर सकते हैं।

5. कर्मचारी संहिता से ही पुस्तकालय में कर्मचारियों के कार्य तथा उनके कार्य क्षेत्र का विवरण तथा निर्धारण सम्भव हो पाता है।

## रूपरेखा

पुस्तकालय में कर्मचारी संहिता का विवरण निम्नवत होता है–

(1) आमुख,

(2) भूमिका तथा प्राक्कथन,

(3) पुस्तकालय परिचय,

(4) कर्मचारियों का पूर्ण विवरण,

(5) पुस्तकों के आगत-निर्गत कार्य का विवरण,

(6) सन्दर्भ सेवा से सम्बन्धित विवरण,

(7) अनुक्रमणिका,

(8) परिशिष्ट।

# 6

# पुस्तकालय : वर्गीकरण सिद्धान्त

पुस्तकालय वर्गीकरण का पुस्तकालय विज्ञान में अपना महत्त्व है। समाज, प्राचीन काल में सम्पत्ति के आधार पर विभाजित था। Classification इस विभाजित वर्ग का अंग्रेजी अर्थ है। पुस्तकों तथा अन्य प्रकार की सामग्रियों का संग्रह पुस्तकालय में किया जाता है। पुस्तकालय के उपयोगकर्ताओं को इनके उपयोग की सुविधा प्रदान की जाती है। अतः यह आवश्यक है कि उन सब पुस्तकों तथा अन्य अध्ययन सामग्री को ऐसी विधि से व्यवस्थित करके रखा जाए जिससे पुस्तकालय के कर्मचारियों एवं उपयोगकर्ताओं को परेशानी न हो। पुस्तकालय-विज्ञान के दो सिद्धान्तों ने इस बात पर बल दिया है कि पाठकों को उनकी अभीष्ट पुस्तकें मिलनी चाहिए तथा उनका समय नष्ट नहीं होना चाहिए। इन सिद्धान्तों की पूर्ति के लिए अनेक तकनीकी विधियों को अपनाया गया है। पुस्तकों का वर्गीकरण भी एक तकनीकी विधि है। यह स्वयं कोई साध्य नहीं है, लेकिन यह पुस्तकालय-विज्ञान के सिद्धान्तों की पूर्ति का एक साधन है। पुस्तकालय-विज्ञान की मान्यता है कि पुस्तकों को विषय के अनुरूप क्रमशः रखा जाए तथा प्रत्येक विषय का क्रम मनमाने ढंग से न हो बल्कि प्रमाणिक और अनुभूत हो। हर विषय से सम्बन्धित उसके उपविषयों की अध्ययन सामग्री भी उसी के साथ एक क्रम में हो। इस प्रकार यह बात स्पष्ट हो जाती है कि पुस्तकों को इस प्रकार विषय के अनुसार व्यवस्थित करके रखने की कोई प्रमाणिक विधि का निर्माण करना पुस्तकालय-कर्मचारियों के वश की बात नहीं है। अलग-अलग करके अपनी-अपनी मनमानी विधि बनानी भी नहीं चाहिए। इस तरह 'पुस्तकालय वर्गीकरण' नामक एक शाखा पुस्तकालय-विज्ञान के अन्तर्गत स्थापित की गई है।

पुस्तकालय का अर्थ 'पुस्तकालय-वर्गीकरण' शब्द में है, पुस्तकालय में संग्रहीत होने वाली अध्ययन सामग्री अर्थात् पुस्तकें, समाचार-पत्र एवं पत्रिकाएँ तथा अन्य सामग्री। उन सबका वर्गीकरण कैसे किया जाए? यह इस शाखा के तहत आता है। इस शाखा को दो पक्षों में रखते हैं—एक तो सिद्धान्त और दूसरा प्रयोग।

सिद्धान्त पक्ष के तहत वर्गीकरण के सामान्य सिद्धान्तों, वर्गीकरण का उद्देश्य, पुस्तक-वर्गीकरण की प्राचीन परम्पराओं, ज्ञान क्षेत्र का वर्गीकरण, विषय के अनुसार वर्गीकरण की प्रमुख पद्धतियाँ एवं उनका तुलनात्मक अध्ययन आदि आता है।

प्रयोग पक्ष के तहत पुस्तक-वर्गीकरण की पद्धतियों में से किसी एक अनुभूत एवं प्रामाणिक पद्धति का विशेष अध्ययन और उसके अनुरूप प्रयोगात्मक वर्गीकरण के नियमों के आधार पर पुस्तकों का वर्गीकरण करना उपयुक्त होता है।

## वर्गीकरण का अभिप्राय

लैटिन भाषा के क्लासिस शब्द से बना क्लासीफिकेशन, वर्गीकरण का अंग्रेजी रूप है। इस पद (term) का प्रयोग रोम में प्राचीन काल में सम्पत्ति तथा महत्त्व की दृष्टि से मनुष्यों के समूहों या क्रम के भेद को स्पष्ट करने की प्रक्रिया के तहत होता था।

वर्ग शब्द का आशय सामान्य रूप से ''सदृश वस्तुओं'' के समूह या विभाग से है। वर्ग का आशय हमारे लिए वस्तुओं का एक समूह है, जिसमें किसी समान गुण या विशेषता के आधार पर वस्तुओं को शामिल किया जाता है। वर्ग के तहत एकत्रित हर वस्तु में कम से कम एक सामान्य विशेषता या गुण की उपस्थिति अनिवार्य होती है। चिरस्थायी एवं अपरिवर्तनीय न होते हुए भी वर्ग उपयोगी और विकासमय होता है।

द्वैतात्मक प्रथा के प्राचीन काल से ही प्रचलन के कारण केवल दो ही वर्गों में विभाजन किया जाता है उदाहरण :

गरीब एवं धनी

छोटा एवं बड़ा

स्वामी एवं दास

वर्गीकरण के ब्लिस ने तीन चरण बताये हैं—(1) विभाजन करना (2) वर्गीकरण करना और (3) वर्गीकरण। पहले चरण में वस्तुओं को किसी समूह या वर्ग में रखने के लिए किसी समानता अथवा सादृश्य के आधार पर उनका विभाजन किया जाता है। दूसरे चरण में बहुत-सी वस्तुओं में से उनकी किसी भी

विशेषता के आधार पर वर्ग या उपवर्ग की रचना की जाती है। तीसरे चरण में सभी समूहों और उपसमूहों को, किसी अभिरुचि एवं उद्देश्य या कुछ नियमों तथा सिद्धान्तों को दृष्टि में रखकर क्रमबद्ध किया जाता है। वास्तव में वर्गीकरण प्रधान रूप में एक मानसिक प्रक्रिया है। किसी वस्तु को जब हम क्रमवत रखते हैं तो उस पर यह प्रक्रिया आधारित होती है, जिसकी धारणाओं की श्रृंखला हमारे मस्तिष्क में होती है।

सेयर्स (W.C.B. Sayers) के अनुसार, ''यह हमारे प्रत्यक्षीकरण और तर्क-शक्ति का अभ्यास है, जिसके आधार पर हम वस्तुओं को किसी सादृश्य के अनुसार एक क्रम में रखते हैं; और भिन्नता के अनुसार उन्हें एक-दूसरे से पृथक् करते हैं।''

फिलिप्स के अनुसार, ''वर्गीकरण आवश्यक रूप से एक मानसिक प्रक्रिया है और सोचने की एक विधि है; हम किसी वस्तु को अपनी धारणा अथवा विचार के अनुसार किसी समूह में रखते हैं अथवा पृथक करते हैं। पृथक्करण, इसी मानसिक प्रक्रिया को समूह में रखने या पृथक करने को कहते हैं।"

इस परिभाषा के अनुसार वर्गीकरण का आशय न केवल एक सदृश या समान विशेषताओं वाली वस्तुओं को एक साथ समूह में रखना है, बल्कि उनके विभिन्न भागों को, जो एक सदृश हों, सादृश्य के अनुसार क्रमबद्ध श्रेणी में हर समूह के साथ रखना भी है। इस दृष्टि से वर्गीकरण न केवल वस्तुओं का सामान्य समूहीकरण है, बल्कि उन्हें एक सुव्यवस्थित एवं तर्गसंगत क्रमबद्ध श्रृंखला में रखना भी है, जिससे उनके परस्पर सम्बन्ध को तय किया जा सके।

फिलिप्स ने पुनः वर्गीकरण की परिभाषा को स्पष्ट करते हुए कहा कि वर्गीकरण पृथक करने और एक समूह में रखने की प्रक्रिया है; इसके द्वारा भिन्न प्रकार की वस्तुएँ पृथक की जाती हैं तथा एक-सी वस्तुएँ एकत्र की जाती हैं। प्रकृति की जटिल भिन्नताओं तथा व्यतिक्रम में क्रम व्यवस्था स्थापित करने के लिए वर्गीकरण सम्भवतः सर्वोत्तम एवं सरलतम विधि है। यह पृथक्करण की प्रक्रिया है, जिसके द्वारा विचारों या वस्तुओं को उनमें निहित किन्हीं सादृश्य गुणों के आधार पर अव्यवस्थित समूह से अलग किया जाता है और एक साथ एक क्रम में रखा जाता है।

हुक्सले ने वर्गीकरण की बड़ी ही व्यापक एवं महत्त्वपूर्ण परिभाषा दी है, जिसमें जेवन्स ने कुछ बदलाव किया; फिर जास्ट ने उसमें कुछ बातें शामिल करके उसे पूर्णत्व प्रदान किया।

इनके अनुसार, ''वस्तुओं के वर्गीकरण का तात्पर्य उन्हें उनकी सदृशता अथवा समानता के अनुसार वास्तविक या आदर्श क्रमबद्ध व्यवस्थापन का मुख्य उद्देश्य मस्तिष्क को उन वस्तुओं की विशेषताओं को समझने और स्मृति में उनकी धारणा

बनाए रखने के कार्य में सुविधा प्रदान करना है तथा साथ ही उनका अभिलेख इस प्रकार प्रस्तुत करना है, जिससे आवश्यकता पड़ने पर शीघ्रता और सरलता से उनको प्रस्तुत किया जा सके और दूसरा उद्देश्य है उनका एक साथ क्रमवत रखने के नियम अथवा सिद्धान्त तथा आपसी सम्बन्ध एवं सहयोग की विशेषताओं तथा परिस्थितियों का निरूपण करना।''

वर्गीकरण एवं विज्ञान के आपसी सम्बन्ध को स्पष्ट करते हुए जेवन्स ने कहा है कि विज्ञान किसी वस्तु के स्वरूप का भेदन करता है और वर्गीकरण उनको एक साथ निकटतम अवस्था में रखने का कार्य करता है, चाहे वह विचारों की अवस्था हो अथवा स्थान के सामीप्य की अवस्था हो। इस तरह हर विज्ञान किसी न किसी रूप में वर्गीकरण विज्ञान होता है।

सेयर्स ने वर्गीकरण की जो परिभाषा संक्षेप में दी है, वह अपने में लगभग पूर्ण है। सेयर्स के अनुसार, वर्गीकरण द्वारा समान वस्तुओं को उनके सादृश्य की मात्रा के अनुसार एक साथ क्रमवत रखना है और उनकी भिन्नता के अनुसार उनको अलग करना है।

## वर्गीकरण : स्वभाव तथा लक्ष्य

वर्गीकरण की परिभाषा से ही यह स्पष्ट होता है कि यह एक ऐसी प्रक्रिया है, जो भयंकर अव्यवस्था तथा व्यतिक्रम की स्थिति में भी व्यवस्था तथा क्रम स्थापित करने में समर्थ एकमात्र महत्त्वपूर्ण एवं सफल साधन एवं विधि है। वस्तुओं तथा विचारों के क्रम स्थापित करने में यह समान रूप से सहायक होता है।

यद्यपि डॉ. रिचर्डसन का कहना है कि ''प्रकृति ने स्वयं सभी वस्तुओं को पहले से ही क्रमवत उत्पन्न किया है। एक-दूसरे से ये क्रम पृथक होते हैं। मनुष्य को केवल वर्गीकरण का क्रम ज्ञात करना पड़ता है और उसका अभिलेख रखना पड़ता है।''

मस्तिष्क को वस्तुओं को समझने तथा उसकी विशेषताओं को स्मृति में धारण करने में सुविधा प्रदान करना वर्गीकरण का मुख्य कार्य एवं लक्ष्य होता है। हर प्रकार का वर्गीकरण स्मृति और प्रज्ञाशक्ति को सहायता प्रदान करना है। इसके बिना किसी वस्तु को ज्ञात करना या उसे समझना सरल नहीं है। हमारे विचारों या स्मृति में किसी न किसी रूप में वर्गीकरण की प्रक्रिया चलती रहती है।

पुस्तकें ग्रन्थालयों की आधारशिला हैं और ग्रन्थालयियों का आधार है—वर्गीकरण जिसके अभाव में दोनों की उपयोगिता असम्भव है। वर्गीकरण न केवल पुस्तकों को व्यवस्था-फलकों (Shelves) पर सुचारू रूप में एक क्रमबद्ध शृंखला में व्यवस्थित

करने की सुविधा प्रदान करता है, बल्कि इसका बड़ा भारी योगदान प्रसूची को कार्यरत करने में भी होता है।

वर्गीकरण ज्ञान की कुंजी है। विभिन्न स्वरूपों में ग्रन्थालयों में ज्ञान पठनीय सामग्री के रूप में निहित रहता है। अगर सामग्री वर्गीकृत अवस्था में न हो तो ग्रन्थालयों में अव्यवस्था और भ्रम का साम्राज्य हो जायेगा। किसी भी वांछित कृति को प्राप्त करना कठिन हो जाएगा। सेयर्स ने कहा कि वस्तुओं के व्यतिक्रम और अव्यवस्था से व्याप्त भ्रम और कठिनाइयों का निवारण करने तथा क्रम और सुव्यवस्था की स्थापना के लिए ही वर्गीकरण परम्परा अथवा पद्धति का आविष्कार किया गया है। विशेषकर ग्रन्थालय-व्यवस्था के सन्दर्भ में वर्गीकरण द्वारा, एक विषय से सम्बन्धित पुस्तकों को क्रमानुसार व्यवस्थित करने में बड़ी सहायता मिलती है। वर्गीकरण ही पुस्तकों को अपेक्षित अवस्था में रखने की एक मात्र महत्त्वपूर्ण विधि है। वर्गीकरण से पुस्तकों को प्राप्त करने की सुविधा होती है और कम से कम समय लगता है। वर्गीकरण के द्वारा ही संकलन की स्थिति के विषय में सही जानकारी प्राप्त हो सकती है।

प्रत्येक विषय को उसके अपने वर्ग में पूर्ण रूप से अलग तथा विशिष्ट बना देना वर्गीकरण का मुख्य उद्देश्य होता है।

## विभाजन एवं वर्गीकरण

इनका मूल भेद जानने के लिए इन दोनों पदों को स्पष्ट रूप से समझना जरूरी है। वस्तुओं अथवा विचारों को वर्गीकरण के तहत उनके सादृश्य के आधार पर अथवा वर्ग समूहों में व्यवस्थित किया जाता है; और उन्हें शामिल करके एक बड़े समूह अथवा वर्ग का निर्माण किया जाता है। परन्तु विभाजन में इसके विपरीत होता है।

किसी एक वर्ग अथवा समूह को विभाजन के तहत कुछ गुणों के होने अथवा न होने के आधार पर या उन गुणों की भिन्न-भिन्न मात्रा होने के कारण उनको उपवर्गों या उपविभागों में विभाजित किया जाता है। ठीक इसी प्रकार उस उपवर्ग को पुनः दूसरे उपवर्ग में विभाजित किया जाता है, जब तक कि उनका विभाजन अनावश्यक या असम्भव न हो जाए, तब तक यह क्रम जारी रह सकता है।

कम विस्तार से अधिक विस्तार या कम सामान्य की ओर से अधिक सामान्य की ओर, वर्गीकरण की प्रक्रिया के तहत अग्रसर होते हैं। विभाजन में अधिक सामान्य से कम सामान्य या अधिक विस्तार से कम विस्तार की ओर अग्रसर होते हैं। इस तरह से वर्गीकरण आगमनात्मक होता है और विभाजन निगमनात्मक होता है। ज्ञान

के सम्पूर्ण क्षेत्र के समावेश के लिए सामान्य वर्गीकरण और इसके किसी एक भाग के समावेश के लिए एक विशेष वर्गीकरण की जरूरत होती है। वर्गीकरण पारम्परिक रूप से दो तरह से होते हैं–

(1) नैसर्गिक वर्गीकरण तथा

(2) कृत्रिम वर्गीकरण

सादृश्यता और भिन्नता जिन विचारों अथवा गुणों के आधार पर निश्चित किया जाता है और जिस आधार पर वस्तुओं को एक साथ व्यवस्थित करते हैं तथा अलग करते हैं उसे विभाजन-सिद्धान्त या विशेषता कहते हैं या एक-दूसरे से अलग किया जाता है, उसे नैसर्गिक वर्गीकरण कहते हैं, उदाहरण के लिए, वस्त्रों के बंडल का विभाजन वस्त्रों में प्रयुक्त रंग, वस्तु, बारीकी, या आकार जो इनकी विशेषताएँ हैं, के आधार पर विभिन्न समूहों में किया जा सकता है। अगर विभाजन प्रयुक्त वस्तुओं के आधार पर किया जाता है तो सूती, रेशमी, एवं ऊनी, तीनों प्रकार में वस्त्र अपने प्रयुक्त वस्तुओं के आधार पर एक-दूसरे से अलग किए जा सकते हैं। वस्त्रों की मौलिक विशेषता के आधार पर ही इस तरह के समूहीकरण में विभाजन किया जाता है, जिस कारण इसे नैसर्गिक वर्गीकरण कहा जाता है।

उनमें से कोई भी वस्त्र किसी भी वस्तु से बना हो सकता है, जिसका एक ही रंग हो सकता है या कई रंग भी हो सकते हैं। बारीकी और आकार की दृष्टि से वे वस्त्र एक जैसे अथवा भिन्न प्रकार के हो सकते हैं। अगर विभाजन भिन्न-भिन्न वर्गों में आकार, रंग, तथा बारीकी के अनुसार होता है तो विभाजन के आधार संयोगवश आकार, रंग अथवा बारीकी जैसी कृत्रिम विशेषताएँ हैं, जो संयोगवश कैसी भी हो सकती हैं। क्योंकि ये विशेषताएँ न तो मौलिक हैं, न चिरस्थायी ही। अतः इन विशेषताओं के आधार पर वस्तुओं का समूहीकरण करना कृत्रिम वर्गीकरण कहलायेगा। इस तरह का समूहीकरण अथवा विभाजन वाह्य गुणों अथवा आकस्मिक समानता अथवा असमानता के आधार पर होता है। वस्तुओं के आकार, कार्य या लक्ष्य में यह समानता होती है। इस तरह की विशेषताओं के आधार पर किया गया वर्गीकरण सुविधा और उपयोगिता को ध्यान में रखते हुए किया जाता है, जो व्यवहार में सहायक होता है। कृत्रिम वर्गीकरण की परिभाषा सेयर्स ने इस तरह की है–

इस तरह कृत्रिम वर्गीकरण वह है जिसमें व्यवस्थापन के लिए वस्तुओं के आकस्मिक गुणों को आधार बनाकर वर्गीकरण किया जाता है।

फिलिप्स के अनुसार नैसर्गिक एवं कृत्रिम वर्गीकरण की परिभाषा इस तरह है–

"सैद्धान्तिक वर्गीकरण के तहत वस्तुओं की अत्यन्त महत्त्वपूर्ण विशेषताओं तथा सम्बन्धों के आधार पर पारस्परिक रूप से अनन्यता एवं सामूहिक रूप से निःशेषी समूहों की योजना को संविन्यस्त करने का प्रयत्न किया जाता है। इस श्रेष्ठतम आकलन व्यवस्था को स्थापित करने के लिए जितना ही सूक्ष्मतम दृष्टिकोण किसी वर्गीकरण में रखा जाता है उतना ही अधिक प्राकृतिक वर्गीकरण कहलाने के योग्य होता है। इस आदर्श से अगर कोई वर्गीकरण विचलित होता है, जैसा कि जरूरत के अनुसार किसी व्यावहारिक उद्देश्य से किया जाता है, तो उसे कृत्रिम वर्गीकरण कहेंगे।"

## वर्गीकरण के तरीके

अनुसूची, उप-विभागों के लिखित विवरण को कहते हैं, सेयर्स के अनुसार, अनुसूची, पदों में समस्त ज्ञान का विवरण अथवा अभिलेख है।

इस तरह, किसी वर्गीकरण योजना के तहत ज्ञान-जगत के भिन्न-भिन्न विभक्त वर्ग आदि पदों में लिखित अथवा मुद्रित रूप में प्रस्तुत कर दिए जाते हैं, तो उस योजना को वर्गीकरण-अनुसूची कहते हैं।

डॉ. रंगनाथन के अनुसार, अनुसूची किसी वर्गीकरण योजना का शब्द-भण्डार अथवा शब्दकोश है, जिससे हर वर्गांक का आशय सहज अथवा प्रचलित भाषा में प्राप्त होना है। इसके क्रम की व्यवस्था समूहों के क्रमानुसार होती है।

पदावलियों तथा वर्गांकों से युक्त वर्ग-योजना को वर्गीकरण अनुसूची कहते हैं इसे संक्षेप में डॉ. रंगनाथन ने स्पष्ट किया है।

मौटे तौर पर ज्ञान के विभाजन की विधियों को उनकी प्रक्रियाओं के अनुसार तीन समूहों में रखा जा सकता है–

(1) तार्किक वर्गीकरण

(2) दार्शनिक वर्गीकरण तथा

(3) वैज्ञानिक वर्गीकरण

इन तीनों विधियों तथा उनकी प्रक्रियाओं के स्पष्टीकरण के लिए संक्षेप में व्याख्या करना जरूरी है। ज्ञान के वर्गीकरण या विभाजन की प्रक्रिया में उन विशेषताओं तथा सिद्धान्तों को स्पष्ट करने में ये विधियाँ सहायक होती हैं; जिन पर हम ग्रन्थालय वर्गीकरण को आधारित करते हैं; जिसके द्वारा वस्तुतः ज्ञान का विषय विभाजन होता है और पाठ्य-सामग्री को सुविधाजनक क्रम में व्यवस्थित किया जाता है।

**(1) तार्किक वर्गीकरण**– तर्कसंगत या तार्किक वर्गीकरण उसे कहते हैं, जिसमें केवल तर्क (logic) को ही विभाजन का आधार माना जाता है अथवा जहाँ तर्क ही प्रमुख आधार होता है। इसमें ज्यादातर यूनानी तर्कशास्त्री 'पारफिरी' द्वारा प्रतिपादित 'पारफिरी के वृक्ष' के अनुकरण पर ही द्वैतात्मक विभाजन का द्विशाखित वर्गीकरण की प्रक्रिया होती है।

**(2) दार्शनिक वर्गीकरण**—दार्शनिक वर्गीकरण वह योजना है, जिसके तहत दार्शनिक अपने अनुसन्धान और उपलब्धियों को चरम यथार्थ के रूप में व्यवस्थित करते हैं और उसके आधार पर अपनी बुद्धि एवं विचारधारा के अनुसार जगत की व्याख्या करते हैं।

**(3) वैज्ञानिक वर्गीकरण**—वैज्ञानिक वर्गीकरण के तहत वस्तुओं के विभाजन के समूहों की ऐसी योजना प्रस्तुत की जाती है जो प्रमुख विशेषताओं और उनके वास्तविक सम्बन्धों पर आधारित होती है और साथ ही परस्पर अनन्य और निःशेषी होती है।

## वर्गीकरण : गुण एवं कार्य

वर्गीकरण की आधारशिला किस प्रकार की होनी चाहिए और पदों तथा समूहों का विभाजन किन-किन मौलिक एवं उपयोगी सिद्धान्तों पर होना चाहिए, इसका विवेचन व्याख्यात्मक रूप से किया जा चुका है। परन्तु उन प्रक्रियाओं तथा सिद्धान्तों एवं विशेषताओं को स्पष्ट करने तथा वर्गीकरण योजना को सुदृढ़ एवं उपयोगी बनाने की दृष्टि से अनेकशः नियमों एवं उपनियमों या उपसूत्रों (Canons) का प्रतिपादन किया गया है, जो वर्गीकरण की संरचना तथा उनके मौलिक आधार को परखने के लिए कसौटी का काम करते हैं।

विभाजन के निम्न सिद्धान्त साधारणतः वर्गीकरण की दृष्टि से तर्क के आधार पर प्रतिपादित किए गए हैं—

(1) समूहों की रचना के लिए वर्गीकरण का प्रत्येक चरण मात्र एक ही निश्चित सिद्धान्त पर आधारित होना चाहिए। अर्थात् जिन विशेषताओं के आधार पर वर्गीकरण किया जाता है उनका विभाजन के प्रत्येक चरण में निरन्तर एकरूपता के साथ प्रयोग होना चाहिए।

(2) समकक्ष समूहों को पारस्परिक रूप से अवश्य ही अनन्य और पूर्ण तथा निःशेषी होना चाहिए।

समकक्ष वर्ग वे वर्ग हैं, जो एक ही क्रम, श्रेणी या मात्रा (degree) के होते हैं।

द्रव्य के उदाहरण में सजीव अथवा प्राणी की प्राप्ति व्यावर्तक गुण सजीव को शरीर में शामिल करके हुई है। इसमें जीवधारी अन्य प्रकार के शरीर से अलग हो जाते हैं, जो शरीर रहित समूह में शामिल हो जाते हैं। कहने का आशय यह है कि जो उपवर्ग और वर्ग विभाजन से प्राप्त होते हैं, उन्हें अपने में पूर्ण होना चाहिए और दो समूहों को आपस में टकराना नहीं चाहिए।

जब दो विशेषताओं का प्रयोग एक ही चरण पर विभाजन या समूहों के निर्माण के लिए होगा, तो असंगति व्याप्त हो जाएगी और परिणामतः प्रति विभाग या प्रति वर्गीकरण उत्पन्न हो जाएगा। प्रति वर्गीकरण का अभिप्राय है—किसी विषय के उपविभागों में दो विशेषताओं का प्रयोग करना, जिससे भ्रम पैदा हो जाता है। इसके फलस्वरूप एक ही विषय से सम्बन्धित वर्ग भिन्न-भिन्न विषयों के साथ चले जाते हैं। प्रति वर्गीकरण तार्किक नहीं है। परन्तु अधिकांशतः व्यावहारिक अनुसूचियों में सैद्धान्तिक की अपेक्षा प्रति वर्गीकरण के उदाहरण अधिक मिलते हैं; जिनके सम्बन्ध में सेयर्स का मत है कि प्रति वर्गीकरण उतने भ्रामक नहीं होते, न उनसे उतनी कठिनाई ही होती है, जितना उपसूत्रों और सिद्धान्तों का अक्षरशः परिपालन करने से ज्यादातर पैदा हो जाती है। सामान्य वर्गीकरण में प्रति विभाग उद्देश्य की पूर्ति की दृष्टि से एक आवश्यक पहलू हो जाता है, जो ब्लिस के वर्गीकरण का एक निश्चित और जरूरी अंग है। पदों का प्रयोग निश्चित रूप से संदिग्धता रहित और समान होना चाहिए। किसी जरूरी एवं विस्तृत वर्गीकरण योजना के तहत पदों के विस्तृत अर्थ तथा प्रयोग की व्याख्या एवं परिभाषा आवश्यक है, जिससे संदिग्धता की स्थिति उत्पन्न ही न हो सके।

(3) सामूहिक रूप से समकक्ष समूहों को निःशेषी होना चाहिए, अर्थात् उन्हें परतम प्रजाति का समव्यापी होना चाहिए।

इसका अभिप्राय यह है कि अनुसूची के तहत ऐसे प्रत्येक विषय का उल्लेख एवं विवरण होना चाहिए जो उपलब्ध हैं या बाद में जिनके उपलब्ध होने के सम्भावना हो। परन्तु पूर्णरूपेण निःशेषता विशेष वर्गीकरण में ही सम्भव है, जिसमें एक ही विषय का वर्गीकरण विशद रूप से हो, यथा कोई वर्गीकरण केवल रसायनशास्त्र, भौतिकी या मनोविज्ञान के किसी एक विषय के लिए ही निर्मित किया गया हो।

वैसे तो इसमें भी यह पूर्णतया सम्भव नहीं है, क्योंकि मनुष्य के ज्ञान के साधन सीमित हैं और वह ज्ञान की प्रत्येक शाखा से अवगत भी नहीं हो सकता। किसी सामान्य वर्गीकरण की पूर्णरूप से संतोषजनक एवं निःशेष रचना एक व्यक्ति की क्षमता से परे है। मात्र उन विचारों और वस्तुओं का ही वर्गीकरण सम्भव है जिनका हमें ज्ञान होता है।

अतः वर्गीकरण के तहत सभी वस्तुओं तथा विचारों को अंकित कर देना चाहिए और बाद में उत्पन्न होने वालों के लिए स्थान का प्रावधान होना चाहिए, जिससे उनका सन्निवेश सम्भव हो सके। कहने का अभिप्राय यह है कि अनुसूची में लचीलापन, वर्द्धनशीलता और संग्रहकता की विशेषताएँ जिस वर्गीकरण में जितनी ही अधिक होंगी, उतना ही वह पूर्ण, व्यापक एवं उपयोगी होगा।

वर्गीकरण के लिए ये तीनों विशेषताएँ औपचारिक रूप से आधारशिला की भांति आवश्यक हैं, परन्तु सैद्धान्तिक मूल्य की दृष्टि या व्यावहारिक दृष्टि से इतनी महत्त्वपूर्ण नहीं हैं। इसके सैद्धान्तिक तथा व्यवहारिक पक्ष उस उद्देश्य या प्रयोजन पर आधारित हैं जिसके लिए वर्गीकरण किया जाता है। विभाजन की विधियाँ वर्गीकरण के उद्देश्य पर ही आधारित होती हैं और उपसमूहों का विस्तार भी इसी से तय होता है।

सैद्धान्तिक वर्गीकरण तथा किसी समूह के उपवर्ग निम्नांकित चार नियमों पर आधारित हैं—

1. सभी वर्ग पारस्परिक रूप से पृथक एवं अनन्य होने चाहिए और पदों का प्रयोग निरन्तर बिना किसी संदिग्धता के होनी चाहिए।
2. विभाजन के हर चरण पर विशेषताओं के प्रयोग में एकरूपता होनी चाहिए।
3. वर्गीकरण के उद्देश्य की दृष्टि से जरूरी एवं उपयोगी विशेषताओं का ही प्रयोग होना चाहिए।
4. विभाजन अवश्य ही निःशेषी होना चाहिए।

## वर्गीकरण : उपसूत्र

अब तक वर्गीकरण के स्वरूप एवं प्रक्रियाओं का निर्धारण करने तथा उन्हें पूर्ण रूप से स्पष्ट करने के लिए विविध दृष्टान्तों और परिभाषाओं को प्रस्तुत किया गया, जिससे वर्गीकरण के वास्तविक आशय और स्वरूप एवं उद्देश्य तथा प्रकृति को व्यावहारिक और सैद्धान्तिक दृष्टि से भली-भाँति समझा जा सके। सैद्धान्तिक और व्यावहारिक दृष्टि ने वर्गीकरण को सुव्यवस्थित एवं उपयोगी बनाने तथा इसकी प्रक्रिया को वैज्ञानिक रूप से कार्यान्वित करने के लिए अनेक ग्रन्थालय-विज्ञानवेत्ताओं ने वर्गीकरण उपसूत्रों का प्रतिपादन किया है, जो वर्गीकरण सिद्धान्त की आधारभूत शिलाएँ हैं, जिनके अनुसरण से वर्गीकरण बहुत सुदृढ़ एवं सुव्यवस्थित हो जाता है, जो अत्यन्त ही उपयोगी सिद्ध होता है।

अनेक ग्रन्थालय-विज्ञानवेत्ताओं ने उपसूत्रों का प्रतिपादन भिन्न-भिन्न ढंग से किया है जो वर्गीकरण योजनाओं के लिए कसौटी का काम करते हैं। वास्तव में ये

वर्गीकरण सिद्धान्त के मूलाधार हैं। रिचार्डसन ने इन्हें कसौटी की संज्ञा दी है, जो पाँच प्रकार की हैं। ब्लिस ने इन उपसूत्रों को सिद्धान्त की संज्ञा दी है जिनकी संख्या 32 है। सेयर्स तथा डॉ. रंगनाथन ने इन्हीं उपसूत्रों के नाम से लोकप्रिय किया है।

29 उपसूत्रों का प्रतिपादन सेयर्स ने किया है, जिनमें से वर्गीकरण सिद्धान्त से सम्बन्धित उपसूत्र निम्नांकित हैं–

1. प्रक्रिया को अनुक्रमिक होना चाहिए, प्रत्येक पद को अपने पहले वाले पद के सुगम संक्रम में होना चाहिए और सम्पूर्ण को विधिवत् समवर्गीय होना चाहिए।
2. विभाजन पदों के अधिक विस्तार तथा अल्प आशय या गहनता की ओर से पदों के अधिक आशय तथा अल्प विस्तार की ओर चलते हैं।
3. विशेषताओं के अनुरूप होना चाहिए।
4. जिन विशेषताओं के आधार पर विभाजन होता है, उनको वर्गीकरण के उद्देश्य की पूर्ति के लिए आवश्यक एवं उपयोगी होना चाहिए।
5. विभाजन की परिगणना सम्पूर्ण और निःशेषी होनी चाहिए।
6. पदों को पारस्परिक रूप से अनन्य एवं पृथक् होना चाहिए।

उपसूत्रों की रचना और उनका प्रतिपादन डॉ. रंगनाथन ने मौलिक रूप से किया है, जो वर्गीकरण के मूल तत्त्व हैं। कोई भी वर्गीकरण जो इन उपसूत्रों के सिद्धान्त पर आधारित है, निश्चय ही सुव्यवस्थित एवं सुदृढ़ होगा और अत्यधिक कार्यशील होगा।

उनकी व्यवहारिकता तथा उस सन्दर्भ में उपयोगिता की दृष्टि से इन उपसूत्रों को छह कोटियों में रखा जा सकता है। हर कोटि वर्गीकरण-पद्धति में सन्निहित छह धारणाओं से सम्बन्धित है, जिनका प्रतिपादन डॉ. रंगनाथन ने वर्गीकरण के उन पहलुओं एवं तत्त्वों को स्पष्ट करने के लिए किया है, जो वर्गीकरण पद्धति की अनुसूची की रचना और उद्देश्य को प्रभावित करते हैं–

उपसूत्रों के प्रकार–

(1) वर्ग-विन्यास

(2) विशेषताएँ

(3) संसर्ग-अनुक्रम

(4) वर्ग-शृंखला

(5) अंकन

(6) पारिभाषिक पदावली

इन छह कोटियों के उपसूत्रों की कुल संख्या 22 है। प्रथम चार धारणाएँ विचार धरातल में निहित हैं। पारिभाषिक पदावलियों की धारणा शाब्दिक धरातल से सम्बन्धित है तथा अंकन की धारणा अंकन-धरातल से सम्बन्धित है।

**विशेषताओं का उपसूत्र**—सभी वस्तुओं एवं विचारों में कुछ न कुछ गुण होते हैं। गुण एक या अनेक हो सकते हैं। समस्त वस्तुओं और विचारों का नाम पदार्थ अथवा द्रव्य है पदार्थों में निहित गुण के आधार पर उन्हें अलग किया जाता है और इन्हीं गुणों के आधार पर समानता और असमानता का भेद निश्चित किया जाता है, जो वर्गीकरण प्रक्रिया का जरूरी आधार है।

विशेषताओं की दृष्टि से डॉ. रंगनाथन ने सात उपसूत्रों का प्रतिपादन किया है—

**(1) पृथक्करण उपसूत्र**—इस उपसूत्र के अनुसार, विशेषता में यह क्षमता होना चाहिए कि वह इस आधार पर किसी भी वस्तु या विचार को कम से कम दो समूहों में विभक्त कर सके।

उदाहरणार्थ—मान लीजिए, किसी एक कक्षा में विद्यार्थियों को विभाजित करना है; अगर सब समान स्तर के हैं तो विभाजित करना सम्भव नहीं है। फिर भी निम्नांकित विशेषताओं को आधार मानने पर उनका विभाजन सरल हो जाएगा—

(क) बौद्धिक स्तर

(ख) अध्ययन का विषय

(ग) लिंग भेद।

उक्त विशेषताओं के आधार पर एक ही कक्षा के विद्यार्थियों का समूह—(क) छात्र-छात्राओं, (ख) तीव्र बुद्धि एवं मन्द बुद्धि, तथा (ग) भूगोल या इतिहास पढ़ने वाले—इन समूहों में विभक्त हो जायेगा; अतः इस सूत्र के अनुसार, वर्गीकरण में समूहों को उपभागों में बाँधने के लिए प्रावधान होना चाहिए। डॉ. रंगनाथन ने अपने कोलन क्लासीफिकेशन में हर वर्ग के विभाजन के लिए पृथक्करण की विशेषता का विधिवत अनुसरण करने का समुचित प्रावधान किया है। हर मुख्य वर्ग की अनुसूची के प्रारम्भ में विषय के उपविभागों के लिए प्रयुक्त विशेषताओं की क्रमबद्ध शृंखला उल्लिखित है, जिसके इस्तेमाल के लिए आवश्यक निर्देश भी हैं।

**(2) संलग्नता उपसूत्र**—इस उपसूत्र का सिद्धान्त यह है कि दो विशेषताओं का प्रयोग किसी भी विषय के विभाजन के तहत एक ही उपविभाग या उपवर्ग के लिए नहीं होना चाहिए। अगर दो विशेषताओं का प्रयोग करने से वर्ग एक ही होता है तो दोनों का प्रयोग एक साथ नहीं होना चाहिए।

उदाहरण—व्यक्तियों के किसी समूह या वर्ग का विभाजन करते समय जन्मतिथि और आयु को आधार मानकर विभाजन किया जाए तो विभाजन एक ही होगा। इसी प्रकार पुस्तकों के संस्करण तथा प्रकाशन की तिथि को आधार मानकर विभाजन करने से वर्ग एक ही होगा। इसलिए अव्यावहारिक प्रयोग नहीं होना चाहिए।

**(3) सम्बद्धता उपसूत्र**—वर्गीकरण के उद्देश्य की हर विशेषता को सम्बद्ध होना चाहिए। विशेषताएँ ऐसी होनी चाहिए, जिससे वर्गीकरण का जो उद्देश्य हो, उसमें वे सहायक बन सकें।

उदाहरण—पुस्तकों का वर्गीकरण अगर पाठकों की सुविधा के लिए करना है तो पुस्तकों का विषय, प्रकाशन-तिथि और उनकी भाषा तथा लेखक एक विशिष्ट और अत्यन्त उपयोगी आधार हो सकते हैं— पुस्तक के आकार, जिल्द, और मुद्रण के प्रकार की अपेक्षा ये विशेषताएँ अधिक महत्त्वपूर्ण हैं।

**(4) निर्धायता उपसूत्र**—इस उपसूत्र के अनुसार विशेषताओं का चयन ऐसा होना चाहिए, जिसे आसानी से तय या निश्चित किया जा सके।

उदाहरण—अगर मनुष्यों के समूह का वर्गीकरण करना है तो मृत्यु की तिथि को विभाजन की विशेषता का आधार मानना तर्कसंगत नहीं है क्योंकि मृत्यु की तिथि निश्चित करना आसान नहीं है। इसी प्रकार डॉ. मिलविल ड्यूवी ने अपने दशमलव वर्गीकरण (Decimal Classification) में उच्च कोटि के लेखक और लघु कोटि के लेखक (major author and minor author) को एक विशेषता मानकर उनका विभाजन किया है। यह न तो तर्गसंगत ही है और न चिरस्थायी ही, क्योंकि यह निश्चित करना कठिन है कि कौन लघु स्तर का लेखक है तथा कौन उच्च कोटि का लेखक है। जो आज छोटा है, वही कल लोकप्रियता पाकर प्रमुख एवं उच्च कोटि का लेखक माना जा सकता है।

डॉ. रंगनाथन के कोलन क्लासीफिकेशन (Colon Classification) में इस तरह के किसी विभाजन का प्रावधान नहीं है, जो तर्गसंगत न हो। यहाँ लेखकों की जन्मतिथि को आधार माना गया है।

**(5) स्थायित्व उपसूत्र**—विशेषताओं को तब तक स्थाई और सुनिश्चित होना चाहिए जब तक कि वर्गीकरण के उद्देश्य में कोई बदलाव न लाया जाए। क्योंकि विशेषताओं में बिना किसी उद्देश्य के बदलाव लाने से अव्यवस्था होने की आशंका बनी रहेगी।

उदाहरण—साहित्य के तहत नाटक उसका एक अंग है या एक स्वरूप भी कहा जा सकता है। विभाजन की दृष्टि से इसको रूप-विभाजन (form division) के तहत निर्धारित किया जाता है। साहित्य में नाटकों को रूप-विभाजन के आधार पर एक स्वरूप

मानकर विभाजित करना ही स्थायी एवं एक सुनिश्चित विधि है। परन्तु नाटक, गद्य और पद्य दोनों में होते हैं और कुछ में मात्राओं का अन्तर होता है, जो एक शैली (style) मात्र है जो साहित्य के विभाजन की दृष्टि से उपयोगी विशेषता नहीं है और न तो स्थाई और उपयोगी ही है; अतः यह विशेषता विभाजन का आधार नहीं हो सकता।

**(6) सम्बद्ध अनुक्रम**—वर्गीकरण योजना में विशेषताओं की अनुसूची की क्रमबद्धता वर्गीकरण के उद्देश्य से सम्बद्ध होनी चाहिए। साहित्य में भाषा रूप विधान, काल एवं लेखक विशेषताओं का क्रम है— डेसिमल क्लासीफिकेशन में साहित्य का विभाजन उक्त क्रम के आधार पर ही किया है। कोलन क्लासीफिकेशन में भी भाषा रूप विधान एवं लेखक तथा उनकी कृतियों के अनुक्रम को विशेषताओं का आचार चुना गया है। दोनों पद्धतियों में ये क्रम वर्गीकरण के उद्देश्य से सम्बद्ध है। यद्यपि इसमें 24 प्रकार की विशेषताएँ उपलब्ध हैं, परन्तु उनका विस्तृत विवरण यहाँ पाठकों की दृष्टि से सुविधाजनक या उपयोगी नहीं होगा।

**(7) अनुरूपता उपसूत्र**—इसके अनुसार निश्चित की हुई विशेषताओं के प्रयोग के अनुक्रम का अनुसरण अनुरूपता के साथ निरन्तर होना चाहिए। न केवल विशेषताओं के प्रयोग में अनुरूपता होनी चाहिए, बल्कि जिस अनुक्रम में उनका प्रयोग होना है, उनमें भी अनुरूपता आवश्यक है। कहने का अभिप्राय यह है कि यह एक प्रकार का सामान्य नियम है, जिसके अनुसार किसी एक विशेष अवस्था अथवा उद्देश्य के परिप्रेक्ष्य में ठीक उन्हीं विशेषताओं के अनुक्रम का अनुसरण जरूरी है।

डेसिमल क्लासीफिकेशन में इतिहास के विभाजन में भौगोलिक और कालक्रम में दो की अपेक्षा चार विशेषताओं—(1) भौगोलिक, (2) सांविधिक अंग, (3) समस्या, (4) कालक्रम को एक उद्देश्य का आधार माना गया है। दोनों पद्धतियों में इन विशेषताओं के अनुक्रम का अक्षरशः अनुसरण किया गया है। इनका अनुसरण न होने से वर्गीकरण की अनुरूपता नष्ट हो जाएगी और व्यतिक्रम और अव्यवस्था की स्थिति पैदा होने लगेगी।

इन विशेषताओं के उपसूत्रों का पालन वर्गीकरण को उपयोगी एवं सुविधा-जनक बनाने की दृष्टि से जरूरी है, जिसके आधार पर वर्गीकरण योजना की रचना होनी चाहिए।

## पुस्तकालय वर्गीकरण : परिभाषा

ग्रन्थालयों की स्थापना के साथ ही वर्गीकरण का प्रादुर्भाव हुआ। लेकिन 1876 में अंकन क्षेत्र में क्रान्ति आने से वर्गीकरण का महत्त्व बढ़ गया और ग्रन्थालय विज्ञान

के क्षेत्र में ग्रन्थ-वर्गीकरण पद्धति, विशद् अध्ययन तथा अध्यापन का विशिष्ट एवं महत्त्वपूर्ण विषय बन गई। ग्रन्थालयों में विशाल पुस्तक-संकलन तथा उनकी व्यवस्था की समस्या के कारण वर्गीकरण प्रणालियों को अधिक महत्त्व दिया जाने लगा।

वर्गीकरण पद्धति की जरूरत का अनुभव प्रारम्भ में ग्रन्थालयों में फलकों पर पुस्तकों की क्रमबद्ध व्यवस्था कायम रखने के लिए किया जाता था। यद्यपि पुस्तकों की व्यवस्था के तहत निकटतम विषयों के पारस्परिक सम्बन्ध के आधार पर पुस्तकों को एक क्रमबद्ध शृंखला में रखने का उद्देश्य निहित था। इसे मात्र परम्परागत वर्गीकरण कहा जा सकता है। इसमें वर्गीकरण को सूचना-पुनर्प्राप्ति की विधि या युक्ति के रूप में प्रयोग लाए जाने पर बल नहीं दिया जाता था। वर्गीकरण के इस उद्देश्य का समर्थन ह्यूम और ब्राउन ने किया है। ह्यूम ने ज्ञान-वर्गीकरण की अपेक्षा ग्रन्थ-वर्गीकरण पर अधिक जोर दिया; और ब्राउन ने कार्यशील, व्यावहारिक एवं सुविधाजनक पद्धति का समर्थन किया है। परन्तु आज ग्रन्थालय वर्गीकरण का ग्रन्थालयों में उपयोग पुस्तकों की क्रमबद्ध यान्त्रिक व्यवस्था करने तक सीमित न रखकर सूचना पुनर्प्राप्ति तथा प्रलेखन और सन्दर्भ ग्रन्थ-प्रसूची के क्षेत्र में भी व्यापक स्तर पर किया जाने लगा है। इसका महत्त्व इस कारण और बढ़ गया है।

जो परिभाषाएँ ग्रन्थालय-विज्ञानवेत्ताओं ने निश्चित की हैं, विषय को स्पष्ट करने की दृष्टि से यहाँ उनका उल्लेख किया जा रहा है—

(1) कटर के अनुसार, ग्रन्थ-वर्गीकरण अपरिवर्तित अथवा समान विषयों पर लिखित पुस्तकों को एकत्रित करने का कार्य सम्पन्न करता है।

(2) रिचार्डसन के अनुसार, ग्रन्थ-वर्गीकरण अधिकतम प्रयोग में लाई जाने वाली पुस्तकों को उन वर्गों में एक साथ रखना है, जिसके अन्तर्गत उनको एक साथ अधिक प्रयोग में लाया जाता है।

(3) जेवन्स ने यद्यपि ग्रन्थ-वर्गीकरण की प्रक्रिया में तर्क-शास्त्रीय नियमों के अनुसरण को तर्कसंगत विवेक शून्यता कहा है, तथापि उसने वर्गीकरण को ग्रन्थालयों में संग्रहीत एवं सुरक्षित ज्ञान की कुंजी माना है।

वर्गीकरण की सहायता से ग्रन्थालयी पुस्तकों को फलकों पर क्रमानुसार व्यवस्थित करता है तथा उनको कम से कम समय में पाठकों को उपलब्ध कराता है। ज्ञान को सूक्ष्मतम विषयों के समूहों तक विभक्त करने में वर्गीकरण से सहायता प्राप्त होती है। साथ ही वर्गीकरण अनुसन्धान-कार्य को भी गतिशील बनाता है।

(4) ह्यूम के अनुसार, ग्रन्थ-वर्गीकरण साहित्य में ज्ञान के अन्वेषण की एक यान्त्रिक क्रिया है, जिससे समय की बचत होती है। पुस्तकें विषय-वस्तु हैं

और उनमें से ज्ञान को कम से कम समय लगाने वाली युक्ति से खोजकर प्राप्त कर लेना वर्गीकरण का मुख्य उद्देश्य है।

(5) मान के अनुसार, ग्रन्थ-वर्गीकरण साधारणतया एक सदृश वस्तुओं को एक साथ व्यवस्थित करना है और अधिक स्पष्ट रूप से वस्तुओं के सादृश्य अथवा असादृश्य के आधार पर उनको क्रम से रखने की व्यवस्था है।
सामान्यतः वर्गीकरण वस्तुओं के समूहीकरण और पृथक्करण की प्रक्रिया है; लेकिन ग्रन्थ-वर्गीकरण इसके अलावा कुछ और भी है; यह एक प्रकार से कुछ पुस्तकों को बाह्य आकार के साथ सामंजस्य रखते हुए ज्ञान का वर्गीकरण है।

(6) हॉक्स के अनुसार, ग्रन्थ-वर्गीकरण एक ऐसी व्यवस्था है जिसके द्वारा ग्रन्थों का आकलन सम्बद्ध प्रकरणों, विषयों तथा विज्ञान के आधार पर, उनकी घटती हुई सादृश्यता के अनुक्रम में लगभग तार्किक क्रम से अथवा विषय-विशिष्टता के अभाव में उसके रूप विधान के अनुसार फलकों पर व्यवस्थित किया जाता है, क्योंकि इस प्रकार की व्यवस्था का प्राथमिक उद्देश्य है—लाभकारी अध्ययनीय ग्रन्थों को अधिकाधिक लाभोपलब्धि की दृष्टि से एक ही स्थान पर क्रमानुसार एकत्रित करना।

(7) ब्लिस ने ग्रन्थालय वर्गीकरण की परिभाषा करते हुए कहा है कि पुस्तकों का वर्गीकरण ज्ञान का संगठन है। यह विभिन्न प्रकार से उपयोगी एवं सम्भावित आवश्यकताओं के लिए पुस्तकों को एकत्रित करने एवं प्रतिस्थापित करने की क्रिया है।

(8) सेयर्स के अनुसार, ग्रन्थ-वर्गीकरण पुस्तकों को फलकों पर क्रमपूर्ण अवस्था में व्यवस्थित करना है, अथवा पुस्तकों को पाठकों के लिए अधिकतम उपयोगी बनाने की प्रक्रिया है।

(9) डॉ. रंगनाथन की ग्रन्थालय-वर्गीकरण की परिभाषा उपयोगिता, कार्य एवं उद्देश्य की दृष्टि से अत्यन्त आधुनिक एवं पूर्ण है। डॉ. रंगनाथन के अनुसार, "ग्रन्थालय वर्गीकरण किसी पुस्तक के विशिष्ट विषय के नाम को क्रमिक संख्याओं की अधिमान्य कृत्रिम भाषा में अनुवाद करना, और पुनः पुस्तक की विषय-वस्तु के अतिरिक्त कुछ अंगों का प्रतिनिधित्व करने वाली क्रमिक संख्याओं द्वारा उसी विषय से सम्बन्धित अनेकशः पुस्तकों को एक इकाई के रूप में पृथक् करना है।"

(10) मिल के अनुसार, ग्रन्थ-वर्गीकरण साहित्य में ज्ञान के अन्वेषण के लिए समय को बचाने की यान्त्रिक क्रिया है।

(11) मेरिल के अनुसार, ग्रन्थ-वर्गीकरण पुस्तकों को उनके समुचित स्थान पर क्रमवत व्यवस्थित करने की कला है।

उपर्युक्त परिभाषाओं से यह स्पष्ट होता है कि समस्त विषयों या वस्तुओं को अनेक समान गुणों के आधार पर वर्ग विशेष में एकत्रित करना ही वर्गीकरण है। वर्गीकरण मानव के हर क्षेत्र में किसी न किसी रूप—चेतन या अचेतन रूप में प्रयोग में लाया जाता है। क्रमबद्ध व्यवस्था के लिए इस प्रक्रिया का प्रयोग होता है, जिसमें व्यतिक्रम और अव्यवस्था की शंका बिल्कुल न रहे।

वर्गीकरण का प्रयोग व्यावहारिक रूप से जब ग्रन्थालय व्यवस्था के क्षेत्र में करते हैं तो इसका उद्देश्य ग्रन्थालय में संकलित पठनीय सामग्री का विधिवत, विषयों के अनुसार क्रमबद्ध अवस्था में आकलन करना है और सूचना पुनर्प्राप्ति की सुविधा प्रदान करना है। पठनीय सामग्री की सुव्यवस्था एवं अधिकाधिक प्रयोग तथा ग्रन्थालय की उपयोगिता बढ़ाने की दृष्टि से इसका अद्वितीय महत्त्व है।

वस्तुतः ग्रन्थालय वर्गीकरण अथवा ग्रन्थ वर्गीकरण एकार्थी पद और विषय हैं अतः इन शब्दों अथवा पदों के प्रयोग से भ्रम नहीं होना चाहिए।

आधारभूत दार्शनिक सिद्धान्तों एवं तर्कशास्त्र का विभाजन के नियमों का अनुसरण ग्रन्थालय वर्गीकरण में हुआ है, परन्तु इनका योगदान सीमित ही रहा है। उन सिद्धान्तों और नियमों को समग्र रूप से ग्रन्थालय वर्गीकरण का आधार मानना अधिक उपयोगी एवं सुविधाप्रद सिद्ध नहीं होता, क्योंकि ग्रन्थालयों में ज्ञान का वर्गीकरण पुस्तकों में निहित ज्ञान के अनुसार होता है, जो किसी व्याख्या वर्णन के रूप में होते हैं। ग्रन्थालय-वर्गीकरण योजना में उल्लिखित तमाम समूहों का सम्बन्ध उनके उपसमूहों से ठीक वैसे ही रूप में नहीं होता, जैसा कि एक प्रजाति का उसकी उपजाति के साथ होता है। ग्रन्थालय जैसा कि एक प्रजाति का उसकी उपजाति के साथ होता है। ग्रन्थालय वर्गीकरण के वर्ग पुस्तकों और प्रलेखों के वर्ग होते हैं, जिनकी विशेषता का आधार उनकी विषय-सामग्री होती है। इसमें पुस्तकों तथा प्रलेखों का बाह्य आकार प्रमुख रूप से उनके समूहों को प्रभावित करता है, जिनके विषय आपस में अतिव्यापी होते हैं। व्यावहारिक पहलू तथा उद्देश्य की पूर्ति की दृष्टि से ग्रन्थालय वर्गीकरण में अन्तर्वेश और कृत्रिम आधारों का प्रयोग किया जाता है। अतः ग्रन्थालय वर्गीकरण कृत्रिम वर्गीकरण होता है। यद्यपि ग्रन्थालय वर्गीकरण पद्धतियों में वैज्ञानिक एवं तर्कशास्त्रीय वर्गीकरण के सिद्धान्तों तथा मौलिक आधारों का भी समुचित प्रयोग किया गया है।

वर्गीकरण के मुख्यतः चार तथ्य महत्त्वपूर्ण हैं–

(1) विश्व की कोई ऐसी वस्तु नहीं है जिसमें कोई गुण न हो। सादृश्य एवं असादृश्य के ही आधार पर वर्गीकरण किया जाता है। वस्तुओं की विशेषताओं से ही सादृश्य और असादृश्य का आभास होता है, जो इनका वर्गों या समूहों में आकलन करने में सहायता करते हैं।

(2) वर्गीकरण किसी पदार्थ का ही किया जाता है, जितनी भी वस्तुएँ एवं विचार हैं, उनकी समष्टि को पदार्थ या द्रव्य कहते हैं जो इनका सामूहिक नाम है, हर का वर्गीकरण किया जाता है।

(3) वर्गीकरण किसी न किसी उद्देश्य की पूर्ति के लिए किया जाता है। तर्कशास्त्रियों और दार्शनिकों में प्रचलित वर्गीकरण पदार्थ का ज्ञान उपलब्ध करने के लिए होता है और ग्रन्थालय वर्गीकरण ग्रन्थ-व्यवस्था एवं संगठन के लिए प्रयुक्त होता है, जिससे ग्रन्थालयों से संकलित पाठ्य-सामग्री उपयोग में लाई जाए और ग्रन्थालय लोकप्रिय हों।

(4) वर्गीकरण एक मानसिक प्रक्रिया है। हम गुणों और विशेषताओं को मन के भाव से निश्चित करते हैं, जो स्वतः प्रवृत्त होने लगता है। अतः वर्गीकरण मानसिक प्रक्रिया द्वारा ही सम्भव हो सकता है।

## ग्रन्थालय वर्गीकरण–कार्य, उद्देश्य एवं कार्यक्षेत्र

पुस्तकों के वर्गीकरण का प्रमुख आधार उनका विशिष्ट विषय रहा है।

आरम्भ से ही विषयानुसार वर्गीकरण की प्रधानता रही है, सुविधा की दृष्टि से इसे ही सर्वोत्तम वर्गीकरण-विधि माना गया है। ग्रन्थालयों में सभी प्रकार की पाठ्य-सामग्री की क्रमबद्ध व्यवस्था और आकलन का आधार वर्गीकरण ही है, जिससे कार्य तीव्र यान्त्रिक गति से होने लगता है।

ग्रन्थालयों में तीन प्रकार के ऐसे कार्य हैं, जिनमें वर्गीकरण का प्रयोग प्रमुख रूप से होता है–

1. वर्गीकृत सूची द्वारा अभिलिखित ज्ञान की क्रमबद्ध व्यवस्था करके पाठ्य-सामग्री को सुलभ करने में सहायता करना, जो न केवल वर्गीकृत आकलन का प्रावधान है, बल्कि वर्णगत अनुक्रम का भी आकलन है जिसमें वर्गीकरण बड़ा ही सहायक सिद्ध होता है।
2. ग्रन्थालयों में फलकों पर पुस्तकों को व्यवस्थित करना तथा उनके क्रमबद्ध आंकलन को स्थिर रखना और पाठकों द्वारा लौटाई गई पुस्तकों को पूर्ववत

निर्धारित स्थान पर व्यवस्थित करना तथा प्रतिदिन की पुस्तकों के आदान-प्रदान की सांख्यिकी को ठीक रखना मात्र वर्गीकरण की सहायता से ही सम्भव है।

3. प्रलेखन सेवा के क्षेत्र में सूचना पुनर्प्राप्ति के लिए वर्गीकरण की सहायता ली जाती है।

4. सन्दर्भ एवं सन्दर्भ ग्रन्थ-सूची सेवा क्षेत्र में पाठकों की सूचनार्थ उनके विषय की मात्रा का विश्लेषण करने और बाद में उसको विशिष्ट विषय के तहत निश्चित करने में भी वर्गीकरण का बहुत योगदान है।

## कार्य एवं उद्देश्य

उद्देश्य और उपयोगिता की दृष्टि से ग्रन्थालय वर्गीकरण द्वारा निम्नांकित कार्य एवं उद्देश्य पूरे होते हैं—

1. नवीन संकलित पुस्तकों तथा लौटाई गई पुस्तकों को यथावत क्रम से रखने में ग्रन्थालय वर्गीकरण से ही सुविधा प्राप्त होती है। इस विधि से उक्त कार्य शीघ्र ही सम्पन्न हो जाता है। फलकों के क्रम को निरन्तर सुव्यवस्थित रखने में भी यह युक्ति बड़ी उपयोगी है।

2. पुस्तक तथा अन्य पाठ्य-सामग्री सहायक एवं सुविधाजनक क्रमबद्ध अवस्था में फलकों पर व्यवस्थित हो जाती है; जिससे पाठकों और अनुसंधान में रत विद्यार्थियों तथा ग्रन्थालयियों को बड़ी सहायता मिलती है। डॉ. सेवेज ने बताया है कि पाठकों तथा ग्रन्थालयियों के लिए सुविधाजनक क्रमबद्ध रूप से पुस्तकों की व्यवस्था करना ही ग्रन्थालय वर्गीकरण का प्रमुख उद्देश्य है।

3. सेयर्स ने पुस्तकों को ग्रन्थालयों की आधारशिला और वर्गीकरण को ग्रन्थालयियों की आधारशिला माना है। इससे प्रकट होता है कि वर्गीकरण के अभाव से न तो ग्रन्थालय के उद्देश्य की पूर्ति सम्भव होगी, न डॉ. रंगनाथन द्वारा प्रतिपादित-ग्रन्थालय विज्ञान के प्रथम चार नियमों का ही पालन हो सकेगा। जो इस प्रकार है—

(1) प्रत्येक पाठक की पुस्तक;
(2) पुस्तकें उपयोग के लिए;
(3) पाठक एवं ग्रन्थालयियों के समय की बचत;
(4) प्रत्येक पुस्तक का पाठक।

रिचार्डसन मत भी ऐसा ही है कि पुस्तकों का संग्रह उपयोगार्थ किया जाता है और उपयोगार्थ ही उनकी व्यवस्था की जाती है; तथा ग्रन्थालय वर्गीकरण का उद्देश्य ही उपयोग को गतिशील करना है।

4. ग्रन्थालय के संकलन की स्थिति का अनुमान वर्गीकरण के आधार पर ही लगाया जा सकता है, और सभी विषयों का समान रूप से प्रतिनिधि संकलन करने में भी इसी से सहायता प्राप्त होती है।

5. ग्रन्थालय वर्गीकण का प्रसूचीकरण की दृष्टि से भी बड़ा महत्त्व है, जिसे क्रियाशील बनाने में इसका ही एकमात्र योगदान रहता है। पुस्तकों का विश्लेषण करने में तथा वर्गीकृत संलेखों को सूची के तहत प्रस्तुत करने में इससे सुविधा मिलती है, उक्त विधियों से पाठकों को विविध प्रकार की पुस्तकों से अवगत होने तथा उनका उपयोग करने का अवसर मिलता है।

6. वर्गीकरण पुस्तकों का वार्षिक सत्यापन निर्धारित सूची द्वारा सम्पन्न करने में सुविधा प्रदान करता है।

7. वर्गीकरण पुस्तकों के आदान-प्रदान का एवं ग्रन्थालय के संकलन के प्रदर्शन का सर्वोत्तम साधन है। कीले के अनुसार, वैज्ञानिक वर्गीकरण से निम्न उद्देश्यों की पूर्ति होती है—

(अ) फलकों पर पुस्तकों को पुनः अपने निर्धारित स्थान तक पहुँचने की प्रक्रिया में कोई कठिनाई न हो।

(ब) पुस्तकों की ऐसी क्रमबद्ध व्यवस्था, जिससे पाठकों तथा ग्रन्थालयियों के समय की बचत हो और पुस्तकों के आदान-प्रदान में सुविधा हो।

(स) पुस्तकों के चयन एवं संकलन में आसानी हो।

8. प्रसूची और सन्दर्भ-ग्रन्थ सूची के निर्माण में इससे बड़ी सहायता मिलती है।

वर्गीकरण के ही आधार पर ग्रन्थालयों में संकलित सम्पूर्ण ज्ञान का संप्रेषण और प्रदर्शन प्रसूची के माध्यम से किया जाता है; साथ ही ज्ञान के भिन्न-भिन्न समूहों तथा विषयों के आपसी महत्त्व उनकी सीमा, उनके अनेकानेक मुख्य पक्षों तथा क्रम इत्यादि का विवरण भी वर्गीकरण की सहायता से ही सूची के माध्यम से प्रस्तुत किया जाता है।

9. भिन्न-भिन्न प्रकार के सांख्यिकीय आंकड़ों को प्रस्तुत करने तथा प्रदान की गई पुस्तकों को समुचित एवं सही विवरण रखने में इससे बड़ी सहायता मिलती है।

10. एक विधि के रूप में वर्गीकरण का सबसे बड़ा उद्देश्य समय की बचत करना और अमुक पाठक को उसकी अभीष्ट पुस्तक प्रदान करना है।

11. डॉ. रंगनाथन नें ग्रन्थालय वर्गीकरण के प्रमुख उद्देश्य इस तरह निर्धारित किए हैं—

(अ) नवीन संकलन की पुस्तकों के लिए सम्बन्धित पुस्तकों के समूह में स्थान निर्धारित करना तथा व्यवस्थित कर देना।

(ब) ग्रन्थालय में उपलब्ध अमुक पुस्तक की माँग होने पर उसके स्थान को तत्काल निर्धारित करना।

(स) पाठकों द्वारा लौटाई गई पुस्तकों को यथा पूर्व-निर्धारित स्थान पर पुनः पहुँचा देना।

## ग्रन्थालय वर्गीकरण : अन्य कार्य तथा उद्देश्य

उपयोगकर्ताओं, अध्येताओं तथा पाठ्य-सामग्रियों में सम्पर्क स्थापित करना ग्रन्थालयी शिल्प तथा विज्ञान का मुख्य लक्ष्य होता है। जो ग्रन्थालय की सुव्यवस्था पर आधारित होता है। सुव्यवस्था तभी सम्भव है जब प्रलेखों की क्रम व्यवस्था तथा स्थापना सहायक, सुगम, यन्त्रवत तथा क्रमबद्ध पद्धति के अनुसार की गई हो। ग्रन्थालय वर्गीकरण पद्धति इसका मूल आधार है।

ग्रन्थालयों में इसका उपयोग प्रलेखों की क्रम व्यवस्था तथा उनकी पुनर्प्राप्ति तथा यन्त्रवत आकलन को निष्पादित करने के अतिरिक्त निम्नांकित कार्यों हेतु इसका उपयोग किया जाता है—

(1) ग्रन्थालयों में व्यवस्थित प्रलेखों के स्थान को ज्ञात करने में प्रसूचियों की क्रमिक संख्या अति जरूरी होती है जो वर्गीकरण के आधार पर निर्मित की गई होती है जिसके अभाव में प्रसूचियों की सफलता एवं उपयोग सम्भव नहीं हो सकता है।

(2) वाङ्मय सूचियों, प्रसूचियों तथा संघ प्रसूचियों के संकलन तथा निर्माण में वर्गीकरण पद्धति का उपयोग किया जाता है जिससे प्रलेखों की जानकारी तथा पुनर्प्राप्ति में सुविधा होती है।

(3) वर्गीकृत प्रसूचियों के संलेखों के आकलन का आधार, वर्गीकरण पद्धति के अंकन ही होते हैं जिस पर इनकी सफलता आधारित होती है।

(4) विषय-शीर्षकों के निर्माण, विशेषकर शृंखला विधि में वर्गीकरण पद्धति की भूमिका अद्वितीय होती है। विषय शीर्षक तालिकाओं को भी वर्गांकों के अनुसार प्रस्तुत किया गया होता है।

(5) सूचना सामग्रियों का भी वर्गीकरण करने में इससे सुविधा प्राप्त होती है तथा सन्दर्भ प्रदेशों को भी वर्गीकरण करने में तथा उनको ज्ञात करने में इसका उपयोग किया जाता है।

(6) आदान-प्रदान की जाने वाली पुस्तकों के अभिलेखों को क्रमबद्ध रखने तथा

इसकी सुव्यवस्था में वर्गीकरण सर्वाधिक उपयोग में लाया जाता है।

(7) अध्येताओं के लिए अध्ययन तालिकाओं के संकलन तथा निर्माण में वर्गीकरण से सहायता प्राप्त होती है।

## पुस्तकालय वर्गीकरण सिद्धान्त

किसी समानता के आधार पर एक समान वस्तुओं का समूह बनाना तथा असमान वस्तुओं को पृथक कर देना ही साधारणतया वर्गीकरण का अर्थ होता है। इस प्रकार यह कहा जा सकता है कि वर्गीकरण पृथक करने वाली तथा साथ ही समूह बनाने वाली एक विधि है। यह असमान वस्तुओं को अलग करने के साथ समान वस्तुओं को इकट्ठा करती है।

'वर्गीकरण' का विकास सदैव मानव की विचार शक्ति के विकास के समानान्तर होता रहा है। यह 'वर्गीकरण' मुख्यतया तर्कशास्त्र का विषय है। तर्कशास्त्र में वर्गीकरण करने की दो विधियाँ हैं : एक तो विशेष का सामान्य में और दूसरा सामान्य का विशेष में। हम कमल को मनुष्य कहते हैं। मनुष्य सामान्य और कमल विशेष है। इसलिए कमल को मनुष्य वर्ग में रखना वर्गीकरण की प्रयन विधि है। यदि हम वस्त्र को ऊनी वस्त्र, रेशमी वस्त्र और सूती वस्त्र आदि वर्गों में बाँटते हैं, तो इसमें वस्त्र सामान्य है तथा रेशमी वस्त्र, सूती वस्त्र और ऊनी वस्त्र आदि विशेष। वर्गीकरण की यह दूसरी विधि है। तर्कशास्त्र में पहली विधि को वर्गीकरण और दूसरी विधि को विभाग कहते हैं। वास्तव में हम दोनों विधियों से एक ही लक्ष्य पर पहुँचते हैं। अन्तर सिर्फ इतना है कि पहली विधि में नीचे से ऊपर को चलना पड़ता है और दूसरी विधि में ऊपर से नीचे।

सामान्य रूप में 'वर्गीकरण' शब्द से दोनों विधियों का बोध होता है और व्यावहारिक रूप में कोई अलगाव नहीं माना जाता।

तर्कशास्त्र के नियमों को पुस्तकों के वर्गीकरण में आधार माना गया है। अतः तर्कशास्त्रियों की वर्गीकरण सम्बन्धी विचारधारा जानना आवश्यक है।

**विभिन्न परिभाषाएँ :** वर्गीकरण शब्द का अंग्रेजी पर्याय 'Classification' है। जिसकी उत्पत्ति लैटिन शब्द 'Classis' से हुई है। वर्ग की जानकारी के लिए इसका प्रयोग किया जाता है।

'वर्गीकरण वह प्रक्रिया है जिसमें पदार्थ को उसकी समानता और असमानता के आधार पर मानसिक दृष्टि से एकत्रित किया जाता है, जिससे हमारे कुछ उद्देश्यों की पूर्ति हो।'

तर्कशास्त्र में 'वर्गीकरण' की यह परिभाषा दी गई है। इसमें चार बातों का वर्णन है—

**1. किसी-न-किसी उद्देश्य से वर्गीकरण किया जाता है**—तर्कशास्त्री लोग पदार्थ का वर्गीकरण उनका ज्ञान प्राप्त करने की दृष्टि से करते हैं। लेकिन विश्व के अन्य लोग वस्तुओं का वर्गीकरण अपने-अपने उद्देश्य के अनुकूल विधि से करते हैं। चादरों का वर्गीकरण तर्कशास्त्री अचेतन पदार्थ में कर लेंगे लेकिन व्यापारी अपने तथा अपने ग्राहकों की सुविधा के उद्देश्य से मैटीरियल, आकार, रंग और स्वच्छता आदि के आधार पर करेगा और उनके पृथक समूह बना लेगा। धोबी चादरों के एक गड्डर की धुलाई करके जब देना होगा उसके क्रम से अत्यावश्यक सामान्य आदि के आधार पर करेगा। इस तरह वर्गीकरण करने के अपने-अपने उद्देश्य होते हैं।

**2. वर्गीकरण एक मानसिक प्रक्रिया है**—सूती, ऊनी, लाल, नीली, बड़ी, पीली, सफेद, छोटी और गन्दी आदि जो गुण असमानता और समानता के आधार होता है, यह मन का एक 'भाव' है। वर्गीकरण इसी 'भाव' के आधार पर किया जाता है। वर्गीकरण इसलिए एक मानसिक प्रक्रिया है।

**3. किसी समानता या असमानता के आधार पर वर्गीकरण किया जाता है**—पदार्थों को स्वयं जानने एवं दूसरों को समझाने के लिए उनके विभिन्न रूपों के अनुसार उनके नाम रखते हैं। उसके पश्चात् उनमें मौजूद गुणों के आधार पर कुछ जोड़ दिए जाते हैं। इस तरह उनमें अलगाव पैदा हो जाता है। उदाहरणार्थ—'लाल सूती चादरें' कहने से पहले तो 'चादर' शब्द से एक विशेष वस्त्र का बोध होता है। फिर 'सूती' विशेषण से—जो कि मैटीरियल है—सभी अन्य मैटीरियल वाली चादरों में से केवल 'सूती' का बोध होता है। उसके बाद 'लाल' शब्द जुड़ जाने से, सूती चादरों में से सिर्फ लाल रंग वाली चादरों का ही बोध होता है। इस तरह यह स्पष्ट हो जाता है कि पदार्थ में विद्यमान कुछ गुणों या विशेषताओं से ही समानता और असमानता आँकी जाती है। इसी को इस पदार्थ का गुण कहा जाता है चादरों में रंग, मैटीरियल, आकार और स्वच्छता आदि गुण विद्यमान हैं। इन्हीं से समानता देखकर अलगाव तथा समूहन किया जा सकता है।

**4. वर्गीकरण पदार्थ का किया जाता है**—इस सृष्टि में जितनी भी वस्तुएँ एवं विचार हैं उन सबका सामूहिक नाम 'पदार्थ' है।

## वर्गीकरण के ढंग

1. स्वाभाविक वर्गीकरण 2. कृत्रिम वर्गीकरण।

**1. स्वाभाविक वर्गीकरण**—वस्तुओं की ज्यादा असमानता और समानता के आधार पर साधारण ज्ञान की प्राप्ति के लिए किए गए मानसिक संकलन को 'स्वाभाविक-वर्गीकरण' कहते हैं। जैसे, चादरों का वर्गीकरण उनके मूल गुण के आधार पर किया जाए तो सूती चादरें, ऊनी चादरें, रेशमी चादरें आदि होंगे। इसी तरह यदि पौधों का वर्गीकरण उनकी प्रकृति, उनकी उत्पत्ति तथा अन्य स्वाभाविक गुणों के आधार पर वनस्पति शास्त्रियों की भाँति किया जाए तो अपुष्प वनस्पति, स्थाणु वनस्पति आदि होंगे। यह 'स्वाभाविक वर्गीकरण' होगा।

**2. कृत्रिम वर्गीकरण की परिभाषा निम्न तरह से है**—वस्तुओं को समानता के आधार पर विशेष उद्देश्य से व्यावहारिक सुलभता के लिए किए गए मानसिक संकलन को 'कृत्रिम वर्गीकरण' कहते हैं।

उदाहरण के लिए—चादरों का वर्गीकरण यदि उनके आकार, रंग तथा स्वच्छता के आधार पर किया जाए तो यह 'कृत्रिम वर्गीकरण' होगा। इसी तरह पेड़, पौधों का वर्गीकरण यदि उनमें वर्तमान औषधि तत्त्वों या वन सम्पत्ति के तत्त्वों के आधार पर किया जाए तो वह 'कृत्रिम वर्गीकरण' होगा।

अपने उद्देश्य के लिए तर्कशास्त्री लोग पदार्थों का केवल 'स्वाभाविक वर्गीकरण' करते हैं।

कृत्रिम वर्गीकरण की श्रेणी में 'पुस्तक-वर्गीकरण' भी आता है। चूँकि उपयोगकर्ता की व्यावहारिक सुविधा के उद्देश्य से पुस्तकों का वर्गीकरण किया जाता है जिससे पाठक और पुस्तकालय-स्टाफ दोनों को पुस्तकों के रख-रखाव और लेन-देन में आसानी हो और समय की बचत हो।

**पद**—जब हम किसी शब्द या कुछ शब्दों के द्वारा किसी पदार्थ को स्वयं समझते हैं और दूसरे को समझाते हैं तो ऐसे शब्द या शब्दों के समूह को पद कहते हैं।

उदाहरण के लिए—

| | |
|---|---|
| चादरें | मनुष्य |
| स्वच्छ चादरें | विद्वान् मनुष्य |
| लाल चादरें | धनी मनुष्य |
| सूती चादरें | सुन्दर मनुष्य |

## पदबोध

पद के माध्यम से दो बातों का बोध होता है।

1. उस नाम से समझे जाने वाले सभी व्यक्ति।

2. वे धर्म जिनकी वजह से वे सभी व्यक्ति उस 'पद' से समझे जाते हैं। जब हम किसी पद को लिखते हैं, कहते हैं या सुनते हैं तो सबसे पहले हमको उस 'पद' से उन सभी व्यक्तियों का बोध होता है जो उस पद से जाने जाते हैं। यह दृष्टिबोध या व्यक्तिबोध कहा जाता है। इसको 'पद का विस्तार' भी कहते हैं क्योंकि इससे यह मालूम होता है कि अमुक 'पद' से समझे जानेवाले व्यक्तियों का विस्तार कितना है। यथा—ऊपर 'चादरें' पद दिया हुआ है। 'चादरें' पद से विश्व की समस्त चादरों का अर्थात् चादर जाति का बोध होता है। इसलिए यह बोध 'चादर' पद का व्यक्तिबोध हुआ।

वस्तु में रहने वाले धर्मों का बोध भी हमें 'पद' से होता है। इस बोध को 'स्वभाव बोध' या पद की गहनता भी कहते हैं। यथा—'चादर' पद से उसमें मौजूद मूल तत्त्व (ऊन, सूत आदि), आकार, रंग और स्वच्छता आदि धर्मों का बोध होता है। उसी तरह 'मनुष्य' पद से उसका मूल धर्म (विवेकशीलता और प्राणितत्त्व) यथा अमीरी, सुन्दरता, विद्वत्ता आदि धर्मों का बोध होता है जो उसमें संभव है और पाये जाते हैं। यह स्वभाव बोध या पद की गहनता हुआ।

**धर्म**—तीन प्रकार के धर्म या गुण पद में पाये जाते हैं—

**स्वभाव धर्म**

**स्वभाव सिद्ध धर्म**

**आकस्मिक धर्म**

किसी पद में जो स्वाभाविक या स्थायी धर्म पाया जाता है अर्थात् जिसके न रहने पर उस पद से उसका बोध नहीं हो सकता, वह उस पद का 'स्वभाव धर्म' है। यथा—'विवेकशीलता और प्राणितत्त्व' 'मनुष्य' पद का स्वभाव धर्म है। 'चादर' का धर्म उसका मूल तत्त्व ऊन, सूत आदि हैं जिसके न रहने पर 'चादर' का अस्तित्त्व न रह सकेगा।

जो धर्म, स्वभाव धर्म का कोई अंग न होते हुए भी उसी से सिद्ध होता है, वह 'पद' का 'स्वभाव सिद्ध धर्म' कहलाता है। उदाहरण के लिए मछली का स्वभाव धर्म जलचर प्राणी होना है और 'पानी में साँस ले सकना, मछली का स्वभाव सिद्ध धर्म है चूँकि उसका यह धर्म जलचर होने से सिद्ध है। इसी तरह 'चादर' का स्वभाव सिद्ध धर्म उसकी 'आवरण क्षमता' है।

किसी 'पद' में स्वभाव धर्म और स्वभावसिद्ध धर्म को छोड़कर अन्य जो धर्म पाए जाते हैं वे आकस्मिक धर्म कहलाते हैं। जैसे मुनष्य में उसका आकार, बौद्धिक स्तर, रूप-रंग, क्रियाशीलता, वेदना, भार, शरीर के अंग आदि उसके आकस्मिक धर्म

हैं। इसी तरह 'चादर' में उसका रंग, आकार, स्वच्छता आदि आकस्मिक धर्म हैं।

इस तरह जब हम किसी 'पद' को सुनते हैं, बोलते हैं या लिखते हैं, तो उस 'पद' का व्यक्तिबोध और उसका स्वभाव बोध दोनों का बोध होता है। व्यक्ति बोध से 'पद' की जाति का बोध होता है और स्वभाव बोध से उस 'पद' में विद्यमान तीनों तरह के धर्मों का बोध होता है। स्वभाव बोध और व्यक्ति बोध दोनों एक दूसरे पर आश्रित हैं। किसी पद को सुनने पर उसका 'स्वभावबोध' हुए बिना उसका 'व्यक्तिबोध' नहीं हो सकता।

**ह्रास-वृद्धि**—पद के व्यक्ति बोध और स्वभाव बोध विपरीत दिशा में कम-ज्यादा हैं। अर्थात् जब एक बढ़ता है तो दूसरा घट जाता है और जब दूसरा घटता है तो पहले में वृद्धि होती है। इसको घटने-बढ़ने का नियम या वृद्धि-ह्रास का सिद्धान्त कहा जाता है। उदाहरणार्थ—

**चादर**

| **स्वभाव बोध** | **व्यक्ति बोध** |
|---|---|
| 'क'=मूलतत्त्व 'सूत' | 'ख'=विश्व की सब सूती चादरें |
| 'क'+लाल | 'ख'=विश्व की सब सूती चादरें<br>—अन्य रंगों की चादरें |
| 'क'+लाल+छोटी | 'ख'=विश्व की सब सूती चादरें<br>—अन्य रंगों की चादरें<br>—बड़ी चादरें |
| 'क'+लाल+छोटी+ स्वच्छ | 'ख'=विश्व की सब सूती चादरें<br>—अन्य रंगों की चादरें<br>—बड़ी चादरें |
| | 'ख'=विश्व की सब सूती चादरें<br>—अन्य रंगों की चादरें<br>—बड़ी चादरें<br>—गन्दी चादरें |

उपर्युक्त क्रम में 'चादर' का स्वभाव बोध 'क' माना गया है व्यक्ति बोध 'ख' पहले में क्रमशः वृद्धि होने पर दूसरे में 'ह्रास' होता गया। 'पद' के स्वभाव बोध में 'लाल' (रंग) जुड़ने से व्यक्ति बोध में अन्य रंग घट गया। इसी तरह 'छोटी' (आकार) बढ़ने पर उसका विपरीत धर्म (गुण) 'बड़ी' व्यक्ति बोध में घट गया।

अब इसके विपरीत पक्ष को देखिए जिसमें व्यक्ति बोध में वृद्धि होने से स्वभाव बोध में ह्रास होता है।

स्वच्छ-छोटी-लाल-सूती-चादरें

| व्यक्ति बोध | स्वभाव बोध |
|---|---|
| 'क'=विश्व की सब ऐसी सूती चादरें | 'ख'= स्वच्छता-छोटापन-ललाई सूतीपन |
| 'क' + गन्दी चादरें | 'ख'= स्वच्छता |
| 'क' गन्दी चादरें + बड़ी चादरें | 'ख'= स्वच्छता-छोटापन |
| 'क' गन्दी चादरें + बड़ी चादरें + अन्य रंगों की चादरें | 'ख'= स्वच्छता-छोटापन-ललाई |

यहाँ पर पद के स्वभाव बोध में ज्यों-ज्यों एक-एक धर्म या गुण लोप होते गए वैसे-वैसे व्यक्ति बोध में नए-नए धर्म सम्मिलित होते गए।

पहली तालिका को नीचे की ओर देखने से प्रतीत होगा कि जैसे-जैसे पद के स्वभाव बोध में एक-एक गुण लोप होते गए वैसे-वैसे व्यक्ति बोध में नए-नए प्रकार के धर्म भी सम्मिलित होते गए।

उसी प्रकार दूसरी तालिका के नीचे की ओर से देखने से मालूम होता है कि जैसे-जैसे पद के व्यक्ति बोध में एक-एक तरह के गुण लुप्त होते गए वैसे-वैसे स्वभाव बोध में नए-नए गुण भी सम्मिलित किये जाने लगे।

इस पद के दोनों 'बोधों' के परस्पर वृद्धि-ह्रास (घटने-बढ़ने) का नियम चार प्रकार से हुआ–

1. व्यक्ति बोध में वृद्धि होने से स्वभाव बोध में ह्रास होता है।
2. स्वभाव बोध में वृद्धि होने से व्यक्ति बोध में ह्रास होता है।
3. व्यक्ति बोध में ह्रास होने से स्वभाव बोध में वृद्धि होती है।
4. स्वभाव बोध में ह्रास होने से व्यक्ति बोध में वृद्धि होती है।

संक्षेप में इस नियम को इस तरह समझा जा सकता है कि पद जितना खास होता जाएगा उसका स्वभाव बोध उतना ही बढ़ता जाएगा। जैसे–

| | |
|---|---|
| चादर | चादरत्व |
| सूती | चादरत्व + सूत की बनी होना |
| लाल | चादरत्व + सूती + लाल रंग |
| बड़ी | चादरत्व + सूती + लाल रंग + बड़ी |

स्वच्छ चादरत्व + सूती + लाल रंग + बड़ी + स्वच्छ

'चादर' एक जाति है जिसकी उपजाति 'सूती' है। 'चादरों' में व्यक्ति बोध की दृष्टि से 'सूती' भी शामिल है तथा सूतीपन में स्वभाव बोध की दृष्टि से चादरत्व भी शामिल है।

व्यक्ति बोध की दृष्टि से एक 'जाति' में उसकी 'उपजाति' निहित है, किन्तु स्वभाव बोध की दृष्टि से 'उपजाति' में 'जाति' अन्तर्निहित है।

छः प्रकार से पदों के परस्पर सम्बन्ध हो सकते हैं।

(क) सजाति-सजाति

(ख) जाति उपजाति

(ग) आसन्न जाति
आसन्न उपजाति

(घ) दूरस्थ जाति
दूरस्थ उपजाति

(ङ) महाजाति

(च) अन्त्य जाति

**(क) सजाति-सजाति**—यदि दो या दो से ज्यादा पदों में परस्पर ऐसा सम्बन्ध हो कि उनके अपने-अपने व्यक्ति बोध एक ही अन्य पद के व्यक्ति बोध के अन्तर्गत हों तो एक दूसरे के सम्बन्ध में 'सजाति' कहे जाएँगे। उदाहरणार्थ—पंजाबी-गुजराती, आम-जामुन, घोड़ा-बैल, सूती-ऊनी आदि पदों में परस्पर यही सम्बन्ध है।

'ऊनी' 'सूती', पदों के जो अपने-अपने व्यक्ति बोध हैं, वे एक अन्य 'चादर' पद के व्यक्ति बोध के तहत हैं। अतः वे पद एक-दूसरे से सर्वथा पृथक होते हैं। 'ऊनी' पद के व्यक्ति बोध से सूती का व्यक्ति बोध सर्वथा पृथक है चूँकि कोई सूती ऊनी नहीं है, और कोई ऊनी सूती नहीं है।

**(ख) जाति-उपजाति**—जब दो पक्षों में ऐसा परस्पर सम्बन्ध हो कि पहले का व्यक्ति बोध दूसरे के व्यक्ति बोध को अपने तहत कर ले तो पहला दूसरे के सम्बन्ध में 'जाति' है और दूसरा पहले के सम्बन्ध में 'उपजाति' है। जैसे 'भारतीय-पंजाबी', वस्त्र-चादर, पशु-घोड़ा, इत्यादि पदों में यही जाति-उपजाति सम्बन्ध है।

'वस्त्र' पद का व्यक्ति बोध 'चादर' पद के व्यक्ति बोध को अपने तहत कर लेता है क्योंकि 'वस्त्र' पद से समझे जाने वाले सभी वस्त्रों में 'चादर' पद से समझे जानेवाले वस्त्र के तहत हैं। अतः जहां 'चादर' पद के सम्बन्ध में 'वस्त्र' पद जाति है वहीं 'वस्त्र' पद के सम्बन्ध में 'चादर' पद उपजाति है।

**(ग) आसन्न जाति-आसन्न उपजाति**—यदि 'जाति' और 'उपजाति' के बीच किसी तीसरे पद के व्यक्ति बोध आ जाने की संभावना न हो तो पहला दूसरे के सम्बन्ध में 'आसन्न जाति' और दूसरा पहले के सम्बन्ध में 'आसन्न उपजाति' कहा जाता है।

'चादर' पद 'सूती-चादर' पद की 'आसन्न जाति' है और 'सूती-चादर' पद 'चादर' पद की समानान्तर उपजाति है। हाँ, यदि इनके मध्य कोई नए पद का व्यक्ति बोध उपस्थित किया जा सके तो ऐसा हो जाने से उनमें वह सम्बन्ध नहीं समझा जाएगा, तब वही सम्बन्ध उस नए पद और 'सूती चादर' में स्थापित किया जा सकेगा।

**(घ) दूरस्थ जाति—दूरस्थ उपजाति**—यदि 'जाति' और 'उपजाति' के बीच अन्य पद या पदों के व्यक्ति बोध का अन्तर्भाव हो तो पहला दूसरे के सम्बन्ध में दूरस्थ जाति है और दूसरा पहले के सम्बन्ध में 'दूरस्थ उपजाति' है जैसे 'छोटी लाल सूती-चादर' के सम्बन्ध में चादर 'दूरस्थ जाति' है और चादर के सम्बन्ध में 'छोटी लाल सूती-चादर' दूरस्थ उपजाति है चूँकि इन दोनों के बीच में 'सूती चादर' पद का व्यक्ति बोध उपस्थित है।

**(ङ) महाजाति**—जिसका व्यक्ति बोध किसी भी दूसरे पद के व्यक्ति बोध के तहत न हो सके, उस पद का महाजाति कहते हैं।

ऐसा पद 'पदार्थ' है चूँकि इसके अन्तर्गत सब कुछ आ जाता है। महाजाति की फिर कोई जाति नहीं होती।

**(च) अन्त्य जाति**—उस पद को अन्त्य जाति कहते हैं जिसका व्यक्ति बोध किसी दूसरे पद के व्यक्ति बोध को अपने तहत न कर सके। अन्त्य जाति की फिर कोई उपजाति नहीं होती।

**विभाग**—तीन तरह के विभाग होते हैं—

(क) तार्किक (Logical)

(ख) शारीरिक (Physical)

(ग) अभिधार्मिक (Metaphysical)

इनका परिचय निम्न तरह है—

(क) किसी 'जाति' को अपनी उपजातियों में बाँट देना ही तार्किक विभाग (Logical Division) है। उदाहरण के लिए चेतन प्राणी को विवेकशील और अविवेकशील, फिर विवेकशील को मनुष्य और मनुष्य को कमल, कोमल आदि व्यक्ति में, अथवा 'चादरों' के एक समूह को उसके मूल तत्त्व के आधार पर सूती चादरें, ऊनी चादरें और रेशमी चादरें आदि में।

तार्किक विभाग निम्नलिखित नियमों के द्वारा बनाए जाते हैं—

1. एक बार में एक ही 'विभाजक धर्म' के अनुसार विभाग किए जाते हैं।
2. तार्किक विभाग किसी एक वर्ग का होता है किसी व्यक्ति का नहीं।
3. किसी ऐसे विभाग को स्वीकार नहीं करना चाहिए जिसका पद के व्यक्ति बोध में कोई स्थान नहीं है।
4. एक विभाजक धर्म (Dividing Characterisic) के अनुसार पद के जितने भी भाग हो सकते हैं उन सभी का उल्लेख जरूर हो जाना चाहिए।
5. सभी विभाग विभाज्य पद की आसन्न उपजातियाँ होनी चाहिए। कुछ तर्कशास्त्रियों ने प्रत्येक पद के दो विभाग करके विभाजन की एक नई पद्धति भी निकाली है। उसको भावात्मक (Dichotomy) विभाग कहते हैं। यह सिद्धान्त तर्कशास्त्रियों को मान्य नहीं हुआ। पारफिरी का जाति विषयक वृक्ष इस विधि का बढ़िया उदाहरण है।
6. सभी विभागों के व्यक्ति बोध का योग विभाज्य पद के व्यक्ति बोध के बराबर ही होना चाहिए।
7. एक विभाग दूसरे से सदैव अलग होना चाहिए।

(ख) शारीरिक विभाग के अन्तर्गत किसी अंगी को उसके विभिन्न अंगों में बाँटकर रखना होता है। उदाहरणार्थ—

पैर, हाथ, सिर आदि मनुष्य का शारीरिक विभाग है।

टहानियाँ एवं पत्तियाँ, शाखाएं, तना तथा जड़ आदि वृक्ष के शारीरिक विभाग है।

(ग) किसी धर्मी को उसके अलग-अलग धर्मों में बाँटकर रखना अभिधार्मिक विभाग (Metaphysical Division) कहलाता है। यथा—

चादरें—रंग, आकार, स्वच्छता आदि।

मनुष्य—वेदना, रूप, मोटाई, ज्ञान, रंग, लम्बाई, वजन आदि।

पुस्तक—विषय, मोटाई, लम्बाई, चौड़ाई, रंग, रूप, उपयोगिता आदि।

व्यावहारिक वर्गीकरण करने में अपने उद्देश्य के अनुसार किसी भी धर्म (गुण) को विभाजक धर्म मानकर उसके अनुसार वर्ग बनाया जा सकता है। विभिन्न विभाजन धर्मों की सम्बद्ध योजना बनाकर वर्गीकरण किया जा सकता है, उसमें आवश्यकतानुसार शारीरिक और अभिधार्मिक विभाग भी बनाया जा सकता है। उदाहरण के लिए—चादरों का वर्गीकरण, आकार, उनके रंग और स्वच्छता के विभाजक धर्मों द्वारा किया जाए तो वह अभिधार्मिक विभाग होगा।

**सेयर्स सिद्धान्त**—आचार्य श्री वरविक सेयर्स महोदय ने इन तार्किक नियमों के आधार पर वर्गीकरण के निम्नलिखित छः नियम सिद्धान्त बताए हैं—

1. यह विधि क्रमशः होनी चाहिए, हर पद अपने आगे आने वाले पद में उत्तर रखता हो और सब आपस में संबंधित हों।
2. विभाजन पद के व्यापक विस्तार और कम परिधि से कम विस्तार और अधिक परिधि की ओर बढ़ता है।
3. प्रयुक्त पद आपस में एक-दूसरे से पृथक हों।
4. विभाजन के आधार के रूप में चुने हुए गुण या विभाजक धर्म वर्गीकरण के उद्देश्य के लिए आवश्यक हों।
5. भागों के परिगणन पूरे होने चाहिए।
6. गुण अविरुद्ध एक से होने चाहिए।

## लाल सूती छोटी चादरें

उक्त उदाहरण में चादरों का समूह है जिसका वर्गीकरण एक वस्त्र व्यापारी को करना है। व्यापारी अपनी तथा अपने ग्राहकों की सुविधा के उद्देश्य से वर्गीकरण के निमित्त चार विभाजक धर्मों को चुनता है। ये सभी उसके उद्देश्य के लिए जरूरी तथा अनुकूल हैं। पहले वह 'तत्त्व' के अनुसार चादरों के वर्ग बनाता है। परिणामतः तीन वर्ग बनते हैं। फिर वह उनमें एक वर्ग को लेकर 'रंग' नामक दूसरे विभाजक धर्म के अनुसार तीन विभाग बनाता है। तीसरे क्रम में वह एक विभाग लाल सूती चादरों का 'आकार' के अनुसार अनुभाग करता है। अन्त में वह चौथे विभाजक धर्म 'स्वच्छता' के आधार पर एक अनुभाग के उप-अनुभाग करता है। इस प्रक्रिया में वर्ग, विभाग, अनुभाग, उप-अनुभाग (प्रविभाग) को क्रमशः क्लास, डिवीजन, सेक्सन और सब-सेक्शन भी कहा जाता है।

स्पष्ट है, कि कृत्रिम या व्यावहारिक वर्गीकरण में अपने उद्देश्य और आवश्यकता के अनुसार तीनों तरह के धर्मों में से किसी भी प्रकार के धर्म को 'विभाजक धर्म' के रूप में अपनाया जा सकता है। दूसरे यह कि व्यावहारिक वर्गीकरण विभाजक धर्मों की एक सम्बद्ध योजना के अनुसार अपनी आवश्यकता के अनुरूप कई क्रमों तक किया जा सकता है।

## डॉ. रंगनाथन का सिद्धान्त

डॉ. रंगनाथन जो कि पुस्तकालय विज्ञान के भारतीय आचार्य हैं के अनुसार 22 नियमों का पालन वर्गीकरण के तहत किया जाना चाहिए उन नियमों को उन्होंने उपसूत्र कहा है, और उनको अग्रलिखित छः श्रेणियों में रखा है—

| | |
|---|---|
| 1. धर्म | Characteristics |
| 2. वर्ग-पंक्ति | Arrays of Classes |
| 3. वर्ग-शृंखला | Chain of Classes |
| 4. आनुवंशिक व्यवस्थापन | Filiatory Arrangement |
| 5. परिभाषिक पदावली | Terminology |
| 6. अंकन | Notation |

## वर्गीकरण के उपसूत्र

### क्रम संख्या

### धर्म

| | | | |
|---|---|---|---|
| 1 | 1. | पृथक्करण | Differentiation |
| 2 | 2. | सहगामिता | Concomitance |
| 3 | 3. | सुसंगति | Relevance |
| 4 | 4. | सुनिश्चितता | Ascertainability |
| 5 | 5. | स्थायित्व | Permanence |
| 6 | 6 | सम्बद्ध अनुक्रमता | Relevant Sequence |
| 7 | 7. | अविरोध | Consistency |

### वर्ग-पंक्ति

| | | | |
|---|---|---|---|
| 8 | 1. | निःशेषता | Exhaustiveness |
| 9 | 2. | ऐकान्तिकता | Exclusiveness |
| 10 | 3. | अनुकूल क्रम | Helpful Sequence |
| 11 | 4. | अविरुद्ध क्रम | Consistent Sequence |

### वर्ग-शृंखला

| | | | |
|---|---|---|---|
| 12 | 1. | वितति अवरोह | Decreasing Extension |
| 13 | 2. | संक्रमण | Modulation |

### आनुवांशिक कक्षा

| | | | |
|---|---|---|---|
| 14 | 1. | अधीनस्थ वर्ग | Subordinate Classes |
| 15 | 2. | समकक्ष वर्ग | Co-ordinate Classes |

## पारिभाषिक पदावली

| | | | |
|---|---|---|---|
| 16 | 1. प्रचलन | | Currency |
| 17 | 2. संयतता | | Reticence |
| 18 | 3. परिगणन | | Enumeration |
| 19 | 4. प्रसंग | | Context |

### अंकन

| | | | |
|---|---|---|---|
| 20 | 1. | सापेक्षता | Relativity |
| 21 | 2. | अभिव्यक्ति | Expressiveness |
| 22 | 3. | मिश्रित अंकन | Mixed Notation |

## धर्म

1. दो विभाजक धर्म सहगामी नहीं होने चाहिए।
2. हर प्रयुक्त विभाजक धर्म ऐसा होना चाहिए जो पृथक्करण कर सके अर्थात् विभाज्य को कम-से-कम दो भागों में विभाजित कर सके।
3. प्रत्येक विभाजक धर्म ठीक तौर पर सुनिश्चित या निर्धार्य होना चाहिए।
4. प्रत्येक विभाजक धर्म वर्गीकरण के उद्देश्य के अनुरूप (सुसंगत) होना चाहिए।
5. पद्धति के विभाजक धर्म और जिसमें कि उनका प्रयोग होगा, वे दोनों निर्धारित होने चाहिए तथा अविरोध रूप में दृढ़तापूर्वक उनका पालन किया जाना चाहिए।
6. प्रत्येक विभाजक धर्म परिभाष्य होना चाहिए। जब तक कि वर्गीकरण के उद्देश्य में कोई परिवर्तन न हो उस विभाजक धर्म को स्थायी (अपरिवर्तनीय) होना चाहिए।
7. वर्गीकरण में प्रयुक्त होनेवाले विभिन्न विभाजक धर्मों का अनुक्रम भी वर्गीकरण के उद्देश्य से सम्बद्ध एवं अनुकूल होना चाहिए।

## वर्ग-पंक्ति

1. वर्गों की प्रत्येक पंक्ति से विभाज्य वर्ग अपने सामान्य अव्यवहित क्षेत्रों में पूर्ण रूप से निःशेष हो जाना चाहिए।

2. वर्गों की पंक्ति में सभी वर्ग आपस में एक दूसरे के निषेधक होने चाहिए।
3. किसी भी पंक्ति में वर्गों का क्रम तब तक किसी अनुकूल सिद्धान्त (काल, विकास, आप्त, अनुवर्ण आदि) के अनुसार ही होना चाहिए न कि मनगढ़ंत, जब तक कि उस सिद्धान्त के अनुसरण करने से अपेक्षाकृत ज्यादा मुख्य सिद्धान्त का बोध न हो।
4. जबकि विभिन्न पंक्तियों में वही या उसके समान वर्ग उद्भूत हों तो उनका क्रम इस तरह की सब पंक्तियों में जैसे था उसी तरह होना चाहिए, जहाँ तक कि मुख्य सिद्धान्त की समानता के अनुसरण करने से किन्हीं अन्य मुख्य सिद्धान्तों का बोध न होता हो।

## वर्ग-शृंखला

1. शृंखला में प्रथम कड़ी से अन्तिम कड़ी की ओर जाने में वर्गों की गहनता (इन्टेनशन) बढ़नी चाहिए और पद का विस्तार (इक्सटेन्शन) घटना चाहिए।
2. शृंखला की अन्तिम कड़ी और प्रथम कड़ी के बीच में जितने क्रम पड़ते हों उनमें से प्रत्येक क्रम का वर्ग बनाते समय उन सभी वर्गों की एक शृंखला बनानी चाहिए।

## आनुवांशिक कक्षा

1. किसी वर्ग के सभी अधीनस्थ वर्गों को वे चाहे जिस शृंखला में उद्भूत हुए हों, अपने मूल वर्ग से तथा आपस में भी किसी अन्य वर्ग से वियुक्त हुए बिना अपने जनक वर्ग का अनुगमन करना चाहिए।
2. पंक्ति के वर्गों में कम समान जातीय वाला कोई वर्ग महत्तर समान जातीयता वाले वर्गों के बीच में नहीं आना चाहिए।

## पारिभाषिक पदावली

1. वर्गीकरण पद्धति में वर्गों को प्रकट करने वाला हर पद जिस क्षेत्र का हो उस क्षेत्र के विशेषज्ञों द्वारा मान्य और प्रचलित होना चाहिए।
2. वर्गीकरण पद्धति में वर्गों को प्रकट करनेवाले 'पारिभाषिक पद' आलोचनात्मक नहीं होने चाहिए।
3. हर पद का अर्थ (व्याख्या) वर्गों के परिगणन के द्वारा शृंखलाओं में निश्चित होना चाहिए, जो कि वर्ग के द्वारा शृंखलाओं की प्रथम सामान्य शृंखला के रूप में प्रकट किया गया हो।

4. हर पद का अर्थ उसकी प्रारम्भिक कड़ी से संबद्ध निम्नतर क्रम से विभिन्न वर्गों के प्रकाश में निर्धारित होना चाहिए जैसा कि वर्ग में 'पद' के द्वारा प्रकट किया गया हो।

## वर्गीकरण के फायदे

कृत्रिम या स्वाभाविक, सभी प्रकार के वर्गीकरणों से निम्नलिखित लाभ होते हैं—

1. इससे वस्तुओं का आपसी सम्बन्ध तथा उनका स्पष्टीकरण सरलतापूर्वक हो जाता है।
2. इससे वस्तुओं का ज्ञान स्पष्ट रूप से हो जाता है। इसमें प्रत्यक्ष वस्तु अथवा तत्परिवर्तन सन्निहित रहते हैं। यदि वर्गीकरण न हो तो प्रत्येक वस्तु के स्पष्टीकरण के लिए उसकी व्याख्या करनी पड़ती है।
3. इससे स्मृतिगत वस्तुओं के ऊपर एक तरह का अधिकार-सा रहता है और आवश्यकता पड़ने पर वे स्मृति से प्राप्त की जा सकती हैं।
4. वर्गीकृत वस्तुओं में जरूरी समानता होने के कारण उनमें आपसी सम्बन्ध स्पष्ट रहता है। इस प्रकार वर्गीकृत पदार्थों (वस्तुओं एवं विचारों) के ज्ञान का पूरा लेखा वास्तविक और सत्य ज्ञान की खोज में मददगार होता है।
5. इससे वस्तुओं के स्मरण रखने में सहायता मिलती है, चूँकि वर्गगत वस्तुओं को स्मरण रखना एक वस्तु के स्मरण रखने की अपेक्षा सरल होता है।

# 7

# पुस्तकालय सम्बन्धित सूचीकरण सिद्धान्त

सूचीकरण ऐसी कार्य व्यवस्था है जिसमें विषय-वस्तुओं का विन्यास किसी तर्कपूर्ण अथवा क्रम या किसी सुनियोजित योजना के अनुरूप किया जाता है। साधारणतः सूचीकरण का अभिप्राय केवल पुस्तक गणन अथवा सूची से है परन्तु यथार्थ रूप से पुस्तकालय सूची का अभिप्राय किसी पुस्तकालय या किसी स्थान विशेष के पुस्तकालयों की पुस्तकों तथा दूसरे प्रलेखों की उस सारणी से है जो किसी मान्यता-प्राप्त क्रम व्यवस्था के अनुरूप सुनियोजित तरीके से पुस्तकों तथा दूसरी पाठ्य-सामग्रियों के अभिज्ञान तथा पुस्तकालय में उनके स्थान को मालूम करने के उद्देश्य से बनाई गई हो। पुस्तकालय सूचीकरण की परिभाषा अलग-अलग विद्वानों ने अलग-अलग रूपों में दी है। कुछ परिभाषाएं नीचे दी जा रही हैं–

मार्गेरेट एस. टेलर के अनुसार, "सन्दर्भ ग्रन्थ-सूची किसी विषय विशेष अथवा विषयों से सम्बन्धित पुस्तकों अथवा पाण्डुलिपियों की सारणी होती है। सूची भी एक सारणी होती है, परन्तु इसका क्षेत्र मात्र किसी संग्रह विशेष तक ही सीमित होता है।"

सी. ए. कटर के अनुसार, "सूची पुस्तकों की एक सारणी है जो किसी पूर्व निश्चित योजना के अनुसार व्यवस्थित होती है। संदर्भ ग्रन्थ सूची और सूची में यह भेद है कि यह किसी पुस्तकालय या किसी संग्रह की पुस्तकों की सारणी होती है।"

उपर्युक्त परिभाषाएँ सूची की सबसे सरल परिभाषाएँ हैं, लेकिन सूची पुस्तकों की सारणी मात्र नहीं होती है, बल्कि इसका एक निर्धारित उद्देश्य और सुनिश्चित

योजना होती है जिसे सुनिश्चित सिद्धान्तों और नियमों के अनुसार निर्मित किया जाता है।

ऑक्सफोर्ड इंग्लिश डिक्शनरी के अनुसार, "वर्तमान व्यवस्था सूची केवल सारणी अथवा पुस्तक गणना से अलग होती है, क्योंकि सूची से सुव्यवस्था अथवा विधिवत् वर्णानुक्रमिक अन्य किसी क्रमानुसार किया जाता है। अक्सर इसमें संक्षिप्त विवरण, वर्णनात्मक अथवा अभिज्ञान साधन, स्थान, निर्देश, विषयानुसार, व्यवस्था, तिथि, मूल्य अथवा इस तरह के दूसरे तथ्य वर्णित होते हैं।"

जेम्स डाफ ब्राउन ने अपनी पुस्तक में सूची की परिभाषा बड़े ही उत्तम तरीके से की है जो इसके उद्देश्य को परिलक्षित करती है। ब्राउन के अनुसार सूची "एक व्याख्यात्मक तर्कपूर्ण ढंग से व्यवस्थित पुस्तकों तथा उनकी विषय-वस्तु की परिगणना तथा कुंजी है। यह किसी पुस्तकालय विशेष की पुस्तकों तक ही सीमित होती है।"

ब्राउन की परिभाषा सूची बहुत आवश्यक तथ्य तथा उद्देश्य को प्रकट करती है जिसके अनुसार सूची किसी पुस्तक के अभिज्ञान तथा पुस्तकालय में उनका स्थान ज्ञात कराने के साथ ही साथ पुस्तक की विषय-वस्तु का भी वर्णन करती है। सूची का दूसरा महत्त्वपूर्ण कार्य लेखकों की तत्सम्बन्धित रचनाओं अथवा एक ही विषय से सम्बन्धित विषयों को एक साथ पास लाना एवं किसी पुस्तक का दूसरी विषयों तथा समान विषयों से सम्बन्धित पुस्तकों का सम्बन्ध प्रस्तुत करना होता है।

डी. एम. नारिस ने ऑक्सफोर्ड डिक्शनरी की परिभाषा को संशोधित किया है उनके अनुसार, "पुस्तकालय सूची किसी पुस्तकालय विशेष अथवा संग्रह की पुस्तकों तथा अन्य सामग्रियों की एक सारणी है जिसकी व्यवस्था किसी मान्यता-प्राप्त क्रमानुसार की गई होती है और जिसमें किसी निर्धारित रूप में ग्रन्थ सम्बन्धी विशिष्ट सूचनाएँ प्रदान की गई होती हैं।"

ग्रन्थात्मक सूचना के अधीन शीर्षक के अलावा लेखकों का नाम, सम्पादक, अनुवादक, चित्रलेखक, संस्करण, प्रकाशन का विवरण, पृष्ठादि एवं तत्सम्बन्धित व्याख्यात्मक अधिसूचन आदि शामिल किये जाते हैं जिनको किसी मान्य सूचींकरण नियमावली के अनुसार निर्धारित क्रमानुसार प्रस्तुत किया जाता है।

"सूची पुस्तकालय की पाठ्य सामग्रियों के विवरण का विधिवत् व्यवस्थित अभिलेख है।"

पुस्तकालय की सामग्री तथा सूचना-प्रसार से पाठकों को परिचित कराने के एक प्रभावकारी साधन के रूप में सूची के महत्त्व को स्पष्ट करते हुए **एल. जॉली** ने कहा है कि "सूची संप्रेषण का एक साधन है। इसका कार्य इसके अधीन अभिलिखित पुस्तकों के सम्बन्ध में पूर्ण विवरण का प्रसार करना है।"

इन परिभाषा के प्रकाश में यह कहा जा सकता है कि पुस्तकालय सूची पुस्तकालय की पाठ्य सामग्रियों का एक अभिलेख है जो किसी निश्चित मान्यता-प्राप्त योजना एवं सूचीकरण नियमावली के अनुसार सुव्यवस्थित किया गया है और इसका निर्माण किसी एक निर्धारित उद्देश्य एवं कार्य की दृष्टि से किया जाता है।

सूची की एक पूर्ण परिभाषा इस तरह दी जा सकती है—पुस्तकालय सूची किसी पुस्तकालय विशेष या किसी स्थानीय पुस्तकालयों की पुस्तकों तथा दूसरी पाठ्य सामग्रियों की एक सारणी है जिसमें पुस्तकों के संलेखों को किसी पूर्व निश्चित एवं सुनियोजित योजना के अनुसार व्यवस्थित किया जाता है। सन्दर्भ ग्रन्थ सूची और सूची में यह भेद है कि सूची वह सारणी है जो किसी पुस्तकालय विशेष अथवा किसी स्थानीय या किसी राष्ट्र के पुस्तकालयों के संकलन का अभिलिखित विवरण प्रस्तुत करती है तथा उन सामग्रियों के प्रयोग हेतु उनका संचार करती है। सुव्यवस्थित पुस्तकालय एक तरह की अत्यन्त उच्च कोटि की वांङ्मयात्मक व्यवस्था है जिसके प्रयोग के लिए पाठक तथा इसके मध्य एक मध्यस्थ होना आवश्यक है। इसे पुस्तकालय सूची के माध्यम से निष्पादित करता है। इसलिए सूची को पुस्तकालय के व्याख्याकार के रूप में पाठकों के लिए एक महत्त्वपूर्ण साधन माना गया है। सूची की व्यवस्था तथा गुण पर ही पुस्तकालय का ज्यादा प्रयोग किया जाना निर्भर करता है। सूचीकरण पाठ्य सामग्रियों के संलेखों को प्रकट करने के लिए विधिवत किया जाना चाहिए। सूची कार्य-पद्धति को जॉली ने एक विद्वत्तापूर्ण प्रक्रिया बताया है और कहा है कि—"पुस्तकालय विज्ञान और कला का सूचीकरण की तुलना में ऐसा कोई दूसरा क्षेत्र नहीं है जिसमें इतने अधिक नेतृत्व एवं कल्पना की अनिवार्यता पड़ती हो और जो वास्तविक विद्वत्ता का इतना ज्यादा कार्यक्षेत्र प्रदान करता हो।"

## वर्तमान सूचीकरण

जिस रूप और अर्थ में, वर्तमान समय में सूची प्रयोग की जाती है वह एक ज्यादा विकसित कला है जिसके सिद्धान्तों तथा युक्तियों को पहले समझा नहीं गया था। वर्तमान सूचीकरण पर प्राचीन सूचीकरण की कोई छाप दिखाई नहीं पड़ती है। सैद्धान्तिक दृष्टिकोण से प्राचीन प्रसूचियों के संकलन का अनुकरण अवशेष नहीं रहा है। वर्तमान सूचीकरण जैसी कोई वस्तु मध्य युग में नहीं थी और न तो उत्थानकाल में कोई विधि वर्गीकरण काल से ही प्राप्त हुई। मात्र ग्रन्थों को उनके प्रणेता के नाम से निर्दिष्ट करने की युक्ति पश्चिमी जगत् ने ग्रीक से सीखी। अतः सूचीकरण कला तथा प्रविधि वर्तमान युग की देन है।

13वीं तथा 14वीं शताब्दियों में प्रारम्भ की गई प्रसूचियों के अनेक प्रकारों में अनुलेखक सूची का प्रचलन तथा प्रयोग व्यापक रूप से पुस्तकालयों में रहा है। अनुलेखक के वर्णानुक्रमानुसार आंकलन पद्धति को 16वीं शताब्दी में शुरू किया गया था। लेकिन कहीं-कहीं पर अनुवर्ग सूची तथा सर्वानुवर्णी सूची का भी प्रयोग होता रहा है। सर्व सामान्य प्रयोग के लिए सूची नियमावली का अभाव रहा है और प्रसूचियों के निर्माण के लिए कुछ विशिष्ट पुस्तकालयों ने अपने प्रयोग के लिए कुछ निश्चित सूचीकरण नियमावलियों को बना लिया था। राष्ट्रीय तथा अन्तर्राष्ट्रीय स्तर पर हाल में ही प्रसूचियों को बनाने में एकरूपता और सार्वभौमिकता स्थापित करने के प्रयास किये गए हैं।

**1. संयुक्त राज्य पुस्तकालयों की प्रसूचियाँ**—सर्वानुवर्णी प्रसूचियों की प्रकाशित प्रसूचियों के सबसे अच्छे नमूने संयुक्त राष्ट्र अमेरिका में उपलब्ध हैं जिसमें मुख्य रूप से बोस्टन एथेनियम पुस्तकालय की पाँच खण्डों की सूची है जिसे कटर ने 1874-1882 के मध्य बनाया था। इन्डेक्स कैटलॉग ऑफ दी लाइब्रेरी ऑफ यू. एस. सरजन जनरल्स ऑफिस जिसका नियोजन तथा श्रीगणेश तत्कालीन सरजन लाइब्रेरियन बिलिंग्स ने 1880 में किया था, तथा पियबॉडी इन्स्टीट्यूट, बाल्टीमोर लाइब्रेरी कैटलॉग जिसका संकलन 13 खण्डों में 1883-1905 के मध्य किया गया आदि सर्वानुवर्णी प्रसूचियों के अनुकरणीय नमूने हैं जिनके अधीन विश्लेषणात्मक संलेखों तथा प्रति निर्देशों की भरमार है। इन प्रसूचियों के अलावा दूसरे लोक पुस्तकालयों की प्रसूचियाँ भी उत्तम तरह की हैं। जिनमें कारनेगी पिट्सबर्ग; जनरल कैटलॉग ऑफ दी बुक्स ऑफ डेटरायट जिसका संकलन 1888 में किया गया तथा न्यूयार्क स्टेट लाइब्रेरी की सूची जिसका प्रकाशन 1856 में हुआ आदि भी हैं। संयुक्त राष्ट्र की सर्वानुवर्णी प्रसूचियों के अलावा दूसरी प्रसूचियाँ जो उन्हीं युक्तियों के अनुसार पुस्तकालयियों के माध्यम से बनाई गई हैं, उसके नमूने ग्रेट ब्रिटेन में मिलते हैं जिनमें प्रमुख रूप से बरनिंघम रिफरेन्स लाइब्रेरी कैटलॉग तथा लिवरपूल रिफरेन्स कैटलॉग हैं जिनका प्रकाशन 1872 में किया गया जो प्रोफेसर जीवट के माध्यम से उत्पादन नियमानुसार संकलित किया गया था।

दूसरे सर्वानुवर्णी प्रसूचियों के नमूने लिवरपूल पब्लिक लाइब्रेरीज कैटलॉग नान-फिक्शन—चार खण्डों की 1925-1959, ब्रिस्टल पब्लिक लाइब्रेरी, ऐनुयल कैटलॉग—पाँच खण्डों की 1962 में प्रकाशित तथा संयुक्त राष्ट्र की मेट्रोपोलिटन म्युजियम ऑफ आर्ट न्यूयार्क कैटलॉग और कोलम्बिया युनिवर्सिटी लाइब्रेरी सर्विस डिक्शनरी कैटलॉग आदि बहुत लोकप्रिय नमूने हैं।

**2. अमेरिकन लाइब्रेरी एसोसिएशन की प्रसूचियाँ**—इसका प्रकाशन समय-समय पर 1893 से प्रकाशित होता रहा है। सही मायने में ये प्रसूचियाँ किसी पुस्तकालय या किसी सामूहिक पुस्तकालयों के संकलन का प्रतिनिधित्व नहीं करतीं, बल्कि प्रकाशित सूची के पृष्ठों के एक सर्वोत्तम पुस्तकालय सूची के नमूने का कार्य करती हैं जिसमें विधियों, प्रविधियों तथा विन्यास व्यवस्था का अनुसरण आदि सूचीकारों का प्रकाशन 1893-1941 के मध्य में समय-समय पर प्रकाशित किया है और 1904 के संस्करण को न्यूयार्क स्टेट लाइब्रेरी और लाइब्रेरी ऑफ काँग्रेस ने ए. एल. ए. पब्लिशिंग बोर्ड के तत्त्वाधान में दो भागों में "A. L. A. Catalog: 8,000 volumal for a popular library , with notes." के नाम से प्रकाशित किया है। पहला भाग अनुवर्ग सूची के रूप में है जिसके वर्गीकरण का आधार डेसमल क्लासीफिकेशन है और दूसरा भाग सर्वानुवर्णी सूची के रूप में है। अमरीकी लोक पुस्तकालयों के सहयोग से निर्मित ए. एल. ए. सूची को प्रथम सामान्य ग्रन्थ चुनाव का साधन कहा जा सकता है।

इसके सूक्ष्म प्रेक्षण से यह प्रकट होता है कि पुस्तकालयों के संग्रह की बढ़ोत्तरी के कारण प्रकाशित प्रसूचियों को अतिथि नहीं रखा जा सकता और मूल सूची के प्रकाशन के उपरान्त हमेशा अनुपूरक खण्डों को प्रकाशित किया गया है जिससे नये संग्रह का ज्ञान प्राप्त किया जा सके। इस प्रक्रिया में बहुत ज्यादा धन और समय तथा परिश्रम की आवश्यकता पड़ती है। 20वीं शताब्दी के प्रारम्भ में प्रकाशित प्रसूचियाँ खर्चीली महसूस होने लगीं और मितव्ययिता तथा प्रसूचियों को अतिथि रखने के लिए पत्रक प्रसूचियों का प्रचलन प्रचुर मात्रा में प्रयुक्त किया जाने लगा। अनुसंधानों तथा विद्वानों के प्रयोग की दृष्टि से प्रकाशित सूची सन्दर्भ के लिए पुस्तकात्मक साधन के रूप में निस्सन्देह महत्त्वपूर्ण तथा आवश्यक है।

**3. प्रसियन राज्य पुस्तकालयों की प्रसूचियाँ**—1931 में इसका प्रकाशन आरंभ किया जो सहकारी सूचीकरण का सर्वोत्तम मॉडल है। यह संघ सूची मुख्य रूप से अनुलेखक सूची है जिसकी वर्णानुक्रम व्यवस्था है जिसमें प्रसियन पुस्तकालयों, बेवेरियन राज्य पुस्तकालय-म्युनिख और राष्ट्रीय पुस्तकालय वियना की संकलित रचनाओं को शामिल किया गया है। इस सूची में ब्रिटिश म्युजियम की सामान्य सूची की विधि के अनुसार संकलित रचनाओं को शामिल किया गया है। 1944 में युद्ध के कुपरिणाम से इसका प्रकाशन समाप्त हो गया जो 1936 से "der deutcher gesamt.-Katalog" के नाम से प्रसिद्ध था।

**4. बोडेलियन पुस्तकालय सूची**—इसका संकलन एवं निर्माण **बोडले** के निर्देशन में थामस जेम्स ने किया था। 1620 में इस सूची का दूसरा संस्करण पुनः प्रकाशित किया गया था जिसे लेखकों के कुलनाम के अनुसार अनुवर्णिक क्रमानुसार आंकलित किया गया था। यह पहली सामान्य पुस्तकालय सूची रही है। इसका भी श्रेय जेम्स को ही है। जबकि इस सूची में सूचीकरण तथा संकलन के लिए किसी नियम का उपयोग नहीं किया गया है लेकिन इसमें अनेक सिद्धान्तों का अनुसरण किया गया है।

जेम्स ने 1635 ई. में एक विषय-सूची बनाई जो 1620 की सूची का एक परिशिष्ट रहा है। 1674 में तीसरी अधिकृत सूची का प्रकाशन किया गया जिसका संकलन **हॉइड** ने किया था। इसमें सूचीकरण की कुछ नियमावलियों का वर्णन किया गया है, जिनको अपनाया गया है। 1738, 1849 तथा 1859 में दूसरी प्रकाशित प्रसूचियों का प्रकाशन किया गया जिसमें ब्रिटिश म्युजियम की नियमावलियों को अपनाया गया है। इस सूची का स्वरूप गाइडबुक की तरह है। निकोलसन ने बोडेलियन पुस्तकालय के लिए 1882 में एक विशिष्ट नियामवली का संकलन किया था।

1923 में पूर्ण रूप से नई सूची का प्रकाशन किया गया। 1933 में नई नियमावली का भी प्रकाशन किया गया। 1878 में निकोलसन ने वर्गीकृत सूची का संकलन शुरू किया था। इसे कालान्तर में खत्म कर विषय-सूची के कुछ विभागीय पुस्तकालयों के लिए बनाया गया। बोडेलियन पुस्तकालय वस्तुतः ऑक्सफोर्ड विश्वविद्यालय, ब्रिटेन का केन्द्रीय पुस्तकालय है जिसके अनेक विभागीय पुस्तकालय हैं। वर्तमान में इसकी प्रसूचियाँ संघ सूची की तरह मार्क टेप्स के रूप में बनाई जा रही हैं।

**5. लन्दन पुस्तकालय की प्रसूचियाँ**—यह सबसे पहले 1847 में प्रकाशित की गई। प्रमुख सूची का नया संस्करण दो खण्डों (1913-14) के अनुपूरक भाग सहित 1920, 1929 और 1953 में क्रमशः प्रकाशित किया गया। इस सूची की पद्धति सर चार्ल्स हरबर्ट राइट के माध्यम से बनाई गई पद्धति पर आधारित है और इसकी मुख्य योजना ब्रिटिश म्युजियम की योजना तथा व्यवस्था से प्रभावित है। पृथक् रूप से विषयों की अनुक्रमणिकाएँ चार खण्डों में उपलब्ध हैं जिनका प्रकाशन 1909 से 1955 के मध्य किया गया है। यह सूची मुख्यतः अनुलेखक सूची है जिसके संलेखों को लेखक और शीर्षक के अनुवर्णिक क्रम में व्यवस्थित किया गया है।

इसकी स्थापना 1841 में थामस कारलाइल ने की थी जिसका मुख्य कारण था ब्रिटिश म्युजियम की सेवाओं से कारलाइल सन्तुष्ट नहीं थे। इस पुस्तकालय की स्थापना में कारलाइल को तत्कालीन कुछ प्रसिद्ध एवं प्रभावकारी लोगों से मदद एवं सहयोग मिला जिसमें ग्लैस्टोन, क्लेरण्डन तथा हाटन आदि मुख्य थे।

**6. ब्रिटिश म्युजियम की प्रसूचियाँ**—असाइकफ, हारपर तथा मैटी ने दो खण्डों में इसका संकलन किया है। इतिहास के नजरिये से यह पहली सामान्य बृहत्तर अनुलेखक सूची है। इसका दुबारा संशोधन 1807-10 के मध्य किया गया और 1813-19 के मध्य सात खण्डों में इसका संशोधित संस्करण प्रकाशित किया गया।

तत्कालीन अध्यक्ष बेकर को 1834 में ब्रिटिश म्युजियम के ट्रस्टियों ने नई अनुलेखक सूची की योजना प्रकाशित करने के लिए आदेश दिया जिसका पहला भाग 1841 में प्रकाशित हुआ।

सर अन्थनी पनिज्जी 1830 में अतिरिक्त सहायक पुस्तकालयी के पद पर चुने गये थे, बाद में प्रधान पुस्तकालयी का पद ग्रहण किया, को इस नई सूची के संकलन कार्य का निरीक्षण करने का कार्यभार प्रदान किया गया। इससे एक बड़ी भारी विवादग्रस्त समस्या पैदा हुई थी। परिणामस्वरूप पनिज्जी के ज्ञापन देने पर इस नई सामान्य सूची के प्रकाशन का कार्य 1881 तक बिल्कुल बन्द रहा और तमाम जाँच कार्य इस मध्य जाँच आयोग के माध्यम से चलता रहा। इन प्रसूचियों का पुनः प्रकाशन शुरू हुआ और प्रकाशन कार्य 1900 तक जारी रहा। 1881 से 1905 तक की प्रकाशित सूची 95 भागों की है और इसके 15 अनुपूरक खण्ड हैं। शीघ्र ही इस सूची की प्रतियाँ अलभ्य हो गईं।

1930 में इस सूची का दुबारा प्रकाशन नये शीर्षक "British Museum General Catalogue of Printed Books" से शुरू किया गया जिसे 1954 में 51 खण्डों के प्रकाशन के बाद बन्द कर दिया गया और इस तरह मात्र A से DEZW तक अक्षरों का प्रकाशन हो पाया। 'ऑफसेट लीथोग्राफी' के द्वारा नये संस्करण का प्रकाशन  पूर्ण करने का कार्य 1958 में सार्वभौमिक अध्ययन का अस्तित्त्व पत्र के रूप में उपलब्ध किये जाने के उद्देश्य से शुरू किया गया। इस तरह से प्रकाशित ब्रिटिश म्युजियम की सूची बहुत उपादेय सिद्ध हुई है। 1955 तक के संग्रह के संलेख इससे प्रस्तुत किये गये हैं। 1959 में 52वें खण्ड के प्रकाशन का कार्य शुरू किया गया। 1-55 खण्डों का प्रकाशन पुनः किया जा रहा है। 1966 तक प्रकाशित खण्डों की संख्या 263 तक पहुँच गई है जिसमें WORK तक के अक्षरों का समावेश उपलब्ध है और इसमें 40 लाख संलेखों का वर्णन किया गया है जो ब्रिटिश म्युजियम

की आखिरी सूची है। प्राच्य प्रकाशित ग्रन्थों तथा पाण्डुलिपियों की पृथक प्रसूचियाँ भी उपलब्ध हैं। ग्रन्थात्मक साधन के रूप में प्रयोग में लाई जा सकने वाली अनुलेखक प्रसूचियों का सर्वोत्तम नमूना ब्रिटिश म्युजियम की ही प्रसूचियों का है।

## पुस्तकालय सूची के लक्ष्य

पाठ्य सामग्रियों का संकलन तथा व्यवस्था, वर्तमान पुस्तकालयों में ज्ञान प्रसार के लिए किया जाता है। पुस्तकालयों तथा पुस्तकालयों के दर्शन एवं कला का उद्‌देश्य पढ़ने की प्रवृत्ति जाग्रत करना भी है। इस लक्ष्य को पूर्ण करना सूची का प्रमुख उद्देश्य है। पाठकों की जरूरत के अनुसार पुस्तकों की प्राप्ति के लिए पुस्तकालय सूची का अहम उद्‌देश्य है जिनसे पाठक उपयुक्त पुस्तकों का चुनाव कर सकता है। सी. ए. कटर ने 1876 में सूची के जिन उद्देश्यों का निर्धारण किया था वे आज भी पर्याप्त, प्रचलित और आवश्यक माने जाते हैं। कटर ने अपनी 'रूल्स फॉर ए डिक्शनरी कैटलॉग' में निम्नांकित उद्देश्य निर्धारित किये हैं जिसे किसी भी पुस्तकालय सूची में पूर्ण करने की क्षमता निहित होनी चाहिए—

1. किसी पुस्तक के संस्करण विशेष तथा उसके साहित्यिक अथवा विषयानुसार विशेषता की दृष्टि से चुनाव करने में सहायता प्रदान करना।

2. किसी व्यक्ति को यदि किसी पुस्तक के लेखक, शीर्षक अथवा विषय का ज्ञान होने पर उसे उस पुस्तक को प्राप्त कराना है।

3. किसी लेखक विशेष के माध्यम से लिखित, किसी विषय विशेष से सम्बन्धित अथवा किसी अमुक प्रकार के साहित्य के ऊपर जितनी भी सामग्री ग्रन्थालय में उपलब्ध हो, उसे पेश करना।

कटर के तीसरे उद्देश्य का आशय सूची के अधीन प्रलेखों के विवरण का वर्णन करने से है जिससे किसी रचना के विभिन्न संस्करणों का ज्ञान प्राप्त हो सके और साथ ही प्रलेखों की विषय-वस्तु तथा विशेषताओं का वर्णन करके उनके वरण में सहायता प्रदान करना है। सामान्यतः सूची का उद्‌देश्य रूप से पुस्तकालय में पुस्तकों तथा अन्य प्रलेखों के स्थान का ज्ञान कराना है। इस दृष्टि से सूची एक 'प्राप्त करने की तालिका' है जो पुस्तकालय में किसी पुस्तक तथा दूसरी वर्णित सामग्री की पहचान कराती है, खोजती है तथा स्थान निर्धारित करती है।

निम्न बिन्दुओं के तहत पुस्तकालय सूची के उद्देश्य को व्यक्त किया जा सकता है—

1. यह पुस्तकों तथा अन्य पाठ्य सामग्रियों की शीघ्रतापूर्वक पुनर्प्राप्ति तथा निश्चित करने में सहायता प्रदान करती है। इस उद्देश्य की पूर्ति करने का दूसरा

स्रोत व युक्ति वर्गीकरण पद्धति है जिसकी सहायता से ग्रन्थों को निधानियों पर क्रम पूर्ण रूप से व्यवस्थित किया जाता है। इस व्यवस्था पद्धति में मात्र एक ही अनुक्रम सम्भव होता है और कोई अन्य दूसरा अनुक्रम असम्भव है। सूची इस कार्य के पूरक के रूप में सहायक होती है और संलेखों के विभिन्न अनुक्रमों के माध्यम से सम्पूर्ण पुस्तकालय के संकलन का ज्ञान पाठकों को कराने में सहायक सिद्ध होती है।

2. अध्ययन तथा अनुसन्धान के लाभ के लिए पुस्तकों तथा अन्य प्रलेखों की ग्रन्थात्मक विशेषताओं को अभिज्ञप्त करना तथा उन्हें उपलब्ध करना है। लेखक का पूरा नाम, शुद्ध शीर्षक, संस्करण, मुद्रणादि तथा पृष्ठादि पुस्तकात्मक विशेषताओं का समुचित वर्णन सूची संलेख में रचनाओं की तरह के अभिज्ञानार्थ किया जाना अनिवार्य है।

3. किसी उपलब्ध पुस्तक का संस्करण तथा अनुवादक आदि विवरण का ज्ञान सुलभ करती है जिससे ग्रन्थ के वरण में सुविधा प्राप्त कर सकता है।

4. पुस्तकालय में उपलब्ध किसी लेखक, सम्पादक, अनुवादक की सभी रचनाओं तथा एक विषय की अनेक रचनाओं को एक ही साथ व्यवस्थित करने में मदद करना है। कोई भी पाठक बड़ी सरलता से किसी लेखक अथवा विशिष्ट विषय की सभी रचनाओं को ज्ञान सूची के माध्यम से अत्यंत शीघ्र प्राप्त कर सकता है।

अन्त में हम यह कह सकते हैं कि पुस्तकालय सूची को ऐसे तरीके से बनाया जाना चाहिए जिससे विभिन्न तरह से किसी तरह की जानकारी या प्रश्नोत्तर प्रदान किया जा सके और निधानियों को किसी भी तरह की व्यवस्था अपनाने पर भी पुस्तकों तथा अन्य पाठ्य सामग्रियों का अभिज्ञान तथा पुनर्प्राप्ति में सुविधा प्राप्त हो सके।

## पुस्तकालय सूची के उपयोग

पुस्तकालय सूची के प्रमुख कार्य अग्रलिखित हैं–

1. किसी अमुक विषय पर कौन-सी रचनाएँ तथा अन्य पाठ्य-सामग्री पुस्तकालय में उपलब्ध है, किस स्थान पर वे सुलभ हो सकती हैं। वास्तव में सूची के कार्यों का विवेचन जो कुछ भी किया गया है वह सी.ए. कटर के माध्यम से प्रतिपादित सूची के उद्देश्यों का किसी न किसी रूप में संशोधन तथा विस्तार मात्र है, लेकिन संक्षेप में निम्नांकित कार्यों को पूर्ण करने की क्षमता पुस्तकालय सूची में अवश्य होनी चाहिए।

2. किसी रचना के लेखक और शीर्षक ज्ञात होने पर संकलन के अधीन शीघ्रतापूर्वक तथा ठीक तरह से यह निश्चित कर देना कि वह रचना उपलब्ध है या नहीं; यदि है तो वह किस स्थान पर सुलभ हो सकती है।

3. किसी उपलब्ध रचना अथवा सामग्री को पाठक अनेक तरह के तरीकों से पूछ सकता है अथवा उन्हें ज्ञात करने का प्रयास कर सकता है। अतः सूची की प्रत्येक पुस्तक का संलेख उसके लेखक, शीर्षक, चित्रलेखक, अनुवादक, सम्पादक, संकलनकर्ता, माला अथवा अन्य किसी दूसरे व्यक्ति या समष्टि के अधीन प्रकट करना चाहिए जिसके अधीन पाठक उन्हें देख सकें।

4. पुस्तकालय में उपलब्ध पुस्तकों तथा अन्य पाठ्य-सामग्री का अभिज्ञान प्राप्त करने के लिए सूची को ग्रन्थात्मक विवरण तथा क्रमांक-संख्या प्रदान करना चाहिए जिससे पुस्तकों का स्थान ज्ञात हो सके अथवा उनको प्राप्त करने में आसानी हो।

5. सूची संलेखों को इस तरह से विन्यास करना चाहिए कि पुस्तकालय में उपलब्ध किसी लेखक विशेष की सभी रचनाएँ एक ही तथा उसी नाम के अन्तर्गत एक स्थान पर सुलभ हो जाएँ।

6. आजकल विशेषकर विज्ञान और तकनीकी के क्षेत्र में पाठकों की माँग विषयानुसार ज्यादा हो गई है। उच्च शैक्षणिक संस्थाओं में अधिकांशतः अपेक्षाकृत किस लेखक विशेष अथवा शीर्षक के विषयानुसार पाठकों की माँग ज्यादा होती है। अतः विषय संलेखों को इस तरह विन्यस्त करना चाहिए कि सम्बन्धित विषयों को समन्वित किया जा सके और एक ही विशिष्ट विषय की रचनाएँ एक साथ आकलित हो जाएं।

पुस्तकालय विज्ञान के सूत्रों के परिप्रेक्ष्य में सूची के कार्य एवं उद्देश्य को डॉ. एस. आर. ने वर्णित किया है–

1. पाठक के समय की बचत करना और इस कार्य के लिए कार्यरत सदस्यों के समय की बचत करना।
2. हर पाठक को उसका अथवा उसके इष्ट प्रलेख को बताना।
3. हर प्रलेख का उसका पाठक प्राप्त करना।

किसी भी सूची के कार्यों को मागेरेट मन ने अग्रलिखित रूपों में निश्चित किया है।

1. पुस्तकों के लेखक संलेखों को इस तरह व्यवस्थित करना जिससे किसी भी लेखक की सभी रचनाएँ एक ही नाम से एक साथ एक स्थान पर प्राप्त की जा सकें।

इसके लिए उस विधि को अपनाना चाहिए जिससे पाठक के लिए यह सम्भव हो सके कि वह किसी रचना विशेष को प्राप्त कर सके या किसी लेखक विशेष की साहित्यिक रचनाओं का ज्ञान प्राप्त हो सके जो उस पुस्तकालय में उपलब्ध है।

2. पुस्तकालय में उपलब्ध प्रत्येक रचना का अभिलेख उसके लेखक, शीर्षक, अनुवादक, सम्पादक, चित्रलेखक, टीकाकार, माला या किसी अन्य व्यक्ति, समष्टि या नाम जिसके माध्यम से किसी पुस्तक की प्राप्ति की सम्भावना पाठक रख सकता है उसे प्रस्तुत करना। विवरण की मात्रा पुस्तकालय की आवश्यकता पर भी निर्भर करती है।

3. हर रचना तथा उसके किसी रचना के अंश को उस रचना के विशिष्ट विषय के अधीन उसका अभिलेख प्रस्तुत करना।

4. पाठक को एक संलेख से दूसरे संलेख की ओर निर्दिष्ट करने के लिए प्रति निर्देशों का प्रयोग सूची के अधीन अवश्य करना चाहिए।

5. जब आवश्यक हो तो शीर्षक का भी अभिलेख प्रस्तुत करना।

6. विषय संलेख को इस तरह से व्यवस्थित करना जिससे एक जैसे विषय एक ही स्थान पर एक साथ आ सकें तथा सम्बन्धित विषय समन्वित हो जाएँ।

7. क्रमांक-संख्या जिसके माध्यम से ग्रन्थों को प्राप्त करने के लिए उनके स्थान को ज्ञात करते हैं उसका भी वर्णन करना।

8. प्रत्येक रचना का विवरण शीर्षक, मुद्रांकन-विवरण तथा पृष्ठादि और जहाँ कहीं आवश्यक हो अधिसूचन आदि से प्रस्तुत करना चाहिए।

वर्तमान प्रसूचियों के अनुसार मिस ए. जी. मुज ने प्रमुख रूप से सूची के चार कार्य बताये हैं जिससे पाठक को ठीक सूचना उपलब्ध होती है—

1. पूर्ण पुस्तकात्मक विवरण का वर्णन करना; 2. वर्तमान नियमावलियाँ जिनके अनुसार सूची किसी रचना का संलेख प्रकट करती है उसका ज्ञान पाठक को प्राप्त होने पर क्या वह पुस्तकालय में उपलब्ध है बताना; 3. पुस्तकालय में उपलब्ध सभी रचनाओं की पृथक विषयानुसार पूर्ण सारणी प्रस्तुत करना; 4. किसी भी लेखक विशेष की सभी रचनाओं की सारणी प्रस्तुत करना। व्यावहारिक एवं सैद्धान्तिक सूचीकरण कला के प्रमुख विशेषज्ञ सेमूर लुबेट्ज़की ने इस तथ्य पर बल दिया है कि पुस्तकालय सूची न केवल इस दृष्टिकोण से निर्मित की जानी चाहिए कि— 1. पुस्तकालय में किसी लेखक विशेष के नाम से कोई अमुक सामग्री अथवा पुस्तक है या नहीं; बल्कि 2. रचना तथा लेखक को अभिज्ञप्त करना चाहिए तथा लेखक की अनेक रचनाओं तथा किसी रचना के अनेक संस्करणों तथा अनुवादों को एक साथ सम्बद्ध भी किया जाना चाहिए।

## सूची समान अन्य अभिलेख

पाठकों की जानकारी और सुविधा के लिए नाना तरह की प्रसूचियों को बनाया जाता है जिनका प्रयोग करने से पुस्तकालय में उपलब्ध पुस्तकों तथा अन्य प्रलेखों का विवरण ज्ञात किया जा सकता है। पुस्तकालय में उपलब्ध पाठ्य-सामग्रियों के प्रयोग के लिए उनको प्रस्तुत करने के लिए अनेक विधियों का अनुसरण किया जाता है जिनमें सूची तथा वर्गीकरण अत्यन्त प्रभावकारी हैं। वर्तमान विशिष्ट पुस्तकालयों में पाठक सूची को पत्रक अनुक्रमणिका मात्र समझते हैं और सूची को संचिका का एक रूप मानते हैं। इन पुस्तकालयों में सूची के सादृश्य अन्य प्रकाशित सारणियों, अनुक्रमणिका सारांश सेवा तथा वाङ्मय-सूचियों का उपयोग अत्यधिक मात्रा में किये जाने के कारण सूचीकरण के स्थान पर अनुक्रमणिकाकरण का प्रयोग ज्यादा प्रसिद्ध हो गया है।

### *वाङ्मयसूची*

वाङ्मयसूची को लेखक ने अपनी रचना में स्पष्ट किया है जिसमें सूची व इसके कार्यों तथा उद्देश्य का अवलोकन किया जा सकता है। जॉन जे. बॉल के अनुसार, "सूची संलेखों का संकलन है जो पुस्तकालय में उपलब्ध सामग्रियों का अभिलेख है और उनका विवरण तथा निर्देशिका प्रस्तुत करती है।" बॉल ने सूची को पाठ्य-सामग्रियों—प्रायः पुस्तकों की सारणी कहा है और "वाङ्मय सूची पाठ्य-सामग्रियों की वह सारणी है जो उपलब्ध है और कहीं भी सुलभ हो सकती है।"

सूची पद्धति के अनुसार संकलित चित्रलेखों, अभिलेखों, पाण्डुलिपियों, पुस्तकों, आदि की सारणी सन्दर्भ ग्रन्थ सूची कहलाती है। लेकिन इसका क्षेत्र कोई लेखक विशेष अथवा कोई विषय विशेष होता है। जिसकी रचनाओं की सारणी प्रस्तुत की जाती है और यह किसी पुस्तकालय अथवा संकलन विशेष तक ही सीमित नहीं होती है। सन्दर्भ ग्रन्थ-सूची के अधीन सारणीकृत पुस्तक अथवा अन्य सामग्री किसी भी पुस्तकालय में अथवा विश्व के किसी राष्ट्र में हो सकती है। सूची की तरह सन्दर्भ ग्रन्थ-सूची में भी संलेख होते हैं जो सूची संलेखों की तुलना में संक्षिप्त अथवा विस्तृत हो सकते है। लेकिन उनमें आकार सम्बन्धी वस्तुओं का वर्णन रहता है। सन्दर्भ ग्रन्थ-सूचियों को अनेक विधियों से विन्यस्त किया जाता है। जैसे—उनको लेखक के नाम के वर्णानुक्रमानुसार, विषयानुसार, कालक्रमानुसार, विषयों के विभाजन के अनुसार आकलन व्यवस्था को अपनाया जा सकता है।

## *अनुक्रमणिका*

सूची और अनुक्रमणिका को साधारण तौर पर एक ही समझा जाता है, जैसे दोनों एक-दूसरे के समानार्थक हों। लेकिन दोनों एक-दूसरे से पृथक हैं और उनका कार्य भी अलग है। वर्तमान विशिष्ट पुस्तकालयों में सूचीकरण एवं अनुक्रमणिकाकरण दोनों एक ही अर्थ में प्रयुक्त किये जा रहे हैं। सूची, पुस्तकालय में सग्रहीत किसी अमुक पुस्तक अथवा सम्पूर्ण संग्रह का विवरण प्रस्तुत करने का एक प्रमुख साधन है जबकि अनुक्रमणिका मात्र ठीक उसी विवरण को प्राप्त करने में सहायता करती है जिसे कोई पाठक विशेष रूप से चाहता है। अनुक्रमणिका सूची की अनुपूरक है और उसके कार्य को पूरा करती है। किसी पुस्तकालय के अधीन किसी विषय की सन्दर्भ सारणी अनुक्रमणिका है जबकि विभिन्न लेखकों की रचनाओं की तालिका सूची है।

इ. जे. काट्स के अनुसार, "सामान्यतः सूची संलेख और अनुक्रमणिका संलेख में भेद यह है कि पहले में किसी विषय से सम्बन्धित प्रलेख का कुछ वर्णनात्मक विवरण शामिल रहता है जबकि अनुक्रमणिका संलेख मात्र उस विषय के स्थान को निश्चित करने के लिए होता है।" अनुक्रमणिका पत्र-पत्रिकाओं में प्रकाशित आलेखों की एक सारणी होती है जिसे "Periodical Index" कहते हैं। ग्रन्थों में अनेक विषयों या प्रयुक्त पदों की अनुक्रमणिका प्रस्तुत की जाती है जिसका उद्देश्य पाठक को पुस्तक के अधीन वर्णित सभी सूचनाओं की पूरी तरह बिना किसी रुकावट के परिचित कर देना है।

## *विधान सूची*

विधान-सूची का प्रयोग अवलोकन के पुस्तकालयों में मूल रूप से पुस्तक की गणना एवं निधाय नियन्त्रण के उद्देश्य से किया जाता है जिससे संग्रह का वार्षिक निरीक्षण का कार्य सम्पूर्ण किया जाता है। कटर के अनुसार, "निधाय-सूची किसी पुस्तकालय की पुस्तकों की संक्षिप्त पुस्तक गणना है जिसके संलेखों का आकलन निधायों पर व्यवस्थित ग्रन्थों के क्रमानुसार होता है। यह प्रायः कार्यालय के प्रयोग के लिए होता है। बिना किसी विश्लेषण के इसको किसी पुस्तकालय की विषय-सूची माना जा सकता है।"

निधान-सूची का संकलन प्रत्येक पुस्तक के संलेख के पत्रकों को पुस्तकों के क्रमांक-संख्या के अनुक्रमानुसार किया जाता है जिसमें प्रत्येक पुस्तक के लेखक, शीर्षक, संस्करण, खण्डों की संख्या, प्रतियों की संख्या तथा क्रमांक संख्या का नियमानुसार वर्णन किया गया होता है।

निधाय-सूची के पत्रकों की क्रम व्यवस्था वही होती है जो पुस्तकों का निधायों पर क्रम निर्धारित होता है। निधाय-सूची में पुस्तक की कीमत का वर्णन करने की प्रथा भी कहीं-कहीं प्रचलित है। निधाय-सूची का एक काफी उपयोगी अभिलेख है जो वर्गीकार तथा सूचीकार को उचित मदद प्रदान करता है, विशेष रूप से उस परिस्थिति में जब सूची के पत्रक समाप्त हो जाते हैं।

### *परिग्रहण रजिस्टर*

ऐसा अभिलेख जिसमें दिन-प्रतिदिन प्राप्त पुस्तकों का काल क्रमानुसार वर्णन किया जाता है वह परिग्रहण रजिस्टर कहलाता है। यह पुस्तकालय के संग्रह के पहले का कार्य पूरा करता है, जिसे एक मानक परिग्रहण रजिस्टर के रूप में रखा जाता है। कम से कम 2500 तथा अधिकतम 5000 पुस्तकों का एक परिग्रहण रजिस्टर होता है जिसमें हर ग्रन्थ की क्रमिक संख्या होती है।

इस रजिस्टर में हर पुस्तक को प्राप्त की जाने की दिनांक से लेकर पुस्तकालय से किसी कारणवश हटा देने तक का पूर्ण विवरण दिया हुआ होता है। परिग्रहण रजिस्टर में सभी पुस्तकों का संक्षेप में पूरा विवरण प्रकट होता है जिसके लिए इसमें परिग्रहण संख्या, दिनांक, लेखक, प्रकाशन का स्थान, शीर्षक, प्रकाशन वर्ष, खण्ड तथा पृष्ठांक, आकार, साधन, जिल्द, मूल्य, ग्रन्थ संख्या, वर्गांक तथा रिमार्क के अलग-अलग खाने होते हैं।

कुछ पुराने किस्म की एवं जहाँ पर प्रशिक्षित पुस्तकालयियों की कमी है और वर्तमान पुस्तकालय विज्ञान की प्रविधियों तथा साधनों का उपयोग नहीं किया जा सका है वहाँ परिग्रहण रजिस्टर ही सूची के कार्य के लिए उपयोग किया जाता है एवं सूची का प्रयोग परिग्रहण रजिस्टर के लिए किया जाता है।

## सूचीकरण कार्यक्षेत्र

सामान्यतः सरल दिखाई देने वाला सूचीकरण कार्य काफी कठिन होता है पुस्तकालय का संग्रह और दिन-प्रतिदिन का संकलन ही सूचीकरण की कठिनाई का अकेला कारण नहीं है। छोटा संग्रह भी विलक्षण ग्रन्थों का हो सकता है। कठिनाई का कारण ग्रन्थों का अन्दरूनी स्वरूप है जिसमें ज्ञान विद्यमान होता है और उसे प्रकट और संचार करने के लिए सूचीकरण को अच्छी तरह समझ कर सूची के माध्यम से इस तरह प्रस्तुत करना है जिससे पाठक जिसकी खोज में आता है, उसे वही वस्तु मिल जाए। ज्ञान का जिस तरह, जिस गति से, जितने विभिन्न रूपों और आकारों

में विकास हो रहा है उस पर नियन्त्रण प्राप्त करना कठिन कार्य है। इससे भी कठिन कार्य है, प्रकाशित अवस्था में उपलब्ध ज्ञान राशि को ज्ञात करना। यह कार्य ग्रन्थालयियों का है कि सुलभ ज्ञान से पाठकों को परिचित करायें और उनके प्रयोग के लिए विधियों का निर्माण करें। अन्य विशेषज्ञों की तरह इन लोगों ने भी अपनी समस्याओं का अध्ययन किया है और प्रकाशित ज्ञान को प्राप्त करने के लिए विभिन्न युक्तियों तथा साधनों को विकसित किया है।

इन युक्तियों तथा साधनों की पृष्ठभूमि में एक 'विज्ञान' तथा 'तकनीक' है जो वर्तमान ग्रन्थालयों का हृदय है और ग्रन्थालयियों की सफलता की कुंजी है जिसमें सूचीकरण अत्यन्त महत्त्वपूर्ण है। इनकी कमी में ग्रन्थों तथा अन्य पाठ्य-सामग्रियों में विद्यमान ज्ञान का सर्वेक्षण सम्भव नहीं है। जब तक वैज्ञानिक रीति तथा सतर्कता से ग्रन्थों की निधाय-व्यवस्था एवं संचरण तथा प्रसार नहीं किया जाता, तब तक पुस्तकालयों को क्रियाशील नहीं बनाया जा सकता। सूचीकरण विधि का विधिवत अध्ययन इस उद्देश्य के परिप्रेक्ष्य में आवश्यक है।

पुस्तकालय सूची का निर्माण एक बार मजबूत सिद्धान्तों एवं निर्धारित नियमावलियों के अनुसार हो जाने पर इसकी कार्यशीलता एक उपादेय साधन के रूप में हमेशा के लिए सुनिश्चित हो जाती है। एक सुव्यवस्थित तथा उत्तम तरह की सूची पुस्तकालय के पूरे संग्रह की कुंजी होती है और पाठकों की संख्या बढ़ा देती है तथा पुस्तकालय को लोकप्रिय बना देती है। इससे पाठक और पुस्तकालयियों के समय तथा द्रव्य की बचत होती है। इससे पुस्तकालय की पाठ्य-सामग्री सुरक्षित रहती है।

किसी भी पुस्तकालय का नाम उसके भव्य भवन, विशाल संग्रह एवं आर्थिक रूप से मजबूत होने से नहीं होता है, बल्कि उसकी उपादेयता से होता है। अतः एक उत्तम सूची पुस्तकालयों की आवश्यकता है जिसका मूल्य ऐतिहासिक नजरिये से भी है। क्योंकि सूची पुस्तकालय का एक मूल ऐतिहासिक प्रलेख है, सबकी मूल आवश्यकता है और एक ऐसा साधन है जो ग्रन्थालय की स्थिति का ज्ञान प्राप्त करने के लिए है। अतः इसके प्रावधान और नियोजन पर ज्यादा गौर करना होगा।

## सूचीकरण : भौतिक रूप

**बाहरी स्वरूप**—पुस्तकालय वर्धिष्णु है इस नियम से यह ज्ञात होता है कि पुस्तकालय सूची बढ़ती रहेगी, तदनुसार पुस्तकालय सूची के भौतिक स्वरूप में अनेक बदलाव होते आये हैं, यह प्रक्रिया अभी खत्म नहीं हुई है। सूची का जिल्दबद्ध-पुस्तक स्वरूप काफी समय तक प्रचलित रहा, डॉ. रंगनाथन के अनुसार इसे लेपित-कागज

स्वरूप माध्यम से बदल दिया गया क्योंकि जिल्दबद्ध-पुस्तक स्वरूप में यह संभव नहीं था कि नई प्रविष्टियों को उसमें अंतर्वेशित किया जा सके और उन्हें सही जगह रखा जा सके। इस स्वरूप में प्रविष्टियां लिखित, टंकित या कागज की पट्टी पर प्रकाशित हो सकती हैं जिन्हें जिल्दबद्ध-पुस्तक के पृष्ठों पर एक क्रम से चिपका दी जाती हैं। चिपकाने में यह ध्यान रखा जाता है कि मध्य में इतनी जगह छोड़ दी जाए जिससे भविष्य में प्रविष्टियों को सरलता से अंतर्वेशित किया जा सके। यदि किसी स्थल पर सूची का कोई हिस्सा अत्यधिक संकलित हो जाता है तो पट्टियों को उठा लिया जाता है और उन्हें पुनः वितरित किया जाता है। लेकिन इस स्वरूप के अनुरक्षण में समय और श्रम अधिक लगने के कारण इसे भी अनाबद्ध-पुस्तक स्वरूप में बदल दिया गया।

प्रत्येक पत्र में विकास के पहले चरण में छह प्रविष्टियाँ हुआ करती थीं। यह स्वरूप सुविधाजनक पाया गया और इसमें यह संभव था कि बिना कठिनाई के इसे अद्यतन रखा जा सके। लेकिन एक पत्र में एक से ज्यादा प्रविष्टि रखने पर उनके क्रमों में कभी-कभी गड़बड़ी पैदा हो जाती थी। इस गड़बड़ी को सुधारने के लिए पत्र का आकार उतना ही रखा गया जिसमें एक पत्र के लिए एक प्रविष्टि आ सके। फिर एक वह स्थिति भी आ गई जब छोटे-छोटे पत्रों का उपयोग काफी आसानीवर्द्धक महसूस होने लगा। तब इस स्वरूप को पत्रक स्वरूप सूची में बदल दिया गया।

पत्रक (काडी) का आकार 12.5 सेमी. × 7.5 से. मी. एक लम्बे अनुभव के बाद ही ठीक समझा गया। सर्वत्र इस आकार को अपनाया गया और यही आकार प्रचलित भी है। कार्ड का घनत्व 0.0025 सेमी. होता है। एक कार्ड पर एक ही प्रवष्टि बनाई जाती है। अनाबद्ध-पत्र खाता के अतिरिक्त कार्ड-पद्धति पुस्तकालय व्यवसाय का औद्योगिक समुदाय के लिए एक वर्णन योगदान है।

उपरोक्त भौतिक स्वरूपों के अलावा दूसरे स्वरूपों का विकास हुआ है जिनका वर्णन करना आवश्यक है। ऐसे स्वरूपों में सर्वदर्शी सूचक, छिद्रित कार्ड (पूर्णरूपेण यंत्रीकृत), माइक्रोफिल्म, चुम्बकीय फीता, चुम्बकीय डिस्क, कम्प्यूटर आदि हैं। सर्वदर्शी सूचक ऐसे कार्ड के बने होते हैं जिनके कोर कुछ मोटे होते हैं जो दिखाई पड़ जाते हैं या वे एक फ्रेम के रूप में होते हैं जिनमें 0.62 सेमी. चौड़ी छोटी-छाटी पट्टियाँ होती हैं जो एक दूसरे के ऊपर-नीचे मढ़ी रहती हैं। माइक्रोफिल्म, चुम्बकीय फीता, चुम्बकीय डिस्क आदि अनेक भौतिक स्वरूप हैं जिनमें सूची को बदल दिया जाता है। इनसे सूचनाओं के उपायोजन के लिए विशेष तरह के यन्त्र की आवश्यकता होती है, जिनकी लागत काफी होती है।

प्रविष्टियों को कम्प्यूटर में संचित किया जा सकता है। नई प्रविष्टियों का अन्तर्वेशन एवं अनिवार्य प्रविष्टियों का निष्कासण भी कम्प्यूटर के माध्यम से प्राप्त हो जाता है। इससे पुस्तकाकार, कार्ड या शीफ के रूप में सूची अद्यतन रूप में प्रकाशित भी की जा सकती है। कम्प्यूटर को स्वयं भी खोज के रूप में प्रयोग किया जा सकता है, तथा इसके माध्यम से छिद्रित कार्ड (यांत्रिक), माइक्रोफिल्म, चुम्बकीय फीता तथा चुम्बकीय डिस्क के रूपों में सूची को बनाया जा सकता है। 1960 ई. से ही विकसित राष्ट्रों में कम्प्यूटर द्वारा बनाई सूचियों का उपयोग सामान्य होता जा रहा है। इनका महत्त्वपूर्ण निहितार्थ पुस्तकालय सूची के निर्माण के सम्बन्ध में होता है।

**भौतिक स्वरूप को प्रयोग करने के सन्दर्भ में विवेचन**—सूची के भौतिक स्वरूप को अपनाने के सम्बन्ध में अग्रलिखित अनिवार्यताओं पर ध्यान देना चाहिए—इसे अद्यतन रखा जा सके अर्थात् आवश्यकतानुसार प्रविष्टियाँ रखी जा सकें या हटाई जा सकें; एक ही शीर्षक या अग्रपरिच्छेद की समस्त प्रविष्टियाँ एक साथ आ सकें; यह पाठकों तथा पुस्तकालय कर्मचारियों दोनों की पहुँच में (अभिगमों के अन्तर्गत) समान रूप से हों; इसे पुस्तकालय के अन्दर या बाहर आसानीपूर्वक देखा जा सके। यदि पाठक चाहे तो उसे अपने घर ले जाकर भी देख सकता है। यह पक्ष सुवाह्यता से संबंधित है; यह ऐसा हो जिससे प्रविष्टियों को सरलता से देखा जा सके और उनका सुविधापूर्वक व्यवहार किया जा सके; यह ऐसा हो जिसके निर्माण तथा अनुरक्षण में थोड़ा खर्च लगे; इसका आकार सघन होना चाहिए जिससे यह कम जगह घेरे; यह ऐसा हो जिसकी प्रतिरचना पुनः प्रस्तुति प्रक्रिया माध्यम से तैयार की जा सके अर्थात सूची की दूसरी प्रति सरलता से प्राप्त की जा सके; तथा जो तीव्रता से खोजने में सहायक हो।

सामान्यतः सूची के भौतिक स्वरूप निम्नलिखित हैं—

**तुलना**—पुस्तक स्वरूप, शीफ स्वरूप तथा कार्ड स्वरूप सामान्यतः सूची के भौतिक स्वरूप हैं।

**निष्कर्ष**—यह स्पष्ट है कि किसी एक भौतिक स्वरूप से समस्त अनिवार्यताओं की पूर्ति नहीं हो सकती है। हर स्वरूप के अच्छे कमजोर पहलू हैं। लेकिन सूची का कार्ड स्वरूप अब तक व्यवहार में सभी को मान्य रहा है। बीसवीं शताब्दी का श्रीगणेश होते-होते ही कार्ड सूची ने सूची के दूसरे स्वरूपों से बाजी मार ली। तब से बहुत समय बाद तक निःसन्देह कार्ड सूची की श्रेष्ठता दूसरी सूचियों की तुलना में कायम रही, पर अब पुनः सूची का पुस्तक स्वरूप कार्ड स्वरूप को धीरे-धीरे बदलने की चेष्टा कर रहा है।

## सूचीकरण सिद्धान्त

सूचीकरण के क्षेत्र में अपना सक्रिय योगदान डॉ. रंगनाथन ने दिया है। उनका मत यह है कि सूचीकरण सामान्य और विशेष सिद्धान्तों पर आधारित है। ये ही सूचीकरण के प्रदर्शक सिद्धान्त (गाइडिंग प्रिंसिपल्स) हैं। ये अग्रलिखित हैं–

**1. पुस्तकालय-विज्ञान के पाँच सिद्धान्त**–पुस्तकालय विज्ञान के पाँच सिद्धान्त अग्रलिखित हैं–

(क) प्रत्येक पाठक को उसकी अभीष्ट पुस्तक मिले।

(ख) पुस्तकें उपयोग के लिए हैं।

(ग) पुस्तकालय एक वर्द्धनशील संस्था है।

(घ) प्रत्येक पुस्तक को उसका पाठक मिले।

(ङ) पाठक का समय बचे।

पुस्तकालय विज्ञान के उक्त पाँच आधार भूत सिद्धान्त सूचीकरण पर विशेष रूप से लागू होते हैं। अतः पुस्तकालय में संग्रहीत पुस्तकों और अन्य अध्ययन-सामग्री की सूची या सूचियाँ इस तरह बनाई जायें जिनसे पुस्तकालय विज्ञान के सिद्धान्तों की पूर्ति हो सके।

**2. सुनिश्चितता का सिद्धान्त**–इस सिद्धान्त का तात्पर्य यह है कि संलेख में कोई ऐसी सूचना न शामिल की जाए जो संदिग्ध हो।

**3. मितव्यता का सिद्धान्त**–सूचीकरण का यह एक सामान्य सिद्धान्त है। इसका आशय यह है कि सूची बनाने में शक्ति-समय, स्थान और सामग्री इन सभी में मितव्यता हो, किन्तु पुस्तकालय विज्ञान के पाँचों मूलभूत सिद्धान्तों को कोई हानि न पहुँचे।

**4. सर्वाधिक प्रभावशीलता का सिद्धान्त**–सूचीकरण का यह एक विशिष्ट सिद्धान्त है। इसका तात्पर्य है कि सूची के संलेखों के व्यवस्थापन में सर्वाधिक प्रभावशीलता के सिद्धान्त का पालन किया जाना चाहिए।

**5. प्रचलन का सिद्धान्त**–इस सिद्धान्त के अनुसार किसी संलेख के लिए चुना हुआ शीर्षक प्रचलित होना चाहिए।

**6. सुसंगति का सिद्धान्त**–सूचीकरण के नियमों का प्रयोग करने और बनाने में सुसंगति के सिद्धान्त का पालन किया जाना चाहिए, अर्थात् संलेख में जो अंश शामिल किए जाएँ वे उसके उद्देश्य के अनुरूप हों।

**7. अविरोध का सिद्धान्त**–सूचीकरण निश्चित नियमों के अनुसार की जाए जिससे सूची में एकरूपता बनी रहे। श्री एकोम्ब महोदय का कथन ठीक ही है कि

सूची का उच्च गुण अविरोधिता (एकरूपता) होना चाहिए, उन निपमों के साथ जिन पर कि वह आधारित हो।

**8. स्थायित्व का सिद्धान्त**—इस सिद्धान्त का आशय है कि संलेख के अग्र अनुच्छेद पर जो अंश चुन कर दिया जाये उसे कुछ स्थायी चीज का प्रतिनिधित्व करना चाहिए।

## सूचीकरण से सम्बन्धित कठिनाइयाँ

दूसरी पाठ्य-सामग्री एवं किताब जो पुस्तकालय में पाठकों के प्रयोग के लिए संग्रहीत की जाती है उसका निधायों पर अन्य पुस्तकों के साथ व्यवस्थित करने के पूर्व सूचीकरण की दृष्टि से सावधानीपूर्वक निरीक्षण करना जरूरी है। यह प्रसूचीकार के लिए कई समस्याओं को दृष्टिगोचर करता है।

मार्गेरेट मन ने भी जैसा कि स्पष्ट किया है कि सूचीकार को पाठक एवं लेखक के मध्य मध्यस्थ का कार्य करना चाहिए और इस तथ्य को ठीक तरह से समझ लेना चाहिए कि लेखक का पुस्तक लिखने का उद्देश्य क्या है और पाठक की आवश्यकता क्या है? सूचीकार को पुस्तकों की शैली तथा विषय-वस्तु को अच्छी तरह इस दृष्टि से समझ लेना चाहिए कि पाठक के लिए उनका क्या मूल्य है? और कहाँ तक अनेक स्तरों के अनेक पाठकों की जरूरत की पूर्ति उनसे हो सकती है। इस नजरिये से पाठक, उनके स्तर तथा आवश्यकता को ध्यान में रखते हुए सूची को पुस्तकों का विवरण प्राप्त करने के लिए एक सरल एवं स्वाभाविक विधि के रूप में प्रस्तुत करना चाहिए।

किसी ग्रन्थ विशेष या दूसरी पाठ्य-सामग्री का स्थान ज्ञान प्रदान करना मात्र सूची का कार्य नहीं है। इसका कार्य विशेष तरह से यह है कि—क्या अमुक पुस्तक पुस्तकालय में उपलब्ध है? अमुक पुस्तक के कौन से संस्करण पुस्तकालय के संग्रह में सुलभ हैं? अमुक लेखक की कौन-सी पुस्तकें पुस्तकालय में मौजूद हैं? इन प्रश्नों का उत्तर प्रदान करने की क्षमता सूची में अवश्य होनी चाहिए जिसे सर्वमान्य किया गया है। सभी सवालों का महत्त्व एक-सा नहीं है और सबका जवाब एक ही तरह से नहीं दिया जा सकता। जिस सूची से प्रथम प्रश्न का उत्तर दिया जा सकता है उससे दूसरे और तीसरे सवाल के उत्तर नहीं दिये जा सकते। पुस्तकों के शीर्षक कालान्तर के संस्करणों में परिवर्तित कर दिये जाते हैं। लेखक भी अपने नाम बदलते रहते हैं। यहाँ प्रथम तरह की समस्या यह है कि किस शीर्षक के अधीन सूची में किसी पुस्तक विशेष का संलेख प्रस्तुत किया जाए। इससे कठिन यह है कि किस

शीर्षक विशेष के माध्यम से पाठक सूची का प्रयोग किस पुस्तक को प्राप्त करने के लिए करेगा इसलिए मुख्य संलेख के वरण की समस्या सूचीकरण की मुख्य समस्या है।

यूरोप की वर्तमान परम्परा के अनुसार किसी रचना को विशिष्टता प्रदान करने का सर्वोत्तम तथा बहुत अधिक महत्त्वपूर्ण तत्त्व उसका लेखक है जिसके अधीन पुस्तकों का संलेख सूची निर्माण के लिए किया जाता है।

अभी तक इस दिशा में ऐसा कोई अनुसन्धान नहीं किया जा सका है कि हर राष्ट्र के लेखकों का किस-किस कुलनाम से संलेख प्रस्तुत किया जाये। कुछ यूरोपीय राष्ट्रों तथा ब्राजील के लेखकों के कुलनाम को निश्चित करना सरल नहीं है। दो कुलनाम नामों का प्रयोग कहीं-कहीं पर लेखक करते हैं। किस नाम को कुलनाम माना जाये, एक समस्या है। बहुत-सी पुस्तकें ऐसी हैं जो अपने शीर्षक के नाम से ही लोकप्रिय हैं। अरब की प्रसूचियों में अब भी शीर्षक के नाम से ही संलेख मुख्य रूप से प्रस्तुत किये जाते हैं।

सूची संलेख के साधनों की विशेषता, जिनके अनुसार संलेख प्रस्तुत किये जाते हैं एक कठिन समस्या उत्पन्न करता है। सूचीकार के लिए संलेख का साधन स्वयं पुस्तक है जो उतनी सूचना पाठक को देने के लिए पर्याप्त नहीं हो सकती जितना पाठक सूची से प्राप्त करने की उम्मीद रख सकता है। सूचीकार को सबसे पहले अपने पुस्तकालय की सूची देखनी पड़ती है अन्यथा एक लेखक की अनेक रचनाएँ कई स्थानों पर बिखर जायेंगी क्योंकि वह कभी-कभी अपने प्रारम्भिक संक्षिप्त नामों के अधीन लिखता है और कभी पूरे नामों से लिखता है। इससे एक लेखक विशेष को सूची में दो विभिन्न स्थानों पर विन्यास होने का भय बना रहता है। जबकि लाइब्रेरी ऑफ काँग्रेस पुस्तक को ही पूरी सूचना का साधन मानने का नियम निर्धारित करती है प्रायः पुस्तक में ऐसी कोई सूचना नहीं होती है कि लेखक ने पहले किसी अन्य नाम से रचनाओं का प्रकाशन कराया है। अर्थात् छद्मनाम से लिखने पर उसका असली नाम क्या है?

सूचीकार को इन तथ्यों की खोज कहाँ तक करनी है, कहाँ तक उसे सफलता मिल सकती है, एक कठिन कार्य है। जिन साधनों अर्थात् राष्ट्रीय सन्दर्भ वाङ्मयसूचियों, पुस्तकात्मक सन्दर्भ सामग्रियों तथा राष्ट्रीय पुस्तकालयों की प्रसूचियाँ तथा विषय वाङ्मयसूचियों जो इन तथ्यों को प्राप्त करने के सच्चे साधन हैं तथा वे स्वयं यदा-कदा अपूर्ण होने के साथ-साथ सत्य सूचना प्रदान करने वाले नहीं हो सकते।

किसी लेखक विशेष की सभी रचनाओं को एक साथ विन्यस्त करना कठिन है और इससे कठिन किसी रचना के सभी संस्करणों का सम्बन्ध स्थापित करना है। नामों के वर्णविन्यास की समस्या भी सूचीकरण के कार्य को कठिन कर देती है, विशेषकर उस स्थिति में जब एक ही कुलनाम के विभिन्न वर्णविन्यास होते हैं। प्रायः यह उन राष्ट्रों के लेखकों के साथ होता है जो अंग्रेजी-भाषी राष्ट्रों के नहीं हैं, परन्तु उनकी रचनाएँ मुख्यतः अंग्रेजी भाषा में हैं।

किस वर्णविन्यास को मानक मानकर शीर्षक को सजाकर रखा जाए एक कठिनाई है जिसमें सुधार आवश्यक है। अब सवाल यह उठता है कि क्या सूचीकरण एक विज्ञान है? और क्या सार्वभौमिक प्रयोग एवं प्रचलन सम्भव है? मजबूत सैद्धान्तिक दृष्टिकोण की कमी में सूचीकरण को विज्ञान का स्थान प्रदान करना कठिन है।

कभी विज्ञान और कभी कला की संज्ञा सूचीकरण को दी जाती है। कटर ने इस तथ्य को स्पष्ट किया है और कहा—"सूचीकरण एक कला है, विज्ञान नहीं। अनुभव तथा सफल एवं विशुद्ध निर्णय का स्थान कोई नियमावली ग्रहण नहीं कर सकती है, लेकिन अनुभव के कुछ परिणामों को नियमावली के रूप में अच्छी तरह से निर्दिष्ट किया जा सकता है।"

एच. डब्ल्यू. एकम्ब तथा जे. एच. क्वीन ने अपनी पुस्तक "Manual of Cataloguing and Indexing" में यह स्पष्ट किया है कि "सूचीकरण कला नहीं है, क्योंकि अधिक वर्तमान शैक्षणिक विभाग के पुस्तकालय में सूची के अधीन स्वयं की अभिव्यक्ति से कठिनाई पैदा हो सकती है, और न यह विज्ञान ही है, क्योंकि यह निश्चित एवं अपरिवर्तनीय तथ्यों पर निर्भर नहीं है, तथाकथित पुस्तकालय विज्ञान की शाखाओं की तरह मात्र एक प्रविधि तथा तदर्थ प्रयोग है जिसमें शुद्धता, सुविधा एवं एकानुरूपता इसके मुख्य अवयव हैं।" सूचीकरण को वैज्ञानिक आधार देने में डॉ. रंगनाथन का अनोखा सहयोग है, जिन्होंने सूचीकरण उपसूत्रों तथा आदर्शमूलक सिद्धान्तों का उत्पादन कर सूचीकरण को कलात्मक एवं वैज्ञानिक आधार प्रदान किया है। सूची को उन्नत तथा प्रभावकारी संप्रेषण का साधन बनाने के लिए अनेक प्रयत्न राष्ट्रीय तथा अन्तर्राष्ट्रीय स्तर पर किये जा रहे हैं। अनेक समस्याओं के हल के लिए सार्वभौमिक पद्धतियों तथा युक्तियों का उत्पादन किया गया है

सूची सम्पूर्ण वाङ्मयात्मक सन्दर्भों का अंग है, और सामान्य सन्दर्भ रचनाओं का एक प्रमुख साधन है जो उनसे पृथक होकर स्वतन्त्र रूप से कार्यरत नहीं हो सकता।

जॉली ने कहा कि—"सूची संप्रेषण का एक साधन है और संप्रेषण के सभी साधन स्वयं भाषा की तरह सामाजिक आदत हैं। सूची प्रयोग करने की प्रक्रिया एक सामाजिक आदत है। यदि सामाजिक आदत सरल है तो नई आदत जल्दी पैदा की जा सकती है। सूची एक अत्यन्त जटिल संप्रेषण विधि है। अतः यह प्रचलित आदतों पर आधारित होनी चाहिए।" कहने का आशय है कि सूची में प्रचलित एक अनुरूपता तथा तर्कगत विशेषता को अपनाना चाहिए, प्रयोग करने वाले को जिससे सहूलियत मिल सके।

# 8

# पुस्तक चुनाव सिद्धान्त

पुस्तकालय की आधारशिला किताब है। पुस्तकालय का मुख्य कार्य पुस्तकें इकट्ठी कर उन्हें सुरक्षित रूप में इस प्रकार रखना है कि पाठक उनका अधिकाधिक उपयोग कर सकें।

युनेस्को के घोषणा पत्र में कहा गया है—"सर्वांगपूर्ण सार्वजनिक पुस्तकालय को पुस्तकों, पत्रिकाओं, समाचार-पत्रों, चित्रों, फिल्मों, रिकार्डों आदि का संग्रह करना चाहिए और उनका प्रयोग करने में पाठकों का मार्गदर्शन करना चाहिए।"

वर्तमान के इस मुद्रण-कला युग में हर वर्ष विभिन्न भाषाओं में करोड़ों की संख्या में पुस्तकें प्रकाशित होती हैं इसलिए समृद्ध-से-समृद्ध पुस्तकालय के लिए भी सभी नवीन पुस्तकों का संग्रह करना वर्तमान व्यवस्था में असम्भव है, साथ ही यह भी निश्चित है कि सभी प्रकाशित पुस्तकें संग्रहणीय नहीं होतीं। आज के इस प्रचारवादी युग में सस्ती लोकप्रियता और अर्थलिप्सा से भरी, रंगीन कलात्मक आवरण युक्त, सस्ती पुस्तकें धड़ल्ले से लिखी जा रही हैं और प्रकाशित हो रही हैं। ऐसी पुस्तकें समाज के हित में नहीं हैं, क्योंकि इनमें जीवनोत्कर्ष का कोई सिद्धान्त नहीं रहता, लोक-कल्याण की भावनाएँ नहीं रहतीं। इसीलिए तो पुस्तकालय के लिए पुस्तक-चयन का सवाल उठता है। किसी वस्तु को पूर्ण रूप से ग्रहण नहीं करके आंशिक रूप से लेने की जहाँ बात आती है, वहीं चयन की जरूरत होती है।

अनेक भाषाओं वाले हमारे देश में प्रतिवर्ष लगभग 25000 पुस्तकें प्रकाशित होती हैं।

यह तो निश्चित है कि सभी प्रकाशन सभी पुस्तकालयों के लिए उपयुक्त नहीं होगा। इसलिए शेष इसका अर्थ यह हुआ कि भारत की प्रमुख 14 भाषाओं में लगभग 10 से 12 हजार ऐसी पुस्तकें प्रतिवर्ष प्रकाशित होती हैं जो पुस्तकालय द्वारा ही व्यय की जा सकती हैं। इनमें से लगभग 60 प्रतिशत पुस्तकें (उपन्यास तथा कहानी) की होती हैं। शेष में, अधिक संख्या धार्मिक, दार्शनिक और समाजशास्त्रीय विषयों की पुस्तकों की रहती है। तकनीकी पुस्तकों का प्रकाशन अभी हाल ही में आंरम्भ हुआ है। ज्यादातर पुस्तकों की छपाई-सफाई अच्छी नहीं होती है और पुस्तकालयों में लगातार उपयोग से उनमें से अधिकतर शीघ्र ही खराब हो जाती हैं।

किसी भी पुस्तकालय के लिए इन सभी पुस्तकों (10 से 12 हजार की संख्या) को खरीदना सम्भव व उपयोगी नहीं हो सकता, इसलिए अपनी-अपनी आवश्यकता, भाषा और आय के अनुसार पुस्तकों का चयन करना पड़ता है।

विभिन्न प्रकार के पुस्तकालयों में विभिन्न प्रकार की समस्याएँ पुस्तक चयन में होती हैं। विद्यालय, महाविद्यालय तथा विश्वविद्यालय पुस्तकालयों में पुस्तक चुनाव का कार्य उतनी समस्या नहीं है जितनी लोक पुस्तकालयों में। शैक्षणिक पुस्तकालयों में अधिकांश अध्यापकों द्वारा स्वीकृत तथा छात्रों के पाठ्यक्रम के अनुसार पुस्तकों का चुनाव होता है इसके अलावा सामान्य ज्ञान की कुछ पुस्तकों का चयन भी छात्रों के बौद्धिक विकास हेतु किया जाता है। विश्वविद्यालय अनुदान आयोग भी पुस्तकों की खरीद के लिए महाविद्यालय तथा विश्वविद्यालय को अतिरिक्त अनुदान देता है इसलिए उसके साथ अर्थ की समस्या नहीं होती। परन्तु सार्वजनिक पुस्तकालयों के साथ ऐसी परिस्थिति नहीं है। उन्हें अपने नितान्त सीमित साधनों से ही पाठकों की माँग की पूर्ति करनी पड़ती है। शैक्षणिक पुस्तकालयों में पाठ्य-पुस्तकों की माँग अधिक होती है तथा सामान्य ज्ञान की कुछ पुस्तकों की माँग होती है। लेकिन सार्वजनिक पुस्तकालयों में पाठकों की माँग विभिन्न प्रकार की होती है। आमदनी के सीमित साधनों वाले सार्वजनिक पुस्तकालयों में पाठकों की माँग असीमित होती है।

इसलिए सार्वजनिक पुस्तकालयों के पुस्तकालयाध्यक्ष के कार्यों में पुस्तक-चयन सर्वाधिक कठिन तथा महत्त्वपूर्ण कार्य है। श्री बेंरिविक सेयर्स के कथनानुसार "पुस्तकालयाध्यक्ष के कार्यों में पुस्तक-चयन बहुत ही उत्तरदायित्वपूर्ण और कठिन कार्य है। इसमें गम्भीर अवलोकन तथा निरन्तर प्रयत्न से ही प्रवीणता आती है।"

इसलिए पुस्तक-चयन का कार्य (1) कम मूल्य पर (2) अधिकाधिक पाठकों के लिए (3) उत्तम पाठ्य-सामग्री प्रस्तुत के ठोस सिद्धान्तों पर आधारित होना चाहिए।

## चुनाव सिद्धान्त

उपर्युक्त सिद्धान्त के अनुसार पुस्तक-चयन के तीन अवयव हमारे सम्मुख आते हैं—(क) पाठक, (ख) पाठ्य-सामग्री, (ग) धन।

**(क) पाठक**—शैक्षणिक पुस्तकालयों के पाठक तो सीमित होते हैं—

1. छात्र एवं अनुसंधानकर्ता

2. प्राध्यापक

लेकिन लोक पुस्तकालयों के पाठक तो असीमित होते हैं। उन्हें हम चार वर्गों में विभक्त कर सकते हैं—

1. वे, जो मात्र मनोरंजन हेतु ही पुस्तकालय का उपयोग करते हैं। ऐसे पाठकों की माँग मुख्यतः कथा-साहित्य की होती है।

2. वे, जो ज्ञान-प्राप्ति तथा मनोरंजन के लिए पुस्तकालय का उपयोग करते हैं। इसलिए उनकी माँग असीमित होती है।

3. वे, जो नवसाक्षर या निरक्षर हैं और पुस्तकालय तथा पुस्तक की ओर लालच भरी नजर से देखते हैं लेकिन अपने सीमित ज्ञान अथवा आर्थिक कारणों से पुस्तकालय में नहीं आते हैं।

4. वे, जो साक्षर तो होते हैं लेकिन पुस्तकालय का उपयोग नहीं करते हैं। हम उन्हें भी पाठकों की श्रेणी में रखते हैं क्योंकि आधुनिक पुस्तकालयों का दायित्व होता है कि ऐसे पाठकों में पठन-पाठन की दिलचस्पी उत्पन्न करें।

आधुनिक लोक पुस्तकालयों में इन चारों श्रेणी के पाठकों के लिए पाठ्य-सामग्री की व्यवस्था करनी होती है।

**(ख) पाठ्य-सामग्री (पुस्तक)**—डॉ. रंगनाथन द्वारा प्रतिपादित पुस्तकालय के पंच सूत्रों का पुस्तक-चयन से प्रत्यक्ष सम्पन्न है—

1. प्रत्येक पाठक को पुस्तक मौजूद हो।

2. पुस्तकें उपयोग के लिए हैं।

3. पुस्तकालय एक विकासशील संस्था है।

4. प्रत्येक पुस्तक को उसका पाठक मिले।

5. पाठक के समय की बचत हो।

इनमें प्रथम, द्वितीय, तृतीय तथा पंचम सूत्र का सीधा सम्बन्ध पाठ्य-सामग्री से है तो चतुर्थ सिद्धान्त भी पाठ्य-सामग्री के अलावा पाठक तथा व्यवस्था से है।

डॉ. रंगनाथन के इन सूत्रों को मद्देनजर रखते हुए लोक पुस्तकालय के लिए पुस्तकों का चयन करते समय निम्नांकित बातों का ध्यान रखना चाहिए—

**1. पुस्तकें उपयोगी हों**—सम्पूर्ण समाज के हर मनुष्य के पास उपयोगी पुस्तकें पहुँचाकर मानवजीवन को समृद्धिशाली और विकसित बनाना है। सामान्यतया आज की प्रकाशित पुस्तकों को हम उपयोगी और अनुपयोगी, दो रूपों में विभाजित कर सकते हैं। उपयोगी वह—जिसके पठन-पाठन से मनुष्य ज्ञान एकत्रित करे, उसकी बुद्धि विकसित हो और उसका मानसिक धरातल उन्नत हो। और, जिससे मनुष्य के हृदय और चरित्र को प्रेरणा नहीं मिले, पाठकों में मानवीय विचारों का संचरण नहीं हो, अपितु कुसंस्कारों का बीज वपन हो, उसे हम अनुपयोगी कह सकते हैं।

इसलिए यह कहा जा सकता है कि वैसी ही पुस्तकों का चयन किया जाए जो—

(क) समाज के प्रत्येक वर्ग के लिए समान रूप से लाभप्रद हो। जहाँ तक सम्भव हो, उनमें समाज के प्रचलित रीति-रस्म, व्यवहार, धर्म, संस्कृति आदि पर आक्षेप नहीं हो अपितु सुधार की भावनाएँ हों।

(ख) जीवन को विकासशील तथा उन्नतिशील बनाने में सहायक हो।

(ग) जिसमें समाज के प्रत्येक सदस्य की स्वाभाविक दिलचस्पी हो।

इनके अलावा पुस्तकों का चयन करते वक्त चयनकर्ता को पुस्तक विशेष के सम्बन्ध में इन बातों का भी ध्यान रखना चाहिए—

(क) क्या इस पुस्तक में कुछ उत्तम रचनात्मक सामग्री है?

(ख) क्या इसका लेखक अपने विषय का विशेषज्ञ है?

(ग) क्या इसकी छपाई-सफाई सुन्दर और कागज व जिल्द मजबूत है?

(घ) क्या इसका संस्करण आधुनिकतम है?

(ङ) क्या पुस्तक के प्रारम्भ में विषय-सूची और अन्त में अनुक्रमणिका दी हुई है?

(च) क्या इसका प्रकाशक प्रकाशन क्षेत्र में प्रसिद्ध है?

**2. पाठक की रूचि**—सिर्फ अपनी इच्छा के अनुसार ही चयनकर्ता को पुस्तकों का चुनाव नहीं करना चाहिए, अपितु अपने साथ पाठकों की रुचि का ध्यान रखना चाहिए। इस सम्बन्ध में यह सिद्धांत है कि पुस्तकालयाध्यक्ष को अपने पाठकों के सामाजिक रीति-रिवाजों, मनोरंजनात्मक प्रवृत्तियों तथा व्यावसायिक कुशलता का ज्ञान होना चाहिए। तभी पुस्तकालयाध्यक्ष अपने पाठकों की इच्छा के अनुसार पुस्तकें इकट्ठा कर अपने पुस्तकालय की नींव मजबूत कर सकता है।

पाठकों की अभिरुचि का सही अन्दाजा निम्नांकित आँकड़ों से लगाया जा सकता है—

(i) पुस्तकों का उपयोग करने वाले पाठकों से व्यक्तिगत सम्पर्क स्थापित कर उनकी दिलचस्पी की जानकारी प्राप्त की जा सकती है।

(ii) प्रतिवर्ष जितनी पुस्तकें पढ़ने के उपयोग में आई हैं उनके विषयवार वर्गीकरण से जाना जा सकता है कि किस विषय की पुस्तकों की कितनी माँग है।

(iii) पुस्तकों के तिथि-पत्रक (Date-Slip) से यह ज्ञात हो सकता है कि कौन-कौन-सी पुस्तकें कितनी बार व कितने समय के अन्तर से उपयोग में आई हैं।

**3. क्षेत्रीय आवश्यकता**—पुस्तकालय जिस क्षेत्र में अवस्थित हो उस क्षेत्र की जरूरत को पुस्तक चयन करते समय ध्यान में रखना चाहिए। उदाहरणार्थ ग्रामीण पुस्तकालय में ग्रामीण साहित्य को महत्त्व मिलना चाहिए। गाँवों में अधिकांश किसान बसते हैं, इसलिए यदि खेती में सुधार के सम्बन्ध की पुस्तकें हों तो ये गाँव की जनता के हित में होंगी, इससे उनका कल्याण होगा। गहन गम्भीर पुस्तकों का संग्रह सामान्यतया इन पुस्तकालयों में लोकोपयोगी नहीं हो सकता है।

**4. क्षेत्रीय साहित्य**—पुस्तकालय में कुछ ऐसी भी पुस्तकें अवश्य रखी जायें, जो स्थायी महत्त्व रखती हैं और जिन पर समय का प्रभाव नहीं पड़ता है। ऐसी पुस्तकों का संग्रह पुस्तकालय के कोष के अनुसार अवश्य किया जाना चाहिए। उनका अधिक उपयोग हो सकेगा अथवा नहीं, यह नहीं सोचना चाहिए। ऐसी पुस्तकों से पुस्तकालय की प्रतिष्ठा व मर्यादा बढ़ती है और समाज का सम्मान पुस्तकालय को प्राप्त होता है।

**5. आवश्यक साहित्य**—ऐसी पुस्तकों का संग्रह भी जरूरी है, जो समाज तथा पुस्तकालय के लिए आवश्यक है, यथा—शब्दकोश, पंचाँग, विश्वकोश आदि।

**6. सामयिक साहित्य**—हर पुस्तकालय के लिए सामाजिक हलचलों का ज्ञान करवाने वाली किताबें जरूरी हैं। उदाहरण के लिए हम स्पुटनिक को ले सकते हैं। जिस समय रूस ने प्रथम बार स्पुटनिक छोड़ा था उस समय इसके संबंध के साहित्य की खोज हर एक पुस्तकालयों में होने लगी थी।

**7. अप्राप्य पुस्तकें**—मुद्रित अप्राप्य पुस्तकों व हस्तलिखित प्राचीन पुस्तकों का संग्रह एवं संरक्षण करना पुस्तकालय का उत्तरदायित्व है। यद्यपि यह अनिवार्य नहीं, लेकिन महत्त्व की वस्तु अवश्य है। इसलिए आवश्यक पुस्तकों के संग्रह से बची रकम को इसमें लगाना चाहिए।

अन्त में, यही कहा जा सकता है कि प्रत्येक पाठक के लिये पुस्तकें हों व प्रत्येक पुस्तक के लिए पाठक हों।

**(ग) धन**— पुस्तक क्रय करने के लिए निर्धारित रकम को मद्देनजर रखते हुए ही पुस्तकों की उपयोगिता और पाठकों की माँग के अनुसार पुस्तक-सूची तैयार की जानी चाहिए। चयनकर्ता को पूरा सतर्क रहना चाहिए कि उसे अपने सीमित बजट के अन्दर की उपर्युक्त शर्तों का ख्याल रखते हुए उत्तम तथा आवश्यक पुस्तकों का संतुलित संग्रह करना है ऐसा नहीं हो कि दो-चार विषयों की पुस्तकें खरीदने में ही उनका बजट खत्म हो जाए और बाकी विषयों की पुस्तकें खरीदी ही नहीं जा सकें।

बजट का विभाजन पुस्तक-चयन शुरू करने के पहले कर लेना चाहिए जिससे यह अदांजा लग सके कि किस विषय की पुस्तकें खरीदने में कितना धन खर्च किया जा सकता है। पुस्तक-सूची तैयार करने के बाद भी चयनकर्ता को कुछ रकम सुरक्षित रखनी चाहिए क्योंकि कितनी भी सावधानी से सूची तैयार की जाए, कुछ-न-कुछ दृष्टिचूक हो ही जाती है। पुस्तकों का संग्रह संतुलित रहे, सूची तैयार करते समय इसका पूरा ध्यान रखना चाहिए।

## कथा साहित्य

कथा साहित्य को पुस्तकालय-विज्ञान के विद्वान ज्यादा महत्त्व नहीं देते। वे हर पाठक को गम्भीर व अध्ययनशील बनाना चाहते हैं; अतः वे पुस्तकालय में ऐसी ही विषय की पुस्तकें रखने के पक्ष में हैं जिनसे पाठकों की बुद्धि का विकास हो। परन्तु पुस्तकालय को जन अभिरुचि का ध्यान रखना पड़ता है, पाठकों पर किसी विषय को लेकर जबरदस्ती नहीं की जा सकती वह अपनी मर्जी का मालिक होता है। हमारे देश में कथा साहित्य की निन्दा कर पुस्तकालय लोकप्रिय नहीं बन सकता। अतः कथा साहित्य को प्रमुख स्थान देना होगा। अभी हाल में दिल्ली पब्लिक लाइब्रेरी की ओर से पुस्तकों के संबंध में लोगों की अभिरुचियों के सर्वेक्षण के आधार पर निष्कर्ष निकाला गया है कि उपन्यास और कहानियों की ओर पाठकों की मुख्य दिलचस्पी होती है। दिल्ली पब्लिक लाइब्रेरी की कुल पढ़ी गई पुस्तकों में 70 प्रतिशत कथा साहित्य की पुस्तकें हैं।

अन्य विषयों की कुल जितनी पुस्तकें कथा साहित्य के अलावा पढ़ी गई हैं उनमें लगभग आधी साहित्य, प्राविधिक ज्ञान और जीवनी संबंधी पुस्तकें हैं। विभिन्न भाषाओं और विषयों के अनुसार तैयार किये गये आँकड़ों से स्पष्ट चित्र सामने आता है कि नया पाठक वर्ग कल्पनामूलक साहित्य को सर्वाधिक पसंद करता है। अब प्राविधिक विषयों की पुस्तकों का भी महत्त्व बढ़ता जा रहा है। प्राविधिक विषयों में

इंजीनियरिंग, चिकित्सा, स्वास्थ्य, रेडियो विज्ञान व सामान्य इंजीनियरिंग की अधिक माँग है।

पुस्तकें पसंद करने में सिर्फ पुस्तकों के विषय का ही नहीं अपितु उनकी भाषा, शैली और आकार का भी बहुत प्रभाव पड़ता है और पुस्तकों का चयन करते समय इन सभी बातों को ध्यान में रखा जाना आवश्यक है।

एक पुस्तक की अनेक प्रतियाँ—एक से अधिक प्रतियाँ रखने का सवाल कठिन है। यह निश्चित विचार है कि पुस्तकालय का संग्रह आनुपातिक तथा संतुलित हो, लेकिन पुस्तकालय की सबसे बड़ी जिम्मेदारी पाठकों की माँगों की पूर्ति करना है। पाठकों की माँगों और रुचि का लगातार अध्ययन करने वाले पुस्तकालयाध्यक्ष को पता रहता है कि किस पुस्तक की अधिक माँग है और तदनुसार उस पुस्तक की एक से अधिक प्रति खरीदी जा सकती है। उदाहरण के लिए हम आज के कुछ श्रेष्ठ उपन्यासों को लें, यथा—मैला आँचल, बलचनमा, परती-परिकथा आदि। अधिकतर पाठकों की माँग इन पुस्तकों के लिए होती है। जिन पुस्तकों की अधिक माँग होती है उनकी एक ही प्रति रखना पाठकों के लिए अन्याय होगा। सामान्यतः यह नियम प्रचलित है कि जिस पुस्तक की अधिक माँग हो, उसकी "सौ पाठक के लिए एक प्रति" होनी चाहिए। पुस्तकालयाध्यक्ष को हर समय इस बात के लिए सतर्क रहना चाहिए कि अनावश्यक प्रतियाँ नहीं खरीदी जायें।

**पुस्तकों की स्थानपूर्ति**—(क) खराब पुस्तकों के स्थान पर नई पुस्तकें खरीदकर रखने में भी पुस्तकालयों का बहुत व्यय होता है। इसलिए प्रत्येक नष्ट पुस्तक के स्थान पर नई पुस्तकें खरीदी जाएं, यह कोई जरूरी नहीं है। हाँ, जिन पुस्तकों की माँग रहे, उन्हें खरीदकर रखा जा सकता है।

(ख) गम्भीर पाठक पुस्तकों का नया से नया संस्करण खोजते हैं। आज की दुनिया की प्राविधिक गतिविधि जितनी तीव्रता से आगे बढ़ती जा रही है, उसे देखते हुए यह मानना पड़ता है कि वैज्ञानिक एवं प्राविधिक पुस्तकें बहुत जल्द पुरानी पड़ जाती हैं इसलिए उनका नया से नया संस्करण पुस्तकालय में रहना चाहिए।

परन्तु नया संस्करण खरीदते समय इस बात का पूरा ध्यान रखना चाहिए कि वस्तुतः वह पुनर्मुद्रण है अथवा संस्करण। हमारे यहाँ प्रकाशक पुनर्मुद्रण को भी संस्करण लिखते हैं।

(ग) अप्राप्य पुस्तकों की स्थानपूर्ति के लिए पुस्तकालयाध्यक्ष को अधिक परेशान नहीं होना चाहिए क्योंकि अप्राप्य पुस्तकों के लिए विक्रेता ज्यादा कीमत माँगने लगते हैं। जिस पुस्तक की पाठकों द्वारा अधिक माँग होगी, वह पुस्तक अप्राप्य

(Out of Print) रहेगी ही नहीं। हाँ, अप्राप्य पुस्तकों में से भी कुछ ऐसी पुस्तकें होती हैं, जिनका साहित्य में स्थायी महत्त्व होता है, यदि वैसी पुस्तक समाप्त हो गई हो अथवा खो गई हो, तो उसकी स्थानपूर्ति के लिए पुस्तकालयाध्यक्ष को सचेत रहना चाहिए।

**यौन साहित्य**—पुस्तकालयों में यौन साहित्य को किस सीमा तक जगह दी जाए, वर्तमान में यह एक विवादित सवाल है। यौन साहित्य को स्वस्थ साहित्य की संज्ञा दी जाए अथवा नहीं? यह भी एक गम्भीर प्रश्न है। प्रायः हमारे देश के पुस्तकालय विज्ञानवेत्ता इस ओर से चुप्पी साध लेते हैं लेकिन यह विचारणीय प्रश्न है। मेरे विचार से, युवक-युवतियों को यौन सम्बन्धी ज्ञान देना जरूरी माना जाता है, तो पुस्तकालय में भी यौन साहित्य को स्थान मिलना ही चाहिए, लेकिन हाँ, इतना बन्धन रहे कि उसका उपयोग अन्य पुस्तकों की तरह पाठक स्वेच्छा से नहीं कर सकें।

ऐसी पुस्तकें अमेरिका व यूरोप के देशों में एक निश्चित अलमारी में बन्द रहती हैं और सामान्यतया उपयोग में नहीं आतीं। श्री जौर्ज आर. बोल्टन के निर्देशानुसार ऐसी पुस्तकें खास अलमारियों में बन्द रहनी चाहिए और उनकी 'डमी' (Dummy) खुली अलमारियों में रहे जिसके पृष्ठ पर लेखक व पुस्तक का नाम लिखा रहे तथा प्रथम कवर पर 'केवल वयस्कों' के लिए, पुस्तक बाहर नहीं जा सकती तथा पुस्तक पढ़ने के इच्छुक पुस्तकालयाध्यक्ष से आवेदन-पत्र देकर प्राप्त कर सकते हैं।

## पुस्तकों के चुनाव में उपयोगी सहायक सामग्रियाँ

अंग्रेजी पुस्तकों के चुनाव के लिए ब्रिटेन के प्रमुख पुस्तकालयाध्यक्षों द्वारा सम्पादित साप्ताहिक 'पब्लिशर्स सर्कुलर' जिसका वार्षिक संकलन 'इंग्लिश कैटलॉग ऑफ बुक्स' कहलाता है व संयुक्त राज्य अमेरिका का ''विल्सन्स कैटलॉग' सर्वोत्तम साधन है। वैज्ञानिक एवं टेक्निकल पुस्तकों के लिए ब्रिटेन के 'एसलीब' Association of Special Library and Information Bureaur द्वारा प्रकाशित त्रैमासिक 'बुकलिस्ट', कथा साहित्य के लिए 'बेकर्स गाइड टू दी बेस्ट फिक्सन', बाल साहित्य के लिए स्टीवेन्सन का 'दी चाइल्ड बुक शेल्फ' तथा अमेरिका से प्रकाशित 'गाइड टू लिटरेचर फॉर चिल्ड्रेन' से मदद ली जा सकती है। अमेरिकन लाइब्रेरी एसोसिएशन द्वारा प्रकाशित मासिक 'ए. एल. ए. बुक लिस्ट' उत्तम सामग्री है।

इसके अलावा ब्रिटेन और अमेरिका के विभिन्न प्रकाशकों तथा विक्रेताओं द्वारा प्रकाशित सूची पत्र एवं विभिन्न पत्र-पत्रिकाओं के समीक्षा स्तम्भ से ली जा सकती है। भारत के भी विभिन्न प्रकाशक नियमित रूप से अपने प्रकाशनों की सूचियाँ एवं

विक्रेता मौजूद पुस्तकों की सूची पुस्तकालयों को मुफ्त भेजते रहते हैं। पुस्तकालयों को विभिन्न प्रकाशकों तथा प्रमुख विक्रेताओं से पत्र व्यवहार द्वारा सीधा सम्पर्क कर सूची का संकलन करते रहना चाहिए।

कलकत्ता स्थित राष्ट्रीय पुस्तकालय द्वारा भारतीय पुस्तकों के लिए प्रकाशित 'इंडियन नेशनल बिब्लियोग्राफी' एवं प्रकाशकों द्वारा प्रकाशित पुस्तक-सूची के अतिरिक्त दैनिक पत्रों के साप्ताहिक अंकों व मासिक पत्रिकाओं के समीक्षा स्तम्भ से मदद ली जा सकती है। हिन्दी भाषा की पुस्तकों की सूचना देने वाली पत्रिकाएँ भी अब निकलने लगी हैं, जिनमें 'प्रकाशन समाचार', 'हिन्दी प्रचारक', 'पुस्तक जगत' आदि प्रमुख हैं। बिहार के शिक्षा विभाग द्वारा प्रकाशित 'हिन्दी ग्रन्थ सूची' एवं हिन्दी पत्रिकाओं की स्वीकृत सूची सर्वश्रेष्ठ साधन है। प्रमुख पुस्तकालयों के कैटलॉग भी अच्छे साधन हैं।

## पाठकों की राय

पाठकों के सुझाव इस कार्य में बहुत महत्त्व रखते हैं। हर पुस्तकालय को एक सुझाव-पत्रक अथवा सुझाव पुस्तिका निश्चित स्थान पर रखनी चाहिए। 'पाठकों से निवेदन' शीर्षक सूचना रहे कि जो पुस्तकें उनके दृष्टि में महत्त्वपूर्ण हों और पुस्तकालय में प्राप्य न हों, उनका नाम व विवरण सुझाव-पत्रक में लिख दें।

एक पुस्तक-चुनाव समिति का रहना हर पुस्तकालय में जरूरी है जिसमें पुस्तकालय में रुचि रखने वाले प्रत्येक विषय के स्थानीय विद्वानों को शामिल करना चाहिए। गम्भीर संतुलित पुस्तक-सूची बनाने में इससे बहुत सहायता मिलती है।

# 9

# पुस्तक प्रस्तुतीकरण से सम्बन्धित सिद्धान्त

समस्त कार्यों की अपनी स्वयं की पद्धति होती है। पुस्तकालय-प्रशासन में भी कुछ निश्चित प्रणाली अपनाई जाती है। पुस्तक-चयन के उपरान्त उनकी सूची प्रस्तुत करना, आदेश-पत्रक तैयार करना, विक्रेताओं को आदेश देना तथा खरीदकर आने के बाद पुस्तकों को पाठकों के लिए प्रस्तुत करने तक कुछ निश्चित प्रक्रियाएँ होती हैं, जिन्हें पुस्तकालय-प्रशासन में 'प्रस्तुतीकरण' की संज्ञा दी गई है।

पुस्तकालयाध्यक्ष को पुस्तकों का चयन कर लेने के बाद पुस्तकों की सूची बना लेनी चाहिए। सूची 5" × 3" माप के पत्रक अथवा साधारण कागज पर बनाई जाती है। पत्रक में सूची तैयार करने से अधिक सुविधा होती है। इस सूची में पुस्तक की साधारण जानकारियाँ—लेखक, शीर्षक, संस्करण, मूल्य, पृष्ठ, प्रकाशक का नाम, पता लिखा जाता है जिससे अस्वीकृत होने पर उन्हें आसानी से निकाला जा सके अथवा नई पुस्तकों के सुझाव आने पर उसका नया पत्रक आसानी से अपने सही स्थान पर रखा जा सके। पुस्तकालयाध्यक्ष को सूची तैयार कर पुस्तक-चयन समिति अथवा पुस्तकालय के अधिकारियों की स्वीकृति प्राप्त करनी पड़ती है। समिति का निर्णय हो जाने पर स्वीकृति पुस्तकों के पत्रकों को एक जगह इकट्ठी कर उसकी अच्छी तरह जाँच कर लेनी चाहिए कि उनमें से कोई पुस्तक पुस्तकालय में तो नहीं है। तत्पश्चात् एक आदेश पत्र तैयार कर किसी अच्छे पुस्तक-विक्रेता को पुस्तक की आपूर्ति करने का आदेश देना चाहिए।

**अर्जन**—पुस्तकों के क्रय का अपना-अपना ढंग प्रायः सभी पुस्तकालयों में होता है। सामान्यतः सभी सरकारी पुस्तकालयों में टेंडर द्वारा पुस्तक खरीदने का रिवाज प्रचलित है जिसके अनुसार पुस्तकों की सूची स्वीकृत होने पर विभिन्न पुस्तक-विक्रेताओं से टेंडर माँगे जाते हैं और सबसे अधिक कमीशन देने वाले विक्रेता को आदेश दिया जाता है। यह प्रणाली पुस्तक क्रय की बहुत ही अवैज्ञानिक तथा गलत है। पुस्तक पर प्रकाशक से कम कमीशन मिलता है, विक्रेता उन पुस्तकों को नहीं देते हैं। अच्छा तो यह होता है कि प्रतिवर्ष विभिन्न विक्रेताओं से सम्पर्क स्थापित कर कमीशन की एक सुविधाजनक दर पर लिया जाए और पुस्तकालयाध्यक्ष उसी के अनुसार वर्ष भर अथवा अधिक समय तक निश्चित या किसी भी दूसरे विक्रेता से पुस्तक खरीदते रहें।

**आदेश पत्र**—तीन तरीके आदेश पत्र तैयार करने के होते हैं—

**आदेश पत्र का नमूना**

सर्वोदय पुस्तकालय, केन्दुआर
श्री व्यवस्थापक,
लोक भारती, भागलपुर-2

महोदय,

कृपया निम्नलिखित पुस्तकें उचित कमीशन काट कर देयक की दो प्रतियों के साथ दिनांक तक भेजने की कृपा करें।

पुस्तक नवीनतम संस्करण की हों।

| क्रम संख्या | लेखक | शीर्षक | संस्करण | प्रकाशक | मूल्य |
|---|---|---|---|---|---|
| 1 | | | | | |
| 2 | | | | | |
| 3 | | | | | |
| 4 | | | | | |

(1) खुदरे कागज पर (2) पत्रक पर (3) पुस्तक-विक्रेताओं द्वारा प्रस्तुत आदेश पत्र पर। अधिकतर पुस्तकालयों में से पुस्तकालयाध्यक्ष स्वीकृत पुस्तकों के लिए स्वतः आदेश पत्रक तैयार करते हैं, उसमें पुस्तक सम्बन्धी सारी सूचनाएँ, लेखक, कीमत, शीर्षक, संस्करण, प्रकाशक—रहती हैं। इसकी दो प्रतियाँ तैयार की जाती हैं,

जिनमें से एक पुस्तक विक्रेता को भेजी जाती है और दूसरी पुस्तकालय में रहती है। पुस्तक विक्रेता के यहाँ से पुस्तकें आ जाने पर इसी दूसरी प्रति से उनका मिलान किया जाता है।

स्वीकृत पुस्तकों के पत्रकों की नकल की प्रति कुछ पुस्तकालयों से पुस्तक विक्रेता के पास भेजी जाती है। पत्रक द्वारा आदेश देना ज्यादा सुविधाजनक होता है और आधुनिक पुस्तकालयों में यही प्रणाली प्रचलित है। इससे पुस्तक प्राप्त होने पर उनकी जाँच करने में सुविधा होती है।

**पुस्तक विक्रेता**—पुस्तकालयाध्यक्ष को चाहिए कि वह स्थानीय पुस्तक-विक्रेताओं से ही किसी एक अच्छे, पुस्तक-विक्रेता को निश्चित कर ले। अच्छे पुस्तक विक्रेता का चुनाव करते वक्त निम्नांकित बातों पर ध्यान देना चाहिए—

1. उसके पास भरपूर स्टॉक हो व पुस्तक व्यवसाय जगत में उसका सम्मान हो (2) वह पत्र-व्यवहार एवं आदेश पूर्ति में शीघ्रता करने वाला हो (3) जो पुस्तकें उसके पास नहीं हों उसे भी खोज कर देने की उसमें प्रवृत्ति हो। (4) वह ईमानदार एवं व्यवहार कुशल हो तथा (5) उसे पुस्तक व्यापार की पवित्रता का ख्याल हो।

**पुस्तक प्राप्ति और उसकी जाँच**—पुस्तक विक्रेता के यहाँ से पुस्तकें प्राप्त होने पर सबसे पहले उसकी जाँच करनी पड़ती है कि पुस्तक विक्रेता के देयकानुसार प्राप्त हुई है अथवा नहीं। साथ ही यह भी देखना पड़ता है कि वे सभी आदेश पत्र के अनुकूल हैं अथवा नहीं। अतः विक्रेता के यहाँ से आई पुस्तकों को देयक के क्रमानुसार अलग अलमारी में रखकर जाँच करने में सुविधा होती है।

(1) कभी-कभी दूसरे लेखक की, उसी शीर्षक की पुस्तक आ जाती है जिसका पता भी इस तरह हो जाता है।

(2) आदेश-पत्र एवं देयक को सामने रखकर प्राप्त हुई पुस्तकों का नाम, लेखक, संस्करण, मूल्यादि की जाँच कर लेनी चाहिए और जो ठीक हो उन पर निशान बना देना चाहिए। ऐसा करने से जो पुस्तकें प्राप्त नहीं हुई हैं उसका पता चल जाता है।

(3) प्रत्येक पुस्तक की जाँच अच्छी तरह कर लेनी चाहिए। उनकी जिल्द ठीक हों, पृष्ठ पूरे हों, सिलाई मजबूत हो, आदि। फर्म की सिलाई ठीक है अथवा नहीं, इसकी जाँच कर लेनी चाहिए। डबल क्राउन या डबल डिसाइज में 16 पृष्ठों का फर्मा होता है। अतः साधारणतया 17-33-49-65 इसी क्रम के पृष्ठों की जाँच कर लेनी चाहिए। पृष्ठ फटे नहीं हो तो उसे ठीक तरह से चाकू से फाड़ देना चाहिए। फटे नहीं रहने पर पाठक उन्हें अंगुली से फाड़ देते है फलस्वरूप पृष्ठ दिखने लगता है।

(4) देयक में कभी-कभी किसी पुस्तक के मूल्य में उलट-फेर या घट-बढ़ जाता है, इसका पता आसानी से चल जाता है।

## लेबल (या नामपत्र) लगाना

**1. पुस्तक-लेबल**—हर किताब के पुश्त पर निचले भाग से डेढ इंच ऊपर, चौकोर अथवा अण्डाकार कागज का लेबल साटा जाता है, जिसपर वर्गीकरण के पश्चात् पुस्तक का क्रमांक सर्मक (Call Number) (वर्गांक–पुस्तकांक) लिखा जाता है। पुस्तक का रैपर उतार कर किताब के मूलकिताब पर लेबल लगाया जाता है।

**2. पुस्तक-पट्ट**—पुस्तकों की जाँच के उपरान्त पुस्तक के आवरण पृष्ठ (कवर) के भीतरी भाग में पुस्तकालय का पुस्तक-पट्ट लगाया जाता है, जिस पर पुस्तकालय का नाम तथा प्रतीक-चिह्न मुद्रित रहता है। कुछ पुस्तकालयों में इस पर प्राप्ति क्रमांक (Accession Number) भी लिख दिया जाता है। कुछ पुस्तकालय, पुस्तक-पट्ट की जगह छेद भरे अक्षरों का मुद्रांक पुस्तक के प्रथम पृष्ठ पर लगाते हैं।

सामान्यतया अब अच्छे-अच्छे पुस्तकाल्य में पुस्तक-पट्ट प्रणाली ही अपनायी जाती है, जिसपर सिर्फ पुस्तकालय का नाम आकर्षक तथा सुन्दर तरीके से मुद्रित रहता है। यथा–

**3. पुस्तक-पत्रक**—हर किताब के लिए 3" × 5" का एक पुस्तक-पत्रक तैयार किया जाता है, जो पुस्तक पाकेट में रखा जाता है। उस पर लेखक का नाम और शीर्षक लिखा रहता है। पुस्तक निर्गमित करते समय पत्रक के एक स्तम्भ में किताब उधार लेने वाले सदस्य की सदस्यता संख्या व स्तम्भ में देय तिथि या निर्गत तिथि अंकित की जाती है।

**4. तिथि-पत्र**—पुस्तक के आखिरी आवरण के अन्दर के भाग के सामने वाले सादे पृष्ठ पर तिथि पत्र लगाया जाता है इसमें पुस्तक की निर्गम अथवा आगम तिथि लिखी जाती है।

**5. पुस्तक पाकेट**—पुस्तक के अंतिम आवरण पृष्ठ जिल्द पर एक थैलानुमा अथवा त्रिकाणाकार लिफाफा लगाया जाता है। इसमें पुस्तक-पत्रक रखा जाता है। पाठकों को जब पुस्तक दी जाती है तब पुस्तकपत्रक के स्थान पर इसमें सदस्य-पत्रक रख दिया जाता है।

पुस्तक पाकेट पर पुस्तक का प्राप्ति क्रमांक (Accession No.) तथा समंक (Call No.) लेखक एवं शीर्षक टंकित रहता है। कुछ पुस्तकालय अपने पुस्तकालय

के लेन-देन विभाग के सामान्य नियम भी मुद्रित करा देते हैं तथा कुछ सिर्फ क्रमांक-समंक ही टंकित कराते हैं।

**6.** जिस किताब में बहुमूल्य फोटो, चित्र आदि रहते हैं उनमें भी लाल स्याही से मुद्रित कर्मचारियों के लिए निर्देश रहता है—"किताब लौटाते समय इस पुस्तक की जाँच कर लें।"

**7.** संदर्भ पुस्तकों में प्रथम सादे पृष्ठ पर लाल स्याही से मुद्रित "संदर्भ-पुस्तक" का लेबल लगाया जाता है।

## मुद्रांक लगाना

मुद्रांक को लेबल चिपकाने के बाद लगाया जाता है जिसमें सावधानी बरतने की जरूरत होती है।

(क) प्रत्येक पुस्तक में कम-से-कम तीन जगह—प्रारम्भ, मध्य और अन्त में पुस्तकालय का नाम का सादा मुद्रांक ऐसे स्थान पर लगाना चाहिए जहाँ लगाने से छपी पंक्तियाँ खराब न हों

(ख) प्राप्ति मुद्रांक—पहले पृष्ठ पर लेखक और प्रकाशक के नाम के मध्य में प्राप्ति-मुद्रांक (Accession Stamp) लगाया जाता है, जिस पर पुस्तक का प्राप्ति क्रमांक और तिथि लिखी जाती है।

(ग) पुस्तक के सभी चित्रों, चार्ट्स आदि पर पुस्तकालय का मुद्रांक लगा देना चाहिए।

(घ) पुस्तकाध्यक्ष को अपने पुस्तकालय की पुस्तकों के लिये एक गुप्त पृष्ठ निर्धारित कर लेना चाहिए, उस पृष्ठ पर पंक्तियों के मध्य या बायीं ओर हाशिये पर पुस्तकालय का सांकेतिक मुद्रांक लगा देना चाहिए। उदाहरणार्थ—भगवान पुस्तकालय, भागलपुर का 'भापुभ'। कहीं-कहीं गुप्त पृष्ठ पर प्राप्ति क्रमांक लिखने की प्रथा है।

सांकेतिक मुद्रांक लगाने से लाभ यह होता है कि यदि किसी तरह पुस्तक गायब हो जाए अथवा चोरी हो जाए और चोर प्रथम पृष्ठ या मुद्रांक वाले सभी पृष्ठों को गायब कर दे तो उसी सांकेतिक मुद्रांक के आधार पर उसे मुजरिम करार दिया जा सकता है।

गुप्त पृष्ठ पर प्राप्ति क्रमांक लिखने से लाभ यह होता है कि यदि किसी तरह प्रथम पृष्ठ समाप्त हो जाए तो उसी पृष्ठ पर प्राप्ति क्रमांक के आधार पर उस किताब के सही स्थान का निर्धारण किया जा सकता है।

## प्राप्ति-क्रमांकन

पुस्तकालयों को पुस्तकालय की प्राप्ति-पंजिका में दर्ज करने की क्रिया नामपत्र साटने और मुद्रांक लगाने के बाद की जाती है। पुस्तकें जिस क्रम में प्राप्त होती हैं उसी क्रम में उनको अंकित कर उसका प्राप्ति-क्रमांक निर्धारित किया जाता है। अंकित करने की इस प्रक्रिया को पुस्तकालय विज्ञान में क्रमांकन की संज्ञा दी गई है। प्राप्ति-क्रमांकन से प्रत्येक किताब पुस्तकालय में एक निर्धारित स्थान और निश्चित संख्या पर निर्धारित हो जाती है।

प्राप्ति क्रम—अंकित करने की तीन प्रणालियाँ प्रचलित हैं–

(1) पंजिका प्रणाली

(2) पत्रक प्रणाली

(3) देयक प्रणाली

इनमें से कोई भी प्रणाली अपनायी जा सकती है, लेकिन उनमें प्राप्ति प्राप्ति-क्रम-संख्या, तिथि, लेखक, प्रकाशक, शीर्षक, प्रकाशन काल, प्राप्ति-साधन, मूल्य, पृष्ठ-संख्या आदि सूचनाएँ जरूर रहें क्योंकि प्राप्ति-क्रम-सूची पुस्तकालय की पुस्तकों की मुख्य अन्वेषक सूची यानी पुस्तकों के सम्बन्ध में सारी सूचनाएँ देने वाली मुख्य सूची होती है। इसे पुस्तकालय की सभी पुस्तकों की प्राप्ति से आखिरी निष्कासन तक का प्रामाणिक इतिहास कहा जा सकता है। इसलिए इसे लिखते अथवा टंकित करते समय काफी सावधानी की जरूरत है। इसे गाढ़े रंग की स्याही से स्पष्ट एवं सुन्दर अक्षरों में लिखना चाहिए।

## (1) पंजिका पद्धति

प्राचीन काल से यह प्रणाली चली आ रही है। इसके लिए चिकने और मोटे कागजों की एक सुन्दर और मजबूत जिल्द बंधी पंजिका की जरूरत होती है, जिसके लिये निर्धारित कालम अग्रलिखित हैं–

1. प्राप्ति तिथि 2. प्राप्ति-क्रमांक 3. लेखक 4. पुस्तक का नाम 5. प्रकाशन स्थान और प्रकाशक 6. प्रकाशन वर्ष 7. संस्करण 8. पृष्ठ 9. मूल्य 10. प्राप्ति साधन 11. वर्गांक 12. प्रत्याहरण तिथि 13. विशेष।

बहुत कम कीमत पर इस प्रकार की छपी-छपाई पंजिका मिलती है। उसका उपयोग किया जा सकता है। बड़े पुस्तकालयों को उपयुक्त कालम वाली स्वतन्त्र पंजिका छपवा लेनी चाहिए, इसमें लेखक, प्रकाशक, पुस्तक का नाम और प्राप्ति साधन का कालम बड़ा होना चाहिए।

## प्राप्ति-क्रम-सूची

टंकण तन्त्र के प्रचलन से बन्धी-बन्धाई पंजिका के स्थान पर खुले पृष्ठ वाली प्राप्ति-क्रम-सूची रखने का प्रचलन आरम्भ हो गया है। इन पृष्ठों पर पुस्तक की प्राप्ति टंकित कर, उन्हें एक नत्थी में रख दिया जाता है या 55 हजार प्राप्ति क्रमांक तक एक साथ मोटे जिल्दों में बन्धवा ली जाती है।

| तिथि | प्राप्ति क्रमांक | लेखक | शीर्षक | भाग | प्रकाशन वर्ष | प्रकाशक | प्राप्ति साधन | मूल्य | विशेष |
|---|---|---|---|---|---|---|---|---|---|
| | | | | | | | | | |

बन्धी-बंधाई पंजिका में हाथ से लिखना पड़ता है इसलिए उसके गन्दा होने या अधिक या कम स्याही फैलने का भय रहता है। खुले पृष्ठ वाली सूची इस दृष्टि से बढ़िया होती है। टंकण यन्त्र से साफ-साफ टंकित कर उसे पंजिका के रूप में बंधवा लिया जा सकता है।

## (2) पत्रक पद्धति

यह पद्धति बहुत ही पुरानी पद्धति है। आधुनिक पुस्तकाध्यक्ष पत्रक प्रणाली को ज्यादा महत्त्व देते हैं। पंजिका में जिल्द बंधा रहता है इसलिए पुस्तकालय से वापस ली गई किताबों के नाम इनसे हटाये नहीं जा सकते, किन्तु पत्रक (काड) आसानी से अपने स्थान से हटा लिया जा सकता है। पंजिका प्रणाली में लाभ यह है कि इसमें एक बार जो लिख दिया जाता है वह स्थायी रह जाता है क्योकि उसे कोई मिटा नहीं सकता लेकिन पत्रक आसानी से गायब किया जा सकता है। कोई भी व्यक्ति किताब गायब करने के साथ-साथ पत्रक भी गायब कर सकता है और पत्रक के गायब हो जाने के बाद किताब के अस्तित्त्व का भी पता नहीं चल सकता है।

साधारणतया 3" × 5" माप के पत्रक की जरूरत इस कार्य के लिए होती है, जिसमें निम्नांकित सूचनाएँ लिखी जाती हैं–

| | | |
|---|---|---|
| प्राप्ति-क्रमांक | प्राप्ति तिथि | वर्गांक |
| लेखक | शीर्षक | |
| प्रकाशन स्थान | प्रकाशक | |
| प्रकाशन वर्ष | मूल्य | प्राप्ति साधन |
| प्रत्याहरण संख्या एवं तिथि | | |
| विशेष | | |

## (3) देयक पद्धति

आधुनिक पुस्तकालयों में देयक प्रणाली का प्रयोग कार्य को और भी आसान बनाने के लिए किया जा रहा है। पुस्तक-विक्रेता से प्राप्त देयक (Invoice) की अतिरिक्त प्रति पर ही हर किताब के नाम के सामने क्रमानुसार प्राप्ति क्रमांक लिख दिया जाता है और वही संख्या पुस्तक का प्राप्ति-क्रमांक हो जाती है।

सुविधानुसार इन देयकों को एक साथ बंधवा दिया जाता है जिससे वे इधर-उधर गायब न हो जाए। यह आधुनिकतम प्रणाली है और इससे समय तथा श्रम, दोनों की बचत होती है।

अमेरिका के कुछ पुस्तकालयों ने तो एक कदम और आगे बढ़ाया है। एक देयक की सभी पुस्तकों की गिनती एवं मिलान कर उस पर एक ही जगह प्राप्ति-क्रमांक थोक रूप में लिख दिया जाता है। उदाहरणार्थ 1570 पुस्तकें पुस्तकालय में पहले से हैं, उसके बाद 30 पुस्तकें खरीदी हैं, जिनके लिये एक ही देयक आया है तो उस पर एक ही बार प्राप्ति क्रमांक 1571-1600 लिख दिया जाता है। पुस्तकों में देयक के क्रमानुसार प्राप्ति-क्रमांक लिखा जाता है। जरूरत होने पर विभिन्न पुस्तकों से विवरण प्राप्त करने हेतु देयक की मदद ली जाती है।

## प्राप्ति-क्रमांक

पुस्तकें जिस क्रम में पुस्तकालय में आती हैं, उनका नाम प्राप्ति-क्रम-सूची में उसी क्रम में अंकित किया जाता है और तदनुसार उनकी जो संख्या निर्धारित होती है वह उस पुस्तक का प्राप्ति-क्रमांक होता है। प्राप्ति-क्रमांक निर्धारण के सम्बन्ध में यह निश्चित विचार है कि पुस्तकालय में प्राप्त सभी पुस्तकों के लिए अलग-अलग संख्या निर्धारित की जानी चाहिए। एक पुस्तक के विभिन्न भागों अथवा खण्डों को भी अलग-अलग संख्या मिलनी चाहिए। इतना ही नहीं, पुस्तक की अतिरिक्त

(Duplicate) प्रति के लिये भी अलग संख्या निर्धारित की जानी चाहिए। किसी विशेष प्राप्ति-क्रमांक से किसी खास पुस्तक का ही संकेत मिलना चाहिए।

कुछ पुस्तकाध्यक्षों का विचार है कि यदि पत्रक प्रणाली अपनाई गई हो तो पुस्तकालय से वापस ली गई पुस्तकों अथवा गुम हुई पुस्तकों का प्राप्ति-क्रमांक नई आई पुस्तकों के लिए निर्धारित करने में कोई परेशानी नहीं होनी चाहिए। पंजिका पद्धति में यह सम्भव नहीं है।

# 10

# पुस्तकालय तथा सूचना विज्ञान

सूचना विज्ञान प्रलेखों में उल्लिखित विचारों को आवश्यकता पड़ने पर उपभोगकर्ताओं को कम से कम समय में उपलब्ध कराने हेतु सुव्यवस्थित करने की एक प्रक्रिया है।

सूचना विज्ञान से सम्बन्धित क्षेत्र को समझने के लिए कहा जा सकता है कि–

(1) इसके अलावा कम्प्यूटर एवं सॉफ्टवेयर विकास आदि सूचना प्रस्तुति की विधियाँ एवं तकनीकियाँ भी आती हैं।

(2) सूचना विज्ञान की प्रस्तुति तथा उससे सम्बन्धित विधियों एवं तकनीकियों से सम्बन्धित है जिससे सूचनाएँ समुचित लागत पर पाठकों को सुलभ एवं लाभप्रद हो सकें।

(3) सूचना विज्ञान के विषय क्षेत्र में सूचना का प्रादुर्भाव, चुनाव, संगठन, संग्रहण तथा पुनर्प्राप्ति, विश्लेषण, प्रकीर्णन तथा उपयोग आदि आते हैं।

## सूचना विज्ञान

(1) सूचना विज्ञान का उन सिद्धान्तों एवं तकनीकियों से सम्बद्ध है जिनके द्वारा संचालित होकर विचार एक मानव मस्तिष्क से दूसरे मानव मस्तिष्क तक संचारित होता है।

—विश्वनाथन

(2) Information Science is a discipline which is concerned with the study of the properties and behaviour of information

—P.B. Mangla

(3) Information Science cannot be equated with documentation, information retrieval, librarianship or anything else.

— A. Rees

स्पष्ट है कि सूचना विज्ञान जो वर्तमान समय में पुस्तकालयों द्वारा अन्वेषणकर्ताओं, वैज्ञानिकों तथा विषय विशेषज्ञों को दी जाने वाली महत्त्वपूर्ण एवं वर्तमान सेवा है, जो एक नवीन बौद्धिक विषय के रूप में प्रतिष्ठित हो चुकी है। सूचना विज्ञान को परिभाषाबद्ध करते हुए अथेरटन (Pauline Atherton) ने स्पष्ट किया है कि—सूचना विज्ञान एक जटिल बहुविषयी है, जो संगणक एवं दूरसंचार से लेकर तर्क, मनोविज्ञान, वर्गीकरण एवं अनुक्रमणीकरण की विधियों की प्रविधियों तक व्याप्त है।

सूचना सेवा में कम्प्यूटर का सूचना की व्यवस्था पद्धति में काफी प्रयोग किया जाता है, जिसके अधीन कम्प्यूटर पद्धति के सॉफ्टवेयर तथा हार्डवेयर दोनों पक्षों का समावेश एवं व्यवस्था है। जबकि सेवा में इसका अभाव रहा था। एक प्रकार से प्रलेखीकरण सेवा का यन्त्रीकृत एवं परिष्कृत रूप ही सूचना सेवा कहलाता है।

## सूचना विज्ञान की अनिवार्यता

सूचना विज्ञान की अनिवार्यता पर विचार करते समय इसके प्रादुर्भाव के कारणों पर संक्षेप में दृष्टि डालना अति आवश्यक है। सूचना विज्ञान की अनिवार्यता के निम्न कारण हैं—

(1) इन वैज्ञानिक पद्धतियों में उपयोगकर्ताओं एवं वैज्ञानिकों के श्रम एवं अमूल्य समय की बचत के लिए सूचना विज्ञान अनिवार्य है।

(2) द्वितीय महायुद्ध के बाद विश्व में समाज की समस्याएँ जटिल हो गईं जिनके निदान के लिए अनुसंधान शुरू हुए जहाँ वैज्ञानिकों एवं अनुसंधानकर्ताओं को प्रलेखीकरण सहायता पहुँचाने के लिए सूचना परिचार्य का विकास हुआ जिसमें सूचना विज्ञान की अनिवार्यता हुई।

(3) अनुसंधानों से सम्बन्धित सूचनाओं के संग्रहण, व्यावसायीपन तथा प्रस्तुतीकरण करने के लिए कुछ वैज्ञानिक पद्धतियों की अनिवार्यता महसूस की गई।

## सूचना विज्ञान तथा पुस्तकालय विज्ञान में अन्तर

सूचना विज्ञान क्या है? इसके सम्बद्ध में तरह-तरह के विचार व्यक्त किये जाते रहे हैं। कुछ व्यक्ति इसे पुस्तकालय विज्ञान का विस्तार मानते हैं और कुछ इसे अन्तर्विषयी क्षेत्र मानते हैं। वस्तुतः पुस्तकालय विज्ञान तथा सूचना विज्ञान दोनों ही

विकासोन्मुख विषय हैं, इसलिए दोनों में परस्पर सम्बन्ध बदलता रहता है। इन दोनों में निम्नलिखित अन्तर हैं—

1. पुस्तकालय विज्ञान का क्षेत्र बहुत व्यापक है, जबकि सूचना विज्ञान का क्षेत्र सीमित है।
2. पुस्तकालय विज्ञान में पुस्तकालय की सामान्य क्रियाओं, तकनीकियों आदि का अध्ययन किया जाता और सूचना विज्ञान में शोध अथवा विशिष्ट पुस्तकालय की जिन्हें हम सूचना केन्द्र कहते हैं की वर्तमान युक्तियों एवं तकनीकियों का अध्ययन किया जाता है।
3. पुस्तकालय विज्ञान पूरी तरह विकसित हो चुका है, जबकि सूचना विज्ञान विकासशील है और लगातार विकसित हो रहा है।
4. पुस्तकालय विज्ञान एक विषयी है, जबकि सूचना विज्ञान अन्तर्विषयी है।
5. पुस्तकालय विज्ञान के अध्येता साधारण व्यक्ति होते हैं, जबकि सूचना विज्ञान के अध्येता विशिष्ट व्यक्ति होते हैं।
6. पुस्तकालय विज्ञान मात्र पुस्तकों से ही सम्बन्धित विज्ञान है, जबकि सूचना विज्ञान में गणित, तर्कशास्त्र, भाषा, कार्य अन्वेषण प्रबन्ध, अध्ययन आदि का मिश्रण है।
7. पुस्तकालय विज्ञान एक सामान्य विषय होता है, जबकि सूचना विज्ञान एक विशिष्ट विषय है।

## सूचना की तकनीक तथा संचार की प्रक्रिया

अपनी उपादेयता तथा महत्त्व की वजह से ही सूचना संचार के क्षेत्र में ज्ञानार्जन की प्रथम सीढ़ी मानी जाती है, तथा मानव की उन्नति एवं विकास में भी सूचना प्रारम्भ से ही मुख्य आधार रही है। इसीलिए सूचना के साथ नये-नये पदों का संयोग कर उसके वास्तविक अर्थ का दिग्दर्शन किया जा रहा है। इनमें सूचना तकनीकी पद अत्यधिक नया पद है, जो आजकल बहुलता से सूचना के क्षेत्र में प्रयोग किया जा रहा है। सूचना तैयार होने के पश्चात् सूचना का स्थानान्तरण तथा सम्प्रेषण तत्काल ही हो जाना चाहिए जिससे उसका उपयोग अन्य दूसरे उपयोगकर्ताओं द्वारा किया जा सके, जिन्हें उसकी आवश्यकता है। सूचना स्थानान्तरण का एक जरूरी घटक सूचना का एक ही स्थान पर रहना तथा उसका अनुपयोगी होना भी है। इसलिए **सूचना तथा सम्प्रेषण** पद दोनों संगठित रूप से जुड़े हुए हैं। अगर सूचना है तो **सम्प्रेषण** भी अवश्य ही होगा। अतः व्यावहारिक दृष्टि से सूचना तथा सम्प्रेषण एक

दूसरे से पृथक नहीं किये जा सकते हैं। आज सूचना सम्प्रेषण के क्षेत्र में भयंकर बदलाव हो गये हैं। पहले सूचना सम्प्रेषण के कार्य अन्वेषण अथवा वैज्ञानिकों को अपनी बौद्धिकता से स्वयं ही सम्पन्न करने पड़ते थे अर्थात् सूचना सम्प्रेषण एक मानवीय प्रक्रिया थी लेकिन उसमें समस्याएँ उत्पन्न हो जाती थीं। एक उपयोगकर्ता अथवा सूचना के सृजनकर्ता से सूचना को दूसरे उपयोगकर्ता तक पहुँचने में अनेक तरह की बाधाएँ, समस्याएँ तथा अवरोध उत्पन्न होते थे, परन्तु सूचना तकनीकी ने आज सूचना सेवा तथा विज्ञान के क्षेत्र में पुस्तकालय की प्राचीन गृह-रक्षण वाले क्रियाकलापों को पूर्ण रूप से तब्दील कर दिया है जिससे सूचना तकनीकी सूचना से संग्रहण, सम्प्रेषण, संवर्धन, पुनर्प्राप्ति तथा प्रकीर्णन आदि का एक नया विषय बन गया है।

## सूचना की तकनीक

आज पुस्तकालय सूचना सेवा के क्षेत्र में सूचना तकनीकी ने एक केन्द्रीय स्थान ग्रहण कर लिया है। इसकी उपयोगिता इस बात से भी प्रमाणित होती है कि कोई भी विकसित राष्ट्र सूचना तकनीकी के अस्तित्त्व एवं विकास को दुत्कार नहीं सकता है क्योंकि सूचना तकनीकी विकसित राष्ट्रों के लिए विभिन्न और विशिष्ट तरह की समस्याओं का समाधान करने का एक संसाधन बन चुकी है तथा आज के इस विकसित युग में इसे विकसित कारकों में से एक माना जा रहा है। आज पुस्तकालय तथा सूचना तकनीकी के प्रभाव के कारण बदलाव के उत्तेजक दौर से गुजर रहे हैं जिससे कम्प्यूटर, माइक्रोप्रोसेसर, कॉपीयर तथा दूरसंचार की विकसित प्रविधियाँ पुस्तकालयों में व्यवहार में लाई जा रही हैं। सामान्य अर्थ में सूचना तकनीकी का तात्पर्य सूचना सेवा प्रदान करने में विभिन्न तकनीकियों एवं प्रविधियों का उपयोग करने से होता है। वर्तमान में पुस्तकालयों में सूचना के प्रभावी संचालन के लिए सूचना तकनीकी के अधीन कम्प्यूटर के माध्यम से दूरसंचार, ऑनलाइन सेवाएँ, माइक्रोग्राफी, फाइबर आप्टिक्स आदि सेवाएँ उपयोगकर्ताओं को उपलब्ध कराई जा रही हैं।

## सूचना तकनीक के क्षेत्र

**(1) नेटवर्क**—नेटवर्क दूर-दूर विभाजित तथा रहने वाले लोगों में सूचना का संचार करने का एक माध्यम होता है। बहुत से व्यक्ति जो दूर रहते हैं या कार्य करते हैं नेटवर्क पर अपनी पाठ्य रिपोर्ट लिख सकते हैं जिससे वर्तमान अनुवाद से सभी

लेखक अपनी पहुँच रख सकें। यह संचार प्रक्रिया में तीव्रता लाती है और अदृश्य कॉलेज तथा कागजहीन सूचना पद्धति की भावना पर प्रभाव डालने में सफल होती है। सूचना, दूरदर्शन के चैनलों पर आज प्रसारित की जा रही है। वीडियोटेक्स (Videotex) सेवाओं का भी प्रचलन बढ़ रहा है जिससे टेलीफोन लाइनों पर दोनों ओर से सूचना का आदान-प्रदान किया जाता है। नेटवर्कों पर DIALOG, BRS आदि रिमोट टर्मिनल्स पर सेवाएँ प्रदान की जा रही हैं।

**(2) दूरसंचार**—दूरसंचार पद्धति में अधिकतर सूचना के संवाहक के रूप में विद्युतीय तथा विद्युत-चुम्बकीय माध्यम के द्वारा संचालन किया जाता है जिससे सूचना का सम्प्रेषण सरलता से शीघ्र हो जाता है। दूरसंचार सूचना सम्प्रेषण में एक क्रान्तिकारी कदम रहा है। बहुत से राष्ट्रों ने अपने संचार तंत्र को अधिक प्रभावशाली बनाने के लिए सेटेलाइट की स्थापना की है। सूचना के संचार तन्त्र की विश्वव्यापी नेटवर्क की स्थापना की जा रही है। भारत में भी दो संचार तन्त्र INDONET तथा NICNET इस क्षेत्र में महत्त्वपूर्ण भूमिका निभा रहे हैं। पुस्तकालय तथा सूचना सेवा के क्षेत्रों में संचार तन्त्र पद्धति सूचना तकनीकी में एक अति उपयोगी कार्य है।

**(3) इलेक्ट्रॉनिक प्रकाशन**—सूचना तकनीकी से प्रकाशन उद्योग भी प्रभावित हुआ है। कम्प्यूटर पर आधारित पाठ्य-प्रोसेसर (Text-Processers) प्रकाशकों द्वारा प्रारम्भ किये गये हैं।

**(4) ऑनलाइन सेवाएँ**—सूचना के ऑनलाइन अधिगम की सुविधा दूरसंचार नेटवर्क के द्वारा आज अत्यधिक लोकप्रिय हो चुकी है। ऑनलाइन सेवा की अनेक पद्धतियाँ सूचना सेवा के क्षेत्र में प्रचलित हैं। इन सेवाओं में पर्याप्त संख्या में डाटाबेसों को ऑनलाइन अधिगम के द्वारा प्रदान किया जाता है। इसमें सामान्य टेलीफोन के द्वारा अल्पगत व्यय के टर्मिनल्स से सभी डाटा केन्द्रों का अधिगम सुलभ हो जाता है। वैज्ञानिकों को भी व्यक्तिगत रूप से इस तरह की सुविधा उपलब्ध है। LOCKHEED/DIALOG आदि ऑनलाइन सेवाएँ यूरोप में अधिक प्रचलित हैं।

**(5) सूक्ष्य प्रतिलिपिकरण**—सूक्ष्म प्रतिलिपिकरण भी कम्प्यूटर तकनीकी में से एक है। उच्च्व गति के अन्वेषण के लिए असंख्य सूचना अभिलेखों को संग्रह करने की विधियों एवं तकनीकियों में यह तकनीकी अपना महत्त्वपूर्ण स्थान रखती है। इस क्षेत्र में COM सूचना के संग्रहण एवं पुनर्प्राप्ति के अति संवेदनशील यान्त्रिक साधन होते हैं। ये सूचना को कम्प्यूटर द्वारा मैग्नेटिक टेप पर माइक्रोफिल्म में पढ़ने योग्य स्वरूप में परिवर्तित कर देते हैं तथा इसके पढ़ने की गति 300 पृष्ठ प्रति मिनट मैग्नेटिक टेप पर होती है।

## सूचना स्रोतों के रूप

शक्ति की संज्ञा से नवाजी गई सूचना एक जरूरी साधन है। सूचना उस जानकारी या विशिष्ट ज्ञान को कहा जाता है जो किसी विशिष्ट विषय, तथ्य या घटना से सम्बन्धित होता है तथा उपयोग के लिए उसका सम्प्रेषण हो सकता है। स्रोत शब्द से आशय सूचना की प्राप्ति के माध्यम से है, अतः सूचना स्रोत का सीधा-सा अर्थ सूचना उपलब्ध कराने वाले माध्यम से होता है जो प्रलेख हो सकता है। सूचना-स्रोत ज्ञान-जगत के किसी भी विषय से सम्बन्धित हो सकते हैं। सूचना स्रोत तथा सन्दर्भ स्रोत वैसे तो एक ही होते हैं लेकिन आज की स्थिति एवं परिप्रेक्ष्य में सूचना-स्रोत अधिक महत्त्वपूर्ण है और उनकी उपादेयता भी सन्दर्भ स्रोतों की तुलना में अत्यधिक है।

## सूचना के स्रोतों का वर्गीकरण

ग्रोगन ने सूचना स्रोतों को उनमें विद्यमान ज्ञान एवं गुणों के आधार पर प्रमुख तीन भागों में विभक्त किया है, जो निम्न प्रकार हैं—

**(A) प्राथमिक स्रोत**—आधुनिक युग विज्ञान का युग है, इस युग में वैज्ञानिक अनुसन्धान एवं विकास पर अधिक जोर दिया जा रहा है। उन सूचना स्रोतों का आज अधिक महत्त्व है, जिनमें शोध एवं विकास कार्यक्रमों से सम्बन्धित नई जानकारी विद्यमान होती है। नई जानकारी विद्यमान स्रोत ही प्राथमिक स्रोत कहलाते हैं अर्थात् प्राथमिक स्रोत वे स्रोत होते हैं जिनमें मौलिक अनुसन्धान, उसका विवरण, उसके प्रयोग विवरण तथा विषय-वस्तु की व्याख्या कर प्रकाशित होती है। प्राथमिक स्रोतों की निम्न विशेषताएँ होती हैं—

(1) ये काफी विषय पर प्रकाशित होते हैं।
(2) प्राथमिक स्रोत में विद्यमान सूचना मौलिक होती है।
(3) अनुसन्धानकर्ता अपने नये विचारों, सिद्धान्तों एवं निष्कर्षों से इन स्रोतों के माध्यम से ही दूसरों को परिचित कराता है।
(4) सूचना की दृष्टि से ये स्रोत काफी महत्त्वपूर्ण होते हैं।
(5) किसी भी विषय को शक्तिशाली बनाने के लिए इन स्रोतों की विशेष भूमिका होती है।
(6) ये स्रोत किसी दूसरे रूप में उपलब्ध नहीं होते हैं।
(7) इन स्रोतों की मदद से ही अन्य स्रोतों की रचना होती है।

प्राथमिक स्रोत की श्रेणी में पत्र-पत्रिका (सामयिकी), पेटेन्ट, शोध-प्रतिवेदन, सम्मेलन कार्यवाहियाँ, शोध प्रबन्ध, आदि आते हैं। इनके उदाहरण निम्न हैं–

| | | |
|---|---|---|
| Reserch Report | — | Scientific and Technical Reports. |
| Periodical | — | Indian Journal of Pure and Applied Mathematics. |
| Proceedings | — | Proceedings of Science Congress (1997) |
| Patent | — | World Patent Index. |
| Dissertations | — | Scientific Dissertations of M. Phil. |

**(B) द्वितीयक स्रोत**–द्वितीयक स्रोत सूचना के वे माध्यम होते हैं, जिनमें मौलिक जानकारी नहीं होती है बल्कि उन्हें प्राथमिक स्रोत में दी गई जानकारी के आधार पर योजनाबद्ध ढंग से बनाया गया है। इन स्रोतों में विद्यमान सूचना संक्षिप्त तथा सुसंगठित होती है। प्रायः प्राथमिक स्रोत से प्रत्यक्ष रूप से सूचना सामग्री को प्राप्त करना सरल नहीं होता है। अतः द्वितीयक स्रोत का अवलोकन पहले करना पड़ता है जिससे प्राथमिक स्रोत के उपयोग करने का मार्गदर्शन मिलता है। द्वितीयक स्रोत, प्राथमिक माध्यम का सन्दर्भ प्रस्तुत करते हैं। द्वितीयक स्रोतों में निम्न विशेषताएँ होती हैं–

(1) ये स्रोत प्राथमिक स्रोत की ओर सन्दर्भ संकेत करते हैं।
(2) द्वितीयक स्रोत प्राथमिक स्रोत से संकलित किए जाते हैं।
(3) ये नवीन ज्ञान को प्रदर्शित नहीं करते बल्कि उस ज्ञान को प्रदर्शित करते हैं जिस पर कार्य किया जा चुका है।
(4) ये किसी निश्चित योजना के अनुसार व्यवस्थित होते हैं।
(5) यह अपनी प्रकृति के अनुसार प्राथमिक स्रोत की अपेक्षा अधिक मात्रा में उपलब्ध होते हैं।
(6) ये प्राथमिक स्रोत के लिए एक वाङ्मय कुंजी की भाँति कार्य करते हैं।
(7) द्वितीयक स्रोतों की सूचना संक्षिप्त एवं सुसंगठित होती है।
(8) प्राथमिक स्रोत का उपयोग करने के लिए द्वितीयक स्रोतों का अवलोकन पहले करना पड़ता है।

द्वितीयक स्रोत की श्रेणी में सामयिकी, अनुक्रमणीकरण एवं सारांशीकरण वाङ्मय सूचियाँ, पत्रिकाएँ, ट्रीटाइज, पाठ्य-पुस्तक, मोनोग्राम तथा अन्य सभी सन्दर्भ ग्रन्थ–विश्वकोश, शब्दकोश, अब्दकोश, आदि आते हैं। इनके उदाहरण निम्न हैं–

| | | | |
|---|---|---|---|
| (1) | Indexing Periodical | — | Indian Science Index. |
| (2) | Periodical | — | Physics Review, Physics' Letters. |
| (3) | Review | — | Annual Review of Bio chemistry. |
| (4) | Abstracting Periodical | — | Chemical Abstracts, Biological Abstracts. |
| (5) | Treatise | — | Treatise on Organic Chemistry. |
| (6) | Bibliographics | — | INB, BNB. |
| (7) | Text Book | — | Text Book of Fluid Dynamics. |
| (8) | Monographs | — | Techniques of Organic Chemistry. |
| (9) | Dictionary | — | McGraw Hill Dictionary of Scientific and Technical Terms. |
| (10) | Encyclopaedias | — | McGraw Hill Encyclopaedia of Science and Technology. |

**(C) तृतीयक स्रोत**—तृतीयक सूचना स्रोत वे स्रोत होते हैं जिनसे अध्येताओं को प्राथमिक तथा द्वितीयक स्रोतों की सूचना को उपयोग करने में सहायता मिलती है। इन स्रोतों में प्राथमिक तथा द्वितीयक सूचना स्रोतों से छनकर सूचना प्राप्त की जाती है। अतः तृतीयक सूचना स्रोतों का मुख्य कार्य एवं उद्देश्य अध्येताओं और विशेषज्ञों को प्राथमिक एवं द्वितीयक स्रोतों के प्रयोगार्थ इच्छित सूचना प्राप्ति एवं खोज में सहायता प्रदान करना होता है। इनकी निम्न विशेषताएँ होती हैं—

(1) इन स्रोतों से अन्य सूचना स्रोतों का संकेत मिलता है।

(2) तृतीयक स्रोतों से विषयों का ज्ञान नहीं होता है।

(3) ज्ञान के विशाल भण्डार एवं नियमित बढ़ोत्तरी के कारण इनका महत्त्व अत्यधिक बढ़ता जा रहा है।

(4) इन स्रोतों का मुख्य कार्य एवं उद्देश्य प्राथमिक तथा द्वितीयक स्रोतों में उपलब्ध सूचना सामग्री की खोज में सहायता करना है।

(5) ये स्रोत अन्य स्रोतों की अपेक्षा अन्त में प्रकाशित किए जाते हैं।

तृतीयक स्रोतों की श्रेणी में शब्दकोश, वाङ्मय सूचियाँ, साहित्य दिग्दर्शिका तथा शोध प्रगति की तालिका आदि आती हैं। इनके उदाहरण निम्न प्रकार हैं—

| | | | |
|---|---|---|---|
| (1) | Directory | — | World of Learning. |
| (2) | Bibliography | — | A Wold Bibliography of Bibliographics. |
| (3) | List of Research in Progress | — | Current Research Progress in CSIR Labs. |
| (4) | Literature Guide | — | Guide to the Literature of Life Sciences. |

## प्राथमिक स्रोत : भूमिका तथा महत्त्व

किसी भी राष्ट्र की उन्नति एवं विकास का आधार उसका वैज्ञानिक साहित्य ही होता है। वैज्ञानिक साहित्य उस राष्ट्र के वैज्ञानिकों की उपलब्धियों का विवरण प्रस्तुत करता है। वैज्ञानिकों की उपलब्धियाँ सर्वप्रथम मौलिक सूचना स्रोतों में प्रकाशित होती हैं। अतः प्राथमिक स्रोत अन्वेषणकर्ताओं को मौलिक अनुसन्धान की सूचना देते हैं। इन प्राथमिक स्रोतों का वैज्ञानिक प्रगति में महत्त्व एवं भूमिका निम्न प्रकार है–

**(1) सामयिक सूचना**–जब तक कोई भी वैज्ञानिक अपने अनुसन्धान को पूरा नहीं कर लेता है, तब तक वह उसे प्रकाशन के लिए नहीं भेजता है। पूरा होने पर ही सूचना इनमें प्रकाशित होती है। इसलिए अन्य वैज्ञानिकों के लिए इनमें प्रकाशित सूचना मौलिक, नवीनतम तथ्यपूर्ण होती है। इस दृष्टिकोण से अन्य वैज्ञानिकों के लिए इनका विशेष महत्त्व है।

**(2) संचार के माध्यम**–कोई भी वैज्ञानिक तथ्य अथवा अन्वेषण सबसे पहले प्राथमिक स्रोत में ही प्रकाशित होता है और इनके माध्यम से ही उसमें विद्यमान तथ्यों का सम्प्रेषण होता है। अतः ये मौलिक शोध का प्रसार, प्रचार एवं संचार करने का एक माध्यम होते हैं। इसलिए सूचना के संचार में इनकी महत्त्वपूर्ण भूमिका होती है।

**(3) द्वितीयकरण को रोकना**–प्राथमिक स्रोतों में विद्धता सूचना मौलिक अनुसन्धान होता है इसलिए दूसरे वैज्ञानिक उस शोध को उससे आगे बढ़ाने का कार्य करते हैं। इस तरह शोध कार्य में पुनरावृत्ति नहीं हो पाती है। इसलिए प्राथमिक स्रोत शोध कार्य (Duplication) को रोकने में अपनी महत्त्वपूर्ण भूमिका अदा करते हैं तथा साथ ही साथ उस पर लगने वाला समय, धन व श्रम की बचत करने में समर्थ होते हैं।

**(4) अन्य उपयोगकर्ताओं की रिपोर्ट**--चूँकि प्राथमिक स्रोत सूचना एवं आविष्कार के तत्काल बाद ही प्रकाशित किए जाते हैं। अतः शीघ्र ही अन्य उपयोगकर्ताओं के पास पहुँच जाते हैं। आज के दौर में सामयिक सूचना (Current Information) की अत्यन्त आवश्यकता है। इसलिए प्राथमिक स्रोत सूचना को जल्दी अन्य शोधार्थियों के पास पहुँचाने में विशिष्ट भूमिका निभाते हैं।

**(5) अन्वेषणकर्ता के लिए दिग्दर्शन**--इन स्रोतों में मौलिक सूचना विद्यमान होती है इसलिए उस क्षेत्र से सम्बन्धित शोधकर्त्ताओं के लिए ये मार्गदर्शक का कार्य करते हैं कि उस क्षेत्र में क्या कार्य पूरा हो चुका है और आगे क्या कर सकने की सम्भावना है। यही विचार कर अन्य शोधकर्ता अपना कार्य बढ़ा सकते हैं। इसलिए इस तरह भी ये शोधकार्यों में अपनी भूमिका का निर्वाह करते हैं।

**(6) अन्य स्रोतों का निर्माण**--चूँकि इनमें विद्यमान सूचना मौलिक होती है इसलिए इन जानकारियों को प्राप्त करने एवं उनका अभिज्ञान (Identification) करने के लिए सूचना के अन्य द्वितीयक तथा तृतीयक स्रोत (Secondary and Tertiary Sources) इन स्रोतों से ही किये जाते हैं। अतः उन स्रोतों के निर्माण में प्राथमिक स्रोत अपनी प्रमुख भूमिका निभाते हैं।

## मूल्यांकन

सूचना स्रोतों का मूल्यांकन उपयोगिता की दृष्टि से जरूरी है। Lois Shores ने सूचना स्रोतों के मूल्यांकन के लिए निम्नलिखित मुख्य आधार प्रस्तुत किये हैं--

**(1) लक्ष्य**--सूचना स्रोतों का सभी अन्य वस्तुओं की तरह कोई न कोई उद्देश्य अवश्य होता है। लेखक किसी न किसी उद्देश्य के लिए ही किसी कृति की रचना करता है। किसी भी सूचना स्रोत का उद्देश्य उसकी विषय-वस्तु, प्राक्कथन, अनुक्रमणिका आदि को देखकर पता लगाया जा सकता है। सूचना स्रोत के उद्देश्य के लिए यह देखना होता है कि--

(*a*) विद्यमान जानकारी किस प्रकार के उपयोगकर्ताओं के लिए है?
(*b*) इसमें जो जानकारी दी गई है उसका उपयोग क्या है?
(*c*) विद्यमान जानकारी कितनी महत्त्वपूर्ण है?
(*d*) विद्यमान जानकारी का कितना उपयोग है?

**(2) प्राधिकरण प्रामाणिकता**--किसी भी सूचना स्रोत के मूल्यांकन में उसकी अर्थात् प्रकाशक एवं लेखक इत्यादि का विशेष महत्त्व होता है। प्रकाशक प्रामाणिक है अथवा नहीं। अर्थात् प्रामाणिकता का आभास निम्न बातों से होता है--

(*a*) सूचना स्रोत की रचना करते समय लेखक के क्या स्रोत थे? उसने प्राथमिक स्रोत की सामग्री का प्रयोग किया है अथवा द्वितीयक स्रोत की।

(*b*) सूचना स्रोत का प्रकाशन किस स्तर का है? प्रकाशक विख्यात है या नहीं। प्रकाशक/सम्पादक/लेखक जितने विख्यात एवं विशिष्ट होंगे, वह सूचना स्रोत भी उतना ही प्रामाणिक एवं उच्च स्तरीय होगा।

(*c*) लेखक की योग्यता क्या है? यदि लेखक अथवा सम्पादक का उद्‌भट विद्वान है तो उस सन्दर्भ स्रोत अथवा सूचना स्रोत की प्रामाणिकता निर्विवाद उत्तम है।

**(3) क्षेत्र**—विषय का विस्तार क्षेत्र, विषय की व्यापकता तथा विषय सीमा किसी भी सूचना स्रोत के लिए बहुत जरूरी होते हैं। क्षेत्र की उपयोगिता का वर्णन सम्पादक प्रकाशन प्रचार हेतु सूचना स्रोत की भूमिका में अथवा आवरण पर करते हैं। ज्यादातर सूचना स्रोत चुने हुए होते हैं। अतः स्रोत में क्या उपलब्ध है तथा किन-किन तथ्यों को छोड़ दिया गया है, का वर्णन अनिवार्य होता है।

**(4) शैली**—यहाँ शैली से अर्थ लिखने का क्या तरीका है? अर्थात् सूचनाओं को किस प्रकार एकत्रित किया गया है तथा सूचनाएँ कैसी हैं? सूचनाओं की प्रकृति क्या है? ये सभी बातें निम्नलिखित बिन्दुओं में आती हैं—

(*a*) सूचनाएँ निष्पक्ष हैं या नहीं।

(*b*) सूचनाएँ सामयिक हैं या पुरानी।

(*c*) सूचनाएँ सत्यता पर आधारित हैं या नहीं।

**(5) व्यवस्थापन**—सूचना स्रोतों में सामग्री इस तरह व्यवस्थित होनी चाहिए जिससे उसमें से सूचना को सरलता से खोजा जा सके। इसके लिए—

(*a*) सूचनाओं का व्यवस्थापन वर्णक्रम में डिक्शनरी की भाँति होना चाहिए जिससे कोई भी उपयोगकर्ता सूचना को सरलता से प्राप्त कर सके।

(*b*) यदि यह व्यवस्थापन वर्णक्रम में नहीं है तो लेखक, शीर्षक तथा विषय अनुक्रमणिकाएँ देना आवश्यक है।

(*c*) जिस वर्गीकरण पद्धति का उपयोग किया जाए वह सरल होनी चाहिए।

(*d*) जहाँ-जहाँ आवश्यक हो, वहाँ प्रति निर्देश प्रविष्टि देनी चाहिए।

(*e*) चार्ट, सारणी, फोटो, चित्रों का प्रयोग भी करना चाहिए।

**(6) बनावट**—किसी भी सूचना स्रोत के मूल्यांकन में उसका Format भी अत्यधिक महत्त्व रखता है। सूचना स्रोत के Format से आशय यह है कि—

(*a*) जिल्दबन्दी मजबूत एवं टिकाऊ होनी चाहिए।

(*b*) छपाई सुन्दर एवं कलात्मक होनी चाहिए।

(*c*) प्रयोग में लिया हुआ कागज अच्छे स्तर का तथा टिकाऊ होना चाहिए।

(*d*) बाह्य शक्ल एवं आकार आकर्षक होना चाहिए।

(7) **विशेष लक्षण**—अन्त में सूचना स्रोतों के अन्य विशिष्ट लक्षणों का भी मूल्यांकन किया जाता है जिनमें मुख्य बातें निम्न हैं—

(*a*) सूचनाएँ पाठकों की माँग की पूर्ति करने में सक्षम हैं या नहीं।

(*b*) आलेख Signified है या नहीं।

(*c*) सूचनाएँ तथ्यपरक एवं परिपूर्ण हैं या नहीं।

(*d*) प्रकाशन नियमित है या नहीं।

(*e*) इसमें सामयिक सूचनाएँ हैं या नहीं।

## राष्ट्र का उत्थान और सूचना

जीवन के हर क्षेत्र का मार्गदर्शन कराने वाली प्रभावकारी सूचना विकास कार्यों में एक खास भूमिका निभाती है। राष्ट्र के बहुमुखी विकास तथा समृद्धि के लिए वर्तमान में सूचना को एक सशक्त तथा लाभकारी संसाधन माना जाता है जिसकी प्रभावशीलता एवं उपादेयता हर जगह स्वीकार की गई है। किसी भी राष्ट्र का उत्थान, विकास तथा समृद्धि उसके योग्य एवं निष्ठावान नागरिकों तथा सैद्धान्तिक एवं व्यावहारिक अन्वेषणों तथा उच्च स्तरीय शिक्षण-प्रशिक्षण पर आधारित होती है। ऐसे सभी क्रियाकलापों तथा आयोजनों के लिए उपयुक्त समय पर उपयुक्त सूचना ही खास होती है जिसके अभाव में उन्नति होना असम्भव होता है। इसी कारण सूचना सम्पन्न राष्ट्र, सूचना विपन्न राष्ट्रों की अपेक्षा अत्यधिक विकसित एवं उन्नतिशील होते हैं जिसका मुख्य कारण अनुसंधान तथा वैज्ञानिक होते हैं जिसमें सूचना की भूमिका लाभकारी होती है।

एक चेतन तथा सामाजिक प्राणी होने के कारण मनुष्य के मस्तिष्क में समय--समय पर विचार जन्म होते हैं। इन्हीं उत्पन्न विचारों को हम सूचना कहते हैं। सूचना शब्द का प्रयोग जानकारी, समझ, बुद्धि, ज्ञान, तथ्य, आदि के लिए भी किया जाता है। Oxford English Dictionary के अनुसार—सूचना पद का अर्थ सूचित करना, कहना, समाचार, ज्ञान, बताई गई बात आदि से होता है।

Information शब्द उत्पत्ति की दृष्टि से Formatia अथवा Forma शब्द से ही बना है। दोनों ही शब्द किसी वस्तु को एक आकार एवं स्वरूप प्रदान करने के अभिप्राय को व्यक्त करते हैं।

## परिभाषाएँ

(1) सूचना वक्तव्यों, तथ्यों, या आकृतियों का संकलन होता है।

—हॉफमेन

(2) सूचना उसे कहते हैं जिसमें आकार को परिवर्तित करने की क्षमता होती है।

—एन. बैल्किन

(3) किसी विषय से सम्बन्धित तथ्यों को सूचना कहते हैं।

—जे. बीकर

उपरोक्त परिभाषाओं से परिणाम निकलता है कि जिस प्रकार तथ्य संख्याओं से युक्त होता है, उसी प्रकार सूचना अक्षरों से युक्त होती है। जब हम सूचना का प्रयोग करते हैं, तो हमारा लक्ष्य ज्ञान के उस अंश, विवरण से होता है जिससे हमें अपने उद्देश्य की पूर्ति में मदद प्राप्त होती है। सूचना विश्लेषित, निश्चित, सुस्पष्ट, सीमित और तत्कालीन निर्णय लेने, किसी स्थिति को सुलझाने के लिए तुरन्त सहायक सिद्ध होती है।

## लक्षण

आज के इस वैज्ञानिक अनुसंधान एवं विकास के युग में सूचना का महत्त्व उसके गुणों के कारण ही है, जो निम्नांकित हैं–

(1) सूचना को उसकी उपादेयता के कारण शक्ति की संज्ञा दी जाती है।

(2) ज्ञानार्जन का पहला सोपान सूचना होती है।

(3) सूचना एक परिघटना के रूप में परिलक्षित होती है।

(4) सूचना उत्पाद एवं प्रक्रिया दोनों है।

(5) सूचना मानव के प्रत्येक क्रियाकलाप एवं क्षेत्र में व्याप्त होती है।

(6) सूचना अद्‌भुत शक्ति तथा आर्थिक समृद्धि का आधार होती है।

(7) सूचना राष्ट्र की राष्ट्रीय सम्पत्ति होती है।

(8) सूचना किसी देश के राष्ट्रीय विकास का स्रोत होती है।

(9) सूचना वैज्ञानिक अध्ययन एवं अनुसंधान के लिए अति अनिवार्य होती है।

(10) सूचना के R & D निष्पादन का एक आवश्यक संसाधन है।

(11) सूचना मनोरंजनात्मक क्रियाकलापों के लिए भी अनिवार्य होती है।

(12) सूचना व्यापारिक तथा औद्योगिक विकास का आधार होती है।

(13) सूचना किसी राष्ट्र के विकास का महत्त्वपूर्ण घटक होती है।

(14) सूचना से ही किसी प्रयास एवं उद्यम का आरम्भ होता है।

## सूचना का महत्त्व एवं भूमिका

आरम्भ से ही समाज में अनेक क्रियाकलापों के लिए सूचना की अनिवार्यता रही है। प्राचीन समय से लेकर आज तक समाज में सूचना की अनिवार्यता तथा मांग निरन्तर बनी रही है और नित्य प्रति बढ़ती ही जा रही है। सूचना जो कभी कुछ ही व्यक्तियों तक सीमित रहती थी वहीं आज सूचना का विस्फोट हो रहा है।

आज सूचना अत्यन्त तेजी से उत्पन्न हो रही है। आज सूचना मानव के हर क्षेत्र तथा क्रियाकलाप में व्याप्त हो चुकी है। सूचना के अभाव में समाज तथा राष्ट्र को विकसित एवं सशक्त होने में कठिनाई होती है। वैज्ञानिक एवं तकनीकी अनुंसधान के लिए सूचना अति आवश्यक सामग्री तो है ही साथ ही मनोरंजनात्मक क्रियाकलापों के लिए भी सूचना की महती आवश्यकता होती है। वैज्ञानिक एवं तकनीकी अध्ययन एवं अनुसंधानात्मक जो ज्ञान की खोज, सृष्टि, प्रसार एवं विकास की आधारशिलाएँ हैं सूचना के बिना सफल और सार्थक तथा उपादेय सिद्ध नहीं हो सकती हैं। इस तरह सूचना अनुसंधान और विकास के निष्पादन का एक आवश्यक संसाधन बन चुकी है।

## सूचना : एक शक्ति

सूचना को आज के युग में शक्ति की संज्ञा दी गई है। सूचना को आज अनिवार्य वस्तु माना गया है क्योंकि किसी भी राष्ट्र के बहुमुखी विकास हेतु अनुसंधान की आवश्यकता होती है और अनुसंधान तभी निष्पादित किया जा सकता है जब सूचना तथा सूचनात्मक सामग्रियाँ उपलब्ध हों। वर्तमान में जिन राष्ट्रों में सूचना का बाहुल्यता पाया जाता है वे सम्पन्न और शक्तिशाली हैं। यही कारण है कि पश्चिमी राष्ट्र अधिक समृद्ध व शक्तिशाली हैं तथा जिन राष्ट्रों में सूचना का अभाव है वे सब विपन्न व अविकसित हैं। इसलिए किसी भी राष्ट्र के विकास एवं उन्नति तथा सम्पन्नता के लिए उस देश की सूचना तथा सूचना-पुस्तक का शक्तिशाली होना अति आवश्यक है। इसलिए आज आधुनिक पुस्तकालयों अथवा सूचना केन्द्रों का प्रमुख कार्य सूचना को समुचित तरीके से उचित समय पर उपयुक्त उपयोगकर्ताओं के लिए सुलभ करना तथा इसकी व्यवस्था करना होता है और इसलिए इस दिशा में आजकल सर्वत्र अधिक बल दिया जा रहा है।

## विज्ञान एवं तकनीक में राष्ट्रीय सूचना पद्धति (NISSAT)

विज्ञान एवं तकनीकी में राष्ट्रीय सूचना पद्धति को अंग्रेजी में National Information in Science and Technology कहते हैं। भारत में सर्वप्रथम विज्ञान एवं तकनीकी के क्षेत्र में राष्ट्रीय सूचना पद्धति की स्थापना करने के प्रयत्नों के परिणामस्वरूप NISSAT की स्थापना 1975 में हुई तथा पूर्ण रूप से यह कार्यक्रम 1977 से प्रारंभ किया गया जो भारत के विज्ञान एवं तकनीकी विभाग (DST) के अधीन शुरू हुआ। निस्सात (NISSAT) का पूर्ण नाम National Information System in Science and Technology है जिसकी स्थापना भारत में उपलब्ध सूचना संसाधनों, सूचना प्रणालियों एवं सेवाओं को आन्तरिक एवं पारस्परिक रूप से सम्बद्ध करने और उसमें समन्वय स्थापित करने हेतु राष्ट्रीय सूचना नीतियों द्वारा निर्धारित सभी राष्ट्रीय सूचना प्रणालियों के क्रियाकलापों, समन्वित नीतियों के लिए एक प्रभावकारी सूचना पद्धति के रूप में कार्य करने का उद्देश्य रहा है।

### उद्देश्य

(1) राष्ट्र के वैज्ञानिक सूचना-स्रोतों, सूचना सेवाओं तथा सूचना पद्धतियों में समन्वय स्थापित करना।

(2) राष्ट्रीय वैज्ञानिक सूचना सेवा प्रदान करना।

(3) सूचना सेवाओं को अधिक प्रभावकारी बनाने के लिए सूचना विज्ञान एवं संचार में हो रहे प्रत्येक शोध कार्य में भाग लेना तथा सहायता प्रदान करना।

(4) सूचना स्रोतों, सूचना उपकरणों एवं सूचना सेवाओं में दोषों का पता लगाना तथा उन्हें दूर करना।

(5) राष्ट्र में सूचना सेवाओं की उन्नति एवं बढ़ोत्तरी के लिए नवीनतम सूचना तकनीकियों का प्रयोग करना।

(6) विभिन्न वर्गों के सूचना उपयोगकर्ताओं की विभिन्न स्तरीय सूचना आवश्यकताओं को कुशलतापूर्वक एवं प्रभावकारी तरीके से पूर्ण करना।

(7) अन्तर्राष्ट्रीय स्तर पर सूचना के विनिमय के लिए राष्ट्रीय मानक तथा मार्गदर्शिका का निर्माण करना एवं प्रयोग में लाना।

(8) राष्ट्रीय सूचना नीति द्वारा निर्देशित प्रभावकारी वैज्ञानिक सूचना पद्धति स्थापित करना।

(9) सूचना वैज्ञानिकों के प्रशिक्षण एवं शिक्षण की सुविधाओं के विकास के लिए प्रशिक्षण, संगोष्ठी, कार्यशाला, सेमिनार आदि का आयोजन करना।

(10) वैज्ञानिक साहित्य के प्रत्येक प्रकाशन की कम से कम एक प्रति की सुलभता की व्यवस्था करना।

## सांगठनिक व्यवस्था

NISSAT की संरचना संगठन की दृष्टि से अग्रलिखित चार स्तरों पर की गई है—

**(1) स्थानीय सूचना केन्द्र**—स्थानीय स्तर पर इस तरह के केन्द्र अपनी पैतृक संस्थाओं के कर्मियों की आवश्यकताओं की पूर्ति करते हैं। ये केन्द्र NISSAT कार्यक्रम के अन्तिम स्तर पर आते हैं। भारत में लगभग 1000 केन्द्र कार्य कर रहे हैं। ऐसे केन्द्र मूल रूप से अपनी पैतृक संस्था के कर्मियों/वैज्ञानिकों को सूचना सेवा प्रदान करते हैं।

**(2) राष्ट्रीय सूचना केन्द्र**—सभी क्षेत्रों के राष्ट्रीय सूचना केन्द्र इस कार्यक्रम के शीर्षस्थ अंग माने जाते हैं। ये सभी केन्द्र राष्ट्रीय स्तर पर सूचना सेवाओं को समन्वित एवं संगठित कर प्रदान करने के लिए उत्तरदायी होते हैं। इस तरह के राष्ट्रीय सूचना केन्द्र INSDOC, DESIDOC, BARC LIBRARY आदि हैं।

**(3) क्षेत्रीय सूचना केन्द्र**—दूसरे स्तर पर राष्ट्र के अनेक भागों में उपलब्ध सूचना स्रोतों के सम्पूर्ण उपयोग के लिए क्षेत्रीय सूवना केन्द्र स्थापित किये गये हैं। इस तरह के केन्द्र IIT Bombay; Central Leather Research Institute, Madras; Institute of Experimental Medicine आदि हैं। इनका मुख्य कार्य सूचना स्रोतों पर सर्वेक्षण, उस क्षेत्र की सूची का निर्माण, उस क्षेत्र की सभी अनिवार्यताओं की पूर्ति, फोटोकॉपी सेवा, क्षेत्रीय संघ सूची का प्रकाशन आदि हैं।

**(4) आंचलिक सूचना केन्द्र**—तीसरे स्तर पर आंचलिक सूचना केन्द्रों की स्थापना की गई है। ये केन्द्र उद्योगोन्मुखी तथा विशिष्ट तरह के होते हैं। इनके ऊपर प्रलेखों का संग्रह करने का प्रशिक्षण देने तथा विदेशी सूचना केन्द्रों एवं व्यावसायिक प्रतिष्ठानों से सहयोग स्थापित करना है। इन केन्द्रों में Central Food Technology Research Institute, Mysore, HAL, Banglore, Central Machine Tools, Banglore तथा Central Drug Research Institute, Lucknow प्रमुख हैं।

## गतिविधियाँ

**(1) संघ सूची**—विभिन्न सूचना केन्द्रों में उपलब्ध प्रलेखों की संघ सूची बनाना तथा उनमें अन्तर्सम्बन्ध स्थापित करना जिससे एक सूत्र से ही यह सूचना

प्राप्त हो सके कि किस सूचना केन्द्र में कौन-सी सामग्री कहाँ उपलब्ध है। क्रमिक प्रकाशनों के अतिरिक्त रिपोर्टों पुस्तकों, आदि की संघ सूची भी तैयार करने की योजना है।

**(2) SDI सेवा**—INSDOC ने प्रयोग के रूप में IIT, मद्रास में उपलब्ध कम्प्यूटर की सहायता से 1976 से सेवा प्रदान करना प्रारम्भ की है।

**(3) उद्योगों के लिए सूचना सेवा**—राष्ट्र के छोटे एवं बड़े उद्योगों को विज्ञान एवं तकनीकी के क्षेत्र में हुए नये विकास एवं शोधों की सूचना देने के क्रम में मुख्य रूप से ध्यान देने योग्य बात है कि उन्हें व्यावहारिक सूचना की ही जरूरत अधिक होती है जिससे वे उन्हें सीधे उपयोग में ला सकें, इसलिए उनके समक्ष सूचनाओं की प्रस्तुति इस तरह होनी चाहिए कि वे सीधे रूप से सुलभ हों। इस दिशा में SIET Intitute ने सराहनीय सेवा उपलब्ध कराई है।

**(4) अर्जन**—राष्ट्र में प्रकाशित समस्त वैज्ञानिक साहित्य की एक-एक प्रति राष्ट्रीय विज्ञान पुस्तकालय से समन्वय रखते हुए उपलब्ध करना जिसमें वैज्ञानिक इनका उपयोग कर सकें। प्रकाशनों की अनावश्यक पुनरावृत्ति को रोकने के लिए एक ऐसी नीति का निर्धारण किया गया है कि जिससे प्रलेखों के अर्जन तथा अनेक पुस्तकालयों में उनके वित्तरण में समन्वय हो जाये।

**(5) CAS सेवा**—सूचना सेवाओं के विकास हेतु वर्तमान सूचना उपकरणों, तकनीकियों एवं सेवाओं का विकास किया गया है। राष्ट्रीय केन्द्रों द्वारा प्रदत्त CAS तथा SDI सेवाएँ उल्लेखनीय हैं।

**(6) अन्तर्राष्ट्रीय सहयोग**—भारत अन्तर्राष्ट्रीय स्तर पर भी इस क्षेत्र में सहयोग प्रदान कर रहा है। भारत UNESCO के साथ FID, INIS, AGRIS आदि कई कार्यक्रमों में हिस्सा लेता है।

**(7) सूचना विज्ञान में प्रशिक्षण**—सूचना पद्धतियों में हो रहे निरन्तर विकास, कम्प्यूटर उपयोग तथा विकासोन्मुखी अन्तर्विषयों के सम्बन्ध को देखते हुए सूचना विज्ञान में प्रशिक्षण देने की योजना प्रारम्भ की है। प्रतिवर्ष प्रशिक्षण कार्यक्रम आयोजित किये जा रहे हैं।

## पुस्तकालय सम्बन्धित नेटवर्क

अभिव्यक्तियों एवं प्रणालियों के संकेत हेतु पुस्तकालय नेटवर्क का इस्तेमाल किया जा रहा है। पुस्तकालय नेटवर्क, पुस्तकालय सहकारिता तथा संसाधनों का

सहभागी उपयोग आदि सभी पद एक ही अर्थ में प्रयोग किये जाते हैं जिनका मुख्य अर्थ पुस्तकालयों के पारस्परिक सहयोग एवं सहभागिता के माध्यम से उनकी सामग्रियों/संसाधनों का ज्यादा-से-ज्यादा उपयोग करने की प्रक्रिया एवं क्रियाकलापों को प्रेरित करना होता है साथ ही साथ पुस्तकालय के उपयोगकर्ताओं को किसी भी पुस्तकालय में उपलब्ध सामग्रियों से लाभ पहुँचाना होता है। पुस्तकालय की दुनिया में मुख्यतः संसाधनों की सहभागिता को अधिक से अधिक सफल बनाने की दृष्टि से विभिन्न पुस्तकालयों द्वारा नेटवर्क की स्थापना की जाती है। अतः पुस्तकालय नेटवर्क पुस्तकालयों की वह व्यवस्था है जिसके द्वारा अनेक पुस्तकालय पारस्परिक रूप से एक-दूसरे के साथ सहयोग प्रदान करने हेतु सक्रिय होते हैं जो मुख्यतया सूचना, संसाधनों एवं सुविधाओं के विनिमय के माध्यम से सम्पन्न किया जाता है। पुस्तकालय नेटवर्क को ट्रेना ने निम्न तरह से व्यक्त करते हुए स्पष्ट किया है कि—पुस्तकालय नेटवर्क में संसाधनों की सहभागिता और सहकारिता के लिए पुस्तकालयों में एक तरह की औपचारिक व्यवस्था एवं संगठन होता है जिसमें सम्पूर्ण समूह को उप-समूहों में व्यवस्थित किया जाता है जिससे किसी पुस्तकालय की अधिकांश आवश्यकताओं को जिसका वह सदस्य होता है सन्तुष्ट कर दिया जाता है।

पुस्तकालय नेटवर्क का प्रमुख उद्देश्य रहा है कि पुस्तकालय की ज्ञान-सामग्रियों, विशेष अनुभवों तथा प्राविधिक विशेष योग्यता आदि का पारस्परिक रूप से उपयोग किया जाये तथा उपयोगकर्ताओं एवं पुस्तकालय कर्मचारियों को आवश्यकतानुसार लाभ पहुँचा दिया जाये। वर्तमान परिप्रेक्ष्य में पुस्तकालय नेटवर्क का प्रमुख उद्देश्य क्षेत्रीय, अन्तर्राष्ट्रीय एवं राष्ट्रीय स्तरों पर सभी पुस्तकालयों/सूचना केन्द्रों/प्रलेखन केन्द्रों को एक साथ सम्मिलित कर एक संसाधन केन्द्र के रूप में उपयोग किये जाने का प्रयत्न किया जा रहा है।

## अनिवार्यता

(1) पुस्तकों, धारावाहिकों तथा अपुस्तकीय सामग्री की सूचीकरण प्रक्रिया में सभी सहभागी पुस्तकालयों की सहायता करना।

(2) शोधकर्ताओं एवं उपयोगकर्ताओं को Inter Library Loan के द्वारा नेटवर्क के माध्यम से संसाधनों की सहभागिता को प्रोन्नत करना।

(3) सूचना के तीव्र सम्प्रेषण के लिए पुस्तकालयों में क्रियाकलापों एवं इलेक्ट्रॉनिक सेवाओं का कम्प्यूटरीकरण करना।

(4) श्रमपूर्ण एवं यान्त्रिक विधियों द्वारा प्रलेख प्रदान सेवाओं को सरल करना एवं प्रोन्नत करना।

(5) जहाँ सम्भव हो वहाँ अनावश्यक दोहरीकरण को कम करके तथा समुचित संग्रह के विकास के लिए प्रयत्नों में समन्वय करना।

(6) ऑनलाइन सूचना सेवा प्रदान करने के लिए विशेषज्ञों तथा संस्थाओं के लिए एक डाटाबेस निर्मित करना।

(7) सूचना तथा प्रलेख के स्थानान्तरण के लिए पुस्तकालयों एवं उपयोगकर्ताओं में समन्वय करना।

(8) अन्य क्षेत्रीय, राष्ट्रीय तथा अन्तर्राष्ट्रीय नेटवर्क के साथ सहयोग करना।

(9) सभी सहभागी ग्रन्थालयों में अन्तर्राष्ट्रीय नेटवर्कों के साथ सहयोग करना।

(10) तकनीकियों, विधियों, क्रियाओं, हार्डवेयर तथा सॉफ्टवेयर एवं सेवाओं में मानक तथा पथ-प्रदर्शक तत्त्वों को विकसित करना।

## भारतीय पुस्तकालय नेटवर्क के लिए किए गए प्रयास

सूचना सेवाओं की उपादेयता एवं महत्ता की दृष्टि से पुस्तकालयों के मध्य सहकारिता, संसाधनों की सहभागिता तथा पुस्तकालय नेटवर्क की स्थापना तथा इनके प्रोत्साहन पर हमारे भारत में भी पिछले लगभग 1/4 शताब्दी से पर्याप्त ध्यान दिया जा रहा है। विशेष रूप से राष्ट्र के वैज्ञानिक वातावरण के विकास के लिए सक्रिय रूप से प्रयत्न किए जा रहे हैं। भारत में पुस्तकालय सेवाओं और सूचना सेवाओं के आधुनिकीकरण एवं उनके उन्नयन हेतु विभिन्न नवीन उपकरणों का उपयोग कर पुस्तकालयों को आधुनिक बनाने हेतु पुस्तकालय पद्धतियों एवं सेवाओं को एक साथ सम्बद्ध करने हेतु हमारी सरकार प्रयत्नशील रही है जिसके फलस्वरूप भारत में पुस्तकालय नेटवर्क के क्षेत्र में अनेक पुस्तकालय नेटवर्कों की स्थापना की जा चुकी है जिनसे राष्ट्र में शोध कार्य में संलग्न वैज्ञानिकों, शोधकर्ताओं एवं विशेषज्ञों को सूचना सेवा में पर्याप्त सहायता प्राप्त होती है। भारत के ये पुस्तकालय नेटवर्क निम्न हैं—

**(1) इनफ्लिबनेट (INFLIBNET)**—यह हमारे राष्ट्र का एक राष्ट्रीय सहकारी पुस्तकालय नेटवर्क है जिसका प्रमुख उद्देश्य भारत के विश्वविद्यालयी पुस्तकालयों, अनुसंधान एवं विकास संगठनों के पुस्तकालयों और सूचना केन्द्रों के संसाधनों, सेवाओं, सुविधाओं का केन्द्रीयकरण करना तथा सहभागिता और माध्यम से उनका

अधिक से अधिक उपयोग किये जाने की व्यवस्था करना रहा है। इसकी स्थापना 1986 में विश्व विद्यालय अनुदान आयोग द्वारा अहमदाबाद में की गई थी।

**(2) डेलनेट (DELNET)**—दिल्ली महानगर में पुस्तकालयों के संसाधनों के सहभागी उपयोग को प्रोत्साहन प्रदान करने और सूचना सेवाओं को अधिक-से-अधिक प्राप्त कराने की दृष्टि से इस नेटवर्क की स्थापना की गई है। इस नेटवर्क का प्रमुख उद्देश्य दिल्ली के पुस्तकालयों के संसाधनों की सहभागिता तथा सूचना प्रसार एवं सम्प्रेषण को सक्रिय एवं लाभप्रद बनाना है। डेलनेट भी एक महानगरीय पुस्तकालय नेटवर्क है।

**(3) कालिबनेट (CALIBNET)**—यह नेटवर्क महानगरीय पुस्तकालय नेटवर्क का भारत में एक ज्वलन्त उदाहरण है। इसकी स्थापना 1986 में कलकत्ता में की गई थी। इसकी स्थापना में NISSAT का प्रमुख योगदान रहा है। संसाधनों की सहभागिता की दृष्टि से इस नेटवर्क में आज विज्ञान एवं तकनीकी के लगभग 38 पुस्तकालय शामिल हैं।

**(4) अन्य नेटवर्क**—उपरोक्त पुस्तकालय नेटवर्कों की स्थापना के अलावा अन्य महानगरों जैसे—बम्बई में बोनेट (BONET), पूना में पूनेट (PONNET), मद्रास तथा बंगलौर आदि के लिए भी नेटवर्क स्थापित किये गये हैं। क्षेत्रीय नेटवर्क की भाँति उत्तर-पूर्वी भारत में नेलिबनेट (NELIBNET) को स्थापित किया जा रहा है।

## पुस्तकालय का यन्त्रीकरण

आज ज्ञान के क्षेत्र में यन्त्रीकरण का विशेष महत्त्व है। मानवीय क्रियाकलापों का कोई भी ऐसा क्षेत्र नहीं है जहाँ आज यन्त्रों का उपयोग न किया जा रहा हो। यन्त्रों के उपयोग से समय व श्रम की अपार बचत, समय एवं श्रम से ग्रसित कर्मियों को थकान से बचाने और उतनी ही अवधि में अधिक कार्य निष्पादन करके अत्यधिक उत्पादन करने के उद्देश्य से किया जाता है वर्तमान में सम्पूर्ण रूप से न केवल पुस्तकालयों की आन्तरिक व्यवस्था के लिए यन्त्रीकरण किया जा रहा है बल्कि सन्दर्भ सेवाओं, सूचना के संग्रहण, प्रसार तथा प्रचार के लिए बहुत उन्नत और सूक्ष्म यन्त्रों का उपयोग किया जा रहा है। इस यन्त्रीकरण से न केवल एक पुस्तकालय और एक स्थान पर उपलब्ध सामग्रियों का एक ही स्थान पर बैठकर अवलोकन और उपयोग किया जा सकता है बल्कि विश्व के किसी भी स्थान के किसी भी पुस्तकालय तथा सूचना केन्द्रों की सामग्रियों का उपयोग भी किया जा सकता है।

## यन्त्रीकरण का अभिप्राय

किसी भी पद्धति अथवा प्रक्रिया को स्वतः कार्यशील एवं स्वाचालित बनाने की तकनीक यन्त्रीकरण होती है। यन्त्रीकरण में कम्प्यूटर का उपयोग होता है तथा बिना कम्प्यूटर के अनुप्रयोग भी यन्त्रीकरण सम्भव होता है। अमेरिका के बहुत से उन्नत पुस्तकालयों में श्रमपूर्ण कार्यों के लिए कम्प्यूटर के अलावा अन्य यन्त्रों का भी उपयोग किया जा रहा है लेकिन यन्त्रीकरण अथवा स्वचालीकरण का मुख्य आधार कम्प्यूटर का उपयोग ही माना जाता है। इससे यह निष्कर्ष निकलता है कि सूचना/प्रलेखन सेवा के आयोजन में उपयोगकर्ताओं की सूचना आवश्यकताओं की पूर्ति के लिए अल्पतम श्रम में, कुशलतापूर्वक अल्प समय में अधिक से अधिक कार्य के निष्पादन के लिए यन्त्रों का उपयोग करना ही यन्त्रीकरण कहलाता है।

## यन्त्रीकरण के क्षेत्र

सूचना एवं प्रलेखन सेवाओं के क्षेत्र में सूचना वैज्ञानिक कम्प्यूटर के दो प्रमुख कारणों से अधिक प्रभावित हुए हैं–

(1) प्रिन्ट आउट स्वरूप (Printout form) में अथवा स्क्रीन पर उत्तर प्रदान करने की योग्यता एवं क्षमता।

(2) सूचना की व्यवस्था की सर्वाधिक गति, शक्ति एवं क्षमता तथा सूचना संग्रहण।

यन्त्रीकरण में सूचना प्रसार, सूचना संग्रह, सूचना स्थानान्तरण, सूचना सम्प्रेषण, आदि को विकसित करने में कम्प्यूटर का अनुप्रयोग मुख्य रूप से होता है जिससे प्रलेखन और सूचना सेवाओं के आयोजन में सबसे अधिक सुविधा होती है। ग्रन्थालय तथा सूचना केन्द्रों में यन्त्रीकरण के उपयोग के क्षेत्र (Areas of Automation) निम्न हैं–

**(1) सूचना पुनर्प्राप्ति में यन्त्रीकरण**–Ralph Shaw ने सबसे पहले सूचियों के संकलन को सम्पन्न करने में कम्प्यूटरों का उपयोग शुरू किया था। सूचना पुनर्प्राप्ति के क्षेत्र में प्रलेखों के विषय विश्लेषण, विषय-वस्तु का प्रस्तुतीकरण एवं संचिका का निर्माण, कथा पूर्वव्यापी संचिका से अनुरोध करने पर वास्तविक सूचना पुनर्प्राप्ति अथवा किसी अन्य स्वरूप को सुलभ करना आदि में यन्त्रीकरण किया जा सकता है।

**(2) नियमित यन्त्रीकरण**–पुस्तकालय के नित्य प्रति के कार्यों के निष्पादन हेतु यन्त्रीकरण अर्थात् प्रमुखतः कम्प्यूटर का उपयोग किया जाता है। ये नित्य प्रति

के कार्य हैं, जैसे—पुस्तकों के अधिग्रहण राष्ट्र एवं प्राप्ति, धारावाहिकों का नियन्त्रण, पुस्तकों का आदान-प्रदान, लेखा कार्य आदि।

**(3) अन्वेषण में यन्त्रीकरण**—वैसे तो पुस्तकालयों में सामग्री की खोज के लिए प्रसूचियों का निर्माण किया जाता है। सभी प्रलेखों की विभिन्न प्रविष्टियाँ तैयार कर एक संचिका में इस तरह से आंकलित की जाती है कि उनसे विभिन्न तरह के प्रश्नों का उत्तर प्रदान किया जा सके। विभिन्न तरह के प्रश्नों का उत्तर प्रदान करने हेतु अनेक उपागमों के दृष्टि से अनेक प्रविष्टियों को तैयार कर संचिकाकरण किया जाता है। एक अभिलेख के अनेक दृष्टिकोणों/उपागमों से खोज की जा सकती है। यह यन्त्रेण पठनीय संचिका के खोजने के अनुक्रमों की विधियों के कारण सम्भव होता है जो कम्प्यूटर की तीव्रगति से खोजने की क्षमता के कारण सम्भव होता है और उनका परीक्षण भी कर लेता है।

**(4) कम्प्यूटराइज्ड अनुक्रमणिकाएँ**—कम्प्यूटर से KWIC Indexing में अनुक्रमणिका तैयार की जाती है। इसमें प्रलेख का विश्लेषण किए जाने की अनिवार्यता स्वतः कम हो जाती है और पूरे मूल पाठ को विश्लेषित करने की आवश्यकता भी नहीं होती है। इसमें प्रलेख अथवा KWIC के अनुसार होना चाहिए। Key Punchers की सहायता से कम्प्यूटर के द्वारा इसे सरलतापूर्वक कम समय में शीघ्रता से तैयार किया जा सकता है।

**(5) अन्तर्राष्ट्रीय सूचना पद्धति की सम्भावना**—कम्प्यूटर के अनुप्रयोग से सूचना प्रसार तथा सेवा की अन्तर्राष्ट्रीय पद्धति की स्थापना करने में सहायता मिली है जो कभी असम्भव था। सार्वभौमिक ग्रन्थ सूची की कल्पना पाल आटलेट तथा हेनरी ला फान्टेन ने प्रस्तुत की थी और वैज्ञानिक साहित्य की अन्तर्राष्ट्रीय प्रसूची जिसकी कल्पना Royal Society, London ने की थी उन्हें अब निर्मित करना कठिन कार्य नहीं रहा है। इस तरह कम्प्यूटर के अनुप्रयोग से अन्तर्राष्ट्रीय सूचना पद्धति की स्थापना की जा सकती है जैसे—INIS तथा AGRIS ने की है।

**(6) खोज-कौशल के तर्कपूर्ण आधार**—यन्त्रेण पठनीय संचिका में अनेक कौशल होते हैं, जिसमें खोज कौशल को सूत्रबद्ध किया जाता है जो परम्परागत प्रसूचियों एवं अनुक्रमणिकाओं में सम्भव नहीं होता है। अनेक कम्प्यूटरीकरण सूचना पुनर्प्राप्ति प्रणालियों में विषयगत विशेषताओं से रहित पदों अथवा विषय अभिव्यक्तिविहीन पदों का उपयोग किया जाता है। इससे खोज की क्षमता बढ़ जाती है और उपयुक्त प्रलेखों/सूचना को प्राप्त करने में सरलता होती है जो कम्प्यूटरीकृत पद्धति की विशेषता है।

**(7) अन्य सेवाएँ**—स्वचालीकरण अथवा यन्त्रीकरण के अनुप्रयोग से विभिन्न तरह की प्रमुख सेवाएँ पर्याप्त, सरल एवं मितव्ययी हो गई हैं। CAS सेवाओं को कम्प्यूटर के माध्यम से आयोजित करना सरल और गतिशील हो गया है और इसमें अनेक उपागमों को भी दिया जाता है।

## कम्प्यूटर

मनुष्य के बौद्धिक विकास को गतिमान बनाने तथा मानव समाज वर्ग अवधारण में नए आयाम स्थापित करने वाला कम्प्यूटर एक अद्भुत व अनुपम खोज है। आधुनिक समय में शायद ही ऐसा कोई क्षेत्र बचा हो जिसे कम्प्यूटर ने प्रभावित नहीं किया हो। मनुष्य के दिन-प्रतिदिन के कार्यों से लेकर मनोरंजन, शिक्षा, दूरसंचार, यातायात, मौसम, शोध, वैज्ञानिक अनुसन्धान आदि में कम्प्यूटर का महत्त्वपूर्ण योगदान है। कम्प्यूटर ने मानव द्वारा सूचना संसाधन पर अपने अधिकार को सिद्ध कर दिया है। वर्तमान में किसी राष्ट्र की शक्ति का पर्याय उसका सैन्य बल न होकर सूचना बल (Information Power) है। आज वही राष्ट्र विकास के पथ पर अग्रसर है जिस राष्ट्र और उसके नागरिकों द्वारा सूचना का अधिकाधिक प्रयोग किया जाता है। कम्प्यूटर के विकास के पश्चात् ही ज्ञान की एक नवीनतम शाख सूचना तकनीकी (Information Technology) की उत्पत्ति हुई। किसी राष्ट्र की शक्ति व विकास मुख्यतः उसकी अर्थव्यवस्था व सूचना तकनीकी पर निर्भर करती है।

कम्प्यूटर (Computer) अंग्रेजी भाषा का शब्द है जिसे हिन्दी में अभिकलन मशीन या अभिकलक कहते हैं। अंग्रेजी के Computer (कम्प्यूटर) शब्द का अर्थ है—गणना करना। अतः Computer शब्द का विस्तृत ज्ञान निम्न शब्दों का अर्थ जानकर किया जा सकता है—

C = Commonly
O = Operating
M = Machine
P = Purposely
U = Used for
T = Trade
E = Education and
R = Research

इस तरह कम्प्यूटर का अर्थ है—गणना करने वाली एक इलेक्ट्रॉनिक मशीन। प्रारम्भ में कम्प्यूटर का उपयोग गणितीय कार्यों के लिए किया जाता

था और उसी उद्देश्य की पूर्ति हेतु इसकी खोज की गई थी, परन्तु आज कम्प्यूटर का उपयोग गणितेतर (Non-numerical) सूचनाओं के लिए अधिक किया जाता है।

अर्थात् वह आपरेटिंग मशीन जो सामान्यतः व्यापार, शिक्षा और शोध के कार्यों में उपयोगी होती है।

कम्प्यूटर सचमुच एक इलेक्ट्रॉनिक युक्ति है जिसमें डाटा के प्रक्रियाकरण के पश्चात् सूचना उत्पन्न होती है। यह डाटा गणितीय व तार्किक कुछ भी हो सकता है। कम्प्यूटर के निवेश युक्ति माध्यम से इस डाटा को स्वीकार कर प्रक्रियाकरण के पश्चात् निर्गत द्वारा इस सूचना का प्रसारण किया जाता है। यह क्रिया कम्प्यूटर में बहुत तीव्र गति से सम्पन्न की जाती है।

तकनीकी विकास के साथ ही कम्प्यूटर के कार्यों में बढ़ोत्तरी होती गई। ये सभी कार्य निम्नलिखित चार चरणों में पूरे होते हैं–

(1) आँकड़े ग्रहण करना अथवा निवेश (Collection and Input)

(2) आँकड़ों का संचुनाव (Storage of Data)

(3) आँकड़ों का संसाधन (Processing)

(4) परिणाम (निर्गत) या जानकारी देना (Output or Retrieve).

ये आँकड़े आवाज द्वारा, लिखित या प्रकाशित, ग्राफ के रूप में या अन्य किसी भी रूप में दिये जा सकते हैं।

अतः कम्प्यूटर को उपरोक्त जानकारी के अनुसार इस तरह परिभाषित किया जा सकता है–

"कम्प्यूटर वह युक्ति है जो स्वचालित रूप से विविध तरह के आँकड़ों को संचित, संशोधित कर पुनः प्राप्त कर ले।"

## कम्प्यूटर का इतिहास तथा विकास

प्रारम्भ में मनुष्य ने सरलता से गणना करने और स्मृति के भार को हल्का करने के लिए कम्प्यूटर की खोज की। जिस तरह सभ्यता की ओर बढ़ते मानव विकास में कई अवस्थाएँ आईं, उसी तरह कम्प्यूटर के विकास में भी कई अवस्थाएँ आईं। तीन हजार ई.पू. में प्रचलित अबेकस (Abacus) से लेकर आज तक की माइक्रो प्रोसेसर चिप तक का इतिहास कम्प्यूटर का इतिहास है।

पाषाण युग का मानव पत्थर के टुकड़े गिनकर अपनी भेड़ों की गिनती करता था। इसके बाद मनुष्य ने अँगुलियों से गिनना सीख लिया। मध्य युग के शुरू में

अबेकस के विकसित रूप गणनफलक की रचना हुई। ये गणनफलक कीमती धातुओं से बनाये जाते थे।

17वीं सदी में यूरोप में क्रान्तिकारी सामाजिक एवं वैज्ञानिक बदलाव हुए। स्कॉटलैण्ड के महान गणितज्ञ जॉन नेपियर (1552-1617) ने इसी समय नेपियर बोन्स व लघुगणक की खोज की। सन् 1642 में ब्लेज पास्कल नामक एक फ्रांसीसी वैज्ञानिक ने एक ऐसे यन्त्र की खोज की जो जोड़ने व घटाने की क्रियाएँ करता था। 1680 में जर्मन वैज्ञानिक चार्ल्स बैवेज ने 'डिफरेंसियल इंजन' नामक यन्त्र की खोज की। इसके पश्चात् चार्ल्स बैवेज ने एनलिटिकल इंजन नामक कम्प्यूटर की कल्पना की जिसमें निवेश, भण्डार, गणितीय एकक, नियन्त्रक एकक और निर्गत एकक ही व्यवस्था की गई थी। आधुनिक कम्प्यूटर की रूपरेखा उनके इंजन की संरचना से काफी मिलती-जुलती है। अतः उन्हें आधुनिक कम्प्यूटर के सिद्धान्त का जनक भी कहा जाता है।

कम्प्यूटर के स्वरूप की सही रूपरेखा उस समय सामने आई जब सन् 1889 में अमेरिकी वैज्ञानिक डॉ. हर्मन हालरिथ ने कार्डों में छाप कर गणना करने की नवीन पद्धति का अविष्कार किया। गणना करने की यह मशीन विद्युत चालित थी। इस यन्त्र ने कम्प्यूटर के विकास में महत्त्वपूर्ण स्थान प्राप्त किया। हालरिथ ने कम्प्यूटर विज्ञान को व्यापक रूप देने के लिए 'कम्प्यूटर निर्माण संस्था' की स्थापना की और अनेक तरह के 'एकाउण्ट यन्त्र' बनाए। विषयों की आवश्यकता के अनुरूप जटिल प्रक्रियाओं से युक्त कम्प्यूटरों का निर्माण कार्य शुरू हो गया। द्वितीय विश्व युद्ध के पूर्व कम्प्यूटर विज्ञान का तीव्रता से विकास हुआ। कम्प्यूटर की सहायता से विमानों के डिजाइन बनने लगे। कम्प्यूटर द्वारा गणना कर शस्त्रों को वांछित निशाने पर छोड़ा जाने लगा। बृहद आकार के कारण इनका प्रयोग सुगमता से करना सम्भव नहीं था। हार्वर्ड विश्वविद्यालय के प्रोफेसर एकेन ने आई.बी.एम. कम्पनी के वैज्ञानिकों के सहयोग से प्रथम स्वचालित कम्प्यूटर बनाया जिसका नाम ऑटोमेटिक सिक्वेंस कन्ट्रोलक केलकुलेटर (ASCC) रखा गया। इसका लोकप्रिय नाम हार्वर्ड मार्क-1 था। इस मशीन में निवेश के लिए पंचटेप तथा अन्य विभिन्न क्रियाओं के लिए स्विच का प्रयोग किया गया था। इसका आकार 50 फीट लम्बा तथा 8 फीट ऊँचा था, यह 23 संख्याओं तक के जोड़ को चौथाई सेकण्ड में और उसका गुणा लगभग 6 सेकण्ड में कर सकता था।

विश्व का सबसे पहला कम्प्यूटर अमेरिका के पेन्सिलवेनिया विश्वविद्यालय में 1946 में बनाया गया इसे 'एनियक' (ENIAC-Electronic Numerical

Integrated and Calculator) नाम दिया गया। यह इतना अधिक उपयोगी सिद्ध हुआ कि आने वाले समय में इसी तरह के कई अन्य कम्प्यूटर बनाये गये। ये सभी कम्प्यूटर वैक्यूम ट्यूबों से बने थे जिन्हें हम पहली पीढ़ी के कम्प्यूटर कहते हैं।

1948 में ट्रांजिस्टरों (Transistor) की खोज हुई जिसमें कम्प्यूटरों के विकास को एक नया मोड़ प्रदान किया। ट्रांजिस्टरों के उपयोग से कम्प्यूटर आकार में छोटे एवं सस्ते हो गये साथ ही तकनीकी विकास के कारण इनकी कार्य क्षमता भी बढ़ गई। इनको हम दूसरी पीढ़ी के कम्प्यूटर कहते हैं। पतली फिल्मों के इलेक्ट्रॉनिक परिपथ के साथ सातवें दशक में कम्प्यूटर की तीसरी पीढ़ी अस्तित्त्व में आई। लार्ज स्केल इंटेग्रेटेड सर्किट की तकनीक के विकास के साथ कम्प्यूटर की चौथी पीढ़ी भी विकसित हुई। डाक टिकट के आकार के छोटे से सिलिकन चिप्पड़ पर लाखों ट्रांजिस्टरों को स्थापित कर सर्किट बनाये जाने के कारण इन कम्प्यूटरों का आकार अत्यन्त छोटा हो गया और इनकी क्षमता एवं गति में बढ़ोत्तरी हो गई। कम्प्यूटर की पाँचवीं पीढ़ी अभी प्रयोगात्मक अवस्था में है जिसमें कृत्रिम बुद्धि (Artificial Intellegence) विकसित करने का प्रयत्न किया जा रहा है जो बहुत तेजी से काम करने वाले और अधिक मेमोरी वाले होंगे।

## कम्प्यूटर की पीढ़ियाँ

सन् 1946 के बाद कम्प्यूटर का विकासक्रम अनवरत रूप से जारी रहा। समय-समय पर अनेक तकनीकों का समावेश कम्प्यूटर में होता रहा। इन्हीं तकनीकों के आधार पर कम्प्यूटर को पाँच पीढ़ियों में बाँटा गया है जो इस तरह हैं–

**कम्प्यूटर की प्रथम पीढ़ी (1946-1955)**–सर्वप्रथम अमेरिका के दो विद्युत इंजीनियर जे. पी. एकर्ट (J. P. Eckert) और जॉन मॉकले (John Mauchly) ने पहला इलेक्ट्रॉनिक डिजिटल कम्प्यूटर बनाया जो 'एनियक' (ENIAC-Electronic Numerical Integratld and Calculator) के नाम से जाना जाता है। यह पहली पीढ़ी का कम्प्यूटर था इसे सैन्य उपयोग हेतु आविष्कृत किया गया था। यह आकार में 100 फीट लम्बा तथा 10 फीट चौड़ा था। इस कम्प्यूटर में 19,000 निर्वात नलिकाएँ (Vacum Tubes) थीं और इसका वजन लगभग 30 टन था। एनियक कम्प्यूटर द्वारा कार्य करते समय इसके द्वारा अत्यधिक ऊर्जा का उत्सर्जन होता था। एनियक कम्प्यूटर की मुख्य समस्या इसके ऑपरेशन की थी जिसमें प्रत्येक नई गणना से पूर्व इसके तारों का संयोजन करना पड़ता था।

सन् 1951 में अमरीकी जनगणना हेतु एनियक कम्प्यूटर के एक विकसित रूप यूनिवैक (UNIVAC-Universal Automatic Computer) का निर्माण किया गया। इसका निर्माण वाणिज्यिक जगत में इसकी उपयोगिता को देखते हुए किया था।

**पहली पीढ़ी के कम्प्यूटर के गुण**—पहली पीढ़ी के कम्प्यूटरों में निर्वात नलिकाओं का प्रयोग होता था। कम्प्यूटर द्वारा कार्य करते समय ये निर्वात नलिकाएँ (Vacume Tubes) जल्दी ही गरम होकर ऊर्जा का उत्सर्जन करती थी। इस कारण कम्प्यूटरों को A.C. में रखना पड़ता था। पहली पीढ़ी के कम्प्यूटरों में प्रमुखतः दो तरह की भाषा मशीनी भाषा तथा एसेम्बली भाषा का प्रयोग होता था।

**द्वितीय पीढ़ी के कम्प्यूटर (1955-1964)**—सन् 1955 के पश्चात् का समय दूसरी पीढ़ी के कम्प्यूटरों का समय था। इस पीढ़ी के कम्प्यूटरों में निर्वात् नलिका (Vacum Tube) का स्थान ट्रांजिस्टरों ने ले लिया। इनका कार्य निर्वात नलिका के समान ही था, लेकिन इनका आकार निर्वात् नलिका की अपेक्षा कम था। ट्रांजिस्टर की खोज के बाद दूसरी पीढ़ी के कम्प्यूटरों की कार्य करने की गति पहली पीढ़ी के कम्प्यूटरों से अधिक तीव्र हो गई। दूसरी पीढ़ी के कम्प्यूटर एक सेकण्ड में 10,00,000 क्रिया करने में समर्थ हो गये। इस पीढ़ी के कम्प्यूटरों का आकार पहली पीढ़ी के कम्प्यूटरों की अपेक्षा कम हो गया। ट्रांजिस्टरों के अनेक गुणों के कारण निर्वात से अच्छे थे। इसमें ऊष्मा का उत्सर्जन कम होता था, ऊर्जा की खपत कम थी व कार्य करने की गति अधिक थी।

आई. बी. एम. 1,401, हॉन 200 व सी.डी.सी. 1604 आदि द्वितीय पीढ़ी के कम्प्यूटरों के कुछ उदाहरण हैं।

**दूसरी पीढ़ी के कम्प्यूटर के गुण**—दूसरी पीढ़ी के कम्प्यूटरों में सूचना को संग्रह करने के लिए चुम्बकीय टेपर और डिस्क का उपयोग होने लगा। चुम्बकीय ड्रम का स्थान अब चुम्बकीय कोर (Magnetic Fore) ने ले लिया। इस पीढ़ी के कम्प्यूटर में FORTAN व COBOL आदि उच्च स्तरीय भाषा (High Level Language) का प्रयोग हुआ। दूसरी पीढ़ी के कम्प्यूटरों के उपयोग पहली पीढ़ी की तुलना में अधिक थे। इस पीढ़ी के कम्प्यूटरों का क्षेत्र अधिक विशाल हो गया। इस पीढ़ी के कम्प्यूटरों का उपयोग प्रबन्ध, सूचना पद्धति, यातायात व संचार क्षेत्र में किया जाने लगा जिससे विज्ञान में क्रान्तिकारी बदलाव आये। इस समय के कम्प्यूटर का उपयोग उपग्रह प्रक्षेपण आदि में किया जाने लगा। इन उपग्रह का उपयोग मौसम की जानकारी व संचार में किया जाने लगा जिससे सूचना जगत में एक क्रान्ति आ गई।

**कम्प्यूटर की तीसरी पीढ़ी (1964-1975)**—सन् 1964 से 1975 तक का समय तीसरी पीढ़ी के कम्प्यूटर का समय कहलाता है। सन् 1953 में Mr. H. Johnson ने MOS (Metal Oxide Semiconductor) का प्रयोग कर IC का निर्माण किया। तीसरी पीढ़ी के कम्प्यूटरों में इन्हीं IC (Integrated Circuit) का प्रयोग किया गया। IC का प्रयोग करने से इस पीढ़ी के कम्प्यूटर की गणना करने की गति द्वितीय पीढ़ी के कम्प्यूटर से ज्यादा तीव्र हो गई व आकार अपेक्षाकृत कम हो गया। तृतीय पीढ़ी के कम्प्यूटर में एक छोटी-सी चिप पर अनेक ट्रांजिस्टर और उसके पोडों को स्थापित किया जा सकता था। तीसरी पीढ़ी के कम्प्यूटर एक सेकण्ड में 1,00,00,000 से भी अधिक गति से कार्य कर सकने में समर्थ थे।

आई.बी.एम. 3700 बरों 6500 आदि दूसरी पीढ़ी के कम्प्यूटरों के कुछ उदाहरण हैं।

**तीसरी पीढ़ी के कम्प्यूटर के गुण**—इस पीढ़ी के कम्प्यूटर में उसकी क्रियाओं के नियन्त्रण हेतु एक ऑपरेटिंग सिस्टम बनाया गया। इस सिस्टम के द्वारा कम्प्यूटर की सभी क्रियाएँ यन्त्रीकृत हो गई। इस पीढ़ी के सॉफ्टवेयर में भी सुधार किया गया उपयोगकर्ता को ध्यान में रखकर नवीन भाषा का विकास किया गया। इस पीढ़ी के कम्प्यूटर के लिए एक उच्च स्तरीय भाषा BASIC (Beginners All Purpose Symbolic Instruction Code) को विकसित किया गया। इसी समय में DEC (Digital Equipment Corporation) नाम की एक कम्पनी द्वारा मिनी कम्प्यूटर (Mini Computer) को विकसित किया गया।

**चौथी पीढ़ी के कम्प्यूटर (1975-1995)**—सन् 1975 से 1995 तक का समय चौथी पीढ़ी के कम्प्यूटरों का समय कहलाता है। इस समय में सूक्ष्म चिप पर ज्यादा-से-ज्यादा संख्या में सर्किट को स्थापित करने का प्रयत्न किया जाने लगा। चौथी पीढ़ी के कम्प्यूटरों के लिए बृहत् श्रेणी इन्टीग्रेटेड सर्किट (Larg Scale Intergrated Circuit) का निर्माण होने लगा। सन् 1971 में Ted Hofi नामक एक अमेरिकन ने इन्टेल कार्पोरेशन (Intel Corporations) के सहयोग से एक सिलिकॉन चिप की खोज की। इस सिलिकॉन चिप पर केन्द्रीय संसाधक एकक (Central Processing Unit) के पूरे सर्किट को बनाया जा सकता था। इस तरह के चिप को माइक्रो प्रोसेसर (Micro processor) नाम दिया गया तथा इससे निर्मित कम्प्यूटर को माइक्रो कम्प्यूटर कहा गया। चौथी पीढ़ी के कम्प्यूटर में माइक्रो प्रोसेसर के प्रयोग से इसकी गणना करने की गति में तीव्र बढ़ोत्तरी हुई और इनका

आकार व भार तीसरी पीढ़ी की तुलना में बहुत कम हो गया। वर्तमान समय में माइक्रो कम्प्यूटर ने कम्प्यूटर के क्षेत्र में अपना एकाधिकार जमा लिया है।

चौथी पीढ़ी के कम्प्यूटर का उपयोग अनेक क्षेत्रों में किये जाने के साथ निजी उपयोग के लिए भी किया जाने लगा। वर्तमान में शिक्षा, शोध, व्यापार, संचार, यातायात परिवहन आदि में चौथी-पीढ़ी के कम्प्यूटर का ही अधिक प्रयोग किया जाता है।

**चौथी पीढ़ी के कम्प्यूटर के गुण**—इस पीढ़ी के कम्प्यूटर में बृहत् श्रेणी इन्टीग्रेटेड सर्किट (Large Integrated Circuit) चिप का प्रयोग किया जाने लगा।

चौथी पीढ़ी के सॉफ्टवेयर को और अधिक विकसित किया गया। पृथक-पृथक क्षेत्र और व्यवसाय हेतु पृथक-पृथक सॉफ्टवेयर का निर्माण किया जाने लगा जिससे कम्प्यूटर का क्षेत्र और अधिक विस्तृत हो गया। चौथी पीढ़ी के कम्प्यूटर की संग्रह क्षमता (Memory) को अधिक बढ़ाया गया। चौथी पीढ़ी के कम्प्यूटर में सेमीकंडक्टर पदार्थ को संग्रह क्षमता (Memory) का प्रयोग किया जाने लगा। तीसरी पीढ़ी के कम्प्यूटर जहाँ एक फ्रिज के बराबर था वहीं पाँचवीं पीढ़ी के कम्प्यूटर का आकार बहुत कम था।

**पाँचवीं पीढ़ी के कम्प्यूटर (1995)**—विभिन्न राष्ट्रों में पाँचवीं पीढ़ी के कम्प्यूटर पर शोध व अनुसंधान किया जा रहा है। पाँचवीं पीढ़ी के कम्प्यूटर में पैरेलल प्रोसेसिंग के स्थापत्य की व्यवस्था होगी। यह ऐसे कम्प्यूटर होंगे जिनमें कृत्रिम बुद्धि (Artificial Intelliegence) होगी, जिसमें सोचने की मनुष्य जैसी क्षमता होगी व यह अपना निर्णय स्वयं कर सकेंगे। पाँचवीं पीढ़ी के कम्प्यूटर द्वारा नई तार्किक क्षमता का पता लगेगा। इस पीढ़ी के कम्प्यूटर में चिप का आकार बहुत सूक्ष्म होगा व कार्य करने की क्षमता बहुत तीव्र होगी। पाँचवीं पीढ़ी के कम्प्यूटर को दृष्टिगत रखते हुए एक 'पृथकोरियम' तैयार किया गया है जो इस पीढ़ी के कम्प्यूटर हेतु बहुत उपयोगी होगा।

## वर्तमान कम्प्यूटरों का वर्गीकरण

कम्प्यूटर एक ऐसी इलेक्ट्रॉनिक युक्ति है जिसके द्वारा गणितीय एवं तार्किक डाटा का प्रक्रियाकरण कर शुद्ध परिणामों को प्राप्त किया जा सकता है। कम्प्यूटर अपने कार्य, उद्देश्य, आकार, क्षमता, रूप के आधार पर अनेक तरह के हो सकते हैं। वर्तमान में उपलब्ध कम्प्यूटरों को निम्न तरह से वर्गीकृत किया जा सकता है—

1. अनुप्रयोग के आधार पर,
2. क्षमता व सामर्थ्य के आधार पर,

**1. अनुप्रयोग व परिचालन पद्धति के आधार पर**—अनुप्रयोग व परिचालन पद्धति के आधार पर कम्प्यूटरों को निम्न 3 भागों में विभाजित किया जा सकता है—

(अ) अनुरूप कम्प्यूटर

(ब) अंकीय कम्प्यूटर

(स) संकर कम्प्यूटर

**(अ) अनुरूप कम्प्यूटर**—अनुरूप (Analog) कम्प्यूटर का प्रयोग मापन आदि के लिए किया जाता है। मापन में प्राप्त परिणामों को बाद में अंकों में बदल दिया जाता है। इस तरह के कम्प्यूटरों का उपयोग सामान्यतः विभिन्न तरह के दबाव व तापमान के मापन में किया जाता है। भू-विज्ञान, सामुद्रिक विज्ञान, इंजीनियरिंग के क्षेत्र में इस तरह के कम्प्यूटरों का सर्वाधिक प्रयोग किया जाता है।

वोल्टेज को मापने में प्रयोग किया जाने वाला स्टेपलाइजर जिसके द्वारा वोल्टेज की कमी या बढ़ोत्तरी को मापा जा सकता है तथा पेट्रोल पम्प पर पेट्रोल की मात्रा को मापने के लिए प्रयुक्त कम्प्यूटर अनुरूप (Analog) कम्प्यूटर के उदाहरण हैं।

**(ब) अंकीय कम्प्यूटर**—अंकों की गणना करने के लिए प्रयुक्त कम्प्यूटर अंकीय (Digital) कम्प्यूटर कहलाता है। यह कम्प्यूटर अंकीय पद्धति पर आधारित होता है। अंकीय कम्प्यूटर द्वि-आधारी (Binary) पद्धति पर निर्भर है। यह प्राप्त होने वाली किसी भी सूचना को 0 से 1 रूप में परिवर्तित कर अपनाता है। जिसे बाद में प्रोग्रामिंग भाषा में प्रदर्शित करता है। यह कम्प्यूटर प्राप्त होने वाली किसी भी सूचना का संग्रह व विश्लेषण डिजिटल रूप में करता है। इसलिए इसे डिजिटल कम्प्यूटर कहा जाता है। डिजिटल कम्प्यूटर द्वारा एक ही समय में अनेक कार्यों को तेज गति से पूरा किया जा सकता है। डिजिटल कम्प्यूटर की स्मरण शक्ति बहुत तेज होती है। इसमें बड़ी-बड़ी संख्याओं, आकड़ों को संग्रहित किया जा सकता है और आवश्यकतानुसार उन्हें तत्काल प्राप्त किया जा सकता है। शिक्षा, व्यापार, शोध, अनुसंधान, यातायात, मनोरंजन व निजी कार्यों के लिए अधिकांशतः डिजिटल कम्प्यूटर का ही प्रयोग किया जाता है।

**(स) संकर कम्प्यूटर**—संकर कम्प्यूटर में डिजिटल और एनालॉग दोनों के गुणों का समावेश होता है। हाइब्रिड कम्प्यूटर एनालॉग कम्प्यूटर के समान मापन में समर्थ होता है जिसे डिजिटल कम्प्यूटर के समान अंकों में बदलाव कर प्रदर्शित कर दिया जाता है।

**2. क्षमता व सामर्थ्य के आधार पर**—क्षमता व सामर्थ्य के आधार पर कम्प्यूटरों को चार श्रेणियों में विभाजित किया गया है—

(अ) सुपर कम्प्यूटर
(ब) मेनफ्रेम कम्प्यूटर
(स) मिनी कम्प्यूटर
(द) माइक्रो कम्प्यूटर

**(अ) सुपर कम्प्यूटर**—सुपर कम्प्यूटर का स्थान कम्प्यूटर की सभी श्रेणियों में सबसे ऊपर है। सुपर कम्प्यूटर के उपयोग का क्षेत्र बहुत बड़ा है। शोध व अनुसन्धान करने में, अन्तरिक्ष विज्ञान में, उपग्रह के प्रक्षेपण, अन्य ग्रहों की गणनाएँ, दूरियाँ मापने में, मौसम के पूर्वानुमान में, सुपर कम्प्यूटर महत्त्वूपर्ण भूमिका का निर्वाह करता है। सुपर कम्प्यूटर का आकार व संग्रह क्षमता व कार्य करने की गति अन्य सभी कम्प्यूटरों की तुलना में बहुत अधिक होती है। सुपर कम्प्यूटर एक सेकण्ड में 9 अरब से भी अधिक निर्देशों का निष्पादन एक साथ कर सकता है। सुपर कम्प्यूटर में एक साथ अनेक (लगभग 300) कम्प्यूटरों को सम्बन्धित किया जा सकता है। वर्तमान में, सुपर कम्प्यूटर के क्षेत्र में अनेक राष्ट्रों में शोध व अनुसन्धान कार्य किया जा रहा है, जिससे इसके उपयोग के क्षेत्र को और अधिक विस्तृत किया जा सके व इसकी संग्रह क्षमता व सामर्थ्य में और बढ़ोत्तरी की जा सके। भारत ने भी अपना सुपर कम्प्यूटर विकसित कर लिया है जिसे परम 10,000 के नाम से जाना जाता है।

**(ब) मेनफ्रेम कम्प्यूटर**—मेनफ्रेम कम्प्यूटर मल्टी यूजर (Multi user) होते हैं अर्थात् इस कम्प्यूटर पर कई लोग एक साथ कार्य कर सकते हैं। यह कम्प्यूटर आकार में बहुत बड़े होते हैं। मेनफ्रेम कम्प्यूटर को एक स्थान पर स्थापित करके अनेक टर्मिनल को इससे जोड़ दिया जाता है। इन टर्मिनलों पर अनेकों उपयोगकर्ता एक साथ कार्य करते हुए मेनफ्रेम कम्प्यूटर से सम्बन्धित रहते हैं। मेनफ्रेम कम्प्यूटर बहुत अधिक डाटाओं पर एक साथ क्रिया-प्रतिक्रियाकरण (Provess) कर सकता है। मेनफ्रेम कम्प्यूटर टाइम शेयर्ड सिस्टम द्वारा इससे परस्पर सम्बन्धित कम्प्यूटरों के कार्यों का निष्पादन कर सकता है। अधिकांश बड़ी-बड़ी कम्पनियाँ, बैंक, संस्थाएँ आदि अपने कार्यों के निष्पादन के लिये मेनफ्रेम कम्प्यूटर का ही प्रयोग करती हैं।

आई.बी.एम. 4381, ICL 39 Category और CDC Cyber Category मेनफ्रेम कम्प्यूटर के उदाहरण हैं।

**(स) मिनी कम्प्यूटर**—मिनी कम्प्यूटर का आकार मध्यम श्रेणी का होता है, लेकिन इनकी कार्य करने की क्षमता माइक्रो कम्प्यूटर से अधिक व मेनफ्रेम कम्प्यूटर से कम होती है। मिनी कम्प्यूटर पर एक साथ कई कर्मचारी कार्य कर सकते हैं, लेकिन इनकी संख्या मेनफ्रेम पर कार्य करने वाले कर्मचारियों की अपेक्षा कम होती

है। मेनफ्रेम कम्प्यूटर छोटी-छोटी कम्पनियाँ, कार्यालय, बैंक आदि के लिए लाभदायक होते हैं। जहाँ इनके द्वारा कर्मचारियों के वेतनमान, कम्पनी के वित्तीय कार्य, उत्पादन, खर्च आदि के कार्यों का निष्पादन किया जा सकता है। मेनफ्रेम कम्प्यूटरों से वित्तीय कार्यों के अलावा यातायात, उद्योग पद्धति की सुरक्षा आदि कार्यों को भी पूर्ण किया जा सकता है।

**(द) माइक्रो कम्प्यूटर**—माइक्रो कम्प्यूटर सिंगल यूजर (Single user) होते हैं अर्थात् माइक्रो कम्प्यूटर पर मात्र एक उपयोगकर्ता ही कार्य कर सकता है। माइक्रो कम्प्यूटर मिनी कम्प्यूटरों की अपेक्षा कम कीमत तथा कम क्षमता के होते हैं। सामान्यतः इनका प्रयोग निजी उपयोग के लिए किया जाता है। माइक्रो कम्प्यूटरों को पर्सनल कम्प्यूटर अथवा P.C. के नाम से भी जाना जाता है। कॉलेज, पुस्तकालय में शिक्षा के लिए, कार्यालय में अपनी फाइलों व डाटा को सुरक्षित रूप में संग्रहित करने के लिए तथा मनोरंजन के क्षेत्र में इन्हीं कम्प्यूटर का उपयोग किया जाता है। वर्तमान में माइक्रो कम्प्यूटर सबसे अधिक प्रचलित है। इनका आकार भी पूर्व की अपेक्षा कम होता जा रहा है। अब ऐसे P.C. भी हैं जिन्हें एक स्थान से दूसरे स्थान पर कहीं भी ले जाया जा सकता है व कार्य किया जा सकता है।

## कम्प्यूटर की मुख्य विशेषताएँ

आधुनिक युग में कम्प्यूटर हमारे जीवन के प्रत्येक क्षेत्र में फैलता जा रहा है क्योंकि इसकी विशेषताओं एवं उपयोगिताओं के कारण सभी क्षेत्रों में इसका अधिकाधिक उपयोग होने लगा है। कम्प्यूटर की प्रमुख विशेषताएँ अग्रलिखित हैं—

(1) उच्च गति
(2) संचय क्षमता
(3) विश्वनीयता
(4) स्वचालन
(5) निर्णय लेने की क्षमता
(6) सूचना की शीघ्र पुनर्प्राप्ति।

**(1) उच्च गति**—कम्प्यूटर बहुत तेजी से गणनाएँ करता है। माइक्रो कम्प्यूटर एक सेकण्ड में 1 लाख अनुराष्ट्रों का पालन कर सकता है।

**(2) संचय क्षमता**—कम्प्यूटर की सहायता से बहुत अधिक सूचना को बहुत कम जगह में रखा जा सकता है। छोटे ग्रामोफोन रिकार्ड से भी छोटे आकार की काम्पेक्ट डिस्क में या लेजर डिस्क में टाइप किये गये कई हजार पृष्ठों के बराबर

जानकारी संचित की जा सकती है। एक लेजर डिस्क में 4 करोड़ शब्दों का संचय किया जा सकता है। 40,000 पुस्तकों का पुस्तकालय एक कम्प्यूटर से जुड़ी हुई लेजर डिस्क में आ सकता है।

**(3) विश्वसनीयता**—कम्प्यूटर से जुड़े हुए सभी उपकरण ठोस अवस्था (Solid state) वाले होते हैं और उनकी गुणवत्ता और क्षमता इतने ऊँचे स्तर की होती है, कि उन पर पूरी तरह निर्भर किया जा सकता है। इलेक्ट्रॉनिक होने के कारण इनकी गणना में अशुद्धि रहने की सम्भावना भी नगण्य ही होती है। कम्प्यूटर एक दिये गये प्रोग्राम को एक ही तरीके से बिना किसी गलती के बार-बार प्रयोग कर सकता है और एक ही परिणाम देता है।

**(4) स्वचालन**—कम्प्यूटर हमारे द्वारा दिये गये प्रोग्राम के अनुसार कई चरणों की गणनाएँ स्वयं स्वचालित रूप से कर लेता है।

**(5) निर्णय लेने की क्षमता**—कम्प्यूटर में उनकी हाई लेवल भाषाओं की मदद से किसी प्रोग्राम द्वारा कम्प्यूटर के अन्दर, निर्णय लेकर किये जाने वाले कार्य भी पूरे हो जाते हैं। कम्प्यूटर में कृत्रिम बुद्धि पैदा हो जाती है और वह बिना किसी थकान और दबाव के तर्कों का प्रयोग कर सकता है।

**(6) सूचना की शीघ्र पुनर्प्राप्ति**—सूचना का संचय करना सरल काम है जबकि किसी विशेष कार्य के लिए उसमें से सम्बन्धित सूचना को पुनः प्राप्त करना कठिन व समय नष्ट करने वाला काम है लेकिन कम्प्यूटर में यह काम बहुत तेजी से होता है। कम्प्यूटर में सुरक्षित किसी भी सूचना एवं उसके इनडेक्स नम्बर की सहायता से एक पल में पहुँचा जा सकता है। इसकी मेमोरी से कोई डाटा या सूचना निकालने में बहुत कम समय लगता है।

## कम्प्यूटर की आन्तरिक संरचना का सविस्तार वर्णन

सामान्यतः कम्प्यूटर निवेश (Input) द्वारा डाटा ग्रहण कर अपनी स्मृति (memory) में संग्रहित करता है और आवश्यकतानुसार निर्देश देने पर उसे संशोधित (Process) कर निर्गत (Output) करता है। इस आधार पर कम्प्यूटर की आन्तरिक संरचना के मुख्य चार भाग होते हैं—

(1) केन्द्रीय संसाधक इकाई

(2) स्मृति

(3) निवेश युक्तियाँ

(4) निर्गत पद्धति

**(1) केन्द्रीय संसाधन इकाई**—यह कम्प्यूटर का मस्तिष्क कहलाता है। इसके दो भाग होते हैं—

(i) गणितीय तार्किक इकाई

(ii) नियन्त्रण इकाई

(i) गणितीय तार्किक इकाई के अन्तर्गत कम्प्यूटर गणितीय तथा तार्किक कार्य पूरा करता है जिसमें जोड़ना, घटाना, गुणा करना, भाग देना आदि शामिल हैं। तार्किक अर्थात् तुलना करना कि क्या किससे छोटा है, क्या किससे बड़ा है और क्या बराबर है, आदि।

(ii) नियन्त्रण इकाई कम्प्यूटर को दिये गये निर्देशों तथा उनके कार्यान्वयन को समुचित तरीके से अनुपालन कराने के लिए नियन्त्रण का कार्य करता है। यह निवेश (Input) तथा निर्गत (Output) को केन्द्रीय संसाधन (CPU) से जोड़ने का महत्त्वपूर्ण कार्य करता है। साथ ही कम्प्यूटर की सभी इकाइयों के बीच समन्वय स्थापित करने का कार्य भी नियन्त्रण इकाई द्वारा किया जाता है।

**2. स्मृति**—स्मृति या भण्डारण दो प्रकार के होते हैं—

(i) प्राथमिक स्मृति, (ii) माध्यमिक स्मृति

**(1) आंतरिक या प्राथमिक स्मृति**—कम्प्यूटर की प्राथमिक स्मृति मानव मस्तिष्क के समान होती है। जब तक मनुष्य जागता रहता है तब तक उसे सब कुछ याद रहता है और निद्रा आने पर वह सब कुछ भूल जाता है। इसी तरह जब तक कम्प्यूटर ऑन रहता है प्राथमिक स्मृति सभी निर्देशों को याद रखती है किन्तु जैसे ही कम्प्यूटर ऑफ कर देते हैं तुरन्त सभी निर्देश समाप्त हो जाते हैं। कम्प्यूटर की भाषा में इसे रैम (RAM) कहते हैं। स्मृति का एकक अनेक छोटे कोषों या कक्षों से बना होता है और प्रत्येक कोष एक विशेष पते (Address) पर स्थित होता है। आंतरिक स्मृति द्वारा निम्न कार्यों का निष्पादन किया जाता है—

डाटा तथा प्रोग्राम को कम्प्यूटर संसाधन (Process) के लिए भेजते हैं।

आन्तरिक संसाधन प्रक्रिया पूरी होती है।

कम्प्यूटर द्वारा उत्पादित किये गये परिणाम (Output) माध्यमिक स्मृति (Secondary Memory) में स्थाई रूप से संग्रहित किये जाते हैं।

कम्प्यूटर द्वारा संशोधित (Processed) डाटा और प्रोग्राम को निर्गत उपकरण (Output Device) पर देखा व प्रिंट किया जा सकता है।

कम्प्यूटर की प्राथमिक स्मृति दो तरह की होती है—

(*i*) यादृच्छिक अभिगम स्मृति

(*ii*) केवल पठनीय स्मृति

**(i) यादृच्छिक अभिगम स्मृति**–यह कम्प्यूटर की स्मरण शक्ति का वह रूप है जिस पर डाटा या अनुराष्ट्र अस्थायी उपयोग के लिए लिखा जाता है तथा उसे यादृच्छिक (Random) रूप में पढ़ा जा सकता है।

यह स्थायी स्मृति होती है, जब प्रोग्राम का एक भाग का कार्य पूर्ण हो जाता है तो उसके स्थान पर प्रोग्राम का दूसरा भाग लिखा जाता है, इसके बाद यह स्मृति एक निश्चित क्रम (Sequence) में कार्य न करके बिना क्रम के (Random) कार्य करने लगती है।

अपनी आवश्यकता के अनुसार किसी प्रोग्राम या डाटा को किसी भी स्थान से पढ़कर (Read) प्रयोग करने में यह समर्थ होती है। कम्प्यूटर बंद करते ही इस स्मृति में संग्रहित (Load) प्रत्येक निर्देश व डाटा नष्ट हो जाते हैं।

भौतिक रूप से रैम के दो भाग होते हैं–

**डी. रैम (D. RAM)**–यह सामान्य इंटीग्रेटेड सर्किट होते हैं, यह 4464 तथा 41256 दो तरह के होते हैं।

**सिम (SIM)**–जब एक प्रिंटेड सर्किट बोर्ड (P.C.B.) पर कई इंटीग्रेटेड सर्किट (IC) को लगा देते हैं तो वह सिम कहलाती है।

**(ii) केवल पठनीय स्मृति**–यह स्मृति कम्प्यूटर में चिप के माध्यम से जुड़ी होती है। इसको केवल पढ़ा जा सकता है। इसे यहाँ पर संग्रहित भी नहीं किया जा सकता है। यह स्थायी स्मृति होती है तथा बिजली जाने के बाद भी पुनः कम्प्यूटर ऑन करते ही यह सक्रिय हो जाती है। इसके अनेक रूप हैं जैसे–

**प्रोग्राम केवल पठन स्मृति**–इस स्मृति में कम्प्यूटर उत्पादक ROM को खाली रखता है जिसमें उपयोगकर्ता स्वयं अपना डाटा या अनुराष्ट्र एक बार डाल सकता है जो कि बाद में ROM बन जाती है।

**इरेजेबल प्रोगाम्य केवल पठन स्मृति**–इस तरह की स्मृति का प्रयोग बार-बार अपनी आवश्यकता के अनुसार प्रोग्राम को मिटाकर नये प्रोग्राम को संग्रहित (Load) करने के लिए किया जाता है। इस तरह की स्मृति को EEPROM (Electronic Erassable Programmable Read Only Memory) भी कहते हैं।

**(2) माध्यमिक स्मृति**–कम्प्यूटर की प्राथमिक स्मृति को अस्थायी स्मृति भी कहा जाता है और इसी अस्थायी प्रकृति के कारण कम्प्यूटर में स्थायी स्मृति रखने का दृष्टिकोण सामने आया। इसी स्थायी स्मृति को माध्यमिक स्मृति (Secondary Memory) भी कहते हैं क्योंकि यह कम्प्यूटर के बाहर संकलित रहती है। कम्प्यूटर में स्थायी स्मृति के लिए फ्लॉपी डिस्क, चुम्बकीय टेप, हार्ड डिस्क व ऑप्टीकल डिस्क का उपयोग किया जाता है।

अचानक बिजली जाने पर कम्प्यूटर में वायरस आने पर, उसमें संग्रहित डाटा समाप्त हो सकता है अतः उसे कम्प्यूटर के बाहर संग्रहित करने की आवश्यकता का महत्त्व समझा गया। संस्थान चक्र(Processing Cycle)—यादृच्छिक अभिगम स्मृति (RAM) के अतिरिक्त केन्द्रीय संसाधन एकक (CPU) में, गणितीय तार्किक एकक (ALU) और नियंत्रण एकक (CU) में कुछ विशेष डाटा या निर्देश कक्ष उपलब्ध होते हैं जो इन्हें संसाधन में सहायता प्रदान करते हैं, इन्हें रजिस्टर कहते हैं। जब हम कम्प्यूटर में कोई डाटा या प्रोग्राम डालते हैं तो वह प्राथमिक स्मृति के द्वारा इन रजिस्टर्स में लोड (Load) हो जाता है जिससे कम्प्यूटर तीव्र गति से डाटा-संशोधन (Data Processing) का कार्य पूरा करता है। केन्द्रीय संसाधन एकक में तीन तरह के रजिस्टर होते हैं—

1. निर्देश एवं पता रजिस्टर
2. संग्राहक रजिस्टर
3. परिणाम संग्राहक रजिस्टर

**संसाधन गति**—मशीन चक्र जितनी तेज गति से अपना कार्य पूरा करता है वह कम्प्यूटर की संसाधन गति कहलाती है। इस गति को मापने के लिए निम्न इकाइयों का प्रयोग किया जाता है—

**हर्ट्ज (Hertz)**—इस इकाई का प्रयोग माइक्रो कम्प्यूटर (P. C) की संसाधन गति को मापने के लिए किया जाता है। माइक्रो कम्प्यूटर द्वारा एक सेकंड में चक्र सम्पन्न करना एक हर्ट्ज कहलाता है। वर्तमान कम्प्यूटर की गति को मेगा हर्टज में मापा जाता है। एक सेकंड में 10 लाख या इससे अधिक मशीन चक्र के सम्पन्न होने को मेगा हर्ट्ज कहते हैं।

इन्टेल कारपोरेशन (Intel Corp.) द्वारा बनाया गया पेंटियम माइक्रो प्रोसेसर **(P M P)** 150 MHZ की गति से कार्य करता है।

**मिप्स** (MIPS)—इस इकाई का प्रयोग मिनी और मेनफ्रेम कम्प्यूटरों की गति को मापने के लिए किया जाता है। इसमें Millions Instruction per Second की इकाई को आधार मान कर कम्प्यूटर की गति मापी जाती है।

**फ्लोप्स (Flops)**—इस इकाई का प्रयोग सुपर कम्प्यूटरों की गति को मापने के लिए होता है (Flops) अर्थात् Floting Point per Second.

**3. निवेश पद्धति**—उपयोगकर्ता के माध्यम से कम्प्यूटर में सूचना व डाटा का निवेश करने वाले उपस्कर को इनपुट डिवाइस (Input Devices) कहते हैं। इस कार्य हेतु अनेक तरह के इनपुट डिवाइस का प्रयोग किया जाता है। जिनका विवरण निम्नलिखित है—

(1) **पंचकार्ड**—कम्प्यूटर में डाटा (Data) निवेश करने की एक सबसे पुरानी विधि है। पंचकार्ड एक तरह के छिद्रित पत्र होते हैं। इन पत्रों में अनेक छिद्र होते हैं जो विभिन्न अंकाक्षरों को प्रदर्शित करते हैं। पंचकार्ड का आकार आयताकार होता है जिसका माप $7\frac{3}{8}$, 3 (19 cm 8 cm.) व मोटाई 0.009 होती है। सन् 1890 में अमेरिका में जनगणना के कार्य को तीव्र गति से पूरा करने के लिए हमेन होलेरिथ ने एक मशीन का निर्माण किया जिसमें सबसे पहले पंचकार्ड का प्रयोग किया गया था लेकिन पंचकार्ड के उपयोग में कुछ समस्याएँ भी थीं जैसे किसी कार्य के लिए उपयोग किये गये पंचकार्ड को किसी दूसरे कार्य के लिए प्रयोग नहीं किया जा सकता था। पंचकार्ड केवल निवेश के लिए उपयुक्त थे। निर्गत का कार्य उनसे नहीं लिया सकता था। पंचकार्ड जल्दी-जल्दी खराब हो जाया करते थे। धीरे-धीरे इनके स्थान पर ऐसे निवेश उपकरण आ गये जो अधिक गति से कार्य कर सकते थे तथा कम समय में अधिक डाटा (Data) का निवेश कर सकते थे। इन उपकरणों के वर्णन के बाद कम्प्यूटर में पंचकार्ड का उपयोग कम होने लगा और अब यह पंचकार्ड बीते समय की बात बन कर रह गये हैं।

**कुंजीपटल** (Key Board)—कुंजीपटल का सबसे ज्यादा उपयोग होता है। डाटा और प्रोग्राम का कम्प्यूटर में निवेश कराने के लिए इसका प्रयोग मुख्य रूप से किया जाता है। इसलिए की-बोर्ड को हमेशा कम्प्यूटर से सम्बन्धित रखा जाता है। यह एक टाइपराइटर के समान है जिसमें उपयोगकर्ता के द्वारा कुछ भी टाइप करने पर इसकी प्रतिक्रिया हमें तत्काल ही कम्प्यूटर के मॉनीटर पर दिखाई देती है। एक कुंजीपटल (Key Board) में अनेक कुंजियाँ होती हैं जिन्हें तीन भागों में विभाजित किया जा सकता है।

(1) **एल्फान्यूमेरिक कुंजी पटल**— एल्फान्यूमेरिक कुंजीपटल मध्य में स्थित होता है। इसमें अंग्रेजी वर्णमाला के अक्षर (A to Z), इण्डो अरेबिक अंक 0 to 9 व अनेक करेक्टर कुंजी जैसे @ $ % # स्पेसबार आदि होते हैं इसके अतिरिक्त Esc, Esc' Ctrl Shift' Alt, Enter Tab' Backspace कुंजी भी शामिल होती है।

(2) **न्यूमेरिक की-पैड**—कुंजीपटल के दाई ओर न्युमेरिक की पैड कुंजियाँ होती हैं। इनकी संख्या 17 होती है। इसमें से कुछ कुंजियों पर इण्डो अरेबिक 0 to 9 होते हैं। इसमें से चार कुंजियाँ ऐसी होती हैं जिन पर ऐरो (Arrow) के निशान होते हैं। इन ऐरो वाली कुंजियों का प्रयोग माउस के स्थान पर किया जा सकता है। माउस के खराब होने या न होने की अवस्था में यह ऐरो (Arrow) वाली कुंजियां माउस के समान ही कार्य करती हैं। इसी भाग में कुछ और कुंजियों को सम्मिलित किया

गया है। जैसे—Enter, Home, End, Page up, Page Down, Number Lock,-+ (Arrow) इस भाग में कर्सर की दिशा के नियन्त्रण हेतु चार तीर के निशान (-) वाली ऐरो कुंजियाँ होती हैं।

**(3) क्रियात्मक कुजियाँ** (Function Key)—कुंजीपटल के सबसे ऊपरी भाग में क्रियात्मक कुंजियाँ(Function Key) होती हैं। जैसे—F1, F2, F3,........ F12,(Function Key) इनमें से प्रत्येक कुंजी के पृथक-पृथक कार्य होते हैं, जिनके प्रयोग करने के निर्देश प्रत्येक कम्प्यूटर प्रोग्राम में दिये रहते हैं। सामान्यतः कमाण्ड (Command) आदि को देने के लिए इन क्रियात्मक कुंजियों का प्रयोग विशेषतः किया जाता है।

**(4) फ्लॉपी डिस्क**—फ्लॉपी डिस्क भी एक तरह का निवेश उपकरण है। फ्लॉपी डिस्क एक लचीली और गोलाकार डिस्क होती है, जो विभिन्न आकारों जैसे—8" 5.5" व 3.4" आदि की होती हैं। प्रत्येक आकार के साथ इनकी भण्डारण क्षमता भी पृथक-पृथक होती है। सभी फ्लॉपी डिस्क एक चौकोर प्लास्टिक के आवरण से ढकी रहती हैं। जिस कारण ऊपर से देखने पर इनका आकार चौकोर दिखाई देता है। सभी फ्लॉपी डिस्क मेग्नेटिक कोटेड प्लास्टिक से निर्मित होती हैं। इस कारण इस पर डाटा या सूचना का संकलन किया जा सकता है। फ्लॉपी डिस्क में संग्रहीत सूचना या डाटा को प्राप्त करने के लिए फ्लॉपी ड्राइव की अनिवार्यता होती है।

**(5) सी.डी. रोम**—सी. डी. रोम का विस्तृत नाम कॉम्पेक्ट डिस्क रीड ऑनली मेमोरी है। यह भी एक तरह का निवेश उपकरण है जिसमें अत्यधिक संख्या में सूचना का संकलन किया जा सकता है। प्रत्येक सी.डी. रोम 12 सेमी व्यास के आकार की होती है। सी. डी. रोम एक ऑप्टीकल रोम होती है। उपयोगकर्त्ता सी.डी रोम में संग्रहीत सूचना को केवल पढ़ सकता है उसमें अपनी ओर से कोई जानकारी जोड़ नहीं सकता है, इसलिए इसे कॉम्पेक्ट डिस्क रीड ऑनली मेमोरी कहते हैं। सी.डी. रोम रेकिजन पदार्थ पॉली कार्बोनेट से बनी होती है। इसकी सतह पर एल्युमीनियम पदार्थ का लेपन किया जा सकता है, जिससे सी. डी रोम में परावर्तन का गुण आ जाता है। CD-ROM (4) में संकलित सूचना को संग्रहीत व पढ़ने के लिए लेजर किरण (Laser Ray) का प्रयोग किया जाता है। सी.डी. रोम में सूचना को संकलित करने के लिए 25 (MW) (Megawatt) की 4 तीव्रता वाली लेजर किरण का प्रयोग किया जाता है। इसमें संकलित सूचना या डाटा को पढ़ने के लिए 5 MW (Megawatt) की तीव्रता वाली लेजर किरण का प्रयोग किया जाता है। जिस तरह फ्लॉपी डिस्क में संग्रहीत सूचना या डाटा को प्राप्त करने के लिए फ्लॉपी ड्राइव की

आवश्यकता होती है उसी तरह सी.डी रोम में संग्रहीत सूचना या डाटा प्रतिस्थापित दर 200 से 250 पेज प्रति मिनट होती है।

**(6) ऑप्टीकल मार्क रीडर**—प्रतियोगिता परीक्षा में वस्तुनिष्ठ तरह के प्रश्न पत्र होते हैं, जिसमें एक उत्तर पुस्तिका होती है। इस उत्तर पुस्तिका में प्रत्येक प्रश्न के सामने कॉलम होता है, जिसमें प्रश्न के सही उत्तर को अंकित करना होता है। इस उत्तर पुस्तिका को जाँचने के लिए ऑप्टीकल मार्क रीडर का प्रयोग किया जाता है जो कागज पर पेंसिल या पेन के चिह्न को पहचानती है। ऑप्टीकल मार्क रीडर धीमी गति से प्रक्रिया करता है जिससे उत्तर पुस्तिका को ठीक तरह से जाँचा जा सकता है इसकी सूचना या डाटा प्रतिस्थापित दर 200 से 250 पेज प्रति मिनट होती है।

(7) **माउस**—एक निवेश पद्धति जो कम्प्यूटर से की-बोर्ड की तरह ही सम्बन्धित रहता है, माउस मॉनीटर पर प्वांइटर (Pointer) को नियंत्रित करने हेतु एक छोटी-सी संरचना होती है, जिसके ऊपरी भाग में दाईं व बाईं ओर एक-एक बटन होता है, जिसे क्लिक (दबाने) करने पर प्वांटर की सहायता से मॉनीटर पर उपस्थित अवयवों का चुनाव किया जा सकता है। इन दोनों बटनों (दाईं ओर व बाईं ओर) के मध्य में माउस में एक बटन और होता है, जिसका प्रयोग प्रायः ग्राफिक्स या मल्टीमीडिया के लिए किया जाता है। कुछ माउसों के मध्य में स्थित बटन के स्थान पर एक स्क्रीलर होता है, जिसकी सहायता से बिनावर्टिकल स्लर पर क्लिक किये डॉक्यूमेंट के पृष्ठ या शीट को ऊपर नीचे किया जा सकता है। प्रत्येक माउस के नीचे एक बॉल (गेंद) होती है। यह बॉल माउस के खिसकाने पर उसके रोलरों को संवेदित करती है। माउस कम्प्यूटर पर तीव्र गति से कार्य करने की सुविधा प्रदान करता है।

**4. निर्गत पद्धति**—उन उपकरणों को जो उपयोगकर्ता के लिए सूचना या डाटा को दृश्य या प्रकाशित रूप में प्रस्तुत करते हैं, निर्गत उपकरण या आउटपुट डिवाइस कहलाते हैं।

निम्नलिखित उपकरण निर्गत पद्धति की श्रेणी में आते हैं—

**(1) मॉनीटर**—मॉनीटर टेलीविजन सेट के समान होता है। मॉनीटर ब्लैक एण्ड ह्वाइट और कलर दोनों तरह के होते हैं। प्रत्येक मॉनीटर के अन्दर एक कैथोड रे टयूब (Cathode Ray Tube) होती है। जब उपयोगकर्ता द्वारा की-बोर्ड की सहायता से कुछ टाइप किया जाता है तो यह उपयोगकर्ता को सामने मॉनीटर की स्क्रीन पर दिखाई देता है। मॉनीटर कम्प्यूटर पद्धति का एक महत्त्वपूर्ण अंग है। बिना मॉनीटर के एक पूर्ण कम्प्यूटर पद्धति की कल्पना नहीं की जा सकती। इसके बिना कम्प्यूटर पर कार्य करना लगभग असम्भव है।

**प्रिंटर**—प्रिंटर एक ऑनलाइन निर्गत पद्धति है। यह एक ऐसा उपकरण है जो सूचना या डाटा को कागज पर प्रकाशित रूप में प्रस्तुत करता है। सूचना या डाटा कागज पर प्रकाशित प्रतिलिपी को हार्ड कॉपी (Hard Copy) कहते हैं। जब उपयोगकर्ता कुंजीपटल के माध्यम से कुछ टाइप करता है तो कम्प्यूटर इसे अपनी भाषा में (0 व 1) में ग्रहण करता है जिसे कम्प्यूटर प्रक्रिया के पश्चात् प्राकृतिक भाषा में प्रिंटर के माध्यम से प्रस्तुत करता है। प्रिंटर अनेक तरह के होते हैं जैसे—

**डॉट मैट्रिक्स प्रिंटर**—डॉट मैट्रिक्स प्रिंटर एक इम्पैक्ट प्रिंटर है। इम्पैक्ट प्रिंटर वे होते हैं जो प्रिंटिंग तकनीक पर आधारित होते हैं। डॉट मैट्रिक्स प्रिंटर डॉट (Dot) बिन्दु रूप में अंकों तथा अक्षरों का मुद्रण करता है। इस प्रिंटर में एक प्रिंट हैड होता है, जिसमें अनेक पिनों से युक्त एक मैट्रिक्स लगा होता है। इन पिनों के द्वारा ही कागज पर बिन्दु (Dot) छपते हैं। डॉट मैट्रिक्स प्रिंटर एक सेकंड में 30 से 600 अंकों व अक्षरों को छाप सकता है। डॉट मैट्रिक्स प्रिंटर से प्रकाशित अंकाक्षर की स्पष्टता कम होती है।

**डेजी व्हील प्रिंटर**—डेजी (गलबहार) पुष्प की आकृति के समान प्रिंट हैड के कारण इसे डेजी व्हील प्रिंटर कहतें हैं। इसमें अनेक स्पोक होते हैं, जिसके अग्र भाग पर अंकाक्षर बने रहते हैं। प्रिंटर पर कार्य करते समय पहिया घूमाना पड़ता है यह अंकाक्षर जब सही अवस्था में आता है तो प्रिंटर में लगा एक हैमर स्पोक में लगे हुए अंकाक्षर पर चोट करता है। यह अंकाक्षर रिबन के द्वारा कागज पर अपनी प्रतिलिपि छाप देता है। एक डेजी प्रिंटर द्वारा एक सेकण्ड में 70-80 अंकाक्षरों को प्रकाशित किया जा सकता है।

**लेजर प्रिंटर**—लेजर प्रिंटर नॉन-इम्पैक्ट प्रिंटिंग तकनीक पर आधारित प्रिंटर है। यह प्रिंटर वर्तमान में सबसे अधिक लोकप्रिय है। इनसे प्राप्त परिणाम बहुत अच्छे होते हैं। इन प्रिंटरों की सबसे प्रमुख विशेषता यह है कि अंकाक्षरों के अलावा यह कागज पर आकृति (Images) को भी प्रकाशित कर सकते हैं।

## कम्प्यूटर नेटवर्क पद्धति

किसी क्षेत्र में कम्प्यूटरीकृत कार्य पद्धति को अपनाकर उस कार्य क्षेत्र की कार्यक्षमता में बहुत बढ़ोत्तरी की जा सकती है। इस तरह की कार्य पद्धति में अनेक कम्प्यूटरों को परस्पर जोड़कर एक नेटवर्क बना दिया जाता है, जिसे कम्प्यूटर नेटवर्क कहते हैं। नेटवर्क का तात्पर्य है किसी माध्यम के द्वारा परस्पर जुड़े हुए कम्प्यूटरों का एक जाल। नेटवर्क किसी एक शहर, राष्ट्र या अन्तर्राष्ट्रीय स्तर पर स्थापित किया

जा सकता है और इस नेटवर्क के माध्यम से ही सूचना का आदान-प्रदान किया जा सकता है। वास्तव में कम्प्यूटर पद्धति का महत्त्व इसलिए है क्योंकि इसके द्वारा सूचना का सम्प्रेषण किया जा सकता है और सामूहिक रूप से उसका उपयोग किया जा सकता है। नेटवर्क में निश्चित पते (Address) होते हैं जिससे सूचना या डाटा अपने निश्चित पते पर ही सम्प्रेषित होते हैं। कम्प्यूटर नेटवर्क पद्धति के अनेक लाभ हैं–

(1) कम्प्यूटर नेटवर्क पद्धति में सूचना या डाटा का तीव्र गति से आदान-प्रदान किया जा सकता है जिससे समय की बचत होती है।

(2) सूचना या डाटा का सामूहिक रूप से उपयोग किया जा सकता है।

(3) एक मुख्य कम्प्यूटर से परस्पर जुड़े हुए सभी टर्मिनलों के द्वारा इनपुट सूचना सभी के लिये उपलब्ध हो सकती है।

(4) नेटवर्क में कम्प्यूटर हार्डवेयर और सॉफ्टवेयर का अधिकतम उपयोग होता है।

(5) नेटवर्क के माध्यम से केवल एक कम्प्यूटर पर बैठकर सूचना या डाटा को निवेशित एवं प्राप्त किया जा सकता है और सूचना की खोज की जा सकती है।

(6) नेटवर्क की किसी भी सूचना को प्रकाशित रूप में भी प्राप्त किया जा सकता है।

**स्थानीय क्षेत्र नेटवर्क (लेन) Local Area Network LAN**–स्थानीय स्तर पर स्थापित कम्प्यूटर नेटवर्क पद्धति को स्थानीय क्षेत्र नेटवर्क या लेन Local Area Network (LAN) कहते हैं। इस तरह का नेटवर्क एक भवन तक या दो-तीन किलोमीटर की सीमा तक सीमित होता है। लोकल एरिया नेटवर्क में एक मुख्य कम्प्यूटर से अन्य कम्प्यूटरों को केबिल (तारों) के द्वारा परस्पर सम्बन्धित कर दिया जाता है। लेन में जुड़े हुए किसी भी कम्प्यूटर के मध्य सूचना या डाटा का आदान प्रदान किया जा सकता है। इसमें नेटवर्क से जुड़े हुए किसी भी कम्प्यूटर से सूचना निवेशित कर नेटवर्क से सम्बन्धित दूसरे किसी भी कम्प्यूटर पर प्राप्त की जा सकती है। स्टार नेटवर्क लोकल या स्थानीय एरिया नेटवर्क के उदहारण हैं। लोकल एरिया नेटवर्क सामान्य कार्यालय, इण्डस्ट्री, पुस्तकालय आदि में स्थापित किये जाते हैं। लेन में कम्प्यूटरों को जोड़ने के लिये विशेष तरह के केबिल Coarial या Fibereoptic का प्रयोग किया जाता है जिससे सूचना का प्रसारण तीव्र गति से किया जा सकता है।

**विस्तृत क्षेत्र नेटवर्क-वेन (Wide Area Network-WAN)** व्यापक स्तर (अन्तर्राष्ट्रीय, राष्ट्रीय व राज्य) पर स्थापित किये गये नेटवर्क को विस्तृत क्षेत्र नेटवर्क

या वेन कहते हैं। विस्तृत क्षेत्र नेटवर्क में कम्प्यूटर (टर्मिनल) अन्तर्राष्ट्रीय, राष्ट्रीय व राज्य स्तर पर आपस में सेटेलाइट द्वारा सम्बन्धित रहते हैं। व्यापक स्तर पर स्थापित नेटवर्क में सूचना का प्रवाह अन्तर्राष्ट्रीय स्तरीय होता है। विस्तृत क्षेत्र नेटवर्क की कार्य पद्धति पर आधारित विस्तृत क्षेत्र नेटवर्क में लोकल एरिया नेटवर्क को परस्पर जोड़ दिया जाता है। विस्तृत क्षेत्र नेटवर्क में विस्तृत नेटवर्क की अपेक्षा सूचना का आदान-प्रदान अपेक्षाकृत मन्द गति से पूरा होता है। लेन में प्रसारण की गति 0.1 से 100 MBPS (Mega Byte Per Second) होती है तथा वेन में सूचना के प्रसारण की गति 1088 से 9600 BPS (Byte Per Second) होती है।

**नेटवर्क संरचना (Topology)**—यह संरचना जिसमें अनेक कम्प्यूटर परस्पर जुड़े हों नेटवर्क संरचना (Topology) कहलाती है। नेटवर्क संरचना निम्नलिखित तरह की होती हैं—

1. स्टार नेटवर्क
2. रिंग नेटवर्क
3. बस नेटवर्क
4. मैश नेटवर्क

**1. स्टार नेटवर्क**—इसमें मात्र एक केन्द्रीय पद्धति से अन्य कम्प्यूटरों को सम्बन्धित कर दिया जाता है। स्टार नेटवर्क पद्धति में अन्य कम्प्यूटर सीधे एक दूसरे से न जुड़कर केन्द्रीय कम्प्यूटर जिसे Host कम्प्यूटर भी कहा जाता है, के माध्यम से जुड़े रहते हैं। इस केन्द्रीय कम्प्यूटर से जुड़े दूसरे सभी कम्प्यूटरों में सूचना या डाटा का आदान-प्रदान इसी केन्द्रीय कम्प्यूटर के माध्यम से होता है। स्टार नेटवर्क में केन्द्रीय कम्प्यूटर से जुड़े हुए किसी कम्प्यूटर के खराब होने पर नेटवर्क में कोई बाधा नहीं आती है, लेकिन केन्द्रीय कम्प्यूटर के खराब हो जाने पर पूरा नेटवर्क बाधित हो जाता है।

इसमें केन्द्रीय कम्प्यूटरों से जुड़े हुए कम्प्यूटरों की संख्या को घटाया-बढ़ाया जा सकता है।

**2. रिंग नेटवर्क**—रिंग नेटवर्क में कम्प्यूटर एक रिंग (मुद्रिका) आकृति में परस्पर जुड़े रहते हैं। इस आकृति में कोई भी केन्द्रीय कम्प्यूटर नहीं होता है। इसमें सूचना एक ही दिशा में संचारित होती है, जिसकी गति अत्यन्त तीव्र होती है। इस नेटवर्क में हर कम्प्यूटर अपने-अपने आगे व पीछे के कम्प्यूटर से जुड़ा रहता है। इस नेटवर्क में कम्प्यूटर सूचना विनिमय हेतु किसी केन्द्रीय कम्प्यूटर पर आधारित नहीं होता है। इसमें संचारण की गति कम्प्यूटरों की गति पर निर्भर करती है। यह नेटवर्क स्टार नेटवर्क की अपेक्षा कम प्रचलित है।

**3. बस नेटवर्क**—इस नेटवर्क में विभिन्न कम्प्यूटर एक Central Communication Highway के द्वारा जुड़े रहते हैं, यह हाइवे बस कहलाता है। इस नेटवर्क में हाइवे से जुड़े होने के कारण ही किन्हीं दो कम्प्यूटरों के मध्य सूचना का आदान-प्रदान होता है। इस नेटवर्क में किसी एक कम्प्यूटर के खराब होने की दशा में सूचना के प्रसारण में बाधा नहीं आती।

**4. मैश नेटवर्क**—यह नेटवर्क अधिक प्रचलित नहीं है। इस नेटवर्क में कम्प्यूटर इस आकृति में जुड़े रहते हैं कि एक कम्प्यूटर दूसरे कम्प्यूटर के मध्य में आ जाता है। इस नेटवर्क में किसी एक कम्प्यूटर के खराब होने की दशा में सूचना का प्रसारण बाधित हो जाता है।

## कम्प्यूटर ऑपरेटिंग पद्धति

कम्प्यूटर एक चमत्कारिक मशीन है। यह कृत्रिम बुद्धि एवं शक्ति का परिचायक है। कम्प्यूटर विभिन्न तरह के कार्यों को करने की क्षमता रखता है। इसके द्वारा हम कार्यों को तीव्र गति से सम्पन्न कर सकते हैं। यदि कम्प्यूटर में सही (Correct) डाटा (Feed) किया जाये तो इसके द्वारा शुद्ध परिणाम प्राप्त किये जा सकते हैं। यह इस कारण सम्भव है कि कम्प्यूटर का प्रत्येक अंग अनुशासित रूप में कार्य करता है।

**सॉफ्टवेयर**—कम्प्यूटर के लिये तैयार किये गये कार्यक्रमों (Programmes) के अनुरूप ही हार्डवेयर एक दूसरे के पूरक हैं। सॉफ्टवेयर में दिये गये निर्देश के अनुरूप सॉफ्टवेयर के अभाव में हार्डवेयर कोई कार्य नहीं कर सकता है और हार्डवेयर के अभाव में सॉफ्टवेयर कोई कार्य नहीं कर सकता है। सॉफ्टवेयर मनुष्य और कम्प्यूटर के मध्य सम्पर्क स्थापित करने की एक कड़ी है। सॉफ्टवेयर कम्प्यूटर का ही भाग है जिसे स्पर्श नहीं किया जा सकता जबकि हार्डवेयर को स्पर्श कर महसूस किया जा सकता है। कम्प्यूटर से भिन्न-भिन्न कार्य को कराने के लिये भिन्न-भिन्न तरह के सॉफ्टवेयर उपलब्ध होते हैं। कार्यों की विशेषता के आधार पर ही सॉफ्टवेयर का निर्माण किया जाता है।

सॉफ्टवेयर को अग्रलिखित श्रेणियों में विभाजित किया जा सकता है—

(*i*) प्रयुक्त सॉफ्टवेयर

(*ii*) सिस्टम सॉफ्टवेयर

(*iii*) यूटीलिटी सॉफ्टवेयर

**(i) प्रयुक्त सॉफ्टवेयर**—किसी विशेष तरह का कार्य करने के लिए तैयार प्रोग्राम को प्रयुक्त सॉफ्टवेयर (Application software) कहते हैं। जैसे—किसी

कम्पनी के कर्मचारियों के वेतनमान की पे स्लिप, वितरण आदि के लिये तैयार, प्रोग्राम, कार्यालय में कर्मचारियों के कार्यों की मासिक व सालाना निर्गत तैयार करने के लिए प्रोग्राम। पुस्तकालय से सम्बन्धित प्रयुक्त सॉफ्टवेयर कई प्रोग्राम का एक समूह होता है जो कम्प्यूटर पर सिस्टम सॉफ्टवेयर द्वारा कार्य करते हैं। प्रयुक्त सॉफ्टवेयर का प्रयोग विशेष कार्यों के लिए किया जाता है। सामान्य कार्यों के लिए इनका उपयोग नहीं किया जा सकता है। प्रयुक्त सॉफ्टवेयर के कुछ उदाहरण इस तरह हैं– CDS/ ISIS' Granthalaya (पुस्तकालय के कार्यों हेतु) वर्डस्टार, की-बोर्ड आदि।

**(ii) सिस्टम सॉफ्टवेयर**–कम्प्यूटर पद्धति की विभिन्न क्रियाओं पर नियन्त्रण हेतु तैयार प्रोग्रामों का समुच्चय सिस्टम सॉफ्टवेयर कहलाता है। सिस्टम सॉफ्टवेयर के द्वारा ही कम्प्यूटर अनुशासित तरीके से कार्य कर सकने में सक्षम होता है। सिस्टम सॉफ्टवेयर और कम्प्यूटर के द्वारा ही उपयोगकर्ता कम्प्यूटर पर विभिन्न कार्यों को निष्पादित कर सकता है। सीपीयू, प्रिन्टर, टेब्प, मॉनीटर आदि को जोड़े रखने का कार्य सिस्टम सॉफ्टवेयर द्वारा हो सकता है और सीपीयू, मेमोरी आदि को सिस्टम सॉफ्टवेयर के माध्यम से ही संचालित किया जाता है। सिस्टम सॉफ्टवेयर के द्वारा ही कम्प्यूटर में अन्य सॉफ्टवेयरों को क्रियान्वित किया जाता है।

**(iii) यूटीलिटी सॉफ्टवेयर**–यूटीलिटी सॉफ्टवेयर या सर्विस प्रोग्राम (service programme) कम्प्यूटर पद्धति के विभिन्न घटकों की देखभाल का कार्य करते हैं। जैसे–डिस्क की देखभाल व मरम्मत के लिये डिस्क रिकवरी प्रोग्राम यूटीलिटी सॉफ्टवेयर के माध्यम से ही किसी प्रोग्राम में उपस्थित त्रुटि को खोजकर उसका निदान किया जाता है। कम्प्यूटर में सामान्यतः पाये जाने वाले यूटीलिटी सॉफ्टवेयर इस तरह हैं–लोकेटर, लोडर, लिकर, टैक्साइड आदि।

**ऑपरेटिंग सिस्टम**–किसी कम्प्यूटर पद्धति के लिये ऑपरेटिंग सिस्टम परमावश्यक है। यही वह पद्धति है जिसके द्वारा कम्प्यूटर हार्डवेयर और सॉफ्टवेयर पर नियन्त्रण रखा जाता है। ऑपरेटिंग सिस्टम कम्प्यूटर की सम्पूर्ण क्रियाविधि पर नियन्त्रण रखता है, उनका संचालन करता है व कम्प्यूटर के सारे उपकरणों व अवयवों को अपने नियन्त्रण में रखता है। ऑपरेटिंग सिस्टम की अनुपस्थिति में हार्डवेयर व सॉफ्टवेयर कार्य नहीं कर सकते। ऑपरेटिंग सिस्टम भण्डारण की व्यवस्था पर भी पूर्ण नियन्त्रण रखता है। विभिन्न कार्यों के लिये भण्डारण की क्षमता व स्थान का निर्धारण व डिस्को का फार्मेट करने तथा इसमें संग्रहीत सूचना या डाटा का प्रतिलिपिकरण करने में सहायक होता है। इसके अतिरिक्त डाटा का विश्लेषण करना, आने-जाने

वाले डाटा का नियन्त्रण, डाटा का सम्पादन करना आदि सभी कार्यों का नियन्त्रण ऑपरेटिंग सिस्टम द्वारा ही होता है।

ऑपरेटिंग सिस्टम कई प्रकार के हो सकते हैं, जैसे–MS-DOS (i) जिसे Microsoft Dos नाम से भी जाना जाता है पर आधा ऑपरेटिंग सिस्टम यह सिंगल यूजर (SINGLE USERS) होता है अर्थात् MS-DOS (i) ऑपरेटिंग सिस्टम एक समय में केवल एक ही व्यक्ति को कार्य की क्षमता प्रदान करता है। इसलिए इसे सिंगल यूजर ऑपरेटिंग सिस्टम कहते हैं। यूनिक्स (Unix) तथा (Xenix) ऑपरेटिंग सिस्टम में कई व्यक्ति एक साथ कम्प्यूटर से कई टर्मिनलों को जोड़कर कार्य कर सकते हैं इसलिए इसे मल्टी यूजर (Multiuser) ऑपरेटिंग सिस्टम कहते हैं।

**एमएस-डॉस (MS-DOS)**–अधिकतर पर्सनल कम्प्यूटर में (MS-DOS) ऑपरेटिंग सिस्टम का प्रयोग किया जाता है। यह बहुप्रचलित सिस्टम है, इसे माइक्रोसिस्टम डॉस के नाम से भी जाना जाता है क्योंकि माइक्रोसॉफ्ट ने इस ऑपरेटिंग सिस्टम को तैयार किया था। सर्वप्रथम टिम पैटरसन ने सन् 1980 मे डॉस ऑपरेटिंग सिस्टम को विकसित किया था। डॉस एक कमाण्ड बेस (Command Base) ऑपरेटिंग सिस्टम है जिससे कमाण्ड (अनुराष्ट्र) को कुंजीपटल (keyboard) द्वारा अनुराष्ट्र को टाइप करके दिया जाता है। डॉस में कुंजीकरण का ही प्रयोग किया जाता है। यह माउस को प्रयोग करने की सुविधा प्रदान नहीं करता है। डॉस पर कार्य करने हेतु इसकी आन्तरिक (Internal) और बाह्य (External) कमाण्ड का पूर्ण ज्ञान होना आवश्ययक है। डॉसॉइलों को बनाने की सुविधा प्रदान करता है। इसमें (Command ckm) प्रोग्राम डॉसॉइलों की सम्पूर्ण लिस्ट का नियोजन किया जा सकता है। डॉसॉइलों की प्रतिलिपि बनाना व अनैच्छिक फाइलों को मिटाने की सुविधा प्रदान करता है।

डॉस के अनेक संस्करण (version) हैं। प्रत्येक नया आने वाला संस्करण (version) अपने पूर्व (version) से अधिक शक्तिशाली व उन्नत होता है जैसे–(DOS-3.3) उसके बाद। DOS-5.0 तथा वर्तमान में (DOS-6.0)।

**एमएस-विन्डोज (MS-Windows)**–एमएस विन्डोज MS-Windows का निर्माण भी माइक्रोसॉफ्ट कम्पनी द्वारा किया गया था। इस कारण इसे माइक्रोसॉफ्ट विन्डोज (Microsoft Windows) कहा जाता है। विन्डोज वास्तव में कोई ऑपरेटिंग सिस्टम नहीं है। यह (DOS) के द्वारा कम्प्यूटर से सम्पर्क का एक माध्यम है। यह उपयोगकर्ता को ग्राफिक्स यूजर इन्टर्स की सुविधा प्रदान करता है। जब उपयोगकर्ता विन्डोज को ऑन करता है तो कम्प्यूटर की स्क्रीन पर अन्य प्रोग्राम को दर्शाने के

लिये छोटे-छोटे आइकन पर क्लिक किया जाता है वह प्रोग्राम खुल जाता है और उपयोगकर्ता उस पर कार्य कर सकता है। विन्डोज उपयोगकर्ता की तीव्रता को और अधिक बढ़ा देती है। इसके अतिरिक्त विन्डोज उपयोगकर्ता को अनेक तरह की सुविधा प्रदान करती है। यदि यूजर किसी एक प्रोग्राम पर कार्य कर रहा है तो इस प्रोग्राम को मिनीमाइज चिह्न द्वारा छोटा करके अन्य प्रोग्राम का चुनाव कर सकता है और उस पर कार्य करता है। इस तरह विन्डोज यूजर को मल्टी-टास्किंग (Multi-tasking) की सुविधा प्रदान करता है, जिसमें उपयोगकर्ता एक साथ कई प्रोग्रामों पर कार्य कर सकता है। वर्तमान में दो तरह के ऑपरेटिंग सिस्टम प्रचलित हैं। पहला है (MS-Dos) ऑपरेटिंग सिस्टम व दूसरा यूनिक्स (Unix) ऑपरेटिंग सिस्टम। उपयोगकर्ता इनमें से किसी एक का चुनाव अपने पर्सनल कम्प्यूटर के लिये कर सकता है। अथवा कम्प्यूटर की हार्ड डिस्क बड़ी होने पर इसके एक भाग में डॉस का व दूसरे भाग में यूनिक्स को इन्सटाल (Install) किया जा सकता है।

यूनिक्स ऑपरेटिंग सिस्टम पर कार्य करने के दो चरण हैं–(1) यूनिक्स में प्रवेश करने की प्रक्रिया जिसे Login लॉगलाइन या Logging in or Logging out भी कहा जाता है (2) यूनिक्स से बाहर निकलने की प्रक्रिया जिसे Logging off कहते हैं।

यूनिक्स उपयोगकर्ता के डॉक्यूमेन्ट (Document) को पूरी सुरक्षा प्रदान करता है, जिससे दूसरा उपयोगकर्ता किसी दूसरे के डॉक्यूमेन्ट पर कार्य नहीं कर सकता। डॉक्यूमेन्ट की इस तरह की सुरक्षा के लिये प्रत्येक उपयोगकर्ता के पास अपना एक पासवर्ड (Password) होता है। यूनिक्स पर कार्य शुरू करने से पहले उपयोगकर्ता का पासवर्ड पूछा जाता है। उपयोगकर्ता द्वारा अपना पासवर्ड दिये जाने के पश्चात् यूनिक्स ऑपरेटिंग सिस्टम उसके पासवर्ड का मिलान करता है। पासवर्ड सही होने पर उपयोगकर्ता को कम्प्यूटर पर कार्य करने की अनुमति प्रदान करता है।

## कम्प्यूटर प्रोग्रामिंग भाषाएँ

कम्प्यूटर सिस्टम द्वारा विभिन्न तरह के कार्य का किया जाना सम्भव है। अनेक तरह की समस्याओं का समाधान कम्प्यूटर द्वारा तीव्र गति से सम्पन्न किया जा सकता है और समस्या का शुद्ध परिणाम प्राप्त होता है। किसी दी हुई समस्या को पहचान कर उसका हल किस तरह निकालना है कम्प्यूटर को यह बताना प्रोग्रामिंग कहलाता है। वास्तव में कम्प्यूटर के स्वयं के द्वारा किसी समस्या का

समाधान नहीं निकाला जाता क्योंकि कम्प्यूटर तो मात्र एक मशीन है जो केवल दिये गये दिशा-निर्देशों का पालन करता है। किसी समस्या का समाधान तो प्रोग्रामर द्वारा निकाला जाता है। समाधान के लिए विभिन्न प्रोग्रामों का निर्माण किया जाता है। प्रत्येक प्रोग्रामर एक विशेष तरह की समस्या के समाधान को प्रस्तुत करता है इसे प्रोग्रामर कहा जाता है। प्रोग्राम द्वारा विभिन्न तरह की समस्याओं के समाधान के लिये विभिन्न प्रोग्रामों का निर्माण किया जाता है। प्रत्येक प्रोग्राम के लिए उन्हीं निर्देशों के अनुसार कार्य के समूह को प्रोग्राम (programme) कहते हैं। जब यह प्रोग्राम कम्प्यूटर पर चलाया जाता है तो कम्प्यूटर उन निर्देशों में विद्यमान कार्यों को उसी क्रम में कर लेता है और इस तरह समस्या हल हो जाती है। जब एक बार किसी प्रोग्राम को कम्प्यूटर की स्मृति में डाल दिया जाता है तो कम्प्यूटर उस प्रकार की समस्याओं को अतिशीघ्रता से हल कर सकता है।

## प्रोग्रामिंग भाषाओं का विकास

सर्वप्रथम कम्प्यूटर की प्रोग्रामिंग भाषा आधारी (binary) में लिखी जाती थी जिसमें केवल 0 व 1 का प्रयोग किया जाता था। इसके पश्चात् assembly language का प्रयोग किया जाने लगा जो सांकेतिक शब्दों पर आधारित था। असेम्बली भाषा के पश्चात् कम्पाइलर भाषा का प्रयोग प्रारम्भ हुआ। कम्पाइलर उच्च स्तरीय भाषा (High level language) का मशीनी भाषा में अनुवाद (translate) की तरह है। उच्च स्तरीय भाषा में प्राकृतिक शब्दों का उपयोग किया जाता है। यह भाषा में परिवर्तित किया जाता है और यह कार्य कम्पाइलर की आवश्यकता होती है। ठीक इसी तरह असेम्बली भाषा को मशीनी भाषा में अनुवाद कराने के लिये असेम्बलर का प्रयोग किया जाता है। प्रत्येक उच्च स्तरीय भाषा को मशीनी भाषा में अनुवाद करने के लिये असेम्बलर का प्रयोग किया जाता है। कम्प्यूटर प्रोग्रामिंग की कुछ प्रमुख भाषाओं का विवरण निम्नलिखित है—

**कोबोल (COBOL)**—कोबोल का आशय है Common Business Oriented Language अर्थात् एक इस तरह की भाषा जिसका प्रयोग व्यापार से सम्बन्धित कार्यों को सम्पन्न करने के लिये किया जाता है। किसी-किसी कम्पनी में कर्मचारियों के वेतनमान का लेखा-जोखा रखना, व्याापार से सम्बन्धित रजिस्टर आदि को क्रमबद्ध रूप से रखना, आँकड़ा व डाटा को सुरक्षा प्रदान करना जैसे कार्यों के लिए कोबोल की अनिवार्यता होती है। कोबोल का प्रयोग व्यापार से सम्बन्धित प्रश्नावली को हल करने में भी किया जाता है। अतः बैंकों एवं बीमा कम्पनियों में कोबोल का ही प्रयोग किया जाता है।

**फोरट्रान (FORTRAN)**–LATION इस भाषा का प्रयोग गणित व विज्ञान सम्बन्धीं कार्यों के लिये किया गया था, इस भाषा की सहायता से गणित सम्बंधी जटिल गणनाओं को हल कर सकते हैं। इसमें बीजगणितीय समीकरणों का प्रयोग किया जाता है। विज्ञान व गणित की विभिन्न तरह की गणनाओं के समाधान में यह भाषा बहुत उपयोगी है। सामान्यतः फोरट्रान के कार्य में तीव्रता कम होती है जिससे व्यापारिक कार्यों के लिए भाषा का प्रयोग नहीं किया जाता है। यह भाषा वैज्ञानिक और अभियान्त्रिकी कार्यों के लिए बहुत उपयुक्त है।

**बेसिक (BASIC)**–बेसिक एक उच्च स्तरीय भाषा (High Level Language) है जिसका उपयोग प्रोग्रामिंग सीखने के लिए किया जाता है। यह माइक्रोसॉफ्ट कम्प्यूटर में सर्वाधिक उपयोग की जाने वाली अति सरल, सुगम व लोकप्रिय भाषा है। बेसिक को अमेरिका में सन् 1964 में डार्ट माउथ कॉलेज (Dart Mouth College) के डॉ. जॉन जी. केमेनी (Dr. Jonh G. Kemeney) एवं थॉमस ई. कर्टज् (Thomas E. Kurtz) द्वारा विकसित किया गया था। बेसिक (BASIC) का शाब्दिक अर्थ है (Beginner's All purpose Symbolic Instruction Code)। बेसिक एक शक्तिशाली भाषा है जिसमें इण्टरप्रेटर (Interpretor) के द्वारा प्रोग्राम को मशीनी भाषा में अनुवाद किया जाता है। प्रोग्रामिंग सीखने वालों के लिये बेसिक एक उपयुक्त भाषा है। पर्सनल कम्प्यूटर पर कार्य करने वाले किसी उपयोगकर्ता के लिये बेसिक का ज्ञान होना लाभदायक होता है। प्रायः यह सभी माइक्रो कम्प्यूटर में उपलब्ध होती है। बेसिक में निर्देशों का क्रमबद्ध रूप से अनुवाद (Translate) किया जाता है जिससे गलती होने पर तत्काल उसका सुधार किया जाता है। बेसिक को कम्प्यूटर में संकलित करने के लिये कम स्थान की अनिवार्यता होती है। वर्तमान में बेसिक के अनेक संस्करण उपलब्ध हैं जैसे–Advanced BASIC, GW BASIC, Quick BASIC आदि।

**पास्कल (Pascal)**–इस भाषा का विकास ज्यूरिच विश्वविद्यालय वर्था द्वारा एल्गोल भाषा से किया गया। इसका नाम महान फ्रेंच गणितज्ञ ब्लेज पास्कल के नाम पर रखा गया। इस भाषा को बनाने में प्रोग्रामिंग सरलता पर विशेष ध्यान दिया गया। International Standard Or ganization द्वारा स्वीकृत 150 पास्कल ही सबसे प्रचलित पास्कल मानी जाती है जिसमें अनेक संस्करण बनाये जा चुके हैं, जिनमें टर्बो पास्कल महत्त्वपूर्ण है। इसे सीखने के पश्चात् अल्गोल परिवार की अन्य भाषाएँ 'एडा', 'पी. एल.-1', 'सी' आदि सुविधापूर्वक सीखी जा सकती है।

इसमें विशेषता यह है कि कमाण्ड की जगह पूरे के पूरे स्टेटमेण्टस एक कड़ी की तरह प्रयोग में लाये जाते हैं। पास्कल का प्रयोग माइक्रो कम्प्यूटर में अधिकतर किया जाता है।

**सी भाषा (C Language)**–इस भाषा का विकास अमेरिका की बेल टेलीफोन लेबोरेटरीज ने मिनी कम्प्यूटरों के लिये किया। इस भाषा की विशेषता यह है कि यह System Software एवं Application Software दोनों को बनाने में लाभकारी है। इस भाषा में विज्ञान सम्बधी एवं व्यापार सम्बधी दोनों तरह के प्रोग्राम बनाये जा सकते हैं। प्रोग्रामिंग की भाषा में इसका विशिष्ट स्थान है।

## प्रोग्रामिंग भाषा का चुनाव

प्रोग्रामिंग भाषा का चुनाव किये जाने वाले कार्य के लक्षणों पर निर्भर करता है। कार्य की जानकारी मिलने पर सही प्रोग्रामिंग भाषा का चुनाव करना सम्भव हो सकता है। कुछ भाषाएँ निम्न स्तर और कुछ उच्च्य स्तर की होती हैं तथा कुछ भाषाएँ एक विशेष तरह के व्यक्तियों के लिये बनाई जाती हैं तो कुछ विशेष तरह के कार्य के लिए ही बनी होती हैं। जो भाषा किसी कार्य विशेष की समस्या के निराकरण हेतु बनी होती है वही उपयुक्त रहती है। कम्प्यूटर प्रोग्राम दो तरह के होते हैं–एक सोर्स कोड और दूसरा मशीन कोड या आब्जेक्ट कोड। सोर्स प्रोग्राम दो तरह से लिखे जा सकते हैं। एक हाई लेवल भाषा में और दूसरा असेम्बली भाषा में। हाई लेवल भाषा में प्रोग्राम लिखना आसान होता है। इसलिए सामान्यतः प्रोग्राम हाई लेवल में ही बनाये जाते हैं। कोबोल, रट्रान, बेसिक, पास्कल आदि हाई लेवल की भाषाएँ हैं। असेम्बली भाषा में कोई विशेष ही प्रोग्राम लिख सकता है और इसे लिखने में श्रम भी करना पड़ता है। अतः सामान्यतः प्रोग्रामर इस भाषा में लिखने का प्रयत्न नहीं करते। प्रोग्रामिंग के लिये भाषा का चुनाव करते समय आवश्यकताओं का ध्यान रखना आवश्यक है। जिस भाषा का इतिहास अच्छा है आगे भी उसका भविष्य सुरक्षित रहेगा अतः उसका चुनाव करना ही उतम होगा। वर्तमान में सर्वसामान्य की आवश्यकता और उपयोग हेतु बने बनाये प्रोग्रामिंग भी उपलब्ध होने लगे हैं।

## एप्लीकेशन सॉफ्टवेयर

कम्प्यूटर स्वयं कुछ नहीं कर सकता जब तक कि उसे स्पष्ट रूप से आवश्यक निर्देश न दिये जाएँ कि उसे क्या करना है तथा कैसे करना है? इन निर्देशों के समूह को प्रोग्राम (Program) कहते हैं। ये सभी निर्देश कम्प्यूटर को समझने वाली भाषा

में दिये जाते हैं जिन्हें प्रोग्रामिंग भाषा कहते हैं। सॉफ्टवेयर कम्प्यूटर के लिये बहुत आवश्यक है। कम्प्यूटर को चलाने के लिए सॉफ्टवेयर का होना बहुत अनिवार्य है। सॉफटवेयर ही हार्डवेयर को क्रियाशील बनाते हैं।

कम्प्यूटर के तहत उपयोग में लाये जाने वाले सॉफ्टवेयर को हम दो वर्गों में विभाजित कर सकते हैं–

सिस्टम सॉफ्टवेयर

एप्लीकेशन सॉफ्टवेयर

एप्लीकेशन सॉफ्टवेयर वे होते हैं जो कार्यों को पूरा करने के लिए बने होते हैं। प्रत्येक एप्लीकेशन सॉफ्टवेयर किसी विशेष कार्य को करने के लिए होते हैं। जैसे–वर्डस्टार (Wordstar), लोटस (Lotus) इत्यादि।

कम्प्यूटर के लिये सामान्य रूप से प्रयोग होने वाले कुछ प्रोग्राम या सॉफ्टवेयर आजकल मार्किट में बने बनाये मिलते हैं। इन्हें अपनी आवश्यकतानुसार सेट किया जा सकता है। पहली बार कम्प्यूटर का उपयोग करने वालों के लिये यह बहुत आवश्यक है कि वे सही सॉफ्टवेयर का चुनाव करें।

**उचित सॉफ्टवेयर का चुनाव**–सॉफ्टवेयर वह साधन है जिसके द्वारा आप कम्प्यूटर के अनुप्रयोग द्वारा अपने उद्देश्यों की पूर्ति कर सकते हैं। इसलिए सॉफ्टवेयर का चुनाव करते समय पूरी-पूरी सावधानी रखनी चाहिए। सॉफ्टवेयर चुनाव की सामान्यतः निम्नलिखित विधियाँ हैं जिनके अपने-अपने गुण-दोष भी हैं–

**(1) निर्माता द्वारा प्रदर्शन**–इस विधि के अधीन निर्माता अपने द्वारा निर्मित सॉफ्टवेयर की क्षमताओं, उपयोगिताओं और विशेषताओं का प्रदर्शन करता है, जिसे देखा जा सकता है। इसमें दोष यह है कि निर्माता मात्र गुणों का बताता है और उसकी कमियों को छिपाता है। इस तरह से सॉफ्टवेयर का चुनाव करते समय पूरी छानबीन कर लेनी चाहिए।

**(2) पूर्व परिचित से सलाह**–यदि आपका कोई परिचित विभिन्न तरह के सॉफ्टवेयर्स के सम्दर्भ में जानकारी रखता हो तो उससे भी सलाह ली जा सकती है। वह जिस सॉफ्टवेयर का उपयोग कर चुका है उनके गुण व दोषों को आपसे छुपाएगा नहीं और सही परामर्श देगा।

**(3) पत्र-पत्रिकाओं में समालोचना पढ़कर**–विभिन्न तरह के विकसित सॉफ्टवेयर का मूल्यांकन करने के बाद उनकी समालोचनाएँ पत्र-पत्रिकाओं में प्रकाशित होती रहती हैं। इन्हें पढ़कर सॉफ्टवेयर की क्षमता और गुण-दोषों की जानकारी प्राप्त की जा सकती है।

## डी-बेस

डी-बेस का शाब्दिक अर्थ है–database। यह डाटा व्यवस्थित रूप प्रदान करने के लिए प्रयुक्त की जाने वाली एक पद्धति है जिसे एस्टोनरेट नामक एक अमेरिकी कम्पनी ने विकसित किया था। डी-बेस में डाटा के व्यवस्थापन के लिये अनेक कमांड दिये जाते हैं। इस तरह हम कह सकते हैं कि यह एक कमाण्ड आधारित पद्धति है। डी-बेस की अपनी कुछ सीमायें हैं जिसमें रहकर उपयोगकर्ताओं को अपना कार्य करना होता है। डाटाबेस में सूचना को एकत्र एवं सुव्यवस्थित करने के लिये d Base II, d Base III, d Base III,+ आदि भाषाओं का प्रयोग किया जाता है। डी-बेस के अधीन डाटाबेस का ढाँचा (Structure) तैयार करना पड़ता है। डी-बेस में तैयार किये गये डाटा-बेस को प्रकाशित रूप में भी प्राप्त किया जा सकता है।

## सी.डी.एस. आई.एस.आई.एस. सॉफ्टवेयर

यह पुस्तकालयों के विभिन्न क्रियाकलापों के संचालन हेतु यूनेस्को (UNESCO) द्वारा निर्मित सॉफ्टवेयर है, कम्प्यूटरी प्रलेखन तन्त्र/एकीकृत समुच्चय सूचना तंत्र (Computerised Documentation System/Intergrated Sets of Information System CDS/ISIS) पर यूनेस्को ने 1975 में कार्य शुरू किया। यूनेस्को ने 8 वर्षों तक कार्य करके इस सॉफ्टवेयर में काफी बदलाव किया। इस सॉफ्टवेयर को यूनेस्को ने अपने सदस्य राष्ट्रों को निःशुल्क तौर पर उपलब्ध कराया और इसके लिये प्रशिक्षण की व्यवस्था भी की गई। यूनेस्को द्वारा इस सॉफ्टवेयर में आवश्यकता के अनुरूप निरन्तर सुधार किये जा रहे हैं। सी.डी. एस.पी.सी./स. का 1.0 रूपान्तरण 1985 में 2.0 विकसित किया गया। यह 256 के रेम आई. बी. पी. सी. एक्सटी कम्प्यूटरों से बनाया गया था। विभिन्न कार्यों के लिए पृथक-पृथक 6 प्रोग्राम बनाये गये थे। सॉफ्टवेयर का यह रूपांतरण 32,000 अभिलेखों वाले डाटाबेस तक ही सीमित था।

समस्त प्रोग्रामों को एक में समन्वित करने के लिए सॉफ्टवेयर का रूपान्तरण 1989 में 2.0 विकसित किया गया जिससे यह 16,000,000 अभिलेखों की सूचना संकलन करने में समर्थ है। 1989 में इस सॉफटवेयर का सी.डी. रोम रूपान्तरण भी विकसित किया गया। 1993 में स्थानीय क्षेत्र नेटवर्क के लिए रूपान्तरण 3.0 विकसित किया गया। इसी तरह इसका यूनिक्स रूपान्तरण भी उपलब्ध कराया गया। इसका पहला विण्डो रूपान्तरण–1.0 (Window Version-1.0) 1997 में मार्किट

में लाया गया इसके बाद 1999 में पूर्ण विण्डो रूपान्तरण जिसे 1.311 के नाम से जाना जाता है, का शुभारम्भ किया गया। इसमें कुछ और आवश्यक सुधार करके सन् 2000 में इसका 1.44 रूपान्तरण लाया गया।

वर्तमान में आधुनिक तकनीकी विकास और उपयोगकर्ताओं की अनिवार्यता को दृष्टिगत रखते हुए यूनेस्को ने सी.डी.एस. आई.एस.आई.एस. (CDS/ISIS) के तीन रूपांतरण उपलब्ध कराये हैं–

(1) एम.एस. डॉस रूपान्तरण
(2) यूनिक्स रूपान्तरण
(3) विन्डोज रूपान्तरण

## *विशेषताएँ*

इसकी प्रमुख विशेषताएँ अग्रलिखित हैं–

(1) इस सॉफ्टवेयर में सूचना एकत्रित करने, संकलित सूचना को प्रक्रियाबद्ध करने, प्रबन्धन एवं पुनर्प्राप्ति की सुविधा है।

(2) इसके माध्यम से आंकड़ों को जोड़ना, संपादित करना एवं अवांछित आंकड़ों को हटाना सम्भव है।

(3) इसकी सबसे महत्त्वपूर्ण विशेषता फाइल बनाना है।

(4) अपने डाटाबेस को फाइलों में कम्प्यूटर के माध्यम से संशोधित करके अद्यतन (upto-date) रखा जा सकता है।

(5) मास्टर फाइल से आवश्यकतानुसार किसी भी सूचना या उसके अंश को सुविधापूर्वक प्राप्त किया जा सकता है।

(6) विषय शीर्षक के लिए निर्मित किये जाने वाले शब्दकोशों से अनुक्रमणिका बनाई जा सकती है।

(7) प्रकाशित किये जाने के लिए पृथक से निर्देश दिये जा सकते हैं।

(8) विभिन्न तरह के मुद्रण के प्रारूप बनाये जा सकते हैं।

(9) दो विभिन्न डाटाबेसों को परस्पर मिलाया जा सकता है।

(10) दोषों के निदान के लिए नियन्त्रण निर्देश दिये जा सकते हैं।

## *कार्य*

यह सॉफ्टवेयर 8 सेट में पास्कल (Pascal) कम्प्यूटर भाषा में लिखा गया प्रोग्राम है। इसके द्वारा किये जाने वाले कार्यों को मुख्य रूप से दो भागों में विभाजित किया जा सकता है–

**1. सिस्टम प्रोग्राम**—इसमें नये रिकार्ड बनाना व नये बने हुए रिकार्ड को सुरक्षित रखने का कार्य किया जाता है जैसे—

**(i) आई.एस.आई.एस.डी.ई.एफ.**—इसमें नये डाटाबेस को परिभाषित करने या जो डाटाबेस पहले से उपलब्ध हैं उसमें संशोधन करने का कार्य किया जाता है।

**(ii) आई.एस. आई.एस.यू.टी.एल.**—यह हमें उपलब्ध डाटाबेस की उपयोगिता या उसके कार्यों के बारे में सूचना उपलब्ध कराता है।

**(iii) आई.एस.आई.एस.एक्स.सी.एच.**—यह सूचना को एक स्थान से दूसरे स्थान पर भेजने अथवा दूसरे डाटाबेस से सूचना प्राप्त करने की सुविधा प्रदान करता है। साथ ही डाटाबेस की मास्टर फाइल के कार्य व उपयोगिता के बारे में भी जानकारी उपलब्ध कराता है।

**(iv) आई.एस.आई.एस.पी.ए.एस.**—यह ऐसे सभी कार्यक्रमों जो सी. डी. एस. आई.एस.आई.एस. से मेल खाते हैं और जिसके कारण सी.डी.एस. पद्धति अधिक सुविधापूर्वक कार्य कर सके से सम्बन्धित ग्रहण करने की जानकारी प्रदान करता है।

**2. उपयोगकर्ता प्रोग्राम**—इसका संचालन कम्प्यूटर में उपलब्ध डाटाबेस पर ही होता है। इसके लिये उपयोगकर्ता को सी. डी. एस. आई. एस. आई. एस. (CDS/ISIS) का प्रारम्भिक ज्ञान होना चाहिए। इस प्रोग्राम में उपयोगकर्ता के लिए चार कार्यक्रम हैं—

**(i) आई. एस. आई.एस. नेट**—नये डाटा को कम्प्यूटर में संग्रहीत करना और पहले से संग्रहीत रिकार्ड को सम्पादित करना।

**(ii) आई. एस. आई.एस. आर. ई. टी.**—पहले से संग्रहित डाटा/रिकार्ड की विभिन्न मुख्य पदों (Keyword) के माध्यम से पुनर्प्राप्ति सुनिश्चित करना।

**(iii) आई. एस. आई.एरा. पी. आर. टी.**—उपयोगकर्ताओं द्वारा इच्छित संग्रहीत सूचनाओं को प्रकाशित स्वरूप में उपलब्ध कराना।

**(iv) आई. एस. आई.एस. एन. वी.**—उपयोगी एवं महत्त्वपूर्ण फाइल्स का रखरखाव और उनके उपयोग को सुनिश्चित करना।

## *हार्डवेयर की अनिवार्यता*

**सी. डी. एस. आई. एस. आई. एस. (CDS/ISIS)**—पर कार्य करने के लिये निम्नलिखित हार्डवेयर की जरूरत होती है—

(1) पी 3 अथवा पी 4 (P3/P4) कम्प्यूटर,

(2) एक 845 मदरबोर्ड,
(3) 128 एमबी रेम (MB RAM),
(4) 40 जीबी (GB) हार्ड डिस्क,
(5) 1.44 एमबी फ्लॉपी ड्राइव,
(6) सी डी ड्राइव,
(7) कार्टिज टेप ड्राइव
(8) प्रिन्टर।

## *डाटाबेस निर्माण के चरण*

**1. क्षेत्र परिभाषित सारणी**—इसमें उपयोगकर्ता को प्रत्येक डाटाबेस हेतु एक पृथक क्षेत्र से परिभाषित सारणी (FDT) बनानी होती है। यह क्षेत्र परिभाषित सारणी (Field Definition Table FDT) हमारे मूल प्रलेख के बारे में जानकारी प्रदान करती है। यह उस डाटाबेस से सम्बन्धित टेग (Tag), लम्बाई (Length), तरह (Type), पुनरावृत्ति (Repetition), डेलीमीटर (Delimiter) आदि के सम्बन्ध में सूचना प्रदान करती है। एफ. डी. टी. का उपयोग करके किसी नये बनाये जाने वाले डाटाबेस को नियन्त्रित किया जाता है, उन्हें पृथक से नाम दिया जाता है तथा उपयोगकर्ता को उनमें से पहले तीन अक्षरों को चुनने की स्वतन्त्रता होती है।

**2. डाटा प्रविष्ट वर्कशीट**—इसकी अनिवार्यता डाटा प्रविष्टि एवं उसमें संशोधन करने के लिए होती है। इसके लिये आई. एस. आई. एस. डी. ई. एफ. (ISISDEF) का उपयोग होता है। एक डाटाबेस में एक से अधिक डाटा वर्कशीट हो सकती है। विभिन्न तरह के प्रलेखों के लिये विभिन्न प्रकार की डाटा वर्कशीट बनाई जा सकती है।

**3. क्षेत्र चुनाव सारणी**—इसका उपयोग मूल फाइल (Masterfile) से किसी सूचना को प्राप्त करने के लिये किया जाता है। प्राप्त की गई सूचनाओं या उनके किसी अंश से इनवर्ड फाइल बनाई जा सकती है, किसी डाटा अथवा सूचना को किसी दूसरे डाटाबेस में भेजना क्षेत्र चुनाव सारणी (FST) हमें क्षेत्रों को ढूढ़ने में सहयोग करती है। एक एफ.एस.टी. में एक अथवा एक से अधिक पंक्तियाँ होती हैं जो तीन निर्धारित मापदण्ड बताती हैं—(*i*) क्षेत्र का परिचायक (Field Identifier), (*ii*) अनुक्रमणिका तकनीक (Indexing Technique) एवं (*iii*) सार प्राप्ति के लिये सी. डी. एस./आई. एस. आई. एस. (CDS/ISIS) की कोड संख्या का प्रयोग।

सी. डी. एस./ आई.एस. आई. एस. सॉफ्टवेयर में सूचीकरण प्रक्रिया के माध्यम से विभिन्न स्तरों जैसे—लेखक, आख्या, प्रकाशक, विषय, प्रमुख शब्द, परिग्रहण संख्या आदि से संग्रहीत सूचना को पुनः प्राप्त किया जा सकता है। इस सॉफ्टवेयर और एफ. एस. टी. के माध्यम से विषय सूची का पूरा भाग, प्रत्येक उपक्षेत्र, शब्दों के समूहों आदि को देख सकते हैं।

**4. प्रदर्श प्रारूप/प्रकाशित प्रारूप**—प्रदर्श प्रारूप कम्प्यूटर में संकलित सूचना को मॉनीटर पर देखने के लिए बनाया जाता है। यह सॉफ्टवेयर उपयोगकर्ता को उसकी आवश्यकता के अनुसार प्रलेखों को देखने की सुविधा प्रदान करता है। इसमें संग्रहीत डाटाबेसों को मॉनीटर पर देखने के लिए साथ-साथ प्रकाशित प्रारूपों में प्राप्त करने की सुविधा भी है। इस सॉफ्टवेयर में यह विशेषता भी है कि इसमें प्रारूप बनाने की कोई सीमा नहीं है।

**5. डाटा प्रविष्टि सम्पादन**—इस सॉफ्टवेयर में नये रिकार्ड बनाने और बने रिकार्ड को सुधारने की भी सुविधा है। इसमें चुनी हुई वर्कशीट के आधार पर डाटा को सम्पादित करते समय मॉनीटर पर प्रथम क्षेत्र को दर्शाया जाता है। जिस स्थान पर भी हमें सम्पादन करना होता है प्रवेश (Enter) के माध्यम से कर्सर की सहायता से सम्पादन कर सकते हैं।

**6. बैकअप फाइल**—इस सॉफ्टवेयर में डाटा के समाप्त होने अथवा उसे खराब होने से बचाने के लिये एक बेकअप फाइल होती है जिसे मास्टर फाइल कहते हैं। इसका कार्य संग्रहीत डाटा को सुरक्षित रखना होता है।

**7. डाटा आयात एवं निर्यात**—आई. एस. आई. एस./एक्स. सी. एच. (ISIS/XCH) मास्टर फाइल बैकअप सेवाओं के साथ-साथ डाटा को आयात निर्यात करने की सुविधा भी प्रदान करता है। इसके द्वारा पूरे डाटाबेस को अथवा उसके इच्छित भाग को आयात या निर्यात किया जा सकता है। इस प्रक्रिया में तीन प्रमुख बिन्दु—(*i*) एम. एफ. एन. रेन्ज फाइल (MFN Range File), (*ii*) सुरक्षित फाइल (Save File) और (*iii*) हिट फाइल (Hit File) होते हैं। इसमें निर्यात फाइल को ISO 2079 इंटरनेट फॉरमेट के अन्तर्गत बनाया जाता है।

**8. मुद्रण**—इस सॉफ्टवेयर में डाटाबेस को छाँटने एवं उसे प्रकाशित करने का कार्य आई. एस. आई. एस. पी. आर. टी. (ISISPRT) के द्वारा किया जाता है। इसमें प्रलेखों अथवा डाटा को किसी भी समान क्षेत्रों अथवा उपक्षेत्रों के माध्यम से किया जाता है। उन्हीं का मुद्रण के लिए शीर्षक के रूप में उपयोग किया जा सकता है। जिन क्षेत्रों को प्रकाशित करना होता है उनको मुद्रण प्रारूप (Print Format) में दर्शाया जाता है।

**9. उपयोगकर्ता संस्थान**—इस सॉफ्टवेयर को उपयोग में लाने वालों में अनेकों शैक्षणिक संस्थान, वैज्ञानिक एवं तकनीकी संस्थान, शासकीय विभाग, गैर-शासकीय संगठन, व्यक्तिगत इकाइयाँ तथा अन्तर्राष्ट्रीय इकाइयाँ हैं। उपयोगकर्ताओं के सुझावों और आवश्यकताओं को ध्यान में रखकर इसमें काफी संशोधन किये गये हैं। वर्तमान में 3.07 रूपान्तर उपयोग हेतु उपलब्ध है। इस सॉफ्टवेयर पर अब भी यूनेस्को में लगातार कार्य चल रहा है। भारत में इस सॉफ्टवेयर को भारत सरकार के विज्ञान विभाग के निसात (NISSAT) से एक समझौते के अधीन प्राप्त किया जा सकता है।

## पुस्तकालय एवं सूचना केन्द्रों में कम्प्यूटर का महत्त्व

वर्तमान में पुस्तकालय एवं सूचना केन्द्रों में सूचना के संग्रहण और प्रसार के क्रियाकलापों में कम्प्यूटर के अनुप्रयोगों के कारण काफी बदलाव एवं विकास हुए हैं। आधुनिक पुस्तकालयों में प्रलेखन एवं सूचना सेवा के आयोजनों में कम्प्यूटर की उपयोगिता एवं महत्ता दिखाई पड़ती है। भारत की अपेक्षा पश्चिमी राष्ट्रों तथा अमेरिका में कम्प्यूटर का उपयोग दिनों दिन बढ़ता जा रहा है। आजकल पुस्तकालयों में कम्प्यूटर का उपयोग कार्यकुशलता में बढ़ोत्तरी एवं त्वरित सेवा के आयोजन हेतु किया जाता है जिससे प्रायः सभी कार्य एवं सेवाएँ स्वचालित एवं यन्त्र की भाँति निष्पादित होती रहती हैं।

कम्प्यूटर का उपयोग पुस्तकालयों एवं सूचना केन्द्रों में निम्नलिखित कार्यों में किया जाता है—

(a) पुस्तकों का राष्ट्र, प्राप्ति तथा प्रस्तुतीकरण में।

(b) धारावाहिक प्रकाशनों (Serials) के नियन्त्रण एवं व्यवस्था में।

(c) प्रलेखों के आदान-प्रदान में।

(d) लेखा कार्य में।

**(1) सूचना पुनर्प्राप्ति के स्वचालीकरण में**—पुस्तकालय में सूचना पुनर्प्राप्ति की प्रक्रियाओं में कम्प्यूटर का प्रयोग अत्यधिक उपादेय हो रहा है। सूचना पुनर्प्राप्ति के क्षेत्र में कम्प्यूटर के प्रयोग को तीन चरणों में विभक्त किया जा सकता है।

**(2) अनुक्रमणीकरण में कम्प्यूटर का उपयोग**—अनुक्रमणीकरण में KWIC पद्धति में कम्प्यूटर का अनुप्रयोग किया जाता हैं। मूल अभिलेख जिसे निवेश (Input) कहते हैं को बड़ी तीव्र गति से सरलतापूर्वक तैयार किया जाता है जिसके लिए Key Punchers की आवश्यकता होती है अन्य शेष कार्यों, जैसे—Key words का चुनाव, प्रलेखों की प्रतियाँ तैयार करना, चुने गये प्रासंगिक प्रमुख शब्दों का अनुवर्णिक आँकलन, प्रकाशित रूप में अनुक्रमणिका प्रस्तुत करना आदि को कम्प्यूटर बड़ी तीव्र गति से निष्पादित करता है।

**(3) पुस्तकालय सम्बद्धता तथा उद्धरण अनुक्रमणिका**–पुस्तकालय सम्बद्धता तथा उद्धरण अनुक्रमणिका दोनों ही विधियाँ हैं जो प्रलेखों के मूल पाठ से बिल्कुल ही भिन्न हैं। प्रलेखों के मूल पाठ पर निर्भर न होने के कारण इस विधि के अनुसार किसी भी पूर्णतः पंजीकृत सूचना संग्रहण एवं पुनर्प्राप्ति पद्धति की स्थापना की जा सकती है। Science Citation Index पूर्ण रूप से स्वचालित सूचना पुनर्प्राप्ति पद्धति है। इसमें वास्तविक सूचना पुनर्प्राप्ति की खोज-विधि बिल्कुल ही भिन्न है।

**(4) स्वचालित सारांशीकरण सेवा**–श्रमपूर्ण विधि से मनुष्य के द्वारा सांराशीकरण करने में अधिक समय लगता है इसलिए इन सेवाओं के प्रति असन्तोष बना रहता है। क्योंकि इनमें अधिक विलम्ब होता है और सुलभ कराने की गति भी मन्द होती है। अतः कम्प्यूटर द्वारा सारांशीकरण सेवाएँ उपलब्ध कराई जा रही हैं जिससे सारांशीकरण में पर्याप्त सुधार हो जाता है तथा साथ ही श्रम व समय की बचत होती है। सारांशीकरण करते समय कम्प्यूटर मूल पाठ का अध्ययन और विश्लेषण करके इस ढंग से प्रोग्रामबद्ध करता है कि वह महत्त्वपूर्ण शब्दों, शब्द सहचर्यों अथवा वाक्यांशों का चुनाव करने में सफल हो जाता है और अन्ततः महत्त्वपूर्ण वाक्यों का चुनाव कर उन्हें एक क्रमपूर्ण ढंग से व्यवस्थित करने में कम्प्यूटर बड़ी तीव्रता से कार्य करता है। इस तरह कम्प्यूटरीकृत सारांश मूल पाठ का एक तदर्थ प्रस्तुतीकरण होता है।

**(5) स्वचालित अनुवाद सेवा**–अनुवाद कार्यों में भी कम्प्यूटर का प्रयोग अत्यधिक किया जाता है। कम्प्यूटर से किये गये अनुवाद को मशीन अनुवाद (Machine Translation) कहते हैं। भाषा आदि की कठिनाइयों को अनुवाद कार्य के माध्यम से कम्प्यूटर दूर कर देता है।

**(6) डाटाबेस/सूचना फाइल**–कम्प्यूटर का सर्वाधिक उपयोग आजकल सूचना संचिका अथवा डाटाबेस को तैयार करने में किया जाता है जो सूचना के प्रसार एवं संग्रहण का एक सशक्त साधन माना जाता है। इन डाटाबेसों से सूचना के उपयोगकर्ताओं को अपनी आवश्यकतानुसार Search for Bibliographical Information में ज्यादातर सहायता प्राप्त होती है। डाटाबेसों को तैयार करने का कम्प्यूटर सबसे उपयोगी साधन माना गया है।

## सूचना तकनीकी : कम्प्यूटर अनुप्रयोगी

वर्तमान समय सूचना तकनीकी के युग के नाम से जाना जाता है। कम्प्यूटर के खोज के बाद सूचना तकनीकी को विकास का पर्याय माना जाने लगा है। किसी राष्ट्र का विकास मुख्यतः उस राष्ट्र की अर्थव्यवस्था और सूचना तकनीकी पर निर्भर करता है। सूचना तकनीकी दो शब्दों से मिलकर बना है–सूचना + प्रौद्योगिकी। सूचना का तात्पर्य है तथ्य, ज्ञान व जानकारी और प्रौद्योगिकी क़ा अर्थ है, "वह तकनीक जो सूचना को व्यवस्थित कर सम्प्रेषण योग्य बनाती है।" अतः सूचना तकनीकी वह तकनीक है जिसके द्वारा हम सूचना की विभिन्न प्रक्रियाओं में वर्तमान तकनीकी का प्रयोग कर सूचना के उपयोग और आवश्यकता को बढ़ा सकते हैं। ज्ञान के विस्फोट और सूचना सामग्रियों की बढ़ती हुई मात्रा को संग्रहीत करना पुस्तकालयों के लिए हमेशा से एक समस्या रही है। पूर्व में साहित्य का प्रकाशन कम मात्रा में हुआ करता था जिसे पुस्तकालयों द्वारा उसे संग्रहीत करना व पुनर्प्राप्त करना एक समस्या बन गया था। परन्तु वर्तमान समय में पुस्तकालयों द्वारा कम्प्यूटर व सूचना प्रौद्योगिकी का उपयोग कर किसी भी सूचना को विश्व के किसी भी भाग से संग्रहीत कर पुनर्प्राप्त किया जा सकता है।

पुस्तकालयों में सूचना के संग्रह, प्रसारण, व पुनर्प्राप्ति हेतु सूचना प्रौद्योगिकी में कम्प्यूटर, इण्टरनेट, नेटवर्क, वर्ड प्रोसेसिंग, प्रफिक्स आदि प्रविधियों का प्रयोग किया जाता है। इनके द्वारा सूचनाओं का संसाधन, संग्रहण, पुनर्प्राप्ति एवं प्रसारण ही सूचना तकनीकी का स्वरूप है। इसमें सूचना के व्यवस्थापन एवं प्रक्रियाकरण करने में दो प्रमुख साधन हैं–कम्प्यूटर तथा संचार तन्त्र। अतः इनमें प्रयुक्त तकनीक ही जो सूचना प्रबन्धन एवं सम्प्रेषण में प्रयुक्त होती है, सूचना प्रौद्योगिकी कही जाती है।

## परिभाषाएँ

सूचना प्रौद्योगिकी को विभिन्न विद्वानों ने परिभाषित किया है। कुछ महत्त्वपूर्ण परिभाषाएँ इस तरह हैं–

**1. ए.एल.ए. ग्लौसरी के अनुसार**–"सूचना तकनीक से आशय सूचना के अधिग्रहण, संगठन, संग्रहण, पुनर्प्राप्ति एवं सम्प्रेषण में कम्प्यूटर एवं अन्य तकनीकों का प्रयोग करना है।"

**2. केट वीहेन एवं डायना होमोस के अनुसार**–"सूचना तकनीकी वह पद है, जो सूचना संग्रहण एवं अधिग्रहण से सम्बन्धित तकनीक को प्रस्तुत किये जाने

हेतु प्रयुक्त किया जाता है। इसके तहत कई आधुनिक तकनीकें, जैसे—कम्प्यूटर, दूरसंचार और माइक्रो इलेक्ट्रॉनिक्स आदि शामिल होती हैं।

**3. मोल के अनुसार**—'कम्प्यूटर, दूरसंचार एवं माइक्रो इलेक्ट्रॉनिक्स का उपयोग करते हुए सूचना अधिग्रहण, भण्डार एवं संचार का विभिन्न साधन है।"

**4. वेबेस्टर न्यू एन्साइक्लोपीडिया के अनुसार**—"सूचना तकनीकी विभिन्न तकनीकों का संयुक्त पद है जिसमें विभिन्न तकनीकों द्वारा सूचना के संचालन एवं स्थानान्तरण का कार्य किया जाता है। माध्यम के रूप में कम्प्यूटर दूरसंचार तथा माइक्रो इलेक्ट्रॉनिक्स शामिल हैं।"

**5. रौले के अनुसार**—"सूचना तकनीकी का अर्थ सूचना के एकत्रीकरण, संग्रहण, संचालन, प्रसारण तथा उपयोग से है। इसका आशय हार्डवेयर अथवा सॉफ्टवेयर से नहीं है, बल्कि इस तकनीक के द्वारा मानव की महत्त्वूपर्ण आवश्यकता एवं विभिन्न सूचनाओं की पूर्ति से है।"

**6. हेरॉल्ड्स लाइबेरियन्स ग्लौसरी के अनुसार**—"सूचना तकनीकी सूचना स्रोतों का विकास है, जिसे कम्प्यूटर एवं संचार माध्यमों द्वारा नियंत्रित किया जाता है।"

**7. यूनेस्को के अनुसार**—"सूचना तकनीकी से आशय ऐसी प्रौद्योगिकी से है जिसमें अभियांत्रिकी विषयों तथा प्रबन्ध तकनीकी का प्रयोग सूचना के नियन्त्रण एवं संचालन हेतु किया जाता है। कम्प्यूटर एवं इसके प्रयोग से मनुष्य तथा मशीन में अन्तर्सम्बन्ध स्थापित करते हुए सामाजिक, आर्थिक एवं सांस्कृतिक क्षेत्रों में प्रगति की जा सकती है।"

इस तरह सूचना प्रौद्योगिकी का क्षेत्र व्यापक है यह एक ऐसी तकनीक है, जिसने असम्भव को सम्भव बना दिया है। यह अपने में मात्र पाठात्मक ही नहीं अपितु संख्यात्मक, दृश्यात्मक एवं संगणनात्मक प्रस्तुतीकरण को समेटे हुए है।

## अनिवार्यता

सूचना तकनीकी वर्तमान समय की आवश्यकता है, सूचना प्रौद्योगिकी को अपनाये बिना न तो हम सही तरह से सूचना का संग्रह कर सकते हैं और न ही उसे पुनर्प्राप्त कर सकते हैं।

पुस्तकालय द्वारा सूचना तकनीकी का उपयोग आधुनिक रूप से सूचना के संग्रहण व पाठकों को आधुनिक व उच्च तकनीकी सेवाएँ प्रदान करने हेतु किया जाता है। पुस्तकालयों ने सूचना तकनीकी का उपयोग कर सही समय पर सही सूचना उपलब्ध करा कर पाठकों के समय की बचत की है।

पुस्तकालयों द्वारा सूचना प्रौद्योगिकी की आवश्यकता निम्न तरह से है–

(1) सूचना विस्फोट से उत्पन्न समस्याओं के निवारण हेतु।

(2) सूचना को यन्त्रेण पठनीय रूप (Machine Readable Form) में संग्रह हेतु।

(3) पाठकों को आधुनिक एवं उपयुक्त सुविधाएँ प्रदान करने हेतु।

(4) पाठकों के समय की बचत करने हेतु।

(5) सूचना तकनीकी द्वारा पुस्तकालय सेवाओं का व्यापक रूप से प्रसार किया जा सकता है।

(6) सूचना तकनीकी की सहायता से पाठकों को अद्यतन सूचना प्रदान की जा सकती है।

(7) पाठकों को यन्त्रेण पठनीय रूप में भी सूचना उपलब्ध कराई जा सकती है।

(8) सूचना तकनीकी द्वारा विश्व के किसी भी भाग से किसी भी पुस्तकालय एवं सूचना केन्द्र (नेटवर्क से जुड़े हुए) से सूचना का आदान-प्रदान किया जा सकता है।

(9) पाठकों को पुस्तकालय में आये बिना सूचना उपलब्ध कराई जा सकती है।

(10) पाठकों को प्रदान की जाने वाली सूचना प्रसार सेवा व सामयिक अभिज्ञान सेवा की गुणवत्ता में बढ़ोत्तरी की जा सकती है।

(11) सूचना तकनीकी क्षेत्रीय, राष्ट्रीय एवं अन्तर्राष्ट्रीय स्तर पर नेटवर्क स्थापित करने में सहायक हो सकती है।

(12) सूचना तकनीकी संसाधन सहभागिता में बहुत सहायक हो सकती है।

(13) पुस्तकालय एवं सूचना केन्द्र के कार्यों को तीव्र गति से सम्पन्न किया जा सकता है।

(14) सूचना तकनीकी द्वारा पुस्तकालय की अनकों समस्याओं का समाधान किया जा सकता है।

## उपयोग का क्षेत्र

**कम्प्यूटर तकनीकी**–सूचना तकनीकी का कम्प्यूटर के क्षेत्र में महत्त्वपूर्ण उपयोग रहा है। कम्प्यूटर तकनीकी, संग्रह तकनीकी और सॉफ्टवेयर का समूह है। जैसे-जैसे कम्प्यूटर का विकास होता गया सूचना तकनीकी का क्षेत्र भी व्यापक होने लगा, प्रारम्भ में कम्प्यूटर में वेक्यूम ट्यूब होते हैं। परन्तु कम्प्यूटर तकनीकी विकास

के बाद इनका स्थान आई सी (IC) तथा माइक्रो प्रोसेसर ने ले लिया। वर्तमान में कम्प्यूटर में चिप का प्रयोग होता है। कम्प्यूटर के विकास के साथ ही इसकी संग्रह क्षमता (Memory) में भी बढ़ोत्तरी होती गई आज अनगिनत सूचनाओं का समावेश एक ही कम्प्यूटर में किया जा सकता है।

**सूचना नेटवर्क**—सूचना प्रौद्योगिक का सबसे प्रमुख उपयोग सूचना नेटवर्क के क्षेत्र में है। वर्तमान में सूचना नेटवर्क ने सम्पूर्ण विश्व को एक लघु रूप प्रदान कर राष्ट्रों की परस्पर दूरियों को लगभग समाप्त कर दिया है। आज सम्पूर्ण विश्व सूचना नेटवर्क से इस तरह जुड़ा है कि सूचना के आदान-प्रदान और सूचना पुनर्प्राप्ति में किसी तरह की असुविधा नहीं होती है। इस कार्य हेतु कम्प्यूटर और दूरसंचार उपकरणों का उपयोग किया जाता है। सूचना नेटवर्क मनुष्य की कार्य क्षमता को बढ़ाकर उसे तीव्र गति प्रदान कर रहा है। यह सभी सूचना तकनीकी के द्वारा ही सम्भव हुआ है।

**दूरसंचार**—सूचना तकनीकी का दूसरा प्रमुख उपयोग दूरसंचार के क्षेत्र में है। दूरसंचार प्रक्रिया में सूचना को विद्युत चुम्बकीय तरंगों के माध्यम से एक स्थान से दूसरे स्थान पर भेजा जाता है। यह कार्य बहुत तीव्र गति से किया जाता है। दूरसंचार में दूरी कोई मायने नहीं रखती है। वर्तमान में दूरसंचार ने क्रान्तिकारी बदलाव किये हैं। वर्तमान में दूरसंचार के क्षेत्र में तीव्र गति से विकास हो रहा है। दूरसंचार में सेटेलाइट एक महत्त्वपूर्ण भूमिका निभाते हैं इनके माध्यम से ही सूचना का प्रसारण एक स्थान से दूसरे स्थान तक बिना किसी व्यवधान के हो सकता है। इन सेटेलाइटों में ट्रान्सपोन्डर बैण्ड होते हैं जो सूचना के सम्प्रेषण को सरल व सुविधाजनक बनाते हैं। आज दूरसंचार का मजबूत होना राष्ट्र के विकास का द्योतक माना जाता है। वर्तमान में दूरसंचार के क्षेत्र में जो विकास हो रहा है वह सूचना तकनीकी के द्वारा ही सम्भव हुआ है।

**माइक्रोग्राफी**—माइक्रोग्राफी के अधीन सूचना को अनेकों माध्यमों (माइक्रोफिल्म, माइक्रोफिश, फिल्म स्ट्रिप, फिल्म रील आदि) में सूक्ष्म रूप में संग्रहीत किया जा सकता है और आवश्यकतानुसार उसे पुनर्प्राप्त किया जा सकता है। इस पद्धति में पुस्तकालय के असंख्य प्रलेखों को यन्त्रेण पठनीय रूप में संग्रहीत किया जा सकता है। इसके माध्यम से सूचना को सीमित स्थान में संग्रहीत किया जा सकता है।

**इलेक्ट्रॉनिक प्रकाशन**—सूचना तकनीकी से प्रभावित होकर सूचना का प्रकाशन अब अपने पारम्परिक स्वरूप (पुस्तकों) के अतिरिक्त इलेक्ट्रॉनिक माध्यम

में भी होने लगा है। यदि दूसरे शब्दों में कहा जाये कि वर्तमान समाज पेपर रहित (Paperless) होता जा रहा है तो यह अतिशयोक्ति नहीं होगा। वर्तमान में विश्वकोश, शब्दकोश, साहित्य आदि का प्रकाशन फ्लॉपी सी.डी.रोम आदि में किया जाने लगा है। एक 12 सेमी. आकार की सीडी में 1500 फ्लॉपी अथवा 21,00,000 पृष्ठों को समावेशित किया जा सकता है। वर्तमान में पुस्तकालयों को अब इलेक्ट्रॉनिक लाइब्रेरी का रूप दिया जा रहा है। जिसमें सूचना को यन्त्रेण पठनीय रूप (Nachine Readable Form) में संग्रहीत किया जाता है।

**इलेक्ट्रॉनिक पुस्तकालय**—आज सम्पूर्ण विश्व में इलेक्ट्रॉनिक पुस्तकालय पर लगातार शोध व विकास किया जा रहा है। विश्व के कुछ विकसित राष्ट्रों में इलेक्ट्रॉनिक लाइब्रेरी ने कार्य करना भी प्रारम्भ कर दिया है। भारत में भी इस ओर निरन्तर शोध व विकास जारी है। इस तरह के पुस्तकालय में सूचना की यन्त्रेण पठनीय रूप (Machine Readable Form) में संग्रहीत किया जाता है और यह पुस्तकालय ऑनलाइन सुविधा प्रदान करता है, जिससे सूचना को नेटवर्क के माध्यम से ऑनलाइन प्राप्त किया जा सकता है। यह सभी कार्य सूचना तकनीकी के व्यापक उपयोग व निरन्तर विकास से ही सम्भव हो सकें हैं।

## उपयोगिता

पुस्तकालय एवं सूचना केन्द्रों में सूचना तकनीकी का उपयोग सूंचना संग्रह एवं पुनर्प्राप्ति के लिए किया जाता है। इसको अपनाकर विभिन्न कार्यों और सेवाओं में तीव्रता और एकरूपता लाई जा सकती है। सूचना तकनीकी के उपयोग से—

(1) पुस्तकालय कार्मिकों द्वारा किये जा रहे कार्यों में तीव्रता लाई जा सकती है।

(2) कर्मचारियों एवं उपयोगकर्ताओं का समय बचाया जा सकता है।

(3) भविष्य की आवश्यकता के अनुरूप आँकड़ों को विश्लेषित किया जा सकता है।

(4) अभिगम के समस्त पक्षों से पूछी गई सूचनाएँ शीघ्रता से प्राप्त की जा सकती हैं।

(5) ग्रन्थालय विविध गतिविधियों में उत्पादकता में बढ़ोत्तरी की जा सकती है।

(6) पुस्तकालय एवं सूचना गतिविधियों की कम्प्यूटरीकरण के माध्यम से दक्षता में बढ़ोत्तरी की जा सकती है।

(7) उपयोगकर्ता को उसकी अभिरुचि के विषय से सम्बन्धित पुस्तकों एवं सामयिक प्रकाशनों से वांछित संदर्भों की सूची तत्परता से उपलब्ध कराई जा सकती है।

(8) सूची को अधिक व्यापक बनाने की दृष्टि से अन्तर्राष्ट्रीय डाटाबेस में भी खोज की जा सकती है।

(9) सूचना की गुणवत्ता में बढ़ोत्तरी की जा सकती है।

(10) सूचना सेवाओं की गुणवत्ता में भी बढ़ोत्तरी की जा सकती है।

## प्रभाव

कम्प्यूटर एवं दूरसंचार तकनीकी में हुए नवीनतम परिवर्तनों के फलस्वरूप पुस्तकालयों के मूलभूत परम्परागत कार्यों एवं सेवाओं में काफी बदलाव आया है। पुस्तकालयों द्वारा किये जाने वाले कार्य, जैसे—पुस्तक चुनाव, अवाप्ति, सूचीकरण, प्रलेखन सेवा, संदर्भ सेवा आदि में बहुत अधिक समय लगता था। जिन पुस्तकालयों एवं सूचना केन्द्रों ने सूचना तकनीकी को अपनाया है वहाँ सूचना को पाठकों तक पहुँचाने में विलम्ब नहीं होता। धीरे-धीरे सूचना तकनीकी को पुस्तकालयों द्वारा अपनाया जा रहा है और इसके परिणाम भी सामने आ रहे हैं। वर्तमान में ग्रंथालय एवं सूचना केन्द्रों का ऐसा कोई कार्य अथवा विभाग नहीं है जहाँ इसका प्रभाव न हो। इसके प्रभाव को विभिन्न विभागों के कार्यों एवं सेवाओं में देखा जा सकता है।

**(1) ग्रन्थ अधिग्रहण विभाग**—इस विभाग के अन्तर्गत ग्रन्थ चुनाव, आराष्ट्र, और अधिग्रहण के कार्य सम्पन्न होते हैं। सूचना प्रौद्योगिकी की सहायता से इन कार्यों को शीघ्रता से पूरा किया जा सकता है। कम्प्यूटर के द्वारा क्रय प्रक्रिया विधि, पूर्व राष्ट्र खोजने, राष्ट्र प्रेषित करने, ग्रन्थ में सहायता मिलती है। इन कार्यों को पूरा करने हेतु कम्प्यूटर में पृथक-पृथक फाइल तैयार कर ली जाती है, जिनसे ग्रन्थ अधिग्रहण के कार्यों को सुविधापूर्वक तीव्रता से किया जा सकता है।

**(2) सूचीकरण**—पुस्तकालय एवं सूचना केन्द्र में कम्प्यूटर की सहायता से सूचीकरण के कार्य को शीघ्रता से किया जा सकता है। इसके लिए भी आवश्यकतानुसार मास्टर फाइल, अनुक्रमणिका फाइल आदि तैयार की जाती है।

**(3) सामयिकी नियन्त्रण**—सूचना तकनीकी को उपयोग में लाकर पत्र-पत्रिकाओं के अधिग्रहण पर भी नियन्त्रण किया जा सकता है। इसके माध्यम से नवीन सामयिकी प्रकाशनों के चुनाव, क्रय आराष्ट्रन, भुगतान, स्मरण-पत्र भेजने आदि विभिन्न कार्यों में सहायता मिलती है। इन कार्यों हेतु भी कम्प्यूटर में विभिन्न तरह की फाइल तैयार की जाती है।

**(4) ग्रन्थ आदान-प्रदान**—कम्प्यूटर, बारकोड और इसके सॉफ्टवेयर की सहायता से ग्रन्थ आदान-प्रदान का कार्य सुविधापूर्वक शीघ्रता से किया जा सकता है।

**(5) सूचना सेवा**—पुस्तकालयों एवं सूचना केन्द्रों द्वारा उपलब्ध कराये जाने वाली विभिन्न सेवाओं जैसे—सन्दर्भ सेवा, सूचना खोज सेवा, सारांशीकरण एवं अनुक्रमणी सेवा, सामयिक अभिज्ञता सेवा, चयनित प्रसार सेवा आदि में सूचना प्रौद्योगिकी उपयोगी होती है। ऑनलाइन पर ग्रन्थ इन प्रिंट की सुलभता ने विभिन्न प्राप्तिकरण सेवाओं की क्षमता में बढ़ोत्तरी की है। माइक्रो प्रोसेसर के उपयोग से सिस्टम एवं फाइल प्रोसेसर के बीच सम्बद्ध स्थापित किया जाता है जिसकी सहायता से नई सेवाओं के लिए सुविधाजनक खोज क्षमताएँ प्राप्त होती हैं।

ग्रन्थालय एवं सूचना केन्द्रों के प्रबन्ध में सूचना तकनीकी का प्रभाव काफी अधिक अनुभव किया जा रहा है। संसाधन उपकरणों एवं टेलीकॉन्फ्रेसिंग प्रणालियों के प्रति सूचना केन्द्रों का रुझान देखा जा सकता है। इन्टरनेट के अनुप्रयोग से पुस्तकालय एवं सूचना केन्द्रों की सेवाएँ अधिक सुव्यवस्थित एवं आसान हो गई हैं। इस तरह आधुनिक तकनीकी ने पुस्तकालयों एवं सूचना केन्द्रों को अनेक ऐसे उपकरण उपलब्ध कराये हैं जो उपयोगकर्ताओं को दी जाने वाली सेवाओं में सुधार कर उनके लक्ष्य को प्राप्त कराने में सहायक हैं।

## पुस्तकालय स्वचालन

स्वचालन में प्रायः कम्प्यूटर का प्रयोग होता है। अतः हम यह कह सकते हैं कि किसी क्रिया या पद्धति (System) को कम्प्यूटर के द्वारा स्वचालित रूप प्रदान करने को स्वचालीकरण कहा जाता है। पुस्तकालय में इसी स्वचालित तकनीक का प्रयोग, पुस्तकालय के विभिन्न कार्यों जैसे—पुस्तकालय अर्ज, सीरियल कन्ट्रोल, कैटलॉग व सर्कुलेशन कन्ट्रोल आदि स्वचालित रूप प्रदान करने में किया जाता है। पुस्तकालय में स्वचालित रूप प्रदान करना एक ऐसी तकनीक है जिसके द्वारा पुस्तकालय में कम से कम समय व श्रम का व्यय किये बिना अधिक-से-अधिक सूचना को प्राप्त किया जा सकता है एवं उसका उपयोग किया जा सकता है। पुस्तकालय स्वचालीकरण को अपनाने से पाठकों को शीघ्रतापूर्वक सूचना प्राप्त होती है जैसे डॉ. रंगनाथन का नियम हैं पाठक का समय बचाइये (Save the time of the reader) का पूर्णतया पालन होता है। वर्तमान में पुस्तकालय के लिए स्वचालीकरण तकनीक परम आवश्यक है। इससे न केवल पुस्तकालयों के कार्यों को शीघ्र पूरा किया जा सकता है अपितु पाठकों को श्रेष्ठ सुविधा उपलब्ध कराई जा सकती है।

**पुस्तकालय में स्वचालीकरण की अनिवार्यता**–किसी भी पुस्तकालय एवं सूचना केन्द्र का प्राथमिक उद्देश्य सूचना को अद्यतन व व्यवस्थित रूप में रखना है व उपलब्ध कराना है। स्वचालीकरण पुस्तकालय के क्रियालापों में मानवीय श्रम, प्रयत्न और समय की बचत करता है और पुस्तकालय की पद्धति को स्वचालित रूप प्रदान करता है। कुछ और भी कारण हैं जो स्वचालीकरण को पुस्तकालय में आवश्यक बनाते हैं जैसे–

1. पुस्तकालय प्रबन्धन के एक नये स्तर को प्राप्त करना।
2. पुस्तकालय की वर्तमान सेवाओं को उन्नत करना और उसके साथ ही पुस्तकालय की नई सेवाओं को प्रस्तुत करना। सेवाओं को उन्नत करने से न केवल पुस्तकालय के कार्य क्षेत्र में विस्तार किया जा सकता है अपितु पुस्तकालय को एक उच्च्य स्थान प्रदान किया जा सकता है।
3. पुस्तकालय में स्वचालीकरण को अपनाये जाने से कार्य के दोहराव (Duplication) को रोका जा सकता है।
4. सेवाओं के उपयोग से पुस्तकालय में स्टाफ को और अधिक प्रभावी रूप से उन्नत बनाया जा सकता है।
5. पुस्तकालय में स्वचालीकरण को अपनाने का एक प्रमुख कारण यह है कि यह पुस्तकालय की संसाधन सहभागिता (Resource sharing) में बहुत सहायक होता है। पुस्तकालय स्वचालीकरण के उपयोग से संसाधन सहभागिता के कार्यों को उचित तरह से और बहुत तीव्र गति से सम्पन्न किया जा सकता है।
6. पुस्तकालय स्वचालीकरण विभिन्न सेवाओं को देने में खर्च किये धन के व्यय को कम करता है।
7. पुस्तकालय में नेटवर्क पद्धति केवल पुस्तकालय स्वचालीकरण के द्वारा ही सम्भव है। पुस्तकालय में कम्प्यूटर के माध्यम से ही पुस्तकालय को लेन, देन और इंटरनेट द्वारा जोड़ा जा सकता है इस पद्धति को अपनाये जाने से न केवल समय की बचत होती है अपितु सूचना को बहुत तीव्र गति से पुनर्प्राप्त किया जा सकता है जो बिना पुस्तकालय स्वचालीकरण के सम्भव नहीं है।

**पुस्तकालय स्वचालीकरण के क्षेत्र**–पुस्तकालय में अनेक क्षेत्र (Area) हैं जिसमें स्वचालीकरण को अपनाया जा सकता है। पुस्तकालय स्वचालीकरण में कम्प्यूटर के माध्यम से विभिन्न सेवाओं का संचालन किया जाता है। इस तकनीक में कम्प्यूटर का प्रयोग इसकी विशेषताओं के कारण किया जाता है। कम्प्यूटर शक्ति, गति और उच्च

क्षमता का परिचायक है। इसमें न केवल ज्यादा सूचना को संग्रहीत किया जा सकता है बल्कि संकलित सूचना को अत्यधिक तीव्र गति से पुनर्प्राप्त किया जा सकता है। इसके माध्यम से सूचना सेवाओं का आयोजन उचित तरह से किया जा सकता है।

पुस्तकालय (Library) में कुछ ऐसे क्षेत्र हैं जिसमें स्वचालीकरण को अपनाया जाता है जो इस तरह हैं—

**1. पुस्तकालय नेटवर्क**—वर्तमान समय में पुस्तकालय नेटवर्क (Library Network) की अवधारणा को पुस्तकालय स्वचालीकरण (Library Automation) के द्वारा ही मूर्त रूप दिया जा सकता है। पुस्तकालय नेटवर्क का तात्पर्य है कम्प्यूटरीकृत पुस्तकालयों का एक नेटवर्क जिसमें, राज्य, राष्ट्रीय व अन्तर्राष्ट्रीय स्तर पर स्थापित पुस्तकालयों की कम्प्यूटर प्रणालियां आपस में परस्पर जुड़ी हों और प्रत्येक सम्बन्धित पुस्तकालय आपस में एक-दूसरे पुस्तकालयों की सूचना व संसाधनों का आवश्यकतानुसार उपयोग कर सकें। पुस्तकालय नेटवर्क के द्वारा न केवल पुस्तकालय अपने कार्यों की गुणवत्ता को श्रेष्ठ बना सकते हैं अपितु पुस्तकालय में पाठकों को भी अच्छी सेवा प्रदान कर सकते हैं। पुस्तकालय नेटवर्क की आवश्यकताओं को देखते हुए भारत सरकार ने अनेक स्तर पर पुस्तकालय नेटवर्क स्थापित किये हैं जैसे—कैलिबनेट (CALIBNET Calcutta Libary Network), डेलनेट (DELNET) Developing Libraries Network), इनफ्लीबनेट (INFLIBNET)—Information and Library Network) आदि।

**2. सूचना पुनर्प्राप्ति**—पुस्तकालय स्वचालीकरण सूचना की पुनर्प्राप्ति में बहुत सहायक होती है। पुस्तकालय स्वचालीकरण इसके लिए तैयार किये गये सॉफ्टवेयर पर निर्भर करता है। प्रत्येक सॉफ्टवेयर में सूचना पुनर्प्राप्ति के लिए अनेक माध्यम (options) होते हैं। यह उपयोगकर्ता पर निर्भर करता है कि वह सूचना पुनर्प्राप्ति के लिए किस माध्यम का प्रयोग करता है। वर्तमान में सूचना का उत्पादन इतनी अधिक मात्रा में हो रहा है कि सूचना न केवल प्रकाशित रूप में बल्कि इलेक्ट्रानिक रूप में भी उपलब्ध हो रही है। इलेक्ट्रानिक रूप में संग्रहीत इस सूचना को कम्प्यूटर पर बैठे ही नेटवर्क के माध्यम से पुनर्प्राप्त किया जा सकता है। इससे पाठकों के समय की भी बचत होती है एवं सूचना को अधिक तीव्रता से प्राप्त किया जा सकता है।

**3. पुस्तकालय के कार्यों में स्वचालीकरण**—पुस्तकालय में अनेक तरह के कार्य होते हैं जैसे पुस्तकालय के अन्तर्गत (चुनाव, राष्ट्र, प्राप्ति आदि) सूचीकरण, सीरियल कन्ट्रोल, प्रबन्धन सूचना, सर्कुलेशन कन्ट्रोल, ऑनलाइन पब्लिक एक्सेस कैटलॉगिंग व इण्टर लाइब्रेरी लोन आदि। पुस्तकालय में स्वचालीकरण को अपनाये बिना इन सभी

कार्यों का मैनुअल करना पड़ता है, जिससे अत्यधिक समय व श्रम व्यय होता है और उसका प्रभाव पुस्तकालय की सेवाओं व पुस्तकालय व्यवस्था पर पड़ता है। ग्रन्थालय में स्वचालीकरण को अपनाने से इन सभी कार्यों को बहुत कम समय व श्रम व्यय किये बिना पूरा किया जा सकता है और पुस्तकालय के लिए विकसित किसी एक सॉफ्टवेयर पर आधारित होता है और इस सॉफ्टवेयर को पुस्तकालयों के इन्हीं सब कार्यों व सेवाओं को सम्पन्न करने व गुणवत्ता बढ़ाने के लिए विकसित किया जाता है। जैसे सूचीकरण में कैटलॉग कार्ड बनाने के लिए इस प्रोग्राम (सॉफ्टवेयर) में पुस्तक का केवल फिजीकल डिस्क्रिप्शन देना होता है और पुस्तक का कैटलॉग कार्ड स्वयं तैयार हो जाता है। इस तरह कैटलॉग कार्ड में मैनुअल कार्य की अपेक्षा बहुत ही कम समय लगता है और गलती की सम्भावना भी नगण्य होती है।

**(4) सेवाओं में स्वचालीकरण**—सेवाओं का आशय पाठकों को प्रदान की जाने वाली सेवाओं से है। पुस्तकालय स्वचालीकरण के माध्यम से सामान्य और विशिष्ट दोनों तरह की सेवा प्रदान की जाती है। पाठकों का पुस्तकालय में आने का मुख्य उद्देश्य सम्बन्धित सूचना व प्रलेख प्राप्ति होता है। एक पूर्ण व्यवस्थित कम्प्यूटरीकृत पुस्तकालय में अनेक कम्प्यूटर होते हैं जिसे पाठक एक साथ उपयोग कर सकते हैं। प्रलेख व सूचना की प्राप्ति के लिए पाठक कम्प्यूटर पर विभिन्न विधियों से प्रलेख व सूचना से सम्बन्धित जानकारी प्राप्त कर सकता है उसे यह भी जानकारी हो सकती है कि कोई प्रलेख पुस्तकालय में इस समय है या नहीं और यदि नहीं है तो किसके नाम इश्यू है। पुस्तकालय स्वचालीकरण के द्वारा ही पाठकों को अद्यतन सूचना प्राप्त हो सकती है जो किसी शोधार्थी के लिए बहुत महत्त्वपूर्ण होती है। पुस्तकालय स्वचालीकरण के द्वारा पाठकों को इण्टरलाइब्रेरी लोन सेवा, प्रतिलिपि सेवा आदि तेजी से प्राप्त हो सकती है।

## पुस्तकालय स्वचालन हेतु सॉफ्टवेयर पैकेज

पुस्तकालय एवं सूचना केन्द्रों में प्रमुख रूप से सूचना संग्रहण एवं पुनर्प्राप्ति से सम्बन्धित सॉफ्टवेयर पैकेज की आवश्यकता होती है। विभिन्न तरह के कार्यों के सम्पादन की दृष्टि से इन्हें 6 समूहों में विभाजित किया जा सकता है, जो इस तरह हैं—

**1. बेसिक सॉफ्टवेयर**—इस पैकेज का उपयोग डाटा प्रविष्टि, सप्रमाणन, फाइलों को छाँटने एवं जोड़ने तथा सम्पादन में किया जाता है।

**2. शुद्ध संसाधन सॉफ्टवेयर**—पुस्तकालय एवं सूचना केन्द्रों में शुद्ध संसाधन सॉफ्टवेयर का उपयोग हस्तपुस्तिका के निर्माण एवं उसे अद्यतन रखने हेतु तथा कुछ सूचियों एवं सूची पत्रकों के निर्माण हेतु किया जाता है।

**3. डाटाबेस प्रबन्ध पद्धति**—इसका निर्माण श्रेष्ठ संग्रहण एवं पुनर्प्राप्ति हेतु किया जाता है। यह पद्धति विशेष रूप से डाटाबेस प्रबन्ध पद्धति के पदानुक्रमिक मॉडल एवं नेटवर्क की अवस्था में उपयोग में आती है।

**4. सूचना पुनर्प्राप्ति पैकेज**—सूचना पुनर्प्राप्ति को किसी कम्प्यूटर पद्धति से अभिलेखों के संग्रहण एवं पुनर्प्राप्ति के रूप में परिभाषित किया जा सकता है। इसे पुस्तकालय एवं सूचना केन्द्रों में सूचना पुनर्प्राप्ति हेतु उपयोग में लाया जाता है।

**5. पुस्तकालय गृह कार्य सॉफ्टवेयर**—कुछ सॉफ्टवेयर ऐसे हैं जिनका निर्माण विशेष रूप से पुस्तकालय एवं सूचना केन्द्रों के गृह कार्य, नित्य प्रति के कार्यों जैसे-अधिग्रहण (Acquisition), सूचीकरण (Cataloguing), परिसंचरण (Circulation) एवं पत्रिका नियन्त्रण (Serial control) आदि महत्त्वपूर्ण कार्यों के लिए किया जाता है। इनमें से कुछ एकीकृत पैकेज हैं जो पुस्तकालय के अनेक कार्य पूर्ण करते हैं जबकि अन्य पैकेज विशेष कार्यों जैसे सूचीकरण एवं विभिन्न तरह की सूचना के प्रबन्ध आदि से सम्बन्धित हैं।

**6. ऑनलाइन पुनर्प्राप्ति पद्धति सॉफ्टवेयर**—प्रत्येक ऑनलाइन पद्धति में स्वयं का सॉफ्टवेयर होता है जो इसकी विभिन्न तरह की गतिविधियों एवं क्रियाकलापों में सहयोग करता है।

## पुस्तकालय सॉफ्टवेयर पैकेजों का मूल्यांकन एवं चुनाव

वर्तमान में पुस्तकालयों एवं सूचना केन्द्रों के उपयोग हेतु सॉफ्टवेयर पैकेजों की संख्या में काफी वृद्धि हुई है। पुस्तकालय एवं सूचना केन्द्रों की आवश्यकता सम्पन्न करने वाले क्रियाकलापों एवं प्रदत्त सेवाओं को दृष्टि में रखते हुए इनका मूल्यांकन एवं इसके बाद चुनाव आवश्यक है जिससे उचित सॉफ्टवेयर को खरीदा जा सके। इसके मूल्यांकन हेतु निम्नलिखित बिन्दु महत्त्वपूर्ण हैं—

**(1) प्रायोजक अभिकरण के सम्बन्ध में जानकारी**—प्रायोजक अभिकरण के सम्बन्ध में प्रमुख जानकारी अग्रलिखित है—

(*i*) प्रायोजक एजेन्सी जिसके अधीन सॉफ्टवेयर के निर्माता व वितरक आते हैं उनकी गुणवत्ता को ध्यान में रखा जाना चाहिए।

(*ii*) प्रायोजक को दूसरे उत्पादों और उनके उपयोग की सार्थकता को ध्यान में रखना चाहिए।

(*iii*) सॉफ्टवेयर का दूसरे महत्त्वपूर्ण संस्थानों एवं संगठनों में कितना प्रयोग किया जा रहा है।

**(*iv*) सॉफ्टवेयर** के वितरक द्वारा इसके लिए किस तरह की सहायक सेवाएँ **प्रदान** की जा रही हैं?

**(2) उच्च स्तरीय एकीकरण**—पुस्तकालय के नित्य प्रतिदिन के कार्यों एवं सेवाओं जैसे—परिग्रहण, सूचीकरण, परिसंचरण, पुस्तकालय सूची निर्माण आदि को कम्प्यूटरीकृत करने हेतु सॉफ्टवेयर में पृथक-पृथक मॉड्यूल बनाये जाते हैं। पुस्तकालय के इन समस्त कार्यों को शीघ्रतापूर्वक, सुचारू एवं सटीक रूप से पूरा करने के लिए समस्त मॉड्यूल्स के मध्य एकीकरण होना आवश्यक है, जिससे एक मैनुअल की सूचना का दूसरे में उपयोग किया जा सके। इसका समाकलन आवश्यक है।

**(3) डाटा निवेश की सुविधा**—पुस्तकालय कार्य में डाटा निवेश (Data Input) तथा डाटा नवीनीकरण की अनिवार्यता पड़ती रहती है। सॉफ्टवेयर पैकेज में नये प्रलेखों से सम्बन्धित डाटा निवेश करने, नये तथ्यों को जोड़ने, गलतियों को सुधारने तथा अनावश्यक डाटा को हटाने की सुविधा होनी चाहिए। सिस्टम में डाटा निवेश करने हेतु मार्क फॉरमेट (MARC Format) उपयोग की सुविधा भी होनी चाहिए।

**(4) डाटा निर्गम की सुविधा**—सॉफ्टवेयर पैकेज का मूल्यांकन करते समय इस बात का भी ध्यान रखना चाहिए कि सिस्टम का प्रदर्शन स्वरूप (Deputy Format) पढ़ने और समझने में सुगम तथा उपयोगकर्ताओं की माँग के अनुसार होना चाहिए जिससे आवश्यकतानुसार प्रकाशित सूचियों एवं सांख्यिकीय तथा अन्य प्रतिवेदनों का निर्माण सरलतापूर्वक किया जा सके।

**(5) अन्वेषण सुविधा**—पुस्तकालय में प्रयुक्ति सॉफ्टवेयर के सामान्य मॉड्यूलों के अन्तर्गत खोज ( Search ) की व्यापक सुविधा होनी चाहिए जिससे संग्रहीत सूचना में से आवश्यकतानुसार कोई भी सूचना खोजी जा सकं एवं उसकी पुनः प्राप्ति की जा सके।

**(6) अनुकूलन का गुण**—पुस्तकालय सॉफ्टवेयर में अनुकूलन का गुण होना चाहिए। इसका आशय है कि विभिन्न सॉफ्टवेयरों में बनाये गये विभिन्न डाटाबेसों से डाटा लेकर अपने डाटाबेस में विलय (Merge) करने का गुण होना चाहिए। इसे डाटा का हस्तांतरण या डाटा आयात एवं निर्यात भी कहा जाता है। अन्तर्राष्ट्रीय मानकों तथा सी.सी.एफ. (Common Communication Format) का पालन करने से अनुकूलन का गुण लाया जा सकता है।

**(7) अन्य विचारणीय तथ्य**—उपर्युक्त वर्णित तथ्यों के अलावा पुस्तकालय के बजट, पुस्तकालय के कार्यों एवं सेवाओं तथा पुस्तकालय में उपलब्ध उपकरणों को ध्यान में रखते हुए चुनाव किया जाना चाहिए।

# 11

# पुस्तकालय विज्ञान के नवीन सूचना स्रोत

## सूचना सेवा

विश्व में हो रहे नित्यप्रति के अनुसंधान कार्यों में हो रही लगातार वृद्धि के साथ ही अभिलिखित ग्रन्थों की संख्या में अपार वृद्धि हो रही है जिसके कारण कोई भी उपयोगकर्ता, विशेषकर वैज्ञानिक एवं अनुसंधानकर्ता जिनके पास बल की बहुत कमी होती है, अपने वांछित साहित्य की खोज करने में बाधा एवं कठिनाई का एहसास करते हैं इसलिए इस कार्य के लिए एक ऐसी सेवा की आवश्यकता होती है जो मौजूद विशाल साहित्य में से उपयोगकर्ताओं के लिए हमेशा उपयोगी एवं महत्त्वपूर्ण सामग्री का चयन कर उसे सुलभ करा सकें। यह कार्य सूचना सेवा के अन्तर्गत ही सम्पन्न किया जाता है। इसलिए हम कह सकते हैं कि ग्रन्थालयों अथवा सूचना केन्द्रों में उपयोगकर्ताओं को उनकी वांछित सामग्री जिस सेवा के अन्तर्गत मौजूद कराई जाती है वह सूचना सेवा कहलाती है।

## सूचना सेवा के आयोजन की आवश्यकता

**1. सामाजिक आवश्यकता**—वर्तमान में सभी अनुसंधान सामाजिक तथा आर्थिक जरूरतों को ध्यान में रखकर किये जाते हैं क्योंकि आज की बढ़ती हुई जनसंख्या एवं अपर्याप्त सामग्री के फलस्वरूप आवश्यकताओं की पूर्ति वास्तविक

वस्तुओं से होना असम्भव है अतः हमें कृत्रिम वस्तुओं पर निर्भर रहना पड़ता है व कृत्रिम वस्तुओं के उत्पादन में हमें शोध कार्यों से प्राप्त परिणाम, सूत्र, सार, निष्कर्ष की जरूरत पड़ती है और यह तभी सम्भव है जब वैज्ञानिकों को कम से कम समय में उनकी वांछित सामग्री किसी भी तरह सूचना सेवा के माध्यम से मौजूद कराई जा सके।

**2. साहित्यिक विस्फोट**—आज कागज तथा मुद्रण के आविष्कार के फलतः विचार अभिव्यक्ति के साधनों में अत्यधिक बदलाव आ चुका है जिससे एक ओर प्रलेखों के उत्पादन में वृद्धि हुई है वहीं दूसरी ओर ग्रन्थों की अधिकता से उपयोगकर्ताओं को अपनी वांछित सामग्री इन प्रलेखों से प्राप्त करने में अत्यन्त असुविधा होती है। इसलिए इन पाठकों की सहायतार्थ ग्रन्थालयों में नई तकनीकियों सारांशीकरण, अनुक्रमणीकरण, रिप्रोग्राफी आदि का विकास किया गया है। इन्हीं के सम्मिलित रूप को सूचना-सेवा कहते हैं।

**3. संचार के स्रोत**—आज अनुसंधान कार्य में हुई असाधारण वृद्धि व साहित्य के विस्फोट के कारण सूचना का प्रवाह, संचार व सम्प्रेषण अधिक मुश्किल हो गया है। चूँकि अनुसंधानकर्ताओं के पास अवांछनीय सामग्री को पढ़ने का समय नहीं होता है इसलिए अगर उन्हें केवल उनसे ही सम्बन्धित सूचना प्रदान की जाये तो उनके कीमती वक्त की बचत हो सकती है जो सिर्फ सूचना सेवा की व्यवस्था करने से ही सम्भव हो सकता है।

**4. भाषा की विविधता**—विश्व का साहित्य लगभग 40 भाषाओं में प्रकाशित हो रहा है जबकि कोई भी सामान्य व्यक्ति दो या तीन भाषाओं से अधिक का ज्ञान नहीं रखता है। इन अवस्थाओं में वह सभी साहित्य जो उसकी अपरिचित भाषाओं में प्रकाशित हुआ है तब तक निरर्थक ही रहेगा जब तक कि उसका समुचित उपयोग न हो जाये। सूचना सेवा के अन्तर्गत सूचना का न सिर्फ अनुक्रमणीकरण, सारांशीकरण व पुनर्प्रतिलिपिकरण ही किया जाता है, बल्कि उसे उस भाषा से अनुदित भी किया जाता है। इसलिए ऐसे साहित्य का भी सदुपयोग सूचना सेवा के माध्यम से सम्भव हो जाता है।

**5. आर्थिक समस्या**—विश्व में प्रकाशित सम्पूर्ण साहित्य को अपनी आर्थिक सीमाओं के कारण हर पुस्तकालय को अर्जन एवं अधिग्रहण करना सम्भव नहीं हो पाता है। इसलिए ऐसा साहित्य जो आर्थिक सीमाओं के कारण ग्रन्थालय में नहीं आ सका है उससे अनुसंधानकर्ता या उपयोगकर्ताओं वांछित रह जाते हैं। ऐसी अवस्था में सूचना सेवा के द्वारा ऐसे साहित्य की प्रतिलिपियाँ तैयार करके उपयोगकर्ताओं को

उनकी आवश्यकतानुसार मौजूद कराया जा सकता है। अतः अनुसंधान कार्यों पर जितना धन खर्च किया जाता है उसकी सार्थकता सिद्ध करने के लिए ग्रन्थालय में सूचना सेवाओं पर भी खर्च किया जाना चाहिए तभी अपेक्षित परिणाम प्राप्त हो सकते हैं।

## सन्दर्भ सेवा

आधुनिक पुस्तकालयों को ज्ञान का भण्डार माना जाता है व ग्रन्थालय के ज्ञान के अधिक से अधिक सार्थक प्रयोग के लिए सक्रिय रहना आधुनिक ग्रन्थालयों का परम कर्त्तव्य माना गया है। अतः आधुनिक ग्रन्थालय अनेक प्रकार के ज्ञान तथा पाठ्य-सामग्रियों का संकलन एवं अधिग्रहण करते हैं। पाठ्य-सामग्रियों के अधिकाधिक उपयोग के लिए अनेक प्रकार की विधियाँ अपनाई जाती हैं। किन्तु बहुत से पाठक पुस्तकालय में अपनाई जाने वाली इन विधियों तथा तकनीकियों से अपरिचित होते हैं। वे पाठ्य-सामग्री को प्राप्त करने में असफल हो जाते हैं अथवा कठिनाई अनुभव करते हैं। इसलिए अब वहाँ एक ऐसी मानवीय सहायता की आवश्यकता होती है जो बीच में आने वाली मुश्किलों को दूर कर पाठक या उपयोगकर्ता का उसकी वांछित पुस्तक अथवा प्रलेख से सम्बद्ध स्थापित करा सकें। यही मानवीय सहायता ग्रन्थालयों में सन्दर्भ सेवा के नाम से जानी जाती है।

**हाचिन्स के शब्दों में**—अन्वेषण करने वाले व्यक्तियों की प्रत्यक्ष रूप से व्यक्तिगत सहायता करना और सूचना सामग्रियों को सुलभ कराने के उद्देश्य से किये गये क्रियाकलापों को सन्दर्भ सेवा कहते हैं।

**चाइल्ड्स के शब्दों में**—अध्येताओं को सूची की कठिनाई से सुपरिचित कराने, उनके सवालों के जवाब प्रदान करने में जितनी सम्भावित सेवा प्रदान की जाती है, उसे **सन्दर्भ सेवा** कहते हैं।

**डॉ. रंगनाथन के शब्दों में**—ग्रन्थालय में व्यक्तिगत सेवा के द्वारा प्रलेख एवं उपयोगकर्ता के बीच पारस्परिक सम्बन्ध स्थापित कराना ही सन्दर्भ सेवा कहलाता है।

**ए. एल. एच. पदावली के शब्दों में**—अध्ययन एवं अनुसन्धान के लिए सूचना के अन्वेषण एवं ग्रन्थालय के संसाधनों का उपयोग करने में प्रत्यक्ष रूप से पाठकों की सहायता करना ही सन्दर्भ सेवा कहलाता है।

उपर्युक्त परिभाषाओं से व सन्दर्भ की गरिमा, आवश्यकता, उपयोगिता को दृष्टिगत रखते हुए रंगनाथन इस तथ्य पर बल देते हैं कि सन्दर्भ सेवा ग्रन्थालयी

कला की आधारशिला व ग्रन्थालय विज्ञान के पाँच सूत्रों की अन्तिम मानवीय अभिव्यक्ति है। सन्दर्भ सेवा में मुख्य तथ्य मानव व दृष्टिकोण तथा अभिकरण हैं। पाठकों द्वारा माँग किये जाने पर प्रत्यक्ष रूप से सेवा प्रदान करना सन्दर्भ सेवा का एक पक्ष है।

## सन्दर्भ सेवा की आवश्यकता

पुस्तकालय में ज्ञान के उपयोग में से साधक सिद्ध होने के लिए सन्दर्भ ग्रन्थालयी अनेक प्रकार की सन्दर्भ सेवा के तरीकों से अध्येताओं की सेवा करता है जिससे उसे वांछित सूचना प्राप्त हो सके। निम्न कारणों से ग्रन्थालयों में सन्दर्भ सेवा की आवश्यकता महसूस की जाती है—

**1. सूचना प्रसार तथा सम्प्रेषण में तेजी की आवश्यकता**—शोध आलेखों की संख्या में लगातार वृद्धि हो रही है जो नियन्त्रण के दृष्टिकोण से समस्यामूलक है। इसलिए किसी भी विषय के उच्चकोटि के अध्येता तथा विशेषज्ञ के लिए असम्भव है कि वह पुस्तकालय में निहित सभी प्रकार की सामग्रियों से परिचित हो सके। इसलिए विशेषज्ञों को उनकी अभिरुचि की सामग्रियों से अवगत रखने के लिए सन्दर्भ सेवा का आयोजन बहुत ही आवश्यक है।

**2. ज्ञान-सामग्रियों का पुराना पड़ना एवं अप्रचलित होना**—आज ज्ञान-सामग्रियाँ जल्दी ही पुरानी, अप्रचलित व अनुपयोगी सिद्ध होने लगती हैं जो विज्ञान के क्षेत्र को बहुत अधिक प्रभावित करती हैं। अगर एक वैज्ञानिक लगातार नवीनतम सामग्रियों से अवगत रहने का प्रयास न करे तो उसका ज्ञान अप्रचलित, पुराना, अनुपयोगी व उत्पादन विहीन सिद्ध होने लगता है। अतः यह जरूरी है कि ज्ञान सामग्रियों के अप्रचलित होने से पहले उनके उपयोग किए जाने का प्रयत्न किया जाये जो मात्र सन्दर्भ सेवा के द्वारा ही सम्भव हो सकता है।

**3. सार्वभौमिक सम्पर्क**—आज के समय में समय, दूरी व भाषा की कठिनाइयाँ अवरोधक तत्त्व नहीं रह गये हैं और सूचना के प्रसार तथा वितरण के क्षेत्र में ऐसे साधन तथा विधियाँ उपलब्ध हैं जिनके द्वारा विश्व के किसी भी कोने से सूचना शीघ्र-अतिशीघ्र प्राप्त की जा सकती है। अर्थात् विश्व के एक कोने में अनुसन्धान कर रहे व्यक्ति को दूसरे कोने के व्यक्ति से सम्पर्क रखना बहुत ही जरूरी हो गया है अर्थात् सार्वभौमिक सम्पर्क की आवश्यकता है जिसमें सन्दर्भ सेवा का योगदान महत्त्वपूर्ण है व जिसके अभाव में सार्वभौमिक सम्पर्क असम्भव लगता है।

**4. सिद्धान्तों के उपयोग में समयावधि का प्रभाव**—किसी अन्वेषण या सिद्धान्त के उद्भव, प्रतिपादन तथा उनका उपयोग व्यावहारिक रूप से किये जाने के बीच देर नहीं होनी चाहिए। यथासम्भव इन सूचना सामग्रियों से शीघ्रातिशीघ्र विशेषज्ञों एवं अनुसन्धानकर्ताओं को अवगत करा देना चाहिए और यह तभी सम्भव है जब एक सुव्यवस्थित सन्दर्भ सेवा की व्यवस्था ग्रन्थालय में हो जिससे सूचना का प्रवाह तथा प्रसारण होता रहे।

**5. ज्ञान का विस्फोट**—सूचना आज अनेक प्रकार के स्वरूपों में यथा--पुस्तकों, पत्रिकाओं, सम्मेलन के प्रतिवेदनों, समाचार-पत्रों, आदि में निहित होती है। कहने का अभिप्राय यह है कि प्रकाशनों का जगत इतना विशाल है कि किसी भी अध्येता को सभी प्रकार की सामग्रियों से अवगत तथा परिचित होना व उन्हें प्राप्त कर लेना बड़ा जटिल कार्य है। इसलिए अध्येताओं को वांछित ज्ञान-सामग्रियों को ढूँढ़कर प्राप्त करने में मदद करना ही सन्दर्भ सेवा का कार्य माना जाता है।

**6. शिक्षा का विस्तार तथा प्रसार**—लोकतान्त्रिक प्रणाली में शिक्षा को एक आवश्यक कार्य माना जाता है। परिणामस्वरूप सभी देशों में शिक्षा के क्षेत्र में विकास तथा विस्तार हुआ है। विश्व में जनसंख्या के साथ-साथ शिक्षितों की संख्या में भी बढ़ोत्तरी हुई है। शिक्षा के विस्तार के कारण ज्ञान प्राप्त करने व सीखने की प्रवृत्ति में विस्तार एवं बदलाव आया है। शिक्षा का प्रसार कक्षाओं से बाहर आ चुका है अतः किसी न किसी रूप में ग्रन्थालयों की भूमिका मानी जाती है जिसके फलस्वरूप ग्रन्थालयों में सन्दर्भ सेवा की जरूरत होती है।

**7. ग्रन्थालयों का विकास एवं प्रसार**—पुस्तकालयों के प्रकारों एवं उद्देश्यों में अधिक बदलाव आया है लेकिन सभी का उद्देश्य पाठकों को उनकी वांछित सामग्री शीघ्र मौजूद कराना होता है। इसलिए विभिन्न प्रकार के ग्रन्थालयों में उपलब्ध ज्ञान-सामग्रियों का अधिक से अधिक उपयोग करने के लिए मनुष्य अभिकरण की बहुत ही जरूरत होती है। इसलिए सन्दर्भ सेवा को अति आवश्यक सेवा माना जाता है।

**8. अनुसन्धानों में उत्तरोत्तर वृद्धि**—प्रत्येक देश में उसकी प्रगति के विकास के लिए अनुसन्धान एवं विकास कार्यक्रमों पर अधिक बल दिया जाता है। शोध सम्बन्धित क्रियाकलापों के लिए आवश्यक एवं उपयुक्त सूचना एवं ज्ञान-सामग्रियों की आवश्यकता होती है जिसके लिए पुस्तकालयों पर निर्भर रहना पड़ता है। इसलिए सन्दर्भ विभाग CAS, SDI आदि सेवाओं का आयोजन करते हैं क्योंकि अनुसन्धानकर्ता के पास इतना वक्त नहीं होता कि वह इस असंख्य ज्ञान-सामग्री में से अपनी सामग्री

खोज सके। इसलिए शोध के क्रियाकलापों में पर्याप्त वृद्धि के कारण सन्दर्भ सेवा का महत्त्व बढ़ गया है।

## सन्दर्भ सेवा के प्रकार

सन्दर्भ सेवा का आशय अध्येताओं को वांछित सूचना सामग्री सरलता तथा शीघ्रतापूर्वक उपलब्ध कराना होता है। डॉ. रंगनाथन के अनुसार सन्दर्भ सेवा अध्येता तथा उसके वांछित प्रलेख के मध्य व्यक्तिगत तरीके से सम्पर्क स्थापित करने की प्रक्रिया होती है। अध्येता का जिस प्रकार का तरीका होता है सन्दर्भ ग्रन्थालयी उसकी पूर्ति के लिए तदानुसार प्रयत्न करता है।

सन्दर्भ सेवा दो प्रकार की होती है–

1. उद्यत सन्दर्भ सेवा
2. विस्तृत सन्दर्भ सेवा

इन दोनों को डॉ. रंगनाथन ने व्यावहारिक रूप से स्पष्ट किया है व इनके अन्तर को भी स्पष्ट किया है। प्रथम प्रकार की सेवा उद्यत सन्दर्भ सेवा को त्वरित सन्दर्भ सेवा भी कहते हैं। सन्दर्भ सवालों का जवाब प्रदान करने में सन्दर्भ सेवा उनकी प्रकृति तथा गहनता के अनुसार उन्हें त्वरित सन्दर्भ सेवा तथा गहन सन्दर्भ सेवा की श्रेणियों में विभाजित कर सकते हैं।

**1. उद्यत/त्वरित सन्दर्भ सेवा**–डॉ. रंगनाथन ने उद्यत/त्वरित सन्दर्भ सेवा की व्याख्या तथा परिभाषा करते हुए कहा है कि उद्यत/त्वरित सन्दर्भ सेवा वह सन्दर्भ सेवा है जिसे कम से कम समय में सम्पन्न किया जा सकता है। अगर सम्भव हो तो पलयर में जिसे सम्पन्न कर सकते हैं। इस प्रकार उद्यत/त्वरित सन्दर्भ सेवा की अवधारणा में सेवा प्रदान करने की समयावधि मुख्य अवधारणा है। अर्थात् समयावधि कम से कम है। इस सेवा में सन्दर्भ प्रश्नों के उत्तर उद्यत सन्दर्भ सामग्रियों से खोजकर शीघ्र एवं सरलतापूर्वक प्रदान किये जाते हैं। सन्दर्भ ग्रन्थालयी किसी भी प्रकार के प्रश्नों का उत्तर बिना देर किए सन्दर्भ कृतियों से खोजकर शीघ्र प्रदान करता है। कभी-कभी तो कुछ ही क्षणों में उत्तर प्राप्त हो जाता है। इस सेवा को सन्दर्भ विभाग में विशिष्ट प्रकार से व्यवस्थित करके रखा जाता है और जिनसे प्रश्नों का उत्तर खोजने में क्षणमात्र का समय लगता है।

उद्यत/त्वरित सन्दर्भ सेवा एक सीमा तक वस्तुतः तथ्यों की जानकारी देने (Fact Finding Service) की सेवा है। इस सेवा में प्रश्नों का उत्तर प्रदान करने के लिए सन्दर्भ साधनों का उपयोग किया जाता है। सन्दर्भ स्रोतों के अन्तर्गत विश्वकोश,

शब्दकोश, जीवन-चरित्र कोश, गजेटियर, भौगोलिक शब्दकोश, वाङ्मय सूचियाँ, निर्देशिकाएँ व अनुक्रमणिकाएँ आदि को शामिल किया जाता है।

उद्यत/त्वरित सन्दर्भ सेवा में पूछे जाने वाले प्रश्न निम्न प्रकार के हो सकते हैं जिनके उत्तर प्रदान करने में सन्दर्भ ग्रन्थालयी को बहुत कम समय लगता है।

(a) गंगा नदी की लम्बाई कितनी है?

(b) लन्दन विश्वविद्यालय के कुलपति का नाम क्या है?

(c) भारत में कितनी समाज सेवी संस्थाएँ हैं।

(d) राष्ट्रीय ग्रन्थालय का वर्तमान ग्रन्थालयी कौन है?

**2. विस्तृत/गहन सन्दर्भ सेवा**—सन्दर्भ सेवा का यह प्रकार आधुनिक युग की देन है। इसका उद्भव ही आधुनिक ग्रन्थालय सेवा की अवधारणा के कारण हुआ है। सन्दर्भ सेवा की गहनता की दृष्टि से सन्दर्भ कार्य के तथ्यों को प्राप्त करना, सन्दर्भ सामग्री प्राप्त करना, खोज, पाठक की सलाह आदि विभिन्न रूपों एवं प्रक्रियाओं में आयोजित करने का प्रावधान किया जाता है। वर्तमान युग को तथ्यों का युग कहा गया है और तथ्यों की खोज में अध्येता या पाठक सन्दर्भ विभाग पर सर्वाधिक आश्रित होता है। परिणामतः अनेक प्रकार के प्रश्नों की जानकारी तथा सहायता के लिए माँग की मात्रा इतनी अधिक हो जाती है कि उत्तर प्रदान करने के दृष्टिकोण से उन प्रश्नों का वर्गीकरण करना जरूरी हो जाता है।

छोटे-मोटे प्रश्नों के उत्तर तो उद्यत/त्वरित सन्दर्भ सेवा में ही प्रदान कर दिये जाते हैं जिनमें बहुत कम समय या क्षण मात्र लगता है परन्तु विशेष समस्याओं के निदान हेतु पूछे गये प्रश्नों के उत्तर बहुत कम समय में प्रदान नहीं किए जा सकते हैं। ऐसे सन्दर्भ विभाग पर सर्वाधिक निर्भर रहते हैं। परिणामतः अनेक प्रकार के प्रश्नों की जानकारी एवं सहायता के लिए माँग की मात्रा इतनी अधिक हो जाती है कि उत्तर प्रदान करने की दृष्टि से उन प्रश्नों का वर्गीकरण करना जरूरी हो जाता है। ऐसे सन्दर्भ प्रश्नों के उत्तर खोजने तथा प्रदान करने में सन्दर्भ स्रोतों के साथ-साथ मौलिक कृतियों का भी अवलोकन करना पड़ता है जिसमें अधिक समय लग सकता है। ऐसे प्रश्न व्यक्तिगत जरूरतों से जुड़े होते हैं व पृष्ठभूमि युक्त होते हैं।

सन्दर्भ सेवा की दृष्टि से इस प्रकार के प्रश्नों के उत्तर प्रदान करने में विस्तृत/गहन सन्दर्भ सेवा प्रदान करनी पड़ती है। इस प्रकार की सेवा में सामान्य पाठक न होकर विशेष प्रकार के पाठक यथा—विषय विशेषज्ञ, अनुसन्धानकर्ता, उच्चकोटि के अध्येता शामिल होते हैं। इस प्रकार की सेवा में किसी एक ही तथ्य की जानकारी की जरूरत नहीं होती व एक वस्तु की गहन खोज भी नहीं होती हैं।

इसमें अनेक प्रक्रियाएँ, अनेक प्रकार की स्रोत-सामग्रियों तथा अन्य मौलिक सामग्रियों का अवलोकन आवश्यक होता है, जिसमें पर्याप्त समय लगता है क्योंकि इस सेवा के अन्तर्गत आने वाले सवाल तथा समस्या भी विस्तृत एवं गहन होती है। अतः इस प्रकार की सन्दर्भ सेवा को विस्तृत/गहन सन्दर्भ सेवा कहा जाता है।

इस सेवा में सन्दर्भ ग्रन्थालयों को सम्पूर्ण सामग्रियों का पूर्ण ज्ञान जरूरी होता है। उसे विषय का ज्ञान होने के साथ-साथ स्रोत सामग्रियों व वाङ्मय सूचियों का भी ज्ञान होना बहुत जरूरी है क्योंकि इस सेवा के अन्तर्गत सामान्य पाठकों व छात्रों को मार्गदर्शन प्रदान करने के साथ-साथ परामर्श देना भी अत्यन्त जरूरी होता है। आवश्यकतानुसार तदर्थ वाङ्मय सूचियाँ (Adhoc Bibliographies) व सहायक ग्रन्थों की तालिका भी तैयार करनी पड़ती है। कहने का तात्पर्य यह है कि ऐसी सेवा में विषय स्रोतों व पाठकों की प्रकृति का ज्ञान होना भी अति आवश्यक है।

विस्तृत/गहन सन्दर्भ सेवा में प्रश्नों की प्रकृति किसी प्रकरण या समस्या के विशेष दृष्टिकोण से जुड़ी सामग्री होती है। निम्नांकित प्रश्न इस सेवा के अन्तर्गत पूछे जा सकते हैं, यथा–

(अ) उत्पादन पर आधुनिक प्रौद्योगिकी का प्रभाव,

(ब) प्रदूषण का मानसिक स्वास्थ्य पर प्रभाव।

उद्यत/त्वरित सन्दर्भ सेवा तथा विस्तृत/गहन सन्दर्भ सेवा में मुख्यतः सूचना स्रोतों, सूचना की प्रकृति एवं गहनता, पाठकों की आवश्यकता एवं स्तर, प्रश्नों की प्रकृति, साधनों की उपलब्धि व अवधि का अन्तर होता है। पहले प्रकार की सेवा में पाठक अधिकतर तथ्यों की जानकारी चाहते हैं जिन्हें उद्यत सन्दर्भ स्रोतों से प्रदान कर दिया जाता है क्योंकि इसमें समय कम लगता है। दूसरे प्रकार की सेवा में तथ्यों से ही सवालों का समाधान नहीं होता है अपितु अनेक प्रकार की सूचनात्मक एवं ज्ञान-सामग्रियों की जरूरत पड़ती है।

दोनों प्रकार की सेवाएँ पुस्तकालयों की सन्दर्भ सेवा के आवश्यक पक्ष हैं। दोनों प्रकार के प्रश्न प्रायः सभी ग्रन्थालयों में पूछे जाते हैं। उद्यत सन्दर्भ सेवा की सफलता वस्तुतः सन्दर्भ सामग्रियों की उपलब्धता तथा सन्दर्भ सेवा की सफलता वस्तुतः सन्दर्भ सामग्रियों की उपलब्धता व सन्दर्भ ग्रन्थालयी के ज्ञान तथा अनुभव पर आधारित होती है जबकि विस्तृत सेवा की सफलता सन्दर्भ ग्रन्थालयी एवं कर्मियों के वाङ्मयात्मक संगठन एवं व्यवस्था के विस्तृत ज्ञान व विषय जगत के विकास, विस्तार तथा प्रकृति से पूर्ण अवगत होने पर आधारित होती है।

## सन्दर्भ सेवा प्रदान करने की प्रक्रिया

पुस्तकालयों में सन्दर्भ ग्रन्थालयी द्वारा पाठकों को व्यक्तिगत रूप से दी जाने वाली सेवा सन्दर्भ सेवा कहलाती है। सन्दर्भ सेवा प्रदान करने की एक सुव्यवस्थित प्रक्रिया होती है जिसमें भिन्न-भिन्न बिन्दुओं पर विचार करना जरूरी होता है। सन्दर्भ सेवा की प्रक्रिया आयोजित करने में निम्न तीन चरण महत्त्वपूर्ण होते हैं, वे निम्न हैं—

**1. सन्दर्भ सेवा प्रदान करने की तैयारी तथा प्रस्तुतीकरण**

(*i*) किसी भी सन्दर्भ ग्रन्थालयी को सन्दर्भ सेवा प्रदान करने से पूर्व उसे अनेक प्रकार की तैयारियाँ करनी पड़ती हैं। सन्दर्भ सेवा को सक्रिय बनाने के लिए तैयारी करने में अधिक समय भी लगता है।

सन्दर्भ ग्रन्थालयी को अपने सभी सन्दर्भ ग्रन्थों तथा संकलन से पूर्णतः परिचित होना चाहिए व सभी प्रकार की कृतियों की प्रकृति का उसे पूर्ण ज्ञान होना चाहिए। उसे नवीन सन्दर्भ कृतियों व उनके नवीन संस्करणों का लगातार अवलोकन करते रहना चाहिए। यथा एवं क्षणिक महत्त्व की साधारण सूचना एवं सन्दर्भ कृतियों की संचिका प्रस्तुत करनी चाहिए, जैसे—मैगजीनों की कटिंग, समाचार-पत्रों की क्लिपिंग, पुस्तिकाएँ, पाठ्यक्रम एवं पाठ्यक्रम नियमावली आदि। सामयिक प्रकरणों पर सामग्री प्रदान करने के दृष्टिकोण से ये उपयोग होती हैं और विशिष्ट ग्रन्थालयों में इनका अधिक महत्त्व होता है।

(*ii*) सन्दर्भ सेवा के प्रस्तुतीकरण में विषय के ज्ञान को एकत्रित करना अति आवश्यक प्रक्रिया है। सबसे पहले सन्दर्भ ग्रन्थालयी को पुस्तकालय के नियमित अध्येताओं की अभिरुचि तथा बौद्धिक तथा अनुसंधानिक क्रियाकलाप को निश्चित कर लेना चाहिए। इसके लिए अध्येता सर्वेक्षण बहुत जरूरी है। अध्येताओं के कार्यक्षेत्र एवं अभिरुचि के विषय को निश्चित करने के बाद सन्दर्भ ग्रन्थालयी को उन विषयों का साधारण ज्ञान अर्जित करना चाहिए। इस कार्य के लिए सम्बन्धित विषयों के साहित्य का सर्वेक्षण और सम्बन्धित विषय-क्षेत्र की प्रामाणिक एवं मानक कृतियों का अध्ययन करना जरूरी होता है जिससे वह साहित्य का विशेषज्ञ बन सके। सन्दर्भ ग्रन्थालयी को विषय विशेषज्ञ होने की तुलना में साहित्य विशेषज्ञ होना आवश्यक है जिससे उसे अनेक विषयों की सामग्रियों को प्राप्त किये जाने के स्रोतों का पूर्ण ज्ञान हो सके।

सन्दर्भ ग्रन्थालयी माँग किए जाने की सम्भावना में अनेक स्रोतों से सूचना का संग्रह करता है। जिन प्रश्नों को सन्दर्भ विभाग से पूछा जाता है व प्रश्न पूछे जाने

की सम्भावना होती है उनसे सम्बन्धित सामग्री की जानकारी के लिए सन्दर्भ ग्रन्थालयी पुस्तकालय के साधनों का अध्ययन करता है और क्रमबद्ध रूप से सूचना का संग्रह करता है जिससे उसे अध्येताओं को सफलतापूर्वक सुलभ कराया जा सके। सूचना संग्रह के लिए उसे कुछ विशिष्ट प्रकार के स्रोतों को वरीयता प्रदान करनी पड़ती है। नवीनतम संग्रह से सन्दर्भ ग्रन्थालयी को विभिन्न विषयों की प्रवृत्तियों व विकास की जानकारी प्राप्त करने में मदद प्राप्त हो सकती है।

अतः इनका अवलोकन नियमित रूप से किया जाना चाहिए। सूचना के संग्रह तथा प्राप्ति के बाद उसको उपयुक्त विधि से अभिलेखबद्ध कर लेना चाहिए जिससे उसका उपयोग भविष्य में भी किया जा सके। क्रमबद्ध रूप से अभिलेखबद्ध करने मे इसे पुनः खोजने में भी मदद प्राप्त होती है।

**2. सेवा प्रदान करना**—अध्येता किन-किन स्रोतों का अवलोकन करने पर भी अपने वांछित तथ्य प्राप्त नहीं कर सका है इस पर सन्दर्भ ग्रन्थालयी उसे उपयुक्त स्रोतों का अवलोकन करने का मार्गदर्शन प्रदान करता है जिससे अध्येताओं को उपयुक्त जानकारी मिलने में सुविधा होती है। जानकारी प्राप्त करने के लिए अध्येता पत्राचार या टेलीफोन से सूचना प्राप्त करने का प्रयत्न करते हैं ऐसी स्थिति में उन्हें मार्गदर्शन प्रदान करने की तुलना में उपयुक्त सूचना तथा तथ्य प्रदान किए जाते है अथवा वह सूचना कहाँ से और कैसे प्राप्त हो सकती है? इसका संकेत किया जाता हैं। अध्येताओं के स्तर व कार्यक्षेत्र के अनुसार सेवा की मात्रा में भी भिन्नता होती है। इसलिए प्रश्नकर्ता के अनुसार सेवा की प्रकृति तथा सूचना की मात्रा में भी भिन्नता होती है। सन्दर्भ विभाग के उद्देश्यों का भी इस पर प्रभाव पड़ता है।

सेवा प्रदान करने के लिए तीन प्रकार की सेवाओं का प्रावधान किया जाना चाहिए, जो प्रश्नकर्ताओं की जरूरतों की पूर्ति में सहायक सिद्ध होते हैं।

**(i) आवश्यकताओं का विवरण एवम् स्पष्ट निर्धारण**—अध्येताओं की आवश्यकताओं को स्पष्ट रूप से निर्धारित करना आवश्यक है। जब तक इसका विवरण ज्ञात नहीं हो जाता और यह निश्चित नहीं हो जाता तब तक सूचना को खोजना असम्भव है। प्रश्नों से जुड़े प्रत्येक विषय के पक्षों को निश्चित कर लेना चाहिए। ऐसा करने से अध्येताओं के गहन प्रश्नों का समाधान किया जा सकता है।

**(ii) प्रलेखों की खोज**—प्रलेखों की खोज हेतु उत्तम विधि मानसिक रूप से अध्येताओं द्वारा बताये गये विषयों के वर्गांक की कल्पना करना होता है व वर्गांक की सहायता से प्रलेखों में निहित सूचना की खोज करना आसान कार्य हो जाता है।

**(iii) प्रलेखों अथवा सूचना सामग्री को उपलब्ध करना**—अध्येताओं को प्रलेख या सूचना प्रदान करना ही सन्दर्भ सेवा का मुख्य लक्ष्य होता है। अगर प्रलेख ग्रन्थालय में उपलब्ध नहीं है ग्रन्थालय आदान-प्रदान के माध्यम से उपलब्ध कराता है। अन्य भाषा के प्रलेखों का अनुवाद भी उपलब्ध कराना पड़ता है। आलेखों के रूप में पत्रिकाओं में प्रकाशित सामग्री को माइक्रोफिल्म व फोटोप्रति के रूप में भी उपलब्ध किया जाता है।

**3. आत्मसातकरण**—आत्मसातकरण सन्दर्भ सेवा का एक महत्त्वपूर्ण पक्ष होता है व सूचना को ग्रहण करने की एक प्रक्रिया भी है। इसे तन्मयता भी कहते हैं। आत्मसातकरण में अनुभवों से सीखने में सहायता प्राप्त होती है और किसी कार्य के सम्पादन में अनुभव की भूमिका महत्त्वपूर्ण होती है, क्योंकि सन्दर्भ ग्रन्थालयों को विभिन्न प्रकार के अध्येताओं के सम्पर्क में आने से अनुभव प्राप्त होता है इसलिए उसे खुले दिमाग वाला होना चाहिए। उसमें सूचना को ग्रहण करने की क्षमता होनी चाहिए। कोई सूचना सामग्री कब अधिक महत्त्वपूर्ण हो सकती है इसका शीघ्र आभास नहीं होता है। खोजी हुई सामग्रियाँ किसके लिए उपयोगी सिद्ध हो सकती हैं इसका ध्यान रखना चाहिए।

आत्मसातकरण से सन्दर्भ ग्रन्थालयी अपने अनुभवों के आधार पर सूचना को ग्रहण करता है और उन्हें व्यवहार में लाता है इस प्रकार से सूचना तथा सूचना सामग्री को आत्मसात करता है व सन्दर्भ सेवा को सफल एवं उपयोगी बनाता है।

## सन्दर्भ सेवा प्रदान करने की विधियाँ

सन्दर्भ ग्रन्थालयी को उपयोगकर्ताओं के लिए न सिर्फ माँग किए जाने पर ही सन्दर्भ सेवा प्रदान करनी चाहिए अपितु माँग किये जाने की सम्भावना भी अगर हो तो भी सन्दर्भ सेवा का आयोजन किया जाना चाहिए। सफल तथा योग्य सन्दर्भ ग्रन्थालयी वही होता है जो उपयोगकर्ताओं में ज्ञान की पिपासा जाग्रत कर सन्दर्भ सेवा की आवश्यकता का बीजारोपण करता है जिससे इसकी व्यवस्था का अधिक से अधिक उपयोग किया जा सके। सन्दर्भ सेवा प्रदान करनी चाहिए अपितु माँग किये जाने की सम्भावना भी अगर हो तो भी सन्दर्भ सेवा प्रदान करने की अनेक मुख्य विधियाँ हैं जो अग्रानुसार हैं—

**(1) माँग किये जाने पर सन्दर्भ सेवा**—उपयोगकर्ताओं द्वारा माँग किये जाने पर ज्ञान-सामग्री या उसके छायाचित्र (Photostat) को सुलभ कराया जाता है। जहाँ सन्दर्भ सेवा को महत्त्वपूर्ण माना जाता है वहाँ बहुमूल्य सन्दर्भ कृतियों को भी प्रयोग

के लिए प्रदान कर दिया जाता है जिससे उनका उपयोग पुस्तकालय के बाहर भी किया जा सके। जहाँ ऐसा सम्भव नहीं हो पाता है वहाँ सामग्रियों के छायाचित्रों को सुलभ कराया जाता है जैसे—

**(i) रिफरल सेवा का आयोजन**—ग्रन्थालयों के अलावा सूचना की प्राप्ति के लिए विशेषज्ञों के संघों व अन्य संस्थाओं की मदद लेना आवश्यक हो जाता है। इसलिए विशेषज्ञों अथवा संस्थाओं के माध्यम के अध्येताओं को सूचना सुलभ कराने की सेवा व्यवस्था को रिफरल सेवा कहते हैं इसमें अध्येता और विशेषज्ञ में सम्पर्क स्थापित कर सूचना उपलब्ध कराई जाती है।

**(ii) अन्य पुस्तकालयों से सामग्रियों को मँगाना**—जब वांछित ज्ञान-सामग्री सम्बन्धित ग्रन्थालय में मौजूद नहीं होती है तो अन्य ग्रन्थालयों से मँगाकर उपलब्ध कराई जाती है इसे अन्तर्ग्रन्थालय ऋण (Inter Library Loan) कहते हैं। इस योजना को पारस्परिक सहयोग के आधार पर चलाया जाता है। इस प्रकार की मदद से ज्ञान सामग्री के छायाचित्र भी मँगाये जाते हैं। जहाँ सूचना सम्प्रेषण के लिए टैलेक्स या टेलीप्रिन्टर की व्यवस्था होती है वहाँ इनके माध्यम से सूचना भेजकर किसी भी प्रकार की सामग्री को शीघ्रातिशीघ्र मँगाया जा सकता है।

**(2) माँग किये जाने की सम्भावना में सन्दर्भ सेवा**—विशिष्ट प्रकार के ग्रन्थालयों में माँग किये जाने की सम्भावना में अनेक प्रकार की ऐसी सूचना-सामग्री तथा उपकरण तैयार किये जाते हैं जिनसे अध्येताओं को अनेक प्रकार के सूचना स्रोतों की जानकारी प्राप्त होती है। वे सामग्रियाँ निम्नवार हो सकती हैं—

**(i) महत्त्वपूर्ण घटनाओं से जुड़ी सामयिक जानकारी**—जैसे नवीन वित्तीय वर्ष का बजट संसद में प्रस्तुत किये जाने पर अर्थशास्त्र विषय के अध्येता सम्बन्धित पत्र-पत्रिकाओं की माँग अधिक करते हैं।

**(ii)** विख्यात व्यक्तियों व विषय विशेषज्ञों के निधन पर सामग्री की माँग।

इसलिए माँग की सम्भावना में सामयिक प्रकरणों पर सामग्रियों से सन्दर्भ ग्रन्थालयी को पर्याप्त परिचित होना पड़ता है व सामग्री की वाङ्मय सूचियाँ (Bibliographies) भी तैयार करनी पड़ती है।

**(3) बिना पूर्व माँग करने पर सन्दर्भ सेवा**—अनेक ग्रन्थालयों में सूचना प्रसार सेवा बिना किसी प्रकार की पूर्व माँग के भी आयोजित की जाती है। इसका मुख्य उद्देश्य अध्येताओं को पूर्व में ही सुलभ या आगामी साहित्य-सामग्री की जानकारी सुलभ कराना होता है जिससे जरूरत पड़ने पर उनकी आवश्यकता की पूर्ति की जा सके। इस प्रकार की सूचना प्रदान करने के लिए अनेक प्रकार की विधियाँ

अपनाई जाती हैं। जैसे—List of Recent Accessions, Special Documentation Lists, Content Pages of Periodicals, Special Annotated Subject Lists आदि।

**अध्येताओं तथा संस्था की प्रोफाइल रखना**—औद्योगिक संगठनों के ग्रन्थालयों व विशिष्ट ग्रन्थालयों में जहाँ अध्येताओं की संख्या कम होती है उनके प्रोफाइल तैयार किये जाते हैं जिनमें उनके विषय क्षेत्र, स्तर व जिस रूप में सूचना की जरूरत होती है उनका उल्लेख होता है। इस प्रक्रिया में विशेषज्ञों को नवीन सामग्रियाँ बिना किसी देरी के प्राप्त हो जाती हैं।

**(4) माँग की स्थिति उत्पन्न करना**—प्रलेखों व सूचनाओं की माँग की स्थिति उत्पन्न किये जाने की पृष्ठभूमि तैयार करने के अनेक साधन तथा विधियाँ प्रचलित हैं जो निम्नलिखित हैं—

**(i) प्रश्नों का महत्त्व**—किसी प्रश्न की जानकारी किस पाठक के लिए कितनी महत्त्वपूर्ण है वह समयावधि या स्रोतों की सीमा एवं प्रकार के आधार पर निश्चित करना सम्भव नहीं है। छोटी से छोटी सूचना का अंश बहुत ही महत्त्वपूर्ण हो सकता है इसलिए अध्येताओं के उत्तर उनकी जरूरत के प्रसंग में मानकर जल्दी प्रदान करने के लिए उद्यत रहना चाहिए।

**(ii) ग्रन्थालयी का दृष्टिकोण**—उपयोगकर्ताओं के प्रश्नों के उत्तर व प्रदानकर्ता के दृष्टिकोण तथा प्रसार में अन्तर अनजाने में उत्पन्न हो जाता है। यह ग्रन्थालय की प्रकृति पर भी निर्भर करता है जैसे ग्रन्थालय किसी मन्त्रालय का है तो सम्बन्धित मन्त्री द्वारा संसद् में उत्तर देने की सामग्री को महत्त्वपूर्ण मानकर उसे सुलभ कराने में ज्यादा ध्यान दिया जाता है। इसके विपरीत छात्रों के प्रश्नों को अधिक महत्त्व नहीं दिया जाता है। प्रत्येक सन्दर्भ ग्रन्थालयी को हर पाठक के साथ समान दृष्टिकोण अपनाना चाहिए।

**(iii) वार्तालाप की आवश्यकता एवं महत्त्व**—प्रश्नों का उत्तर प्रदान करने से पूर्व सन्दर्भ ग्रन्थालयी के लिए यह निश्चित करना जरूरी है कि उसने अध्येता की आवश्यकता व उसके प्रश्न का अभिप्राय पूर्णतः समझ लिया है। अध्येता से अनेक प्रकार से जैसे-जैसे खोज की प्रक्रिया चलती रहती है प्रश्नों को स्पष्ट करने के लिए पूछताछ करते रहना चाहिए।

**(iv) सन्दर्भ सेवा ग्रन्थालय सेवा का हृदय स्थल होता है**—सन्दर्भ सेवा सभी ग्रन्थालय सेवा की एक ऐसी सेवा है जिससे पुस्तकालय को लोकप्रियता तथा श्रेष्ठता प्राप्त होती है। ग्रन्थालय की कार्य-कुशलता बढ़ाने में सन्दर्भ सेवा से ही मदद प्राप्त होती है। अतः सन्दर्भ सेवा को ग्रन्थालय सेवा का हृदय स्थल कहा गया है।

**(v) सन्दर्भ सेवा ग्रन्थालय की कसौटी है**—अगर सन्दर्भ ग्रन्थालयी सन्दर्भ सेवा प्रदान नहीं करता है तो उसे वर्गीकरण व सूचीकरण की गलतियों का ज्ञान नहीं हो सकता है जिससे पुस्तकों को उपयुक्त स्थान पर प्राप्त करना या सूची से उनकी जानकारी प्राप्त करना सम्भव नहीं हो सकता है। वरना पुस्तकों की जानकारी एक कठिन कार्य हो जाता है।

**(vi) प्रसार सेवा का आयोजन**—लोगों को पुस्तकालयों के प्रति आकर्षित करने के लिए समय-समय पर विशिष्ट विषयों या प्रकरणों पर पुस्तकों की प्रदर्शनी आयोजित करनी चाहिए जिससे लोग पुस्तकालय में आने के लिए आकर्षित हों और जिससे ग्रन्थालय का उपयोग करने की प्रवृत्ति विकसित हो सके।

**(vii) सेवा की प्रकृति**—पाठकों का आकर्षण सन्दर्भ सेवा की विशेषताओं तथा प्रकृति पर अधिक निर्भर करता है। जितनी उपयुक्त पूर्ण तथा व्यापक त्वरित सूचना सुलभ कराई जायेगी उतने ही अधिक पाठक लाभान्वित होंगे और उतने ही अधिक वे नवीन सूचना की प्राप्ति के लिए पुस्तकालय में आयेंगे।

**(viii) सामग्रियों की विविधता**—माँग की जाने वाली सामग्रियों में सिर्फ परम्परागत प्रलेखों की ही माँग हमेशा नहीं होती है इसके अलावा अन्य विविध प्रकार की सामग्री की माँग भी हो सकती है, यथा—चित्रलेख, छायाचित्र, किसी वस्तु की डिजाइन, मानक, प्लान तथा नक्शे, ग्रामोफोन रिकार्ड आदि की भी माँग हो सकती है इसलिए इन सामग्रियों का विवरण तथा इनके स्रोतों का ज्ञान जरूर रखना चाहिए।

**(ix) प्रश्नों की श्रेणियाँ**—सन्दर्भ के प्रश्नों को दो श्रेणियों में रखा जा सकता है। (1) त्वरित सन्दर्भ (Ready Reference), (2) दीर्घकालीन सन्दर्भ (Long Range Reference)। त्वरित सन्दर्भ वे प्रश्न होते हैं जिन्हें जल्दी ही त्वरित स्रोतों से बिना किसी श्रम के समाधान कर दिया जाता है। दीर्घकालीन सन्दर्भ वे प्रश्न होते हैं जिन्हें हल करने के लिए अनेक कृतियों तथा स्रोतों का अवलोकन करना पड़ता है। इसलिए आवश्यक है कि इन प्रश्नों की एक फाइल सन्दर्भ विभाग में रखी जाये ताकि अधिक समय तथा श्रम बर्बाद न हो।

इस प्रकार हम देखते हैं कि सन्दर्भ सेवा का आयोजन ग्रन्थालय की उपयोगिता को बढ़ाने और पुस्तकालयों को राष्ट्रीय विकास में महत्त्वपूर्ण भूमिका निर्वाह करने की दृष्टि से बहुत जरूरी है।

## सन्दर्भ सेवा के नवीन आयाम

आज पहले की तुलना में ग्रन्थालय की कार्य पद्धति परिवर्तित हो गई है उसमें नवीन सेवा पद्धतियों को अपनाया जा रहा है। सेवा के सन्दर्भ में ऐसी नवीन

अवधारणाएँ उत्पन्न हो चुकी हैं जिनका अध्ययन तथा विश्लेषण रचना विचाराधीन है जिसे निम्नलिखित बिन्दुओं के तहत स्पष्ट किया जा सकता है—

**1. सूचना सामग्रियाँ**—सन्दर्भ स्रोत के परम्परागत प्रलेखों की तुलना में अब विभिन्न प्रकार के नवीन स्वरूपों में मुद्रित व अमुद्रित रूप में अनेक सूचना सामग्रियाँ संकलित की जाती हैं। ऐसी सामग्रियों को विश्व के कोने-कोने से कम्प्यूटर के द्वारा संकलित तथा संग्रहीत किया जाता है और उपयोगकर्ताओं द्वारा माँग किए जाने पर जल्दी-से-जल्दी सुलभ कराया जाता है।

**2. सुगम अध्ययन**—उपयोगकर्ता को संग्रहीत सन्दर्भ ग्रन्थों का स्वयं अवलोकन कर पड़ता था जिसमें उनका अमूल्य समय तथा साथ ही श्रम खर्च होता था परन्तु अब अध्येता कम्प्यूटर के माध्यम से टेपराइटर, लाइटपेन, टेलीविजन स्क्रीन के द्वारा संग्रहीत सामग्रियों की जानकारी वार्तालाप कर प्राप्त कर सकता है जिससे उसका अमूल्य समय समाप्त होने से तो बचता ही है साथ ही उसको इन सब बातों में श्रम भी नहीं करना पड़ता है।

**3. नेटवर्क प्रणाली**—ऑनलाइन सेवा, मैग्नेटिक डिस्क, मैग्नेटिक टेप आदि ऐसी श्रेणी तथा प्रकार के नवीनतम साधन हैं जो अध्येता को त्वरित गति सूचना प्रदान करते हैं। इसके अलावा अन्य साधनों के उपयोग से दूर-दूर स्थित स्थानों से सूचना पल भर में मँगाकर सुलभ कराई जा रही है। कम्प्यूटर नेटवर्क प्रणाली इस क्षेत्र में अध्येताओं के उपयोग की अत्यन्त ही उपादेय सुविधाजनक प्रणाली है। तथा आज प्रत्येक देश के प्रत्येक क्षेत्र में राष्ट्रीय तथा क्षेत्रीय स्तर पर कम्प्यूटर नेटवर्कों की स्थापना की जा रही है। इस क्षेत्र में अन्तर्राष्ट्रीय स्तर पर इंटरनेट नाम के कम्प्यूटर नेटवर्क की स्थापना हो चुकी है।

**4. सन्दर्भ ग्रन्थालयी बनाम सूचना वैज्ञानिक**—सन्दर्भ ग्रन्थालयी जिनका ज्ञान सभी प्रकार के साधनों के बारे में सीमित बताया था अब उनका स्थान विशिष्ट सूचना वैज्ञानिकों द्वारा ग्रहण किया जा रहा है। वैसे तो सन्दर्भ सेवा कार्य साधारण रूप से कुछ स्तरों पर चलता रहेगा परन्तु अब इसका लक्ष्य नित्य प्रति के सामान्य कार्य की अपेक्षा गहन सूचना सुलभ कराना हो गया है। इसमें सूचना सामग्रियों को प्रदान करने के लिए वास्तविक अन्वेषण, विश्लेषण व उपयुक्त तरीके से सम्प्रेषण करने के कौशल की जरूरत पड़ती है। परिणामस्वरूप उच्च श्रेणी के सूचना वैज्ञानिकों के माध्यम से ही इस कार्य को सफलतापूर्वक सम्पन्न किया जा सकता है।

**5. विशिष्टीकृत सूचना सेवा**—छोटे-छोटे ग्रन्थालय जहाँ कम स्तर की सन्दर्भ सेवा प्रदान की जाती रही है उनमें विस्तारशील सन्दर्भ सेवा का आयोजन सम्भव हो रहा है व सूचना केन्द्र या क्षेत्रीय पुस्तकालय जहाँ गहन सन्दर्भ सेवा प्रदान की जाती

रही है वहाँ सूचना सेवा का विकसित रूप उपयोग में लाया जा रहा है। इन केन्द्रों में विशिष्ट क्षेत्रों में सेवा का आयोजन विशिष्टीकृत हो रहा है जिसके लिए विशिष्ट योग्यता तथा कल्पनाशील ग्रन्थालयी नियुक्त किये जा रहे हैं।

**6. कम्प्यूटरीकरण कार्य**—सन्दर्भ सेवा के क्षेत्र में यन्त्रीकरण हो रहा है जिसके लिए ग्रन्थालयों में एक नई प्रणाली को जन्म दिया जा रहा है जिसे कम्प्यूटर प्रणाली कहते हैं। इस विधि में ऐसे उपकरणों तथा यन्त्रों का उपयोग किया जाता है जिनके द्वारा विशालतम एवं पर्याप्त विस्तृत सूचना सामग्रियों की जानकारी बड़ी तीव्रता के साथ प्राप्त की जा सकती है जो अब तक प्रयुक्त विधियों के माध्यम से सम्भव नहीं हो सकी थी।

अतीत का सिंहावलोकन तथा भविष्य की परिकल्पना करने से यह स्पष्ट होता है कि सन्दर्भ सेवा का कोई एक सार्वभौमिक दर्शन (Universal Philosophy) या सैद्धान्तिक आधार नहीं है जो सर्वमान्य हो और समान रूप से व्यवहार में सभी जगह प्रचलित हो तथापि इसे अति आवश्यक तथा उपयोगी सेवा के रूप में आयोजित किया जाना श्रेयस्कर माना गया है जो आजकल अनेक रूपों व अनेक पद्धतियों में आयोजित की जाती हैं।

## सार सेवा

मौजूद साहित्य अथवा पाठ्य सामग्री में वृद्धि के कारण औसत विद्वान के लिए अब यह सम्भव नहीं होता है कि वह अपने क्षेत्रों में प्रकाशित प्रलेखों अथवा सूचनाओं से स्वयं को अद्यतन अथवा अवगत रख सके, इस प्रसंग में सार सेवाओं की महत्त्वपूर्ण भूमिका है, सार सेवाओं से सूचनाएँ तत्काल उपलब्ध होती हैं, ये बहुत उपयोगी उपकरण समझी जाती हैं।

## सार के प्रकार

अनुक्रमणीकरण (Indexing) व सार सेवाओं का मुख्य अन्तर उनके स्वरूप (Form) में होता है, यह समझना चाहिए कि दूसरे में सार संलग्न किया जाता है, सार की परिभाषा इस रूप में दी गई है, "प्राथमिक प्रलेखी सूचना को (Primary Documentary Information) अर्थात् मूल रचना में प्रकट सभी तथ्यों को, सूचना अथवा रचना के मूल क्रम के अनुसार (यथासम्भव) लेखक की अपनी भाषा में सुगठित रूप में प्रस्तुत करना," मूल रचना के अन्तर्गत "कोई भी पुस्तक, शोध-प्रतिवेदन, पत्रिका में प्रकाशित कोई रचना, अभिभाषण, सम्मेलन की कार्यवाही, अन्तर्वीक्षा

(interview) आदि आ सकते हैं।" मैजेल व अन्य लेखकों (Maizell and others) के अनुसार,"साधारण रूप में सार (abstract) व संक्षेपण (condensation) जिसमें किसी प्रलेख के उद्देश्य (objective), विषय-क्षेत्र व उपलब्धि को सुगठित रूप में प्रस्तुत किया जाता है, इस प्रकार की सूचना का सम्प्रेक्षण ज्यादातर अनुक्रमणीकरण प्रणाली के साथ होता है जो पुनःप्रलेख की अन्तर्वस्तु की पहचान में सहायक होती है, नियमतः सार का उद्देश्य उन विशिष्ट समूह के पाठकों को लाभ पहुँचाना है जिन्हें मूल प्रलेख की अभिगम्यता का साधन उपलब्ध नहीं भी हो सकता है।" साधारण शब्दों में सार (abstract) को किसी प्रलेख का सारांश (summary) कह सकते हैं; इसके ग्रंथपरक विवरण यथोचित रूप में दिये जाते हैं, जिससे प्रलेख की खोज आसानी से हो सके, इससे सम्बन्धित प्रलेख पुस्तक, पत्रिका में प्रकाशित रचना अथवा अभिलिखित ज्ञान आदि किसी भी रूप में हो सकते हैं।

सार मुख्य रूप से दो प्रकार के होते हैं यथा संकेत सूचक सार व सूचनात्मक सार।

"संकेत सूचक सार में प्रलेख के विषय में संक्षिप्तता (briefly) से प्रकाश डाला जा सकता है।

इसमें प्रलेख के अन्तर्वस्तु व इसके विषय-क्षेत्र का सारांश प्रस्तुत किया जाता है। इस संक्षिप्त सार में इतना कुछ दिया जाता है जिससे पाठक यह निर्णय ले सकें कि उसे मुख्य प्रलेख पढ़ने की आवश्यकता है अथवा नहीं, परन्तु इस प्रकार के सार को मूल रचना स्थानापन्न नहीं समझा जा सकता, वैसे सामयिक अभिज्ञता से प्रदान करने के लिए सार बहुत उपयोगी होता है।

"सूचनात्मक सार अपेक्षाकृत लम्बा होता है। इससे आवश्यक आधार सामग्री तथा निष्कर्ष प्रस्तुत किये जाते हैं, जिससे मूल प्रलेख को देखने की जरूरत नहीं रह जाती।" सूचनात्मक सार में अन्तर्वस्तु का सार प्रस्तुत किया जाता है जिसके अन्तर्गत मुख्य युक्तियाँ, योगदान आधार-सामग्री, अन्तर्वस्तु के अन्य पहलू व शोध का निष्कर्ष आदि आते हैं, उपरोक्त प्रकार के सार से पाठक इस योग्य हो जाता है कि वह अमुक योगदान की मौलिक प्राथमिकता की जाँच कर सके।

वैसे सूचनात्मक सार को मूल प्रलेख का स्थानापन्न नहीं समझना चाहिए, व्यावहारिक रूप से दोनों प्रकार के सार में कोई तीक्ष्ण भेद नहीं है।

इस प्रकार का सार उत्तम समझा जाता है जिसमें मुख्य पहलू, कार्यविधि, परिणाम व निष्कर्ष दिए जाते हैं

सामान्यता सार 50 से 150 शब्दों में किया जाता है।

## उपयोगिता

(1) इसके माध्यम से भाषा सम्बन्धी बाधा दूर हो जाती है क्योंकि पाठक के लिए अज्ञात भाषा में प्रकाशित सामग्री के सार को पाठक की ज्ञात भाषा में प्रस्तुत किया जा सकता है।

(2) वर्गीकृत सार के माध्यम से एक विषय से जुड़ी सामग्री पाठक को इकट्ठी मिल जाती है जो वस्तुतः पत्रिकाओं में बिखरी रहती है।

(3) इससे उपभोक्ता (user) के समय की बचत होती है, क्योंकि पाठक को यह निर्देश मिलता है कि उसे क्या पढ़ना चाहिए।

(4) इससे पूर्वव्यापी साहित्य का सर्वेक्षण शीघ्रता से हो सकता है।

## सार सेवाओं का विकास

वैज्ञानिक पत्रिका का आविर्भाव सन् 1665 में हुआ। अतः वैज्ञानिक संचार के इतिहास में इस वर्ष को एक स्तम्भ चिह्न माना जाता है। डेनिश डे सल्लो (Denis de Sallo) ने प्रथम सार पत्रिका का प्रथम अंक 5 जनवरी, 1665 को निकाला। पत्रिका का शीर्षक था–*Journal des Seavans*. यह पत्रिका 130 वर्षों तक निकलती रही, फिलासॉफिकल ट्रान्सऐक्शन्स (*Philosophical Tansactions*) का प्रथम खड 6 मार्च, 1665 को लंदन से प्रकाशित किया गया।

19वीं सदी के आरम्भ से ही विज्ञान व प्रौद्योगिकी के क्षेत्र में प्रचुर सामग्री प्रस्तुत होने लगी। साहित्य की इस वृद्धि के कारण वैज्ञानिकों को अपने विशिष्ट क्षेत्र में प्रकाशित साहित्य से स्वयं को पूर्ण परिचित रखना मुश्किल हो गया। इसी समस्या के समाधान के रूप में सार-पत्रिकाओं का प्रादुर्भाव हुआ। इस प्रकार का प्रथम प्रयत्न 1983 ई. में फारमास्यूटिशस सेन्तरालबलाट (Pharmaceutisches centralblatt) तत्पश्चात् इसका नाम शेमीशसर सेन्तरालबलाट (*Chemisches Zentralblatt*) रखा गया, इसलिए दुबारा इसे शेमीशर इन्फारमातुस्योनडीन्स्ट (Chemischer informationsdienst) शीर्षक नामक सार-पत्रिका के माध्यम से शुरू किया गया, अब प्रत्येक महत्त्वपूर्ण क्षेत्र में किसी न किसी प्रकार की सार सेवा उपस्थित है। कुछ क्षेत्रों में तो सेवाओं में द्विगुणीकरण व अतिव्याप्ति कारण भी हैं।

## भारत

भारत में नेशनल इंस्टीट्यूट ऑफ साइंसेज (National Institute of Sciences) ने इण्डियन साइंस एब्स्ट्रैक्ट्स (Indian Science Abstracts) शीर्षक

से एक सार-पत्रिका 1936 ई॰ में आरम्भ की जो 1939 तक प्रकाशित होती रही। भारतीय सामयिक वैज्ञानिक साहित्य के नियन्त्रण का यह शायद पहला प्रयास था।

अन्य प्रमुख सार सेवाओं की सूची नीचे प्रस्तुत की जा रही है। इन्हें यथासम्भ्व कालानुक्रमिक रूप में रखा गया है–

प्रथम अंक का प्रकाशन जनवरी 1936 में अनुलेखित रूप में हुआ। इसके बाद के 40 अंक क्वार्टरली बुलेटिन ऑफ दी सेन्ट्रल इरीगेशन (*Quarterly Bulletin of the Central Board of Irrigation*) के भाग के रूप में निकाले गये, इसका पृथक रूप से प्रथम प्रकाशन 1943 में आरम्भ किया गया।

*BTRA Abstracts,* Bombay Textile Research Association, 1965-70, bimonthly, Mimeographed.

*BTRA Scan,* Bombay Textile Research Organization, 1970, quarterly, Printed.

*CRRI Road Abstracts,* New Delhi, Central Road Research Institute, 1961, June 1971 twice a year.

*NBO Abstracts,* New Delhi, National Buildings Organization, 1955, Monthly, Mimeographed.

*FAI Abstracts Service,* New Delhi, Fertilizer Association of India, 1962, Monthly, Mimeographed.

*CBRI Abstracts,* Roorkee, Central Building Research Institute Library, 1964, (also available in microform).

*Library Bulletin,* Mysore, Central Food Technological Research Institute, 1962, Monthly.

लाइब्रेरी बुलेटिन में खाद्य प्रौद्योगिकी (Food Preservation), डिब्बाबंदी (Packaging) अर्थशास्त्र आदि से सम्बन्धित सार अथवा समाचारपत्रों के मदों (Items) का निस्सार (extracts) पुनः प्रस्तुत किया जाता है।

*Indian Science Abstracts,* Delhi, Indian National Scientific Documentation Centre, 1965, Monthly.

*Food technology Abstracts,* Mysore, Central Food Technological Research Institute, 1966, Mimeographed, Monthly.

*Indian Library Science Abstracts,* Calcutta, Indian Association of Special Libraries and Information Centres, Vol. 1, 1967, quarlerly.

*CRI Abstracts, a Quarterly Digest of Developments and Research in Cement and Concrete,* New Delhi, Cement Research Institute of India, 1968.

*ICSSR Research Abstracts Quarterly,* New Delhi, Orient Longman, 1972, quarterly.

*Indian Psychological Abstracts,* Baroda, Somaiya Publication, 1972, bimonthly.

**इण्डियन साइक्लोजिकल एब्सट्रैक्ट्स** आई॰ सी॰ एस॰ एस॰ आर॰ (ICSSR) तथा इंडियन साइक्लोजिकल एसोसिएशन (Indian Psychological Association) द्वारा संकलित किया जाता है।

*Documentation in Public Administration*, Delhi, Indian Institute of Public Administration, Vol.1, 1973, quarterly.

उपरोक्त प्रकाशन के खण्ड 2 ( अंक 1) से विकासशील देशों में उपलब्ध लोक-प्रशासन से सम्बन्धित साहित्य की सटिप्पण ग्रंथसूची त्रैमासिक रूप में प्रारम्भ की गई है।

*Indian Dissertation Abstracts,* Bombay, Popular Prakashan, Vol. 1, 1973.

आई॰ सी॰ एस॰ एस॰ आर॰ (ICSSR) व इण्टर यूनिवर्सिटी बोर्ड ऑफ इण्डिया (जिससे इब एसोसिएशन ऑफ इण्डियन यूनिवर्सिटीज) द्वारा उक्त प्रकाशन का संकलन होता है।

*ICSSR Journal of Abstracts and Reviews: Sociology, Social Anthropology, Criminology and Social Work,* Delhi, National Publishing House, 1972, Biannual.

*Journal of Abstracts and Reviews in Geography,* Vol. 1, 1975, biannual.

## सार में समाविष्ट मद

किसी भी उत्तम सार में ज्यादातर मुख्य तत्त्व (main points), कार्यप्रणाली (methodology), युक्तियाँ (arguments), उपलब्धि (results) तथा निष्कर्ष (conclusions) दिये जाते हैं, संकेत सूचक सार (informative abstract) की अपेक्षा सूचनात्मक सार बड़ा होता है क्योंकि दोनों के उद्देश्य अलग हैं, दोनों की लम्बाई में 50 से 150 शब्दों का अन्तर होता है।

## सार बनाम अनुक्रमणिका

सार व अनुक्रमणिका में मुख्य अन्तर उनके रूप से होता है, अनुक्रमणिका द्वारा प्रलेख ढूँढ़ा जाता है अपनी जानकारी को विस्तृत कर साथ-साथ उसके मुख्य

तथ्यों से परिचय भी प्राप्त किया जाता है, सार से यह मालूम होता है कि अमुक कार्य से मिलता-जुलता और भी कार्य कहीं सम्पादित हुआ है अथवा नहीं। इससे शोध कार्य में अनावश्यक द्विगुणीकरण (duplication) में रोक लगती है। सूचनात्मक सार (informative abstract) की स्थिति में तो मूल प्रलेख को पढ़ने की भी जरूरत नहीं समझी जाती। शोधकर्ताओं के लिए दोनों प्रकार के सार जरूरी हैं क्योंकि दोनों से उनके समय की बचत होती है। परन्तु अनुक्रमणिका की अपेक्षा सार से अधिक समय बचता है।

## सार-पत्रिकाएँ

सार विभिन्न आरूपों (formats) में प्रकाशित किए जाते हैं। सार सेवा का सबसे प्रचलित रूप पत्रिकाएँ हैं। सार-पत्रिका की परिभाषा इस रूप में दी गई है, *(i)* "मूल अथवा प्राथमिक स्रोत पत्रिकाओं में प्रकाशित सामयिक रचना (अत्यधिक सीमित विषय-क्षेत्र में), व *(ii)* महत्त्वपूर्ण नए शोध सम्बन्धी विनिबन्धों, प्रतिवेदनों, पेटेन्टों व किसी अन्य विशिष्ट क्षेत्र के मूल प्रकाशनों को संक्षिप्त सारांशों के रूप में प्रस्तुत करना तथा ऐसे सारांशों को एकत्रित कर नियमित रूप से पत्रिका के माध्यम से उन्हें प्रकाशित करना।" इस प्रकार की पत्रिकाओं में रचनाओं को ढूँढ़ने के लिए अनुक्रमणिकाएँ व्यापक रूप से दी जाती हैं। इस अध्याय में कुछ महत्त्वपूर्ण सार-पत्रिकाओं के वर्णन का प्रयत्न किया गया है।

प्रत्येक अंक में सारांशों (summaries) को अत्यधिक व्यापक विषय के अन्तर्गत व्यवस्थित किया जाता है व लेखक, विषय आदि के अन्तर्गत अनुक्रमणिकाएँ दी जाती हैं।

समावेशन के दृष्टिकोण से सार-पत्रिकाएँ चयनात्मक होती हैं। उनके प्रकाशनों की अवधि में भी भिन्नता होती है। वैसे तो सार-पत्रिकाओं का ज्यादातर संचयन प्रस्तुत नहीं किया जाता, लेकिन मुख्य भाग की समुचित अनुक्रमणिकाएँ (cumulated indexes) तैयार की जाती हैं।

सार-पत्रिकाओं में प्रकाशन व उन मूल पत्रिकाओं या सूचना के प्राथमिक स्रोतों के प्रकाशन में समयान्तर (time-lag) रहता है। किसी विषय से जुड़ी पूर्वव्यापी खोजों (retrospective searches) के लिए सार-पत्रिकाएँ उत्तम सामग्री हैं। विशिष्ट विषयों से सम्बन्धित सूचनाओं की अनुक्रमणिका के रूप में भी इसका प्रयोग किया जाता है व इनके माध्यम से विशिष्ट विषय की सामयिक स्थिति का सर्वेक्षण भी किया जाता है। शोध कर्ता इनके माध्यम से अपनी जानकारी को विस्तृत कर अद्यतन तथा

पूर्ण जानकार बन सकते हैं। किसी विशिष्ट सूचना को ढूँढ़ने में भी इनसे मदद मिलती है। आधारगत सूचनाओं की प्राप्ति में भी सार-पत्रिकाएँ काफी सहयोग करती हैं।

## श्रेष्ठ सार सेवाएँ

विभिन्न क्षेत्रों में उपलब्ध कुछ श्रेष्ठ सार-सेवाओं के उदाहरण यहाँ प्रस्तुत किये जा रहे हैं। इस सन्दर्भ में भारत से प्रकाशित महत्त्वपूर्ण सार-सेवाओं पर विशेष जोर दिया गया है।

इस प्रकाशन में 40 अनुच्छेद होते हैं। इसमें पुस्तकों, शोध-प्रबन्धों तथा पत्रिकाओं में प्रकाशित रचनाओं के सार प्रस्तुत किए जाते हैं। इसमें अनेक देशों में प्रकाशित 5,000 से अधिक पत्रिकाओं को शामिल किया जाता है। आख्याएँ व सार फ्रांसीसी भाषा (फ्रेंच) में अनुवादित हैं। सार संक्षिप्त व संकेतसूचक (indicative) हैं। सभी प्रस्तुत सारांश को एक श्रेणी में नहीं रखा जा सकता है। हर अंक में लेखक व विषय अनुक्रमणिकाएँ भी दी जाती हैं जिन्हें वार्षिक संचयन के रूप में प्रकाशित किया जाता है।

इस प्रकाशन का उपयोग करना कोई सरल कार्य नहीं है क्योंकि अब इस सेवा के संगठन व कार्यक्रम में अनेक बदलाव हुए हैं, लेकिन यह प्रकाशन एक प्रमुख अन्तर्राष्ट्रीय सार सेवा की श्रेणी में है क्योंकि विश्व साहित्य के बहुत बड़े भाग को इसमें समाविष्ट किया जाता है। प्रस्तुत सार सेवा तथा अन्य उपलब्ध सार सेवाओं में अति व्याप्ति (overlapping) है। फिर भी कुछ क्षेत्रों में यह सार सेवा श्रेष्ठ समझी जाती है, जैसेः विज्ञान का इतिहास ( history of science)। इस सार सेवा का दूसरा लाभ यह है कि आवश्यकतानुसार इसके अनुच्छेदों का ग्राहक बना जा सकता है।

## रिफरल सेवा

ग्रन्थालयों तथा सूचना केन्द्रों में विशाल मात्रा में ग्रन्थों, प्रलेखों तथा पठनीय-सामग्री का संकलन तथा संग्रहण किया जाता है तथा इस संकलन को उसके उपयोगकर्ताओं को उपलब्ध कराने के लिए ही ग्रन्थालयों में अनेक प्रविधियों, विधियाँ एवं प्रक्रियाएँ सम्पन्न की जाती हैं। परन्तु कोई भी सामान्य उपयोगकर्ता विशाल साहित्य के विविध प्रकारों, स्वरूपों तथा संख्या के साथ-साथ इन प्रक्रियाओं एवं प्रविधियों से परिचित नहीं होता है इसलिए उसे अपना वांछित प्रलेख प्राप्त करने अथवा प्रश्नों के जवाब

प्राप्त करने में जो व्यक्तिगत मदद ग्रन्थालयों में प्रदान की जाती है उसे ही सन्दर्भ सेवा कहते हैं।

सन्दर्भ सेवा का एक आवश्यक रूप रिफरल सेवा है। रिफरल सेवा के अन्तर्गत प्रश्नकर्ताओं या उपयोगकर्ताओं का सम्बद्ध ग्रन्थालय में संग्रहीत पाठ्य-सामग्री से न कराकर विद्वानों, विशेषज्ञों व संस्थाओं से सम्पर्क स्थापित करने के लिए मात्र रिफर किया जाता है। ज्यादातर सन्दर्भ सेवा की दृष्टि से ग्रन्थालयों में सन्दर्भ सेवा में लगे कार्मिक उन स्रोतों तथा सामग्रियों से उपयोगकर्ताओं का सम्पर्क स्थापित कराते हैं जिनसे उन्हें उनकी वांछित सूचना प्राप्त हो जाये। किन्तु सन्दर्भ सेवा की सीमा यहीं तक निर्धारित नहीं है इससे आगे रिफरल सेवा के अन्तर्गत प्रलेखों से सम्पर्क स्थापित कराने की तुलना में उसके क्षेत्र से सम्बन्धित व्यक्तियों, अनुसंधानकर्ताओं तथा विशेषज्ञों से सम्पर्क स्थापित कराने के प्रयास हेतु उनकी मदद की जाती है जिनसे उन्हें वांछित ज्ञान प्राप्त हो सके। ऐसी व्यवस्था को रिफरल सेवा कहते हैं।

जितने प्रकार की सूचनाएँ होती हैं उतने ही प्रकार से सूचना प्रदान करने की विधियाँ भी होती हैं। कोई भी पुस्तकालय सभी प्रकार की सामग्रियों से युक्त होने का दावा नहीं कर सकता इसलिए उन्हें अन्य ग्रन्थालयों की मदद तथा सहयोग पर निर्भर रहना पड़ता है। इसके अलावा सूचना सुलभ करने की सेवा-व्यवस्था को रिफरल सेवा कहते हैं जिसके अन्तर्गत उपयोगकर्ताओं एवं विशेषज्ञों के बीच सम्बन्ध स्थापित कराकर सूचना सुलभ की जाती है।

## रिफरल केन्द्र

रिफरल सेवा प्रदान करने के लिए पुस्तकालयों में रिफरल केन्द्रों की स्थापना की जाती है। चूँकि रिफरल सेवा एक सामान्य पाठक को प्रदान न करके विशिष्ट उपयोगकर्ताओं जैसे वैज्ञानिक क्षेत्र में संलग्न अनुसंधानकर्ता व वैज्ञानिक विशेषज्ञों तथा विषय विशेषज्ञों को प्रदान कराने की व्यवस्था की जाती है। इसलिए रिफरल केन्द्र विशेषकर वैज्ञानिक तथा तकनी के समुदाय की सेवा के लिए स्थापित किए जाते हैं। रिफरल केन्द्र ग्रन्थालय के मुख्य द्वार के पास ऐसा केन्द्र स्थापित किया जाता है जो एक सूचना के रूप में कार्य करता है। इस डेस्क पर मात्र निर्देशिकाओं एवं गाइडों तथा तालिकाओं जैसे अभिगम उपकरणों का संकलन किया जाता है जिनसे सूचना उपलब्ध न कराकर सूचना के साधनों का विवरण आपको बता दिया जाता है और आप उस साधनों के उपलब्धि स्थान पर जाकर उसका अवलोकन कर सकते हैं।

रिफरल केन्द्र स्थापित करने की दिशा में संयुक्त राज्य अमेरिका के राष्ट्रीय ग्रन्थालय लाइब्रेरी ऑफ काँग्रेस ने विज्ञान तथा प्रौद्योगिकी के क्षेत्र में रिफरल सेवा प्रदान करने हेतु नेशनल रिफरल सेंटर फार साइंस एण्ड टेक्नालॉजी की स्थापना की गई है जिसकी इस क्षेत्र में सेवाएँ प्रशंसनीय एवं उल्लेखनीय हैं। इस केन्द्र से कोई भी उपयोगकर्ता टेलीफोन के माध्यम से अथवा लिखित रूप से सम्बन्धित प्रकरणों पर प्रश्नों के उत्तर प्राप्त कर सकता है। यह केन्द्र अपनी टेपों तथा अनुसंधान कार्यक्रमों के अभिलेखों से जुड़े विशेषज्ञों, संसाधनों, व्यक्तियों व संस्थाओं का पूर्ण विवरण अनुसंधानकर्ताओं को उपलब्ध करा देता है जिससे सीधा संपर्क स्थापित कर वांछित सूचना प्राप्त की जा सकती है। आज के युग में इस प्रकार की सेवा व्यवस्था का आयोजन करना बहुत ही आवश्यक है जिसके लिए किसी भी रिफरल केन्द्र को महत्त्वपूर्ण सूचना स्रोतों की एक तालिका व इन स्रोतों की प्रकाशित निर्देशिका का संचालन करना अत्यन्त जरूरी है।

## वाङ्मयात्मक सेवाएँ

आज के युग में सूचना-सामग्रियों की संख्या इतनी विशाल हो चुकी है कि उस पर नियन्त्रण करना एक बहुत ही जटिल कार्य हो गया है। प्रत्येक देश के बहुमुखी विकास के लिए आवश्यक है कि वह सूचना को अधिक से अधिक मात्रा में संग्रहीत कर अपने उपयोगकर्ताओं विशेषकर अनुसंधानकर्ताओं तथा वैज्ञानिकों को उपलब्ध कराने का प्रयत्न करे। इस सम्बन्ध में उपयुक्त निर्णय लेने के लिए वांछित सूचनाओं का अभाव अधिक अवरोध पैदा करता है तथा साथ ही नवीन विधियों, प्रविधियों एवं विकासों में इसका उपयोग करने में तथा सहभागिता का निर्वाह करने में भी कठिनाइयों का सामना करना पड़ता है। इस प्रकार की मुश्किलों को मात्र पुस्तकालय एवं सूचना केन्द्रों में पाठकों के उपयोगार्थ वाङ्मयात्मक सेवाओं की व्यवस्था करके दूर किया जा सकता है।

### वाङ्मयात्मक सेवा का आशय

प्रलेखों में अभिलिखित सूचना की विविधता, जटिलता व विशालता के कारण यह अनुभव किया जाने लगा कि सूचना का समुचित उपयोग हो सके इसके लिए यह जरूरी है कि सूचना के सभी अभिलेखों को क्रमबद्ध रूप से तालिकाबद्ध करके हमेशा उपयोग के लिए रखा जाये। इस अवधारणा के परिणामस्वरूप वाङ्मयात्मक संगठन एवं व्यवस्था की धारणा का प्रादुर्भाव हुआ जिसमें इसके लिए ग्रन्थालय तथा

सूचना केन्द्रों में वाङ्मयात्मक सेवाओं की व्यवस्था करना एक जरूरी क्रियाकलाप माना जाने लगा है।

पुस्तकालय एवं सूचना सेवा के क्षेत्र में वाङ्मयात्मक सेवाओं का अभिप्राय उपयुक्त एवं निश्चित समय पर विशिष्ट आवश्यकता की पूर्ति हेतु किसी वाङ्मय सूची के उपलब्ध कराने के लिए उपयोग में लाई जाने वाली युक्तियों, प्रविधियों तथा सुविधाओं की व्यवस्था करना होता है। इसलिए उपयुक्त सेवा के आयोजन हेतु वाङ्मयात्मक सेवाओं में अनेक सेवाएँ उपलब्ध कराई जाती हैं जिनमें वाङ्मय सूची सेवा, अनुक्रमणिका की व्यवस्था की जाती है।

## विभिन्न क्षेत्रों की वाङ्मयात्मक सेवाएँ

विभिन्न क्षेत्रों में वाङ्मयात्मक सेवाओं की संख्या व प्रारूपों से यह एहसास होता है कि मानविकी तथा सामाजिक विज्ञानों की अपेक्षा वैज्ञानिक तुलना में प्रौद्योगिकी के क्षेत्रों में इनका बाहुल्य है। इसका मुख्य कारण विषयों की विकासात्मक स्थिति, ज्ञान-सामग्रियों का उत्पादन, आवश्यक, उद्देश्यात्मक तथा व्यावहारिक अनुसंधान के क्रियाकलाप रहे हैं। वाङ्मयात्मक सेवाओं के उद्देश्य से प्रलेखन केन्द्रों, विशाल ग्रन्थालयों व सहकारी कार्यक्रमों के आधार पर संघ प्रसूचियों का संकलन व प्रकाशन एक महत्त्वपूर्ण कार्य माना जाता है। इसके अलावा राष्ट्रीय वाङ्मय सूचियों का प्रकाशन राष्ट्रीय प्रकाशनों के नियन्त्रण का सबसे अधिक सूचनाप्रद उपकरण माना जाता है। विश्वप्रसिद्ध प्रकाशन कम्पनियों द्वारा प्रकाशित व्यापारिक तथा राष्ट्रीय वाङ्मय सूचियाँ वाङ्मयात्मक नियन्त्रण के उत्कृष्ट उपकरण हैं। अनुक्रमणिका तथा सारांशीकरण सेवा पत्रिकाओं में अमेरिका, ब्रिटेन व सोवियत संघ अग्रणी रहे हैं।

### 1. मानविकी के क्षेत्र की वाङ्मयात्मक सेवाएँ

(*i*) Abstracts of English Studies

(*ii*) The Art Index

(*iii*) International Bibliography of Religion

### 2. सामाजिक विज्ञान के क्षेत्र की वाङ्मयात्मक सेवाएँ

(*i*) India Index

(*ii*) Social Science Index

(*iii*) Social Science Abstracts

(*iv*) British Humanities Index

**3. विज्ञान एवं प्रौद्योगिकी के क्षेत्र की वाङ्मयात्मक सेवाएँ**

(*i*) Mathematical Reviews

(*ii*) Science Citation Index

(*iii*) Pure and Applied Science Index

(*iv*) Chemical Abstracts

(*v*) Physics Abstracts

**4. जीवन विज्ञान के क्षेत्र की वाङ्मयात्मक सेवाएँ**

(*i*) Index Medicus

(*ii*) Biological Abstracts

(*iii*) Excerta Medica

## सूचना पुनर्प्राप्ति और अनुक्रमणीकरण

वर्तमान में प्रलेखों की अपेक्षा प्रलेखों की विषय-वस्तुओं का महत्त्व अधिक है। सूचना प्रसार तथा सम्प्रेषण की गतिविधियों को सरल तथा तीव्रगति बनाने हेतु व अभीष्ट सूचना को कम से कम समय में उपलब्ध कराने के लिए अनेक प्रकार की अनुक्रमणीकरण पद्धतियों को विकसित किया गया है जो सूचना पुनर्प्राप्ति के क्षेत्र में अत्यधिक महत्त्वपूर्ण मानी गई है।

अनुक्रमणिका किसी विषय विशेष, प्रकरण विशेष व अभिज्ञानकृत प्रलेख के बीच की एक कड़ी का कार्य करती है जिससे दोनों सन्निकट आ जाते हैं। सूचना विश्लेषण के अनेक चरण (Stages) में से एक चरण अनुक्रमणीकरण भी है। जब अनुक्रमणीकरण किसी प्रलेख की विषय-वस्तु, क्षेत्र या महत्त्व आदि की व्याख्या तथा मूल्यांकन प्रस्तुत करती है तो वह व्याख्यात्मक अनुक्रमणिका के सारांश के उद्देश्य की पूर्ति करती है। वाङ्मयात्मक अनुक्रमणिका में ऐसा नहीं होता है बल्कि यह आधार सामग्री (Data) अथवा प्रलेखक का सत्यापन तथा निर्धारण स्थान प्रस्तुत करती है। विषय अनुक्रमणिका विषयों का विश्लेषण मौलिक पदों के रूप में करके उन्हें क्रमबद्ध रूप में व्यवस्थित कर व उन पदों का संश्लेषण कर विषयों के सम्बन्ध को स्पष्ट करती है।

## सूचना पुनर्प्राप्ति प्रणाली

सूचना पुनर्प्राप्ति एक विस्तृत तथा व्यापक पद है, जिसका 1950 में सर्वप्रथम काल्विन मूर्स ने प्रयोग किया था। ग्रन्थालय तथा सूचना विज्ञान के परिप्रेक्ष्य में इसकी व्याख्या निम्न प्रकार की जा सकती है—

सूचना के उपयोगकर्ताओं के सवालों को जवाब प्रदान करने या अध्येताओं के लिए ग्रन्थालयों में किसी संग्रह में से सूचना को प्राप्त करने की प्रक्रिया को सूचना पुनर्प्राप्ति कहते हैं। काल्विन मूर्स ने सूचना पुनर्प्राप्ति की परिभाषा निम्न प्रकार दी है—संग्रहीत ज्ञान में से विशिष्ट विषय के निर्देशानुसार वांछित सूचना को खोजकर प्राप्त करना ही सूचना पुनर्प्राप्ति कहलाता है।

ग्रंथालय व सूचना सेवा के परिप्रेक्ष्य में सूचना पुनर्प्राप्ति का अर्थ किसी भी विशालतम साहित्य संग्रह से वांछित तथा उपयुक्त सूक्ष्म प्रलेख को खोलकर निकालना है जिसमें अभीष्ट सामग्री निहित हो उस सूचना को उपयोगकर्ताओं को प्रदान करना है। सूचना पुनर्प्राप्ति प्रणाली यंत्रवत या मैन्युअल दोनों प्रकार की हो सकती है। तीसरे प्रकार की सूचना पुनर्प्राप्ति प्रणाली ऑनलाइन प्रणाली है जो कम्प्यूटर के द्वारा प्रदान की जाती है तथा जिसमें सूचना के संग्रहण व पुनर्प्राप्ति का कार्य डेटाबेसों में होता है।

## सूचना पुनर्प्राप्ति प्रणाली में अनुक्रमणिका का महत्त्व एवं उपयोगिता

सूचना पुनर्प्राप्ति की दृष्टि से प्रलेखन की अन्य प्रक्रियाओं तथा प्रविधियों में अनुक्रमणीकरण को सर्वाधिक महत्त्वपूर्ण माना गया है। परिणामतः इसकी रचना तथा विधियों को उपयोगी बनाने पर पर्याप्त ध्यान दिया गया है क्योंकि वांछित सूचना को प्राप्त करने में अनुक्रमणिका की कार्यकुशलता के कारण सूचना पुनः प्राप्ति का कार्य आसान हो जाता है। इसलिए इस दिशा में अनुक्रमणीकरण की आधुनिक अनेक विधियों का आविष्कार एवं विकास किया गया है जिसमें परम्परागत अनुक्रमणीकरण तथा अपरम्परागत अनुक्रमणीकरण के अलावा यांत्रिक विधियों में विशेष रूप से प्रचलित है। सूचना पुनर्प्राप्ति के लिए इनका व्यापक उपयोग अनुक्रमणीकरण के क्षेत्र में किया जाता है इसलिए इस क्षेत्र में इनकी उपयोगिता को अधिक महत्त्व दिया जाता है।

## अनुक्रमणीकरण में यंत्रीकरण

सूचना पुनर्प्राप्ति प्रणाली में कम्प्यूटर का उपयोग कर यंत्रीकरण किया जा रहा है। अनुक्रमणीकरण में कुछ कार्य मनुष्य पर निर्भर (Manual) होते हैं और कुछ कार्य कम्प्यूटर के माध्यम से सम्पन्न किए जाते हैं अतः अनुक्रमणीकरण में कम्प्यूटर का प्रयोग आंशिक आधार पर पूर्ण रूप से किया जाता है। इसी आधार पर अनुक्रमणीकरण में यंत्रीकरण का उपयोग निम्न दो रूपों में होता है—

**1. कम्प्यूटरीकृत अनुक्रमणीकरण**—जिन अनुक्रमणिकाओं का उत्पादन सिर्फ कम्प्यूटर द्वारा ही किया जाता है वे कम्प्यूटरीकृत अनुक्रमणिकाएँ कहलाती हैं। इनमें श्रमपूर्ण विधि से कोई कार्य सम्पन्न नहीं किया जाता है। कम्प्यूटरीकृत अनुक्रमणिका के निर्माण में मनुष्य का हस्तक्षेप कम होता है और सम्पूर्ण कार्य कम्प्यूटर के माध्यम से ही सम्पन्न किया जाता है। इसमें मनुष्य के बौद्धिक कार्य की जरूरत बहुत कम होती है सम्पूर्ण अनुक्रमणिका का कार्य स्वतः यंत्रवत होने लगता है।

**2. कम्प्यूटर की मदद से अनुक्रमणीकरण**—जिन अनुक्रमणिकाओं का उत्पादन दोनों विधियों श्रमपूर्ण विधि (Manual) तथा कम्प्यूटर विधि से किया जाता है वे पूर्णतः कम्प्यूटरीकृत अनुक्रमणिकाएँ हैं क्योंकि इनमें दोनों विधियों का उपयोग होता है। बीएनबी (BNB) की प्रेसिस (PRECIS) व Current Technology Index एवं अन्य कई अनुक्रमणिकाएँ कम्प्यूटर की मदद से निर्मित अनुक्रमणिकाएँ हैं। इसमें श्रमपूर्ण विधि व कम्प्यूटर विधिक दोनों शामिल हैं। प्रेसिस (PRECIS) में प्रारम्भिक कार्य यथा—मूल पाठ का विश्लेषण एवं परीक्षण, विषय प्रस्तुतीकरण के लिए उपयुक्त पदों का चयन तथा इनका क्रम निर्धारण, पंक्तियों का लिखना, अग्रणी पदों का निर्धारण आदि कार्य वस्तुतः अनुक्रमणीयक (Indexer) द्वारा सम्पन्न किए जाते हैं। संलेखों का अत्यधिक मात्रा में तैयार करना और आँकलित करने आदि का कार्य कम्प्यूटर द्वारा श्रमपूर्ण विधि की तुलना में बड़ी तीव्रता के साथ किया जाता है। इसलिए इस अनुक्रमणीकरण में दोनों विधियों का उपयोग होने से कम्प्यूटर की मदद से किया गया अनुक्रमणीकरण (Computer Aided Indexing) कहा जाता है।

विषयानुसार अभिगम (Subject Approach) आजकल अत्यधिक लोकप्रिय तथा उपयोगी होने के कारण कम्प्यूटर द्वारा प्रस्तुत की जाने वाली उत्तम अनुक्रमणीकरण विधियों को विकसित किया गया है जिनमें क्विक, प्रेसिस व पॉप्सी पर्याप्त लोकप्रियता अर्जित कर चुकी हैं।

## चयनित प्रसार सेवा

चयनित प्रसार सेवा जिसे संक्षेप में एसडीआई (SDI) कहते हैं, CAS सेवा का ही नवीन रूप है। इस प्रणाली में मात्र सामयिक (Current) पत्रिकाओं में से उस विशिष्ट संगठन में शोधरत वैज्ञानिकों के लिए चुनी हुई पत्रिकाओं के लेखों व प्रलेखों के सम्बद्ध में सूचनाएँ इकट्ठी की जाती हैं। प्रत्येक विशिष्ट पाठक जो उस संस्था के प्रमुखतः शोधकर्ता होते हैं, की रुचियों को ध्यान में रखना जरूरी होता है। SDI

की अवधारणा को सर्वप्रथम लुह्न (H.P. Luhn) ने निम्न प्रकार परिभाषित किया है—"चयनित प्रसार सेवा किसी संस्था के अन्तर्गत सुलभ की जाने वाली वह सेवा है जो सभी स्रोतों से नई सूचना सामग्रियों का चयन कर उक्त संगठन के उन विभागों में प्रसारित करती है जहाँ सामयिक कार्यों या अभिरुचि में उसकी उपादेयता की सम्भावना सबसे अधिक होती है।

## चयनित प्रसार सेवा की प्रक्रिया विधि

एसडीआई सेवा प्रदान करने के लिए निम्नलिखित प्रक्रियाएँ व चरण अनुसरित किये जाते हैं जिससे उपयोगकर्ताओं को उनके क्षेत्र की सामयिक सूचना उनकी अभिरुचि के समान प्रदान की जा सकें।

**1. उपयोगकर्ताओं की प्रोफाइल तैयार करना**—सबसे पहले विशिष्ट पुस्तकालय को ऐसे उपयोगकर्ताओं को सुनिश्चित करना पड़ता है जिन्हें ऐसी सेवाओं की जरूरत होती है तथा इन सभी की अभिरुचियों को सुनिश्चित किया जाता है। इसके बाद उनकी विषय अभिरुचि का पूर्ण वर्णन तैयार कर हर एक उपयोगकर्त्ता के नाम से अलग-अलग फाइल तैयार की जाती है। इनके विषय की भाषा को किसी प्रचलित Indexing Language के द्वारा Key Words प्रदर्शित किया जाता है। SDI सेवा का केन्द्र बिन्दु उपयोगकर्ताओं की प्रोफाइल ही होती है।

2. प्रलेख या सूचना केन्द्र में प्राप्त होने वाले समस्त प्रलेखों को विश्लेषित कर उनकी विषय-वस्तु को उसी व्यवस्था द्वारा प्रदर्शित किया जाता है जो उपयोगकर्ता प्रोफाइल के लिए उपयोग की गई है। इसके लिए उसी Indexing System का प्रयोग किया जाता है जिससे उनका मिलान करते समय आसानी रहे। प्रलेख प्रोफाइल में भी विषयों का प्रस्तुतीकरण Key Words के द्वारा किया जाता है।

**3. दोनों प्रोफाइलों का मिलान**—दोनों प्रोफाइलों के Key Words को देखकर दोनों का अभिसरण किया जाता है। अगर दोनों प्रोफाइलों के Key Words में सामंजस्य पाया जाता है तो इस बात को नोट कर लिया जाता है।

**4. अधिसूचना भेजना**—जब दोनों प्रोफाइलों के मिलान करने पर यह पता चलता है कि प्रलेखों Key Words के किस उपयोगकर्ता की प्रोफाइल के Key Words से मेल खा रहे हैं तो सम्भावित्त प्रलेखों की उपलब्धता की सूचना तत्सम्बन्धित उपयोगकर्ताओं को दी जाती है। इस सूचना में उन्हें प्रलेखन सूची की सूचना दी जाती है।

**5. पुनर्निवेशन**—जब उपयोगकर्ता को सूचना प्राप्त हो जाती है तब वह उनकी उपयोगिता तथा आवश्यकता देखते हुए अपनी प्रतिक्रिया प्रकट करता है। कौन से प्रलेख उसके लिए उपयोगी हैं और कौन से नहीं। कभी-कभी उपयोगकर्ताओं की

विषय की रुचि में बदलाव हो जाता है। इस व्यवस्था में वह अपनी परिवर्तित रुचि को प्रकट करता है।

**6. उपयोगकर्ता की प्रोफाइल का पुनः संशोधन**—जैसे ही उपयोगकर्ता की अभिरुचि में परिवर्तन की सूचना प्राप्त होती है तो सूचना वैज्ञानिक उसकी प्रतिक्रिया के अनुसार संशोधन करता है व नवीन विषय को प्रोफाइल में अंकित किया जाता है। इस प्रकार उपयोगकर्ता की प्रोफाइल का पुनः संशोधन हो जाता है।

**7. पाठक की जिज्ञासा का समाधान**—अगर कोई उपयोगकर्ता किसी विशेष प्रलेख की जिज्ञासा रखता है तो उसे तथा प्रलेख अवलोकनार्थ भेजने की व्यवस्था की जाती है। अगर प्रलेख उपलब्ध न हो तो उसकी टंकित प्रति या फोटो प्रति भेजी जाती है।

## ऑनलाइन सेवाएँ

आजकल ऑनलाइन पद अनेक अवधारणाओं से युक्त है। एक अर्थ में सूचना सेवा के परिप्रेक्ष्य में यह सूचना उपयोगकर्ता का उस कम्प्यूटर व उसमें लोड उस डेटाबेस से प्रत्यक्ष रूप से जुड़े होने से होता है जिससे वह अपनी वांछित सूचना खोजना तथा प्राप्त करना चाहता है। अर्थात् ऑनलाइन वह प्रक्रिया या उपकरण है जो सूचना खोजकर्ता व उसके सूचना डेटाबेस के मध्य सम्बन्ध स्थापित करता है। सूचना के ऑनलाइन अभिगम की सुविधा दूरसंचार नेटवर्क के माध्यम से आज बहुत ही लोकप्रिय हो चुकी है और आज सूचना सेवा के क्षेत्र में अनेक प्रणालियाँ प्रचलित हैं। इन सेवाओं में ऑनलाइन अभिगम के द्वारा पर्याप्त संख्या में डेटाबेसों को उपलब्ध कराया जाता है। इसमें साधारण टेलीफोन के माध्यम से अल्पतम खर्च के टर्मिनलों के सभी डेटा केन्द्रों का अभिगम प्राप्त हो जाता है। वैज्ञानिकों को इस प्रकार की सुविधा व्यक्तिगत रूप से उपलब्ध है। यूरोप में लोकहीड/डायलॉग (Lockheed/DIALOG) आदि ऑनलाइन सेवाएँ अधिक प्रचलित हैं।

इस प्रकार हम कह सकते हैं कि सूचना प्रसार तथा प्रलेख प्रसार सेवा के क्षेत्र में ऑनलाइन सेवाएँ वे होती हैं जो कम्प्यूटर के द्वारा ऑनलाइन प्रक्रिया के माध्यम से उपयोगकर्ताओं को सुलभ कराई जाती हैं।

### ऑनलाइन सेवाओं की प्रक्रिया विधि

कम्प्यूटर प्रौद्योगिकी के आविर्भाव के साथ ही कम्प्यूटर के द्वारा किए जाने वाले कार्य के अनुसार कम्प्यूटर के उपयोग करने की अनेक विधियाँ तथा तकनीकियाँ

विकसित हो चुकी हैं। उनमें से बैच प्रक्रियाकरण प्रथम विधि है जिसमें मैग्नेटिक टेप जिसमें सूचना के संग्रहण करने की पर्याप्त क्षमता थी उपयोग में लाई जाती थी। यद्यपि यह विधि अत्यधिक संख्या में होने वाले दैनिक क्रियाकलापों के लिए सक्षम विधि थी, परन्तु उन कार्यों को करने में सक्षम नहीं थी जहाँ किसी एक व्यक्ति को अलग-अलग समय पर कार्य सम्पन्न करना होता है। इन विधियों में प्रयुक्त मैग्नेटिक डिस्क की स्मृति क्षमता में अत्यधिक वृद्धि होने के कारण डेटाबेसों से सूचना प्राप्त करना बहुत ही आसान हो गया है। प्रक्रियाकरण की यह विधि किसी भी व्यक्ति द्वारा पूछे गये सवाल का उत्तर शीघ्र देने में सक्षम होती है। इसके सक्षम होने का कारण ऑनलाइन प्रक्रियाकरण का मूल तथ्य कम्प्यूटर के प्रोसेसर से अनेक टर्मिनलों का जुड़े होने का प्रावधान होने से है। ये टर्मिनल प्रायः या तो की-बोर्ड या बीडीयू से जुड़े होते हैं या एक टेली टाइपराइटर होता है जो टाइपराइटर व प्रिन्टर दोनों से मिलकर बनता है। इस व्यवस्था के माध्यम से केबिल के द्वारा स्थानीय रूप से व विदेशों से टेलीफोन लाइन के द्वारा प्रोसेसर से जुड़े हुए टर्मिनल विभिन्न विभागों की फाइलों (डेटाबेसों) का प्रत्यक्ष अभिगम उपलब्ध कराते हैं जो केन्द्रीय प्रोसेसर में रखी होती हैं।

इस प्रकार ऑनलाइन प्रक्रियाकरण में उपयोगकर्ताओं को टर्मिनल अभिलेखों का अलग-अलग अभिगम कराता है और आवश्यकता पड़ने पर उनकी विषय-सामग्री को भी उद्यतन रखता है। ऑनलाइन प्रक्रियाकरण आजकल सूचना पुनर्प्राप्ति व प्रलेख पुनर्प्राप्ति पद्धतियों के साथ-साथ अन्य अनेक क्षेत्रों में भी विस्तृत रूप से उपयोग में लाई जा रही है। इस प्रकार ऑनलाइन पद्धति एवं प्रक्रिया के माध्यम से प्रदान की जाने वाली सेवाएँ ऑनलाइन सेवाएँ कही जाती हैं। अनेक व्यापारिक कम्पनियाँ शुल्क के आधार पर ऑनलाइन खोज उपलब्ध करा रही हैं उनमें से कुछ प्रमुख ऑनलाइन सेवाएँ डायलॉग, सर्च, ऑरबिट तथा बीआरएस हैं।

## ऑनलाइन खोज

ऑनलाइन खोज ऑनलाइन सेवाओं का एक प्रकार है। आरम्भ में 1965-70 के दौरान में डेटाबेसों का अभिगम प्राप्त करने के लिए कम्प्यूटर प्रौद्योगिकी पर बैच प्रक्रिया की जाती थी जो एक असन्तोषजनक व मंहगी सेवा थी। इस प्रकार की खोज में डेटा कम्प्यूटर में लोड कर दिये जाते थे तथा प्रश्न की माँग से मिलान किया जाता था विभिन्न स्रोतों का चयन किया जाता था। इस प्रक्रिया में प्राप्त परिणाम प्रश्न की माँग के विषय से जुड़े डेटाओं का उप-समुच्चय होता था।

# 12

# पुस्तकालय अधिनियम

पुस्तकालय अधिनियम सार्वजनिक पुस्तकालयों की संग्रहीत सामग्री की सुरक्षा, विकास तथा उसके उचित प्रयोग को और इस संस्था तथा इसकी सेवाओं को स्थायित्व प्रदान करने की वैधानिक पृष्ठभूमि है। वर्तमान सार्वजनिक पुस्तकालय जैसी संस्था वर्तमान प्रजातांत्रीय युग की एक अभूतपूर्व देन है। किसी भी राष्ट्र की सर्वांगीण उन्नति का एकमात्र आधार साक्षरता तथा शिक्षा-प्रसार को ही बताया गया है और यदि कोई ऐसी संस्था है जो इन दोनों का माध्यम हो सके तो उसे विद्यालय कहा जा सकता है लेकिन अनुमानतः सौ सालों के अनुभव के बाद विभिन्न शिक्षाशास्त्रियों तथा राज्य-कार्य-संचालन करने वाले नेताओं ने एकमत होकर यह बात स्वीकार कर ली है कि सिर्फ शिक्षा संस्थाएँ शिक्षा-प्रसार और साक्षरता को स्थायित्व प्रदान करने में स्वयं सक्षम नहीं हैं। साथ ही साथ पुस्तकालय-आन्दोलन के परिणामस्वरूप उन्हें यह भी अनुभव होने लगा है कि शिक्षा-संस्थाओं को छोड़ने के पश्चात् साक्षरता को बनाये रखना, प्रारम्भिक शिक्षाओं में मदद पहुँचाना तथा जल्दी से जल्दी सामूहिक रूप से तथा शिक्षात्मक तरीके से जरूरी जानकारी प्रसारित करना सार्वजनिक पुस्तकालय जैसी संस्था ही कर सकती है। ऐसी संस्था की सेवाओं को तभी स्थायित्व तथा कार्यक्षमता प्राप्त हो सकती है जबकि उसका आर्थिक आधार मजबूत हो, प्रशासन पक्ष नियमित और सबल हो तथा जनता की सहानुभूति प्राप्त करने तथा उसमें पुस्तकालय के प्रति रुचि उत्पन्न करने की पर्याप्त क्षमता हो। यह तभी हो सकता है जबकि उसके पीछे कोई वैधानिक आधार हो। इसलिए सार्वजनिक पुस्तकालयों की स्थापना, रख-रखाव एवं विकास के लिए पुस्तकालय अधिनियम सभी राष्ट्रों के लिए

आवश्यक हैं। किसी भी राष्ट्र में पुस्तकालय-सेवा को सर्वसुलभ बनाने के लिए तथा उस राष्ट्र के साहित्य के संरक्षण और विकास के लिए पुस्तकालय-कानून को साधारण तौर पर दो स्तरों पर बनाया जा सकता है–

(1) राष्ट्रीय स्तर

(2) प्रांतीय स्तर।

राष्ट्रीय स्तर पर बनाये गये पुस्तकालय-कानून में पुस्तकालय-सेवा के औचित्य को वैधानिक रूप से स्वीकार किया जाता है और राष्ट्र की प्रादेशिक इकाइयों को पुस्तकालय-सेवा प्रदान करने की व्यवस्था के लिये प्रोत्साहित किया जाता है।

प्रांतीय स्तर पर बनाये गये पुस्तकालय-कानून में कंपनी सीमा के अधीन अनेक तरह की जरूरी पुस्तकालय-सेवा की व्यवस्था तथा प्रसार का कार्य आ जाता है।

इन दोनों स्तरों पर बने पुस्तकालय-कानून में जनसंख्या का घनत्व, साक्षरता का स्तर, लोगों के रहन-सहन का स्तर, पूर्व प्रचारित पुस्तकालय-सेवाओं का परिणाम, यातायात और आर्थिक स्थिति आदि का सर्वेक्षण करके आवश्यकतानुसार पुस्तकालय अधिकारी, पुस्तकालय इकाई, अर्थव्यवस्था, पुस्तकों का संग्रह तथा पुस्तकालय-सेवा प्रकार की सुनिश्चित व्यवस्था की जाती है।

विश्व के समस्त राष्ट्रों में जनता के माध्यम से पुस्तकालयों के विकास में मदद मिलती रही है किन्तु जन सहयोग की तुलना में ज्यादा महत्त्वपूर्ण है– शासकीय सहयोग। क्योंकि शासन एक सशक्त तथा प्रभुतासम्पन्न माध्यम है। यह पूरे राष्ट्र की जनसंख्या, साक्षरता का स्तर, जलवायु, निवासियों के व्यवसाय, अध्ययन की रुचियों और यातायात के साधनों आदि का सर्वेक्षण करके उसके आधार पर पुस्तकालय कानून बना सकता है। राष्ट्र में एक राष्ट्रीय पुस्तकालय पद्धति (नेशनल लाइब्रेरी सिस्टम) लागू करके पुस्तकालय सेवा को आर्थिक अभाव से मुक्त करके पुस्तकालय सेवा को स्थायित्व प्रदान कर सकता है। शासन द्वारा कानून न बना कर पुस्तकालयों को मात्र अनुदान देने से पुस्तकालय सेवा को स्थायित्व प्राप्त नहीं हो सकता क्योंकि परिस्थितिवश अनुदान में कटौती होने पर पुस्तकालय सेवा तितर-बितर हो जाती है।

सामाजिक, बौद्धिक, राजनीतिक और आर्थिक स्तर को ऊँचा करने के लिए हर उन्नतिशील तथा उन्नत राष्ट्र में वहाँ के सार्वजनिक पुस्तकालय आज अपना महत्त्वपूर्ण योगदान दे रहे हैं। उनकी रिपोर्टों तथा कार्य-विवरणों से स्पष्ट होता है कि राष्ट्र के अन्य क्षेत्रों की तरह यह क्षेत्र भी अपने में आत्मनिर्भर तथा पूर्ण नहीं

है। सेवाओं के द्वारा पूर्ण संतोष प्रदान करने के लिए यहाँ भी क्षेत्रीय, राष्ट्रीय तथा अन्तर्राष्ट्रीय सहकारिता की जरूरत होती है। यह सहकारिता भी सन्तोषपूर्ण तरीके से तभी प्राप्त हो सकती है जबकि उसे वैधानिक रीति से नियमितता प्रदान कर दी जाए। इसके अलावा किसी भी राष्ट्र की सांस्कृतिक, साहित्यिक तथा वैज्ञानिक सामग्री का संग्रह कापी राइट ऐक्ट द्वारा ही हो सकता है जिसकी व्यवस्था पुस्तकालय कानून के अधीन रहती है। इस दृष्टिकोण से पुस्तकालय कानून का महत्त्व है।

## अन्तर्राष्ट्रीय पुस्तकालय संनिर्माण

**संयुक्त राष्ट्र शैक्षणिक, वैज्ञानिक तथा सांस्कृतिक संनिर्माण**–UNESCO के निम्नलिखित उद्देश्य हैं–

(*i*) भावी सूचना नेटवर्क की परियोजना तथा संचालन के लिए आवश्यक विशिष्ट मानवीय संसाधनों का विकास करना;

(*ii*) कलाकारों, संगीतकारों, दार्शनिकों आदि के मध्य बौद्धिक सहयोग के लिए अनुकूल स्थितियों को बढ़ावा देना आदि।

(*iii*) दुर्लभ हस्तलिखित ग्रंथों का सम्मत सामान्य भाषा में अनुवाद करने में सहायता देना;

(*iv*) राष्ट्रीय स्मारकों तथा दुर्लभ पाण्डुलिपियों के संरक्षण के लिए सलाह देना;

(*v*) राष्ट्रीय तथा क्षेत्रीय सूचना नीतियों का विकास करना;

(*vi*) सूचना स्थानान्तरण के संस्थीय और मानक अवयवों को बढ़ावा देना;

(*vii*) पुस्तकालयों के विकास कार्यक्रमों को प्रमुखता देना;

(*viii*) अध्ययन तथा भ्रमण सूचना के लिए जगत-केन्द्र के रूप में कार्य करना;

(*ix*) वैज्ञानिक ज्ञान तथा सूचना का संग्रह तथा प्रसारण करना;

(*x*) शिक्षा, विज्ञान तथा संस्कृति को प्रोन्नत करना;

(*xi*) सामान्य समस्याओं के लिए एक मंच प्रदान करना;

(*xii*) सदस्य-राष्ट्रों के मध्य ज्ञान के विभिन्न क्षेत्रों के विकास-विषयक सूचनाओं के विनिमय में मदद देना;

### *गतिविधियां*

**विज्ञान सारांशीकरण पर अन्तर्राष्ट्रीय सम्मेलन पेरिस, जून 1949**–UNESCO के इस प्रथम सम्मेलन में 29 राष्ट्रों के प्रतिनिधियों ने भाग

लिया। इस सम्मेलन में सारांशीकरण की भाषा एवं प्रस्तुती, उनका वर्गीकरण से सम्बन्ध, अनुक्रमणीकरण और प्रतिलिप्याधिकार प्रलेखों के चयन एवं संचयन सम्बन्धी यान्त्रिकी तरीकों पर विचार-विमर्श हुआ। सम्मेलन में अनुशंसित कुछ बातों पर अमल भी किया गया है।

**वाङ्मयात्मक सेवाओं के सुधार पर अन्तर्राष्ट्रीय सम्मेलन पेरिस, नवम्बर 1950**—इसमें राष्ट्रीय वाङ्मय की प्रकृति और कार्यक्षेत्र तथा इसका अन्तर्राष्ट्रीय स्तर पर समन्वय पर विचार-विमर्श किया गया। इस पर सहमति उपस्थित की गई कि हर राष्ट्र अपनी राष्ट्रीय सन्दर्भ ग्रन्थ सूची बनायेगा। यूनेस्को हर राष्ट्र को अपना वाङ्मयात्मक केन्द्र स्थापित करने में सहायता देगा। राष्ट्रीय समूहों तथा अन्तर्राष्ट्रीय निकायों के कार्यों के तालमेल के लिए सन्दर्भ ग्रंथ सूची, प्रलेखन तथा पारिभाषित शब्दावली पर एक अन्तर्राष्ट्रीय परामर्शदात्री समिति का निर्माण किया गया। 1966 में इसका पुनर्निर्माण कर इसका नाम 'प्रलेखन, पुस्तकालयों तथा अभिलेखगारों पर अन्तर्राष्ट्रीय परामर्शदात्री समिति' रखा गया। इस समिति ने निम्नलिखित कार्यक्रमों को महत्ता देने की अनुशंसा की—

(*i*) व्यावसायिक कार्यक्रमों के लिए सामान्य न्यूनतम मानकों की स्थापना;

(*ii*) नई प्रलेखात्मक तकनीकों विशेषतया Data Processing का प्रयोग तथा मूल्यांकन;

(*iii*) क्षेत्रीय, राष्ट्रीय तथा अन्तर्राष्ट्रीय सेवाओं में बढ़ोत्तरी;

(*iv*) पारम्परिक तथा नवीन पद्धतियों के प्रयोग के लिए सामान्य न्यूनतम मानकों की स्थापना आदि।

यह महत्त्वपूर्ण कार्यक्रम, प्रलेखन, पुस्तकालय तथा अभिलेखागार विभाग के माध्यम से लागू किया गया। सन्दर्भ ग्रन्थ सूचियों तथा प्रलेखन में मानकीकरण, पुस्तकालय तथा प्रलेखन कार्य में मशीनीकरण और स्वचालन का कार्य मुख्यतया व्यावसायिक गैर-राजकीय संस्थाओं जैसे ICSU, FID, ISO, IFLA, IFIP आदि के अनुबन्धों के माध्यम से सम्पूर्ण संशोधन किया गया।

सन् 1967 में Libraries Division में सुधार किया गया और इसका नाम 'Documentation, Bibliothequeset Archives' रख दिया गया। इस विभाग ने 1971 से यूनेस्को के प्रकाशनों तथा प्रलेखों की Computerised Documentation सेवा प्रदान करने का कार्य शुरू किया हुआ है।

यूनेस्कों के सबसे महत्त्वपूर्ण दो योगदान अग्रलिखित हैं—

(*i*) जगत् विज्ञान सूचना प्रद्धति कार्यक्रम

(*ii*) राष्ट्रीय सूचना पद्धति कार्यक्रम

UNISIST, UNESCO तथा ICSU का विज्ञान तथा तकनीकी के क्षेत्र में संयुक्त कार्यक्रम है। Unisist के कार्य निम्न तरह हैं–

(*i*) उन्नतिशील राष्ट्रों को उनकी वैज्ञानिक तथा तकनीकी जानकारी की जरूरतों को पूरा करने में मदद करना;

(*ii*) वैज्ञानिकों तथा टेक्नालॉजिस्ट्स को प्रकाशित सूचना उपलब्ध कराना;

(*iii*) वैज्ञानिक तथा तकनीकी सूचना के क्षेत्र में जरूरी विकास के लिए पथ-प्रदर्शन करना;

(*iv*) राष्ट्रीय तथा अन्तर्राष्ट्रीय स्तर पर सूचना सहभागिता का बढ़ावा देना तथा समन्वित करना आदि।

UNISIST की परामर्शदात्री समिति की बैठक मई 1975 तथा Steering Committee की बैठक अक्तूबर 1975 में हुई जिनमें ऐसे कदम उठाये गये जो UNISIST के कार्यक्रम के कार्यक्षेत्र को विस्तार देते हैं। उदाहरणतया सूचना तन्त्र/पद्धति में विकास; अन्तर्सम्बन्ध पद्धति पर जोर; आदर्शक कार्य; शिक्षा; प्रशिक्षण तथा भावों विकास की परियोजनायें आदि हैं–

UNISIST सामान्य सूचना कार्यक्रम का एक अभिन्न अंग बन गया है जिसकी स्थापना सन् 1976 में हुई थी। सामान्य सूचना कार्यक्रम के पाँच विषय निर्धारित किये गये हैं–

(*i*) विशिष्ट सूचना पद्धति का विकास।

(*ii*) सूचना विशेषज्ञों तथा उपभोक्ताओं हेतु शिक्षा तथा प्रशिक्षण।

(*iii*) क्षेत्रीय, राष्ट्रीय तथा अन्तर्राष्ट्रीय स्तरों पर सूचना नीतियों तथा योजनाओं को बनाना।

(*iv*) सूचना व्यवस्था के तरीकों, मानकों में अभिवृद्धि।

(*v*) विशिष्ट सूचना पद्धतियों के विकास में मदद।

सामान्य सूचना कार्यक्रम से सदस्य राज्यों को, राष्ट्रीय सूचना नीति तथा योजना बनाने, पुस्तकालय तथा सूचना विकास के समन्वय के लिए राष्ट्रीय ढांचा स्थापित करना, विकास कार्यों पर वित्त व्यय करना, कर्मचारियों को शिक्षित तथा प्रशिक्षित करना आदि में अत्यधिक मदद मिली है। सामान्य सूचना कार्यक्रम हेतु अन्तर्राज्यीय परिषद् का पाँचवां सत्र पेरिस में नवम्बर 1984 में किया गया जिसमें सामान्य सूचना कार्यक्रम की गतिविधियों पर विस्तार से चर्चा की गई।

राष्ट्रीय सूचना पद्धति कार्यक्रम 'राष्ट्रीय प्रलेखन पुस्तकालयों तथा अभिलेखागारों की मूलभूत आवश्यकताओं के लिए योजना' पर अन्तर्राज्यीय सम्मेलन सितम्बर

1974 का पीछा करते हुए UNESCO ने राष्ट्रीय सूचना पद्धति का पक्ष लिया। NATIS का कार्य है–

राजनीतिक, आर्थिक, वैज्ञानिक, शैक्षणिक, सामाजिक तथा सांस्कृतिक गतिविधियों में व्यस्त व्यक्तियों को सम्पूर्ण समाज के लाभ के लिए जरूरी जानकारी प्राप्त करना व सुनिश्चित करना है।

NATIS का उद्देश्य है–राष्ट्र की सूचना विषयक जरूरतों से परिचय करना और यह सुनिश्चित करना कि वे सस्ती और तीव्रता तथा सरलता से पूर्ण रूप में पूरी हो रही हैं।

INSDOC के द्वारा नवम्बर 1985 में दिल्ली में Thesaurus निर्माण तथा उपयोग पर एक 'यूनेस्को क्षेत्रीय कार्यशाला' आयोजित की गई। दिसम्बर 1984 में 'सूचना प्रस्तुतीकरण उपकरणों' पर यूनेस्को कार्यशाला का Graz, Austria में आयोजन किया गया। इस कार्यशाला का उद्देश्य था : IV + V पद्धतियों के प्रयोग के विषय में हिस्सेदारों को निर्देश देना तथा उन्हें कम्प्यूटरीकृत सूचना पद्धतियों की समर्थता सम्बन्धी सामान्य ज्ञान प्रदान करना, जिससे उन्हें सूचना कार्य के लिए Hardware तथा Software के चुनाव में सरलता हो सके, इसके साथ ही इस क्षेत्र में कम्प्यूटर लागू करने की योजना तथा विकास में भी मदद मिलेगी।

UNESCO, International Standards तथा Standard-like Materials के प्रयोग में अभिवृद्धि के लिए क्षेत्रीय, राष्ट्रीय तथा अन्तर्राष्ट्रीय स्तरों पर सम्मेलनों का आयोजन करता है।

FID के साथ सहयोग कर UNESCO ने एक International Information System on Research in Documentation (ISORID) की स्थापना की है जिसका उद्देश्य : अनुसन्धान गतिविधियों पर सूचना का संग्रहण, व्यवस्था, विश्लेषण तथा प्रसारण करना; प्रलेखन, पुस्तकालयों तथा अभिलेखागारों के विकास के लिए प्रयत्न करना है।

संस्थाओं तथा विशेषज्ञों के मध्य सहयोग बढ़ाने के लिए ISORID ने अग्रालेखित सन्दर्भ कृति भी तैयार की है :

'ISORID : International Directory of Institutions Active in the Field of Research in Information, Libraries and Archies.'

UNESCO के अनेक मार्गदर्शी परियोजनाएँ तथा सहायता मार्गदर्शी परियोजनाएँ, सिलोन में प्रलेखन तथा पुस्तकालय सेवाओं सम्बन्धी मार्गदर्शी परियोजना, विशेषज्ञों, क्षेत्रीय कोर्सों, सम्मेलनों तथा संगोष्ठियों के माध्यम से विकास तथा प्रशिक्षण सेवाओं का निर्माण आदि किया है।

## राष्ट्रीय पुस्तकालय संनिर्माण

**A. भारतीय राष्ट्रीय वैज्ञानिक प्रलेखन केन्द्र**—भारत सरकार ने सन् 1952 में INSDOC की स्थापना दिल्ली में यूनेस्को की तकनीकी सहायता से की। यह केन्द्र विज्ञान तथा तकनीकी के हर क्षेत्र में जानकारी उपलब्ध कराता है। शुरू में नेशनल फिजीकल लैबोरेट्री और इन्सडॉक दोनों ही वैज्ञानिक और औद्योगिक अनुसंधान परिषद् की इकाई थे परन्तु सन् 1963 से INSDOC एक स्वतन्त्र इकाई के रूप में कार्य कर रहा है।

**कार्य**—INSDOC के मुख्य कार्य अग्र हैं—

(*i*) वैज्ञानिक तथा तकनीकी लेखों के सार तैयार कर उनको मासिक बुलेटिन के रूप में प्रकाशित करना।

(*ii*) राष्ट्र में प्रकाशित तथा अप्रकाशित वैज्ञानिक अनुसन्धान शोध प्रबन्धों का संग्रह करना।

(*iii*) व्यक्तिगत स्तर पर लेखों व अन्य महत्त्वपूर्ण सामग्री की फोटो कॉपी तथा अनुवाद्य सेवाएँ प्रदान करना।

(*iv*) राष्ट्र में किये जाने वाले वैज्ञानिक कार्यों तथा उपलब्धियों का दूसरे राष्ट्रों में प्रचार करना तथा उन्हें वहां सुलभ कराने में एक माध्यम के रूप में कार्य करना।

(*v*) सभी वैज्ञानिक सामयिक प्रकाशनों का अर्जन कर उन्हें सुरक्षित रखना।

(*vi*) उपलब्ध सूचना के आधार पर उपभोक्ताओं के सवालों के उत्तर देना।

(*vii*) वैज्ञानिकों तथा इंजीनियरों को उनकी उपयोगिता के लेखों के विषय में सूचना देना आदि।

**गतिनिभियां**—INSDOC निम्नलिखित गतिनिभियों में संलग्न है—

**(1) सूचना की पुनः प्राप्ति**—INSDOC में Indian Science Abstracts का मासिक लेखक तथा विषय अनुक्रमणिकाएँ और Cumulative वार्षिक लेखक तथा विषय अनुक्रमणिकाएँ 1966 से कम्प्यूटरीकृत हो रही हैं। INSDOC, Chemical Abstracts Condensates (CAC) तथा INSPEC, Magnetic Tapes से नियमित रूप से SDI (Selective Dissemination of Information) सेवाएँ प्रदान कर रहा है। यह केन्द्र India Science Abstracts, Russian Science Digest, National Index of Translation आदि सामयिक प्रकाशनों तथा वैज्ञानिक धारावाहिकों का राष्ट्रीय संघ सूची के माध्यम से जानकारी को फैला रहा है।

**(2) संघ सूची**—इन्सडॉक द्वारा वैज्ञानिक सामयिक प्रकाशनों तथा अनुक्रमिकों की 18 संघ सूचियों की शृंखला प्रकाशित हो चुकी है। उदाहरणतार्थ—

(*i*) Regional Union Catalogue of Scientific Serials, Banglore, June, 1967.

(*ii*) Regional Union Catalogue of Scientific Serials : Delhi Medical Libraries, November, 1967.

(*iii*) Regional Union Catalogue of Scientific Serials : Mysore, September, 1968.

(*iv*) Union Catalogue of Serials in the Geological Survey of India Libraries, July, 1969.

(*v*) Union List of Current Scientific Serials in India, December, 1981.

(*vi*) Catalogue of Serials in the Institute of Science Library, Bangalore, January, 1966.

(*vii*) Catalogue of Serials in the Indian Statistical Institute, Calcutta, August, 1966.

(*viii*) Catalogue of Serials in the National Science Library, Delhi, October, 1965 etc.

**निर्देशिकाएँ :** INSDOC ने निम्नलिखित Directories का प्रकाशन किया है—

(*i*) Directory of Indian Scientific Periodicals, 1964.

(*ii*) Directory of Indian Scientific Research Institutions in India, 1969.

(*iii*) Directory of Scientific Research in Indian Universities, 1974.

(*iv*) Directory of Current Research Projects in CSIR Laboratories, 1972.

**(3) प्रलेख अर्जन सेवा**—इस सेवा का उपयोग अनुसंधान संस्थाओं, उद्योगों, विश्वविद्यालयों, राजकीय विभागों आदि के माध्यम से किया जाता है। यह प्रार्थना पर उपभोक्ताओं के पास वैज्ञानिक लेखों की प्रतियाँ, माइक्रोफिल्म अथवा फोटोकॉपी के रूप में भेजता है।

**(4) अनुवाद्य सेवा**—INSDOC द्वारा प्रार्थना पर विदेशी भाषाओं की वैज्ञानिक पुस्तकों के अनुवाद प्रदान किये जाते हैं। यहाँ पर 23 भाषाओं में अनुवाद करने की व्यवस्था है। लगभग 14000 पृष्ठ हर साल अनुवाद किये जाते हैं। INSDOC ने

एक अनुवाद पुस्तिका का भी निर्माण किया है। INSDOC अनेक निर्माणों द्वारा किये गये अनुवादों की अणु-फिल्म प्रतियाँ भी सुरक्षित रखता है।

**(5) छाया प्रतिलिपि सेवा**—INSDOC का Reprographic Section प्रलेखों की छाया प्रतिलिपियाँ तथा अणु-फिल्म प्रतिलिपियाँ प्रदान करता है।

**(6) सन्दर्भ-ग्रंथ सूची तथा सूचना सेवा**— माँग पर INSDOC वैज्ञानिकों के लिए अनेक विषयों पर सन्दर्भ-ग्रंथ सूचियाँ तैयार करता है। ये प्रलेखों की जानकारी मात्र होती हैं जिनमें पुस्तकों के सन्दर्भ, पत्रकार के लेख, पेटेन्ट्स, स्पेसिफिकेशस आदि शामिल होते हैं।

**(7) प्रलेख प्रति प्रदाय सेवा**—उपभोक्ताओं के लिए उनके इच्छित प्रलेख अन्य पुस्तकालयों से कर्ज पर मंगाये जाते हैं। इस सेवा में दिल्ली, बंगलौर, मद्रास तथा कलकत्ता के अनेक पुस्तकालय मदद देते हैं। कभी-कभी प्रलेख विदेशों से भी मंगाये जाते हैं।

**(8) क्षेत्रीय केन्द्र बंगलौर**—UNESCO की तकनीकी सहायता से INSDOC का एक क्षेत्रीय केन्द्र बंगलौर में 1964 में स्थापित किया। यह केन्द्र प्रलेख अर्जन सेवा, सन्दर्भ-ग्रन्थ सूची, फोटोग्राफी सेवाएँ आदि उपलब्ध करता है।

**(9) National Science Foundation, US**—INSDOC ने सन् 1967 में United States National Science Foundation के साथ विदेशी भाषा के प्रलेखों का आदि से अन्त तक अनुवाद करने का समझौता किया।

**(10) रसियन वैज्ञानिक सूचना केन्द्र**—इसका निर्माण INSDOC द्वारा 1971 में किया गया। इसके उद्देश्य इस तरह हैं—

USSR में विज्ञान तथा तकनीकी के क्षेत्र में प्रकाशित सामयिक साहित्य का अर्जन करना तथा उसे भारत में वैज्ञानिकों, विशेषज्ञों तथा उच्चतर शिक्षा तथा अनुसंधान में व्यस्त संस्थाओं को उपलब्ध कराना।

इस अनुबन्ध के अधीन सोवियत वैज्ञानिकों से सामयिक प्रकाशनों के 350 शीर्षकों के लगभग 3000 प्रकाशन हर साल मिलते हैं।

**(11) पुस्तकालय विज्ञान पत्रिका**—INSDOC में संघ सूचियों, अनुक्रमणिकाओं और निर्देशिकाओं का निर्माण करने में Computer का उपयोग किया जाता है।

**(12) पुस्तकालय विज्ञान पत्रिका**—INSDOC द्वारा 'Annuals of Library Science and Documentation (Q)' पत्रिका का प्रकाशन किया जाता है।

**(13) राष्ट्रीय विज्ञान पुस्तकालय**—INSDOC द्वारा National Science Library का निर्माण किया जा रहा है जिसके अग्रलिखित उद्देश्य हैं—

(*i*) जो पुस्तकें पुस्तकालय में उपलब्ध नहीं हैं उनको प्राप्त करने का प्रयत्न करना।

(*ii*) सन्दर्भ ग्रंथ, अनुसंधान प्रतिवेदन, सम्मेलन कार्यवृत्त, शोध प्रबन्ध आदि संग्रहीत करना।

(*iii*) भारतीय लेखकों की पुस्तकों तथा भारतीय भाषाओं के सामयिक प्रकाशनों का संग्रह करना।

**(14) ISDS के लिए भारतीय केन्द्र**—भारत सरकार ने INSDOC को Indian National Centre for International Serials Data System (ISDS) का स्थान दिया है जो कि एक अन्तर्राज्यीय संस्था है, और जो अन्तर्राष्ट्रीय केन्द्र तथा 44 राष्ट्र क्षेत्रीय केन्द्रों के नेटवर्क करने के लिए उत्तरदायी है।

Indian National Centre for International Serials Data System भारत में प्रकाशित Serials के व्यवस्थित पंजीकरण तथा उन्हें ISBN प्रदान करने का दायित्व रखता है।

**(15) प्रकाशन**—INSDOC अग्रलिखित प्रकाशन प्रकाशित कर रहा है—

(*i*) Contents Lists of Sorient Scientific Periodicals (M)

(*ii*) Accession List of Russian Scientific Publications (Bi-M)

(*iii*) Annuals of Library Science and Documentation (Q)

(*iv*) Indian Science Abtstracts (F)

(*v*) National Index of Translation (M)

**(16) प्रशिक्षण कार्यक्रम**—INSDOC द्वारा प्रलेखन तथा रिप्रोग्राफी में सन् 1964 से द्विवार्षिक प्रशिक्षण दिया जा रहा है। इसके अलावा इस केन्द्र में विभिन्न संस्थाओं के पुस्तकालयाध्यक्षों, प्रलेखनकर्ताओं तथा सूचना वैज्ञानिकों को आवेदन पर In-Service प्रशिक्षण दिया जाता है।

**(17) सहयोग**—INSDOC, FID (International Federation for Information Documentation) का एक राष्ट्रीय सदस्य है। जनवरी 1985 से FID की Informatics Activities Committee ने भारत में दिल्ली में कार्य करना आरम्भ किया। INSDOC का UNESCO से भी घनिष्ठ सम्बन्ध है। यह केन्द्र विश्व कार्यक्रमों जैसे ISDS, CODATA आदि में भी योगदान देता है।

भारत में ISI के साथ प्रलेखन तथा रिप्रोग्राफी के मानक तैयार करने में भी योगदान देता है।

**(18) सेमिनार तथा सम्मेलन**—INSDOC ने पुस्तकालय तथा प्रलेखन समस्याओं पर विभिन्न सम्मेलन, संगोष्ठियाँ आदि प्रायोजित की हैं।

भारत में INSDOC प्रलेखन सेवा कार्य सही व शान्तिपूर्वक कर रहा है। फिर भी वैज्ञानिकों तथा तकनीशियनों को और अच्छी तथा कारगर सेवाएँ प्रदान करने के लिए इसकी गतिविधियों में सुधार की जरूरत है। सामयिक प्रकाशनों की राष्ट्रीय संघ सूची अभी तक अपेक्षित है। इसी तरह Directory of Indian Scientific Periodicals और Directory of Scientific Research Institutions in India के संशोधित संस्करण (Revised Censured Editons) भी प्रकाशित होने चाहिए। अनुवाद तथा फोटोकॉपी सेवाओं की वर्तमान दरें काफी ऊंची हैं। इन सभी पर दुबारा विचार करने की जरूरत है।

**B. प्रतिरक्षा वैज्ञानिक सूचना तथा प्रलेखन केन्द्र**—सन् 1958 में Defence and Research Development Organization के द्वारा Scientific Information Bureau की स्थापना की गई। सन् 1967 में इसका पुनर्गठन कर इसका नाम प्रतिरक्षा वैज्ञानिक सूचना तथा प्रलेखन केन्द्र कर दिया गया। यह DRDO की एक इकाई के रूप में कार्य कर रहा है।

DESIDOC के पुस्तकालय में लगभग 45000 पुस्तकें, 40000 तकनीकी प्रतिवेदन तथा लगभग 14000 सामयिक प्रकाशन हैं। इसमें Patents तथा Standards भी उपलब्ध हैं।

**(1) अनुहिस्सा**—DESIDOC में कार्य अच्छी तरह रूप से चलाने के लिए इसे विभिन्न अनुहिस्सों में बाँटा गया है जैसे—पुस्तकालय अनुहिस्सा, प्रलेखन अनुहिस्सा, प्रलेखन प्रतिलिपि अनुहिस्सा, अनुवाद्य अनुहिस्सा, प्रकाशन अनुहिस्सा, तकनीकी अनुहिस्सा तथा प्रशासकीय अनुहिस्सा आदि।

**(2) कार्य**—इसके प्रमुख कार्य हैं—

(*i*) परामर्शदात्री सेवाएँ प्रदान करता है।

(*ii*) प्रलेखन तथा सूचना विज्ञान में प्रशिक्षण कार्यक्रम आयोजित करता है।

(*iii*) DRDO की पुस्तकालय और सूचना गतिविधियों में आवश्यकता अनुसार बदलाव करता है।

(*iv*) यह केन्द्र वैज्ञानिक तथा तकनीकी जानकारी का एकत्रीकरण तथा प्रस्तुतीकरण कर उसको विभिन्न DRDO संस्थाओं तथा प्रयोगशालाओं और रक्षा मन्त्रालय की अन्य संस्थाओं को प्रसारित करता है।

(*v*) रक्षा से संबंधित जरूरतों के अनुसार सूचना विज्ञान शोध और विकास कार्य को गति प्रदान करता है।

**(3) सेवाएँ**–

(*i*) माँग पर पाठ्य-सामग्री खोज कर उपस्थित करता है।

(*ii*) फोटो प्रतिलिपि सेवाएँ करता है।

(*iii*) यह केन्द्र चयनित सूचना प्रसारण (SDI) सेवा लागू करता है जो DRDO और रक्षा मन्त्रालय के अधिकारियों तक ही सीमित होती है।

(*iv*) इसमें एक अनुवाद्य बैंक भी है जो अनुवाद्य सेवाएँ प्रदान करता है।

**(4) प्रकाशन**–यह निम्नलिखित प्रकाशन निकालता है–

(*i*) Defence Reports Abstracts (Bi-M) इसमें NASA, NTIS, RAND (USA), DRIC (UK) के प्रतिवेदन शामिल किये जाते हैं।

(*ii*) Desido List (Bi-M)

(*iii*) State of Art Reports

(*iv*) Desidoc Bulletin (Bi-M) इसमें DESIDOC द्वारा प्रदत्त सेवाओं का वर्णन मिलता है।

(*v*) Patents Information Alerts (Bi-M)

समसामयिक जरूरतों को पूरा करने के लिए DESIDOC ने DRDO मुख्यालय सेना भवन में एक तकनीकी सूचना केन्द्र की भी स्थापना की है। 1986 में DESIDOC ने प्रतिरक्षा सूचना सेवा पर एक राष्ट्रीय सेमीनार भी किया।

**C. राष्ट्रीय सामाजिक विज्ञान प्रलेखन केन्द्र**–सन् 1969 में भारत सरकार द्वारा भारतीय समाज विज्ञान अनुसंधान परिषद् (ICSSR) की स्थापना की गई। ICSSR ने 1970 में एक समाज विज्ञान प्रलेखन केन्द्र की स्थापना की जिसको 'राष्ट्रीय सामाजिक विज्ञान प्रलेखन केन्द्र' (NASSDOC) नाम दिया गया।

**(1) उद्देश्य**–इस केन्द्र के अग्रलिखित उद्देश्य हैं–

(*i*) समाज विज्ञान Serials के पुराने Volumes का एक निक्षेपागार पुस्तकालय स्थापित करना।

(*ii*) एक आधार सामग्री पुस्तकालय तथा फोटो कॉपी इकाई स्थापित करना।

(*iii*) समाज विज्ञान प्रलेखन के क्षेत्रीय केन्द्र स्थापित करना।

(*iv*) भारतीय विश्वविद्यालयों द्वारा समाज विज्ञानों में प्रकट किये शोध प्रबन्धों को एकत्रित करना।

(*v*) समाज विज्ञान Serials की संघ सूची तैयार करना।

(*vi*) विभिन्न संस्थाओं तथा केन्द्रों को वाङ्मयात्मक तथा प्रलेखन सेवा उपलब्ध कराना।

(*vii*) सामाजिक विज्ञान के क्षेत्र में शोध कार्यों में सहयोग देना।

(*viii*) आधार सन्दर्भ सामग्री-माइक्रोफिल्मस तथा माइक्रोफिश आदि को एकत्र करना।

**(2) संग्रह**—इस केन्द्र में राष्ट्र में प्रकाशित सामाजिक विज्ञान विषयक सभी पत्रिकाएँ उपलब्ध हैं। भारतीय सामाजिक विज्ञान सामयिक प्रकाशनों के अनुमानतः सभी सामयिक अंक मंगाये जाते हैं। समाज विज्ञान में लगभग 2000 सामयिक प्रकाशन इस केन्द्र में आ रहे हैं। अनुमानतः एक लाख समाज विज्ञान सामयिक प्रकाशनों के पुराने Volumes इसमें उपलब्ध हैं। अब तक अनुमानतः 2500 शोध प्रबन्ध मिल चुके हैं। इसके अलावा सम्मेलनों, परिसंवादों तथा कार्यशालाओं के प्रकाशन भी इस केन्द्र में संग्रहीत किये जाते हैं। इस केन्द्र में समाज विज्ञान में शोधविधि, महिलाओं के स्तर और ICSSR द्वारा वित्तीय सहायता प्रदत्त प्रकाशनों के लगभग 9500 ग्रंथों का संग्रह उपलब्ध है।

**(3) अन्तःपुस्तकालय संसाधन केन्द्र**—ILRC सन् 1958 में जवाहर लाल नेहरू विश्वविद्यालय, दिल्ली के सहयोग से स्थापित किया गया। यह केन्द्र स्थानीय पुस्तकालयों से ऐसे प्रलेख मंगाता है जो उनके लिए पुराने तथा कभी-कभार उपयोग में आने वाले होते हैं परन्तु अनुसंधान के लिए जरूरी होते हैं, जैसे—सामयिक प्रकाशन, समाचार पत्र, सरकारी रिपोर्ट्स आदि।

**(4) सन्दर्भ स्रोत**—सामयिक विज्ञानों की सन्दर्भ सामग्री जैसे विषयगत शब्दकोश, विश्वकोश, सन्दर्भ ग्रंथ सूचियाँ, अनुक्रमणिकाएँ तथा सार इस केन्द्र के पुस्तकालय में अच्छी मात्रा में उपलब्ध हैं।

**(5) क्रियाकलाप**—

(*i*) JLN University, Delhi के सहयोग से अन्तःपुस्तकालय संसाधन केन्द्र स्थापित करना।

(*ii*) विद्वानों को अध्ययन अनुदान प्रदान करना।

(*iii*) आन्ध्र प्रदेश के मुक्त विश्वविद्यालय के विद्यार्थियों के लिए B. lib. & Information Science की कक्षाओं का आयोजन करना।

(*iv*) International Bulletin of Bibliographies on Education के लिए आधार सामग्री प्रदान करना।

(*v*) ICSSR के प्रकाशनों को मूल्य पर अथवा निःशुल्क पूर्ति करना।

(*vi*) पुस्तक प्रदर्शनियों में हिस्सा लेना।

(*vii*) CSSR प्रकाशनों का विनिमय।

(*viii*) सन्दर्भ सामग्री का संग्रह : इसमें भारतीय विश्वविद्यालयों द्वारा स्वीकृत Doctoral Thesis तथा भारत पर विदेशी Thesis; ICSSR द्वारा ली गई परियोजनाओं (Projects) की शोध रिपोर्ट्स; ICSSR द्वारा सहायता प्रदत्त सम्मेलनों में प्रस्तुत किये गये प्रपत्र आदि जवाहरलाल नेहरू विश्वविद्यालय, दिल्ली का सन्दर्भ सामग्री संग्रहण आता है।

**6. सेवाएँ**

(*i*) सामाजिक विज्ञान संस्थाओं को प्रलेखन तथा जानकारी केन्द्र खोलने के लिए सलाह देना।

(*ii*) स्टाफ को सम्मेलनों, गोष्ठियों में हिस्सा लेने के लिए सुविधाएँ प्रदान करना।

(*iii*) Staff को Refresher Courses के लिए Depute करना।

(*iv*) उपभोक्ताओं के लिए अन्य पुस्तकालयों से पुस्तकों तथा प्रलेखों की फोटो कॉपियाँ मंगाना।

(*v*) ICSSR कार्यक्रम : यह कार्यक्रम भी NASSDOC के हैं–

(*a*) सामाजिक विज्ञान Serials की संघ सूची बनाना।

(*b*) Area Studies Bibliographies : यह परियोजना 1979 में शुरू की गई थी।

(*c*) भाषा सन्दर्भ-ग्रंथ सूचियाँ बनाना।

(*d*) महात्मा गान्धी सन्दर्भ-ग्रन्थ सूची बनाना।

(*e*) NASSDOC की सेवाओं का कम्प्यूटरीकरण करना।

(*f*) सामाजिक विज्ञान सामयिक प्रकाशनों की संघ सूची का प्रकाशन।

(*g*) दिल्ली के पुस्तकालयों के समाचार पत्रों की संघ सूची तैयार आरम्भ हुई।

(*vi*) Duplicating तथा फोटो कॉपी सेवाएँ प्रदान करना।

(*vii*) आवेदन पर विशिष्ट विषयों पर वाङ्मय सूचियाँ तैयार करना।

(*viii*) अनुक्रमणीकरण सेवाएँ प्रदान करना।

(*ix*) विद्वानों को दिल्ली से बाहर Document Supply Service प्रदान करना।

**(7) माइक्रोफार्म में प्रलेख**–इस केन्द्र के पुस्तकालय में बहुत से प्रकाशन माइक्रोफार्म में उपलब्ध हैं जैसे–

(*i*) Economic Working Papers (UK)

(*ii*) Psychological Abstract

(*iii*) Sharma, R.A : A Bibliography of Mughal India, 1526-1707

(*iv*) A Selective number of Ph.D. these and Research Reports etc.

(*v*) Annuals of Indian Administration
(*vi*) Anthropological Society of Bombay, Journal
(*vii*) Bombay Geographical Papers (UK)

**प्रकाशन**—इसके अग्रलिखित प्रकाशन हैं—

(*i*) Indian Diary of Events (Q)
(*ii*) Social Science Research (Q)
(*iii*) Index to Select Newspapers in English (M)
(*iv*) Review of Contents (Bi-M)
(*v*) Social Science News (Bi-M)
(*vi*) Acquisition up-to-date (M)
(*vii*) Conference Alert (Q)
(*viii*) सामाजिक विज्ञान समाचार (M) (हिन्दी में)

**D. राजा राममोहन राय न्यास/प्रतिष्ठान (RRRLF)**—इस न्यास की स्थापना सन् 1972 में राजा राममोहन राय की याद में हुई। राजा राममोहन राय ने अपना पूरा जीवन प्रौढ़ शिक्षा तथा समाज कल्याण में बिताया। इस RRRLF का मुख्यालय कलकत्ता में स्थित है। यह एक स्वायत्त संस्था है।

**(1) उद्देश्य**—RRRLF के अग्रलिखित उद्देश्य हैं—

(*i*) राष्ट्र के अनेक राज्यों में पुस्तकालय कानून पारित करवाने के लिए कोशिश करना।
(*ii*) राष्ट्रीय पुस्तकालयों, राज्य केन्द्रीय पुस्तकालयों, जिला पुस्तकालयों आदि को अन्तःपुस्तकालय आदान-प्रदान (ILL) द्वारा जोड़कर एक राष्ट्रीय पुस्तकालय तन्त्र स्थापित करना।
(*iii*) पुस्तकालयों को आर्थिक तथा तकनीकी मदद पहुँचाना।
(*iv*) भारत तथा विदेशों में पुस्तकालय विकास के लिए कोशिश करना।
(*v*) सरकार को पुस्तकालय विकास कार्यक्रम में सलाह देना।
(*vi*) राष्ट्र में क्षेत्रीय पुस्तकालय सेवा केन्द्रों का निर्माण करना।
(*vii*) पुस्तकालय तथा जानकारी विज्ञान में अनुसन्धान को गति प्रदान करना।
(*viii*) सार्वजनिक पुस्तकालय आन्दोलन को गतिमान बनाना।
(*ix*) नवाक्षरों तथा ग्रामीण लोगों में अध्ययन प्रवृत्ति को जगाना।
(*x*) एक राष्ट्रीय पुस्तकालय नीति बनाना तथा उस नीति को केन्द्रीय तथा राज्य सरकारों द्वारा अपनाने के लिए कोशिश करना।

**(2) संविधान**—क्योंकि RRRLF भारत सरकार के संस्कृति विभाग, मानवीय संसाधन विकास मन्त्रालय के अधीन स्थापित किया गया है, इसलिए इसका अध्यक्ष मानवीय संसाधन विकास मन्त्री अथवा उसके द्वारा नामांकित व्यक्ति होता है। इसकी एक कार्यकारिणी समिति अध्यक्ष द्वारा मनोनीत होती है। इसके अतिरिक्त एक पूर्णकालिक निर्देशक, चार विशिष्ट पुस्तकालयाध्यक्ष, भारतीय पुस्तकालय संघ का प्रतिनिधि आदि तथा मानवीय संसाधन विकास मन्त्रालय के प्रतिनिधि आदि इसके कुल 22 सदस्य होते हैं। इसका पंजीकरण West Bengal Societies Registration Act के अधीन किया गया है। इसको सभी वित्तीय सहायताएं भारत सरकार द्वारा दी जाती हैं।

**(3) प्रकाशन**—इस न्यास के अग्रलिखित प्रकाशन हैं—

(*i*) Indian Libraries : Trends and Perspectives.

(*ii*) Granthna

(*iii*) Newsletter

(*iv*) Books for the Millions at Their Doorstep.

(*v*) Directories of Public Libraries in India.

**(4) गतिविधियां तथा कार्यक्रम**—इस न्यास की निम्नलिखित गतिविधियाँ तथा क्रार्यक्रम हैं:

(*i*) नये पुस्तकालय खोलने तथा देहाती पुस्तक निक्षेप केन्द्र चलाने तथा चल पुस्तकालय सेवा प्रदान करने के लिए Matching Grants देता है।

(*ii*) सम्मेलन, संगोष्ठियों के आयोजन, पुस्तक संचयन, पुस्तक प्रदशर्नियों, जिला स्तर से नीचे के पुस्तकालयों के भवनों के विस्तार के लिए भी Matching Grants देता है।

(*iii*) जिला तथा राज्य केन्द्रीय पुस्तकालयों में रेडियो, दूरदर्शन तथा वी.डियो आदि खरीदने के लिए अनुदान देता है।

(*iv*) 'राष्ट्रीय पुस्तकालय नीति' पर इस न्यास के Working Group ने 1983 में एक प्रारूप तैयार किया था। इस प्रारूप के आधार पर संस्कृति विभाग, भारत सरकार ने एक 'Draft Policy Statement' जारी की और प्रो. डी.पी. चट्टोपाध्याय की अध्यक्षता में मई 1986 में एक समिति का निर्माण किया। इस तरह यह कहा जा सकता है कि यह न्यास पुस्तकालयों के विकास के लिए सराहनीय कार्य कर रहा है।

(*v*) यह न्यास पुस्तकालयों को वित्तीय सहायता देता है।

(*vi*) यह स्वैच्छिक संस्थाओं को पुस्तकालय चलाने के लिए वित्तीय सहायता देता है।

(*vii*) राज्य केन्द्रीय तथा जिला पुस्तकालयों को निःशुल्क पुस्तकें बाँटता है।

(*viii*) बच्चों के लिए बाल पुस्तकालय खोलता है।

(*ix*) प्रलेख तथा अन्य श्रव्य-दृश्य सामग्री खरीदने के लिए अनुदान देता है।

(*x*) बालभवनों तथा नेहरू युवा केन्द्रों को पुस्तकालय चलाने के लिए अनुदान देता है।

**E. राष्ट्रीय विज्ञान तथा तकनीकी सूचना केन्द्र**—इसकी स्थापना 1977 में की गई थी। यह केन्द्र भारत सरकार के विज्ञान तथा तकनीकी विभाग के अधीन आता है। विज्ञान तथा तकनीकी के क्षेत्र में इसका विशिष्ट स्थान है।

**(1) उद्देश्य**—NISSAT के निम्नलिखित उद्देश्य हैं—

(*i*) राष्ट्रीय वैज्ञानिक सूचना केन्द्रों के मध्य समन्वय स्थापित करना।

(*ii*) शैक्षणिक प्रशिक्षण तथा अनुसन्धान कार्यक्रमों में सहभागिता को बढ़ावा देना।

(*iii*) सूचना का स्थान निर्धारण करने के लिए नई-नई तकनीकियों का विकास करना।

(*iv*) वैज्ञानिक सूचना के विनिमय को राष्ट्रीय तथा अन्तर्राष्ट्रीय स्तर पर प्रोत्साहन देना।

(*v*) ज्ञान तकनीकी के क्षेत्र में अनुसंधान तथा विकास में सहायता तथा प्रोत्साहन देना।

(*vi*) विज्ञान तथा तकनीकी के क्षेत्र में वर्तमान तथा अहम् जरूरतों को पूर्ण करने हेतु सूचनाएँ संग्रहीत करना।

(*vii*) विज्ञान तथा तकनीकी में उपलब्ध जानकारियों का ज्यादा से ज्यादा उपयोग सुनिश्चित करना।

**(2) कार्य**—NISSAT का कार्य अग्रलिखित तीन स्तरों में बँटा है—

(*i*) Special Service System

(*ii*) Sectoral System

(*iii*) Regional System

यह अपने क्षेत्र की सूचना सेवा को गति प्रदान कर उसकी क्षमता में बढ़ोत्तरी करता है। विज्ञान और तकनीकी क्षेत्र में उपलब्ध वर्तमान तथा भावी स्रोतों, तकनीकों तथा सेवाओं के बीच समन्वय स्थापित करता है।

यह राष्ट्रीय सूचना उपयोग के लिए मानक तैयार करता है।

यह सूचना सेवा से सम्बन्धित कर्मचारियों तथा प्रयोक्ताओं के प्रशिक्षण की व्यवस्था करता है।

यह सम्मेलनों, संगोष्ठियों, प्रदर्शनियों तथा कार्यशालाओं का आयोजन करता है।

यह INSDOC की सहायता से प्रलेखन आपूर्त्ति, वाङ्गमय सूची तथा विराष्ट्रों से आँकड़े प्राप्त करता है।

**(3) निसात के क्षेत्रीय केन्द्र**

| क्षेत्र | संस्थान |
|---|---|
| (*i*) चर्म तकनीकी | केन्द्रीय चर्म शोध संस्थान, मद्रास |
| (*ii*) खाद्य तकनीकी | केन्द्रीय खाद्य टेक्नालॉजिकल शोध संस्थान, मैसूर |
| (*iii*) औषधि तथा भेषज | केन्द्रीय औषधि शोध संस्थान, लखनऊ |
| (*iv*) मशीन टूल्स | केन्द्रीय मशीन टूल्स संस्थान, बंगलौर |
| (*v*) टेक्सटाइल्ज़ तथा अलाइड विषय | अहमदाबाद टेक्स्टाल इन्डस्ट्री शोध संघ, अहमदाबाद |
| (*vi*) कैमिकल्स | राष्ट्रीय कैमिकल लेबोरेट्री, पुणे |
| (*vii*) बीब्लियोमिट्रिक | इन्डियन नेशनल साइन्टिफिक एण्ड डाक्यूमेन्टेशन सेन्टर, नई दिल्ली |
| (*viii*) कम्पैक्ट डिस्क | कम्पैक्ट डिस्क नेशनल एअरोनौटिकल लेबोरेट्री, बंगलौर |

उपर्युक्त क्षेत्रीय केन्द्रों के अलावा निसात में अग्रलिखित संस्थाओं को भी शामिल किया गया है–

(*i*) नैशनल बोटैनिकल गार्डन, लखनऊ–आर्थिक वनस्पति सेवा।

(*ii*) बौटैनिकल सर्वे ऑफ इण्डया, नई दिल्ली–वनस्पति विज्ञान सिद्धान्त सूचना सेवा।

(*iii*) भाभा एटोमिक रिसर्च सेन्टर, मुम्बई–नाभकीय सूचना सेवा।

(*iv*) प्रकाशन तथा सूचना निर्देशालय CSIR, Delhi—औषधीय वनस्पति सूचना।

ये सभी केन्द्र प्रलेख आपूर्त्ति पेटेन्ट खोज, प्रकाशन, विशिष्ट सन्दर्भ-ग्रंथ सूचियों का संकलन, अनुवाद, रिप्रोग्राफी, औद्योगिक पूछताछ सेवाएँ प्रदान करते हैं।

NISSAT एकमात्र ऐसी एजेन्सी है जो पुस्तकालयों को CDS/ISIS बिना शुल्क बाँटने के लिए UNESCO द्वारा अधिकृत की गई है। निसात ने राष्ट्रभर में स्थायी आधार पर Online Search सुविधाएँ स्थापित करने का कार्य हाथ में लिया हुआ है।

निसात ने संसाधन सहभागिता के माध्यम से विज्ञान तथा टैक्नालॉजी विषयक सूचना संसाधनों की अच्छी उपयोगिता सुनिश्चित करने के लिए Metropolitan Networks को विकसित करने का उपक्रम किया है। CMC Ltd., Calcutta ने CALIBNET पूरा किया। इसी तरह दिल्ली में DELNET स्थापित किया गया है।

आज मानव जीवन के हर क्षेत्र, हर कार्य तथा हर स्तर पर कम्प्यूटरीकरण की जरूरत का एहसास हो रहा है। इसीलिए निसात कम्प्यूटर आधारित वाङ्मय जानकारी प्रस्तुतीकरण के सभी पक्षों को अत्यधिक महत्ता दे रहा है।

**प्रकाशन**—इसके निम्न प्रकाशन हैं—

(*i*) Current Indian Literature

(*ii*) Patent Highlights and Industry Highlights.

(*iii*) Buyers Guides

(*iv*) Directories of Agents, Research, Foreign Collaborations.

आधुनिक समय में प्रत्येक उपभोक्ता सुगम, सहज एवं तीव्र सूचना प्राप्त करने की चाह रखता है। इसकी व्यवस्था करना निसात का मूल उद्देश्य है। विज्ञान और तकनीकी के विभिन्न क्षेत्रों में क्षेत्रीय केन्द्र स्थापित कर तथा इन केन्द्रों में कार्यरत सदस्यों के लिए शैक्षिक एवं प्रशिक्षण कार्यक्रम चला कर निसात ने सूचना तकनीकी के विकास को नई दिशा दी है, जिससे वैज्ञानिक तथा टेक्नालॉजिकल समुदाय की सूचना विषयक बढ़ती हुई मांगों की पूर्ति करना बहुत हद तक संभव हो गया है।

❑❑❑